Parcerias Público-Privadas:

Experiências, Desafios e Propostas

O GEN | Grupo Editorial Nacional reúne as editoras Guanabara Koogan, Santos, Roca, AC Farmacêutica, Forense, Método, LTC, E.P.U. e Forense Universitária, que publicam nas áreas científica, técnica e profissional.

Essas empresas, respeitadas no mercado editorial, construíram catálogos inigualáveis, com obras que têm sido decisivas na formação acadêmica e no aperfeiçoamento de várias gerações de profissionais e de estudantes de Administração, Direito, Enfermagem, Engenharia, Fisioterapia, Medicina, Odontologia, Educação Física e muitas outras ciências, tendo se tornado sinônimo de seriedade e respeito.

Nossa missão é prover o melhor conteúdo científico e distribuí-lo de maneira flexível e conveniente, a preços justos, gerando benefícios e servindo a autores, docentes, livreiros, funcionários, colaboradores e acionistas.

Nosso comportamento ético incondicional e nossa responsabilidade social e ambiental são reforçados pela natureza educacional de nossa atividade, sem comprometer o crescimento contínuo e a rentabilidade do grupo.

Parcerias Público-Privadas:

Experiências, Desafios e Propostas

Gesner Oliveira
Luiz Chrysostomo de Oliveira Filho

Organizadores

 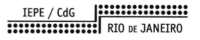

Os autores e a editora empenharam-se para citar adequadamente e dar o devido crédito a todos os detentores dos direitos autorais de qualquer material utilizado neste livro, dispondo-se a possíveis acertos caso, inadvertidamente, a identificação de algum deles tenha sido omitida.

Não é responsabilidade da editora nem dos autores a ocorrência de eventuais perdas ou danos a pessoas ou bens que tenham origem no uso desta publicação.

Apesar dos melhores esforços dos autores, do editor e dos revisores, é inevitável que surjam erros no texto. Assim, são bem-vindas as comunicações de usuários sobre correções ou sugestões referentes ao conteúdo ou ao nível pedagógico que auxiliem o aprimoramento de edições futuras. Os comentários dos leitores podem ser encaminhados à **LTC – Livros Técnicos e Científicos Editora** pelo e-mail ltc@grupogen.com.br.

Direitos exclusivos para a língua portuguesa
Copyright © 2013 by
LTC – Livros Técnicos e Científicos Editora Ltda.
Uma editora integrante do GEN | Grupo Editorial Nacional

Reservados todos os direitos. É proibida a duplicação ou reprodução deste volume, no todo ou em parte, sob quaisquer formas ou por quaisquer meios (eletrônico, mecânico, gravação, fotocópia, distribuição na internet ou outros), sem permissão expressa da editora.

Travessa do Ouvidor, 11
Rio de Janeiro, RJ – CEP 20040-040
Tels.: 21-3543-0770 / 11-5080-0770
Fax: 21-3543-0896
ltc@grupogen.com.br
www.ltceditora.com.br

Capa: Design Monnerat
Imagem da capa: Direito Autoral de Imagem, doraclub, 2013. Usado sob Licença da Shutterstock.com.
Editoração Eletrônica: Design Monnerat

CIP-BRASIL. CATALOGAÇÃO NA PUBLICAÇÃO
SINDICATO NACIONAL DOS EDITORES DE LIVROS, RJ

P245

Parcerias público-privadas : experiências, desafios e propostas / organizadores Gesner Oliveira, Luiz Chrysostomo de Oliveira Filho. - 1. ed. - Rio de Janeiro : LTC, 2013.
il. ; 23 cm.

Inclui índice
ISBN 978-85-216-2439-4

1. Brasil - Política econômica. 2. Brasil - Política e governo. 3. Desenvolvimento econômico. I. Oliveira, Gesner, 1956- II. de Oliveira Filho, Luiz Chrysostomo.

13-03966   CDD: 320.981
                                    CDU: 32(81)

"Who decides what is the right balance? Few question that the state must play a significant role in an organized, modern society, or that organized societies need a government. The more significant question is what such a government should do and how it should do it. As with many things in life, the problem is to find the optimal dose of intervention, between one extreme, set by 'centrally planned economies', where those who claim to represent the state make all the economically relevant decisions on behalf of the citizens, and the other extreme, set by the 'laissez-faire ideology', where the role of the state is confined to a few basic or essential functions. To determine the right balance between these two polar conceptions ought to be the goal of economists and of intelligent and wise policy makers."

Vito Tanzi
Government versus Markets
Cambridge University Press, 2011

Prefácio

EDMAR BACHA

Uma das mais famosas máximas atribuídas ao arquiteto da China moderna, Deng Xiaoping, é que não importa se o gato é branco ou preto, desde que ele pegue o rato. Em outras palavras, para Deng não fazia diferença se uma política era capitalista ou socialista, desde que ela melhorasse a economia. Foi com esse pragmatismo que a China se transformou em uma das economias de mais rápido crescimento no mundo nos últimos trinta anos, retirando centenas de milhões de chineses da pobreza.

No Brasil de hoje, é flagrante o contraste entre o dinamismo do setor privado e a letargia do setor público. Com sua mordacidade habitual, o ex-Ministro Delfim Netto disse de certa feita que, se o país de seu período no governo fora acunhado de "Belíndia", pela convivência da riqueza da Bélgica com a pobreza da Índia, aquele que se desenhava após a redemocratização se assemelhava a uma "Ingana", pela convivência dos impostos da Inglaterra com os serviços públicos de Gana.

A oferta precária de bens públicos é um problema central para o desenvolvimento do país. Tradicionalmente, cabe ao governo a provisão de segurança, educação, saúde, saneamento, infraestrutura de modo geral, pois esses são bens cujos benefícios sociais superam os ganhos privados que eles propiciam, tanto por suas externalidades positivas como por serem bens meritórios, de cujo consumo a sociedade democrática entende que todos devam desfrutar, ainda que não possam pagar por eles. Soluções puramente privadas tendem, assim, a produzir menos bens públicos do que o necessário e também a deles excluir as parcelas mais pobres da população. Entretanto, as imperfeições das soluções de mercado na provisão de bens públicos precisam ser comparadas com as imperfeições das soluções estatais. Os governos dependem de uma burocracia por vezes mais voltada para criar dificuldades do que para servir ao bem comum. E os políticos tendem a ofertar bens públicos de forma a servir seus próprios interesses, como demonstram a corrupção, os desperdícios e os elefantes brancos nas obras públicas. Dessa forma, as parcerias público-privadas (PPPs) que consigam unir a eficiência do setor privado com a satisfação do interesse público poderiam ser uma boa solução para a provisão de bens públicos.

O diabo, como demonstram os textos reunidos neste livro, reside nos detalhes. O que se almeja com a parceria é aliar a eficiência do setor privado com os benefícios sociais que interessam ao governo bem-intencionado. O resultado, entretanto, pode ser simplesmente a união do pior dos dois mundos: aliar a busca de lucros de monopólio com as mazelas do setor público. Mundo afora, são frequentes as parcerias cuja única função é contornar as restrições orçamentárias e administrativas do setor público, com o uso de regimes contratuais e mecanismos financeiros pouco transparentes e abertos à ação de aventureiros.

A teoria econômica pode ajudar bastante para que isso não aconteça, pois muito já se aprendeu sobre o desenho de mecanismos de leilões e de regulação transparente que permitam alinhar os interesses dos operadores privados com os do ente regulador (supostamente representando o interesse público) e garantam soluções satisfatórias do ponto de vista do bem-estar social na provisão privada de bens públicos. A literatura de economia política também oferece recomendações sobre formas de evitar a busca de rendas extravagantes (*rent-seeking behavior*) em parcerias público-privadas, especialmente no que concerne aos tortuosos problemas das renegociações e das renovações dos contratos. Os textos iniciais deste livro discutem com maestria como desenhar as PPPs de uma forma adequada.

Para quem aplica o princípio do ver para crer, não bastam, entretanto, os resultados da literatura acadêmica. É preciso seguir o exemplo de Deng Xiaoping, que só se decidiu pela abertura e reforma da China após visitar Cingapura em 1978. Que lições práticas para a expansão das parcerias público-privadas no país nos oferece a rica experiência com essa modalidade em distintos lugares e setores de atividade?

Essa temática é explorada na segunda parte do livro, que contém uma resenha da experiência internacional na infraestrutura, dela retirando lições para o país, e uma discussão das limitações ao uso das PPPs num Brasil com grandes obras pela frente. Consideram-se, ainda, a ascensão e queda das parcerias público-privadas em Portugal, mostrando os riscos e desajustes com essa modalidade de provisão de serviços públicos. Experiências brasileiras com parcerias em serviços bancários e no setor da saúde são também relatadas nessa parte.

A terceira e última parte do livro historia as interações entre o Estado e o setor privado no setor elétrico brasileiro e considera questões ligadas ao financiamento das parcerias público-privadas no país. Ressalte-se a contribuição de Joaquim Levy que, com sua experiência de ex-Secretário do Tesouro Nacional, constata que, em comparação com outros países, o Brasil possui uma forma relativamente transparente de contabilizar as PPPs do ponto de vista de seu impacto fiscal e dos compromissos futuros do governo. Isso é importante, pois o perigo das PPPs reside em seu uso pelo Executivo meramente para ocultar gastos públicos do Legislativo e dos Tribunais de Contas.

A conclusão é simples. As PPPs não são uma panaceia para as mazelas do setor público brasileiro, mas, desde que bem desenhadas e implantadas, podem dar uma contribuição importante para destravar a infraestrutura e prover serviços públicos de qualidade. Se vivesse no Brasil de hoje, Deng talvez concluísse que não é pouco rato para ser pego por esse gato de cor cinza. Boas leituras!

Sumário

Introdução, 1
Gesner Oliveira
Luiz Chrysostomo de Oliveira Filho

PARTE I
Visões gerais, 9

Como destravar as parcerias público-privadas, 11
Gesner Oliveira
Fernando S. Marcato
Pedro Scazufca

A teoria econômica das PPPs: concessões, participação do governo e renovações, 49
Vinicius Carrasco
João Manoel Pinho de Mello
Pablo Salgado

Concessões de rodovias e renegociação no Brasil, 65
César Mattos

Momento de definição na infraestrutura brasileira, 103
Armando Castelar Pinheiro

PARTE II
Experiências, lições e resultados, 123

PPPs: a experiência internacional em infraestrutura, 125
Cláudio R. Frischtak

A ascensão e queda das parcerias público-privadas em Portugal, 145
Ricardo Ferreira Reis
Joaquim Miranda Sarmento

O atual cenário das PPPs no setor de saúde pública
no Brasil: potencialidades, desafios e as primeiras
experiências em âmbito estadual, 159
Tomas Anker
Bruno Ramos Pereira

Um novo paradigma para o investimento público:
parcerias, formas de gestão e ampliação das fontes de financiamento, 181
José Roberto R. Afonso
Geraldo Biasoto Jr.

Aspectos práticos das PPPs em um Brasil com grandes obras, 199
Denisard C. O. Alves
Rodrigo De Losso
Bruno C. Giovannetti

Parceria público-privada: consórcio
complexo *Datacenter* BB-Caixa – lições aprendidas, 209
Isaac Pinto Averbuch
Vanialucia Lins Souto

Parceria público-privada Alto Tietê
estudo de caso da primeira PPP da Sabesp, 225
Gesner Oliveira
Fernando S. Marcato
Pedro Scazufca
Vivian Amorim

PPP Sistema Produtor São Lourenço – Sabesp, 235
Silvio Leifert
Valéria Mendes

PARTE III
Financiamento, finanças públicas e riscos, 253

O estado e a iniciativa privada no setor elétrico:
uma análise das duas últimas décadas (1992-2012), 255
Elena Landau
Joísa Dutra
Patrícia Sampaio

Extinção de contratos de PPP e concessão:
breves reflexões sobre o cálculo de indenizações
considerando os parâmetros gerais da lei federal nº 8.987/95, 287
Lucas Navarro Prado

O paradoxo do investimento público no Brasil, 299
Mansueto Almeida

Robustez fiscal e qualidade do gasto
como ferramentas para o crescimento, 335
Joaquim Vieira Ferreira Levy

Financiamento de longo prazo e mercado de capitais em investimentos de infraestrutura: novas concessões e parcerias público-privadas, 357
Luiz Chrysostomo de Oliveira Filho

Contratação de serviço de consultoria, 387
Vera Monteiro

Sobre os autores, 393

Índice, 403

Parcerias Público-Privadas:

Experiências, Desafios e Propostas

Introdução

GESNER OLIVEIRA
LUIZ CHRYSOSTOMO DE OLIVEIRA FILHO

O objetivo deste livro é discutir o papel das Parcerias Público-Privadas (PPPs) no processo de desenvolvimento e, em particular, no financiamento de projetos de interesse público com ênfase nos empreendimentos de infraestrutura.

Sua origem se deu a partir de um conjunto de debates organizados, no Rio de Janeiro, no Instituto de Estudos de Política Econômica – Casa das Garças (IEPE/CdG), nos meses de outubro e dezembro de 2012, posteriormente complementado no mesmo local com um Seminário sobre as experiências internacionais de PPPs ministrado pelo professor Eduardo Engel, da Yale University e da Universidad de Chile.

Na ocasião, ficou evidente para os especialistas e debatedores reunidos que, apesar da relevância da temática para o país, havia uma enorme lacuna de um grupo consistente de informações, registros e artigos teóricos que pudessem dar conta da experiência brasileira. Da mesma forma, ficou patente nas discussões que o Brasil já estava produzindo resultados e construindo casos a nível Federal, Estadual e Municipal que poderiam auxiliar no aperfeiçoamento de políticas públicas direcionadas.

O termo PPP aqui está sendo utilizado em sentido amplo. PPP é usado para designar diferentes formas de ação conjunta entre os setores público e privado. Trata-se, portanto, de uma acepção mais abrangente do que as modalidades previstas na Lei nº 11.079/04 (alterada pela Lei nº 12.766/12).

O Conselho de Infraestrutura Pública e Privada (*Public Private Infrastructure Advisory Facility*) do Banco Mundial define PPPs como acordos contratuais de diferentes naturezas nos quais duas partes dividem direitos e deveres durante a duração do contrato. Assim, diferentes formas de PPP podem existir, com distintas ponderações das responsabilidades e deveres de cada parte envolvida no contrato. Cada ponderação reflete a propensão à exposição a riscos das partes do contrato. Além disso, as condições de cada setor e a natureza do mercado em que o projeto se insere fazem com que o papel do setor privado varie substancialmente.

O mecanismo da PPP constitui uma alternativa ao modelo clássico de obra pública por três razões[1] distintas: a centralização de atividades de construção e operação em um único contrato; a transferência temporária dos ativos ao parceiro privado; e a repartição dos riscos com o parceiro privado ao longo da duração do projeto. Poder-se-ia adicionar uma quarta diferença relacionada ao financiamento privado do empreendimento.

Em mercados emergentes, por exemplo, projetos de infraestrutura requerem financiamentos significativos do parceiro privado, resultando em parcerias mais complexas e com maiores riscos associados. Tais peculiaridades dos mercados emergentes, como o Brasil, implicam maiores desafios para o desenho das PPPs.

A participação da iniciativa privada em projetos de infraestrutura foi cíclica na história econômica brasileira. Depois de declinar ao longo do século XX com a maior participação do Estado no processo de industrialização, aumentou em alguns setores a partir dos anos 1990 com o programa de privatização impulsionado naquela década.

Nos anos 2000, o debate em torno da desestatização ficou crescentemente politizado e as PPPs surgiram como uma alternativa de menor resistência às privatizações, ou até mesmo como uma privatização disfarçada ou como uma espécie de panaceia, capaz de resolver toda sorte de carências do investimento público. Perderam-se nesse contexto aspectos importantes desta modalidade que as contribuições deste livro procuram resgatar.

A oportunidade dos trabalhos selecionados para este livro reside precisamente na tarefa de esquadrinhar as várias dimensões e peculiaridades das Parcerias Público-Privadas. A heterogeneidade dos contratos de PPPs e suas peculiaridades exigem um debate mais profundo.

---

[1] ENGEL, E.; FISCHER, R.; GALETOVIC, A. Public-private partnerships: when and how. **"Infrastructure and Development" Seminar**, Lima, 2008.

Introdução

Entre os diversos aspectos abordados pelos autores deste livro, sobressai como elemento comum a necessidade de construção institucional. De fato, torna-se essencial criar um novo padrão de diálogo entre os setores público e privado para que as parcerias entre ambos atinjam os objetivos almejados de política pública. As parcerias requerem relações de longo prazo com forte ênfase em resultados. Isso exige não apenas um bom desenho técnico, mas também uma nova cultura de relacionamento entre os setores público e privado, envolvendo transparência, continuidade e respeito aos contratos.

O livro está dividido em três partes. Na Parte I, discutem-se visões gerais sobre o tema das PPPs, procurando colocar argumentos teóricos e institucionais para melhorar o desenho e a difusão das parcerias no Brasil.

Gesner Oliveira, **Fernando S. Marcato** e **Pedro Scazufca** elaboram *dez propostas para destravar as PPPs e concessões no Brasil. As proposições estão divididas em cinco grandes objetivos: redução de risco, diminuição do custo de financiamento, elevação dos recursos, redução de tributos e aumento da capacidade de formulação e execução.* Tais propostas serviram de base para o Projeto de Lei nº 2.892/11, cujas proposições foram, em grande parte, acolhidas pela Lei nº 12.766/12 de 27 de dezembro de 2012, que trouxe importantes aperfeiçoamentos à Lei nº 11.079/04.

O artigo procura mostrar os avanços do novo normativo e os pontos que ainda precisam ser tratados para destravar as PPPs. Embora várias proposições contidas no artigo exijam mudanças legislativas, conclui-se que a mudança mais importante transcende o aspecto legal. Será necessária uma transformação cultural para realmente destravar as parcerias, alterando o padrão de relacionamento entre Estado e setor privado.

Vinicius Carrasco, **João Manoel Pinho de Mello** e **Pablo Salgado** dão uma contribuição inovadora e provocativa ao fazer uso da teoria econômica para discutir questões de interesse aplicado. No artigo "Teoria Econômica das PPPs: Concessões, Participação do Governo e Renovações", desenvolvem uma versão simplificada de um modelo de *procurement* dinâmico, no qual é possível prescrever recomendações de renovações de PPPs e concessões. Tendo em vista a extensa interação entre as empresas privadas e o governo ao longo da vida de uma PPP, os autores supõem que seja provável que as primeiras venham a desfrutar de um conjunto superior de informações, além de uma melhor percepção de custos, do que o próprio governo. Nesse sentido, os autores indicam que *um bom desenho de contrato das parcerias deve levar em conta o modo como a assimetria de informação entre esses agentes evolui, bem como considerar o cálculo da forma de remuneração (pagamentos) temporalmente.*

César Mattos analisa os *diferenciais de desempenho entre as concessões realizadas nas estradas federais e paulistas*. O autor utiliza a teoria dos jogos para mostrar que existem outros fatores, além do intuitivo *trade-off* entre preço e qualidade, que afetam a qualidade das estradas. O estudo avalia a influência dos modelos de Leilão, maior preço pela concessão e menor preço pelo serviço, bem como a propensão do regulador a aceitar renegociações, sobretudo nos quesitos qualidade e modicidade tarifária. *As conclusões apresentadas possibilitam melhor entendimento sobre modelos mais apropriados de leilões e contratos, considerando as funções e restrições das concessionárias e dos agentes reguladores.*

Armando Castelar Pinheiro indica os desafios dos investimentos necessários em infraestrutura, a partir da constatação de que *a questão não reside em uma ausência*, a priori, *de recursos, mas sim na dificuldade gerencial do setor público em priorizar e definir uma estratégia integrada.* Nos últimos 20 anos, a carga tributária se elevou dramaticamente, ao passo que os investimentos em infraestrutura minguaram. Castelar reforça a ideia da necessidade de retomada das privatizações, a partir de uma análise comparativa entre os efeitos positivos da transferência de ativos públicos, em especial por meio de concessões, e a ideologização posterior das iniciativas dos governos Lula e Dilma. Outro elemento que preocupa o autor é a *excessiva concentração de esforço financeiro em torno de recursos públicos, em especial do BNDES, como papel indutor único de* funding *de longo prazo no país, tema que será retomado adiante na Parte III do livro, especialmente no artigo de Luiz Chrysostomo.*

A Parte II, por sua vez, reúne experiências, lições e resultados tanto no mundo quanto no Brasil, apresentando casos concretos.

Cláudio R. Frischtak discute a *relevância do uso das PPPs como modalidade possível e factível de estímulo ao crescimento e à eficiência dos investimentos em infraestrutura.* Baseando-se em evidências internacionais de mais de 25 anos em países como o Reino Unido, Austrália, Canadá, Chile, África do Sul, o autor aponta para a necessidade de o setor público se equipar em termos de arranjos institucionais funcionais e se capacitar na gestão e coordenação dos programas de PPPs.

Entre os elementos essenciais ao desenvolvimento de uma política exitosa de PPPs, Frischtak destaca: *a qualidade na seleção de projetos, que devem ser baseados em rigorosa análise econômico-financeira; o desenho robusto de contratos entre as partes; o desenvolvimento de critérios licitatórios transparentes, de forma a tornar o processo de escolha e seleção competitivo; a capacidade de fiscalização do cumprimento do contrato por parte do gestor público e o cálculo de potenciais contingências, sobretudo as implicações fiscais de cada risco associado a essa política.* Sem esses elementos, a instrumentalização das parcerias corre o risco de não ter bom resultado e de ser vista como mais um artifício contábil de gestores públicos inescrupulosos.

Introdução

Ricardo Ferreira Reis e **Joaquim Miranda Sarmento** comentam a experiência portuguesa na área de PPPs no início dos anos 1990, que serve como especial sinal de alerta para riscos envolvidos em uma estratégia de parcerias que não esteja ancorada em bons fundamentos.

A análise mostra uma sobreutilização do mecanismo, que, no caso, também serviu como ferramenta para a "desorçamentação" do investimento, no contexto de uma política de crescimento econômico.

O excessivo número de PPPs em um curto espaço de tempo levou à contratação de projetos inadequados à real demanda do Estado, o que trouxe problemas para a economia portuguesa no longo prazo. Esse processo impossibilitou o amadurecimento e aprimoramento das PPPs, acarretando ineficiência no uso do dinheiro público, deterioração das finanças públicas e alocação inadequada dos riscos entre as partes.

Tomas Anker e **Bruno Ramos Pereira** apresentam uma discussão sobre PPPs no setor de saúde, caracterizado pela forte demanda por investimentos. O artigo aponta os prós e contras de PPPs nesta área, além de fazer um balanço da primeira experiência do modelo no setor, o Hospital do Subúrbio na Bahia. Por fim, *os autores sugerem algumas medidas para tornar mais eficiente o modelo de PPP no setor de saúde.*

José Roberto R. Afonso e **Geraldo Biasoto Jr**. *propõem a criação de um novo modelo de empresa estatal que possibilite investimentos integrados às condições do mercado e permita mitigar riscos.* Tal empresa, que seria de gestão privada, controlada pelo Estado e dependente do crivo do mercado, é uma interessante solução para alguns dos problemas de investimento e déficit enfrentados.

Denisard C. O. Alves, **Rodrigo De Losso** e **Bruno C. Giovannetti** *problematizam o funcionamento e a estrutura das PPPs no contexto brasileiro atual, argumentando que o mecanismo não é plenamente adequado à magnitude dos desafios da infraestrutura no país.*

O artigo discute primeiramente as restrições impostas pelo art. 7º da Lei nº 11.079/04 e de como a nova Lei nº 12.766/12 flexibilizou este dispositivo. Aborda igualmente a questão da taxa interna de retorno como parâmetro de seleção entre projetos de investimento. A seguir, estuda o art. 8º da Lei das PPPs, que legisla sobre as garantias de financiamento, principalmente no que tange ao Fundo Garantidor de Crédito. Por fim, discute a importância do respeito aos contratos firmados entre o poder concedente e o parceiro privado.

Isaac Pinto Averbuch e **Vanialucia Lins Souto** apresentam uma *análise do primeiro projeto de parceria público-privada do Governo Federal*. A partir das informações que resultaram na realização do leilão de licitação da PPP-Complexo DATACENTER, registram-se os pontos mais relevantes, que envolvem aspectos relacionados à decisão de alocação de recursos, à eficiência e à teoria econômica dos contratos.

Gesner Oliveira, **Fernando S. Marcato**, **Pedro Scazufca** e **Vivian Amorim** discutem a *experiência da primeira parceria público-privada da Sabesp e a primeira PPP no setor de saneamento do Estado de São Paulo*. A PPP do Sistema Produtor Alto Tietê (SPAT) culminou com o aumento da vazão da estação de tratamento de água do reservatório de Taiaçupeba de 10 m³/s para 15 m³/s, garantindo a oferta de água na Região Metropolitana de São Paulo no prazo necessário. Algumas lições úteis podem ser derivadas desta PPP, possivelmente úteis para a nova PPP da Sabesp do Sistema Produtor São Lourenço, discutida no artigo de Silvio Leifert e Valéria Mendes, bem como para outras parcerias em outros estados e segmentos.

Silvio Leifert e **Valéria Mendes** apresentam os critérios empresariais que foram levados em conta pela *Sabesp na escolha pela realização do Empreendimento do Sistema Produtor São Lourenço*, por meio de uma parceria público-privada. É retratado o caminho percorrido, os critérios, as premissas, as decisões e estratégias realizadas para a implantação do empreendimento, composto de obras e prestação de serviços. Esta PPP deverá produzir 4,7 m³/s e beneficiar uma população de 1,5 milhão de habitantes da zona oeste da Região Metropolitana de São Paulo.

Por fim, a Parte III deste livro debate o financiamento, as finanças públicas e os riscos das Parcerias Público-Privadas no Brasil.

Elena Landau, **Joísa Dutra** e **Patrícia Sampaio** fazem uma análise detalhada da evolução da gestão do setor elétrico nos últimos 20 anos, desde a inclusão das primeiras empresas estatais federais no Programa Nacional de Desestatização, passando pelo modelo concebido a partir de 2003 como resposta à crise de racionamento de 2001-2002, até as últimas mudanças na renovação de uma série de concessões que venceriam a partir de 2015 (edição da Medida Provisória nº 579/12).

Além de recuperarem os antecedentes históricos do setor, as autoras chamam a atenção para a importância da introdução de um marco regulatório calcado na busca por competição e eficiência, até para que os riscos envolvidos nos contratos de parceria sejam mitigados. Nesse sentido, *as autoras analisam os riscos das atuais renovações das concessões, realizadas via medida provisória, deixando à margem a discussão prévia com o Congresso Nacional. Ao alterar o princípio geral da licitação em prol de uma repactuação nos termos propostos, o Estado aumentou as incertezas no marco regulatório, o que dificulta a tomada de decisão de investidores e financiadores privados, ampliando ainda mais a dependência de recursos do próprio Tesouro.*

Lucas Navarro Prado *expõe um tema pouco abordado nas discussões de PPPs e concessões: a eventual extinção de contratos.* O artigo analisa as indenizações devidas ao concessionário ao final da concessão e seus métodos de cálculo. *Uma das sugestões da análise é a necessidade do estabelecimento de critérios mais claros para o cálculo de tais indenizações.* Segundo o autor, deveriam ser levados em conta critérios financeiros em detrimento dos contábeis e patrimoniais, visando refletir melhor a temporalidade entre o investimento e seu retorno.

Mansueto Almeida *analisa as razões para o baixo nível de execução do investimento público apesar da disponibilidade de recursos.* Baseado na avaliação do Plano Plurianual de 2008 e na execução dos gastos do Governo Federal por meio do Sistema Integrado de Administração Financeira (SIAFI), o autor investiga as variações dos conceitos entre investimentos autorizados, empenhados e efetivamente executados.

Mostra que, *no período 2004-2011, a relação entre aquilo que foi orçado e aprovado contra o efetivamente aplicado equivaleu a menos de 50% do objetivo inicial, sem contar que aquilo que é executado refere-se a orçamentos de anos anteriores (restos a pagar).* Ressalta não só a concentração em alguns ministérios do total desembolsado do investimento, como alerta que a execução do investimento público não está ligada a um ou dois problemas isolados, mas a um conjunto deles. O autor não acredita que as flexibilizações de exigências legais de licitação da Lei nº 8.666/93, como a do Regime Diferenciado de Contratação (Lei nº 12.462/11), por si só venham a equacionar os desajustes. Os principais problemas residiriam em dificuldades administrativas e de gestão.

Joaquim Vieira Ferreira Levy ressalta a *importância da robustez da estrutura fiscal e da qualidade do gasto público para alavancar o investimento privado.* Propõe que o governo adote uma meta de trajetória da dívida bruta do setor público com o objetivo de assegurar a necessária responsabilidade fiscal. Para Levy, o Brasil, comparado a outros países, possui uma forma mais transparente de contabilizar suas PPPs do ponto de vista de impacto fiscal (Lei nº 11.079, de 2004, e suas alterações) e dos compromissos futuros do governo.

Luiz Chrysostomo de Oliveira Filho *explora as possibilidades, os desafios e os limites do financiamento privado para PPPs e concessões em geral no Brasil.* Apesar dos grandes avanços regulatórios e autorregulatórios do mercado de capitais no país, ainda é evidente a predominância de um *funding* privado via crédito, com características de curto prazo e custo elevado. *Com exceção dos bancos públicos, notadamente, o BNDES e a Caixa Econômica Federal, poucos recursos internos ou externos sindicalizados são mobilizados para o financiamento de longo prazo em obras de infraestrutura. A prática de financiamentos clássicos de* project finance *ainda é restrita e, quando utilizada, fica longe do ideal no que tange à estruturação das garantias dos projetos. Apesar disso, começam a surgir novos atores e investidores no mercado de capitais, formando uma nova base promissora de* funding *de longo prazo no Brasil.*

Vera Monteiro apresenta, por sua vez, uma *proposta de alteração na Lei nº 8.666/93 (Lei de Licitações) que viabilizaria a contratação de serviços primordiais para a estruturação de projetos.* Tal sugestão se baseia em conceder à Administração a possibilidade de escolher o prestador de serviços através de um procedimento licitatório que permita a avaliação do melhor custo-benefício oferecido ao contratante.

O termo PPP não tem lugar para a palavra panaceia. Uma PPP precisa ser concebida para uma situação concreta, cujas circunstâncias determinarão o *timing* e as responsabilidades e obrigações de cada parceiro.

Nem sempre as condições permitem uma solução via PPP. Porém, é inegável que as parcerias são fundamentais para a mobilização de capital que o país precisa para lograr uma trajetória de crescimento sustentado. Estruturá-las de forma eficiente constitui, portanto, prioridade no debate sobre a política pública. Os trabalhos selecionados para este livro oferecem um conjunto relevante de contribuições nesta direção.

Os autores gostariam de agradecer a colaboração de todos os participantes dos Seminários realizados no Instituto de Estudos de Política Econômica – Casa das Garças, além da contribuição, colaboração e auxílio de Edmar Bacha, Armínio Fraga Neto, Samuel Pessoa, Marco Antonio Bonomo, Erika Lacreta, Ilíada Dielle de Carvalho, Ale Sater, Artur Martins, Guilherme Marthe, Messias Moretto, Suzana de Santana, Zenaide Bonamicchi Goes, Tita Caparrós, Marcia Costa Barbosa, Ricardo Redisch, Carla Nery e Raquel Barraca. Como de costume, os erros e omissões são de exclusiva responsabilidade dos autores.

PARTE I
Visões gerais

Como destravar as parcerias público-privadas

GESNER OLIVEIRA
FERNANDO S. MARCATO
PEDRO SCAZUFCA

Introdução

O objetivo deste artigo é sugerir medidas para destravar as parcerias público-privadas e concessões no Brasil. O foco deverá recair sobre as parcerias público-privadas *stricto sensu* previstas na Lei nº 11.079/04, uma vez que a maioria dos problemas a serem discutidos afetam estas modalidades. Entretanto, mantém-se a visão geral explicitada na introdução deste livro de entender parcerias público-privadas *lato sensu*, incluindo assim as concessões comuns previstas na Lei nº 8.987/95.

Este trabalho deriva de um estudo realizado para Frente Parlamentar em Defesa da Infraestrutura Nacional que resultou na proposição do Projeto de Lei nº 2.892/11, apresentado pelo presidente da Frente, deputado Arnaldo Jardim. Parte das propostas constantes do referido Projeto de Lei foram adotadas pela Medida Provisória 575, a qual foi convertida na Lei nº 12.766/12, que trouxe melhorias à Lei nº 11.079/04 ("Lei das PPPs").

Este texto procura retomar as propostas formuladas no Projeto de Lei nº 2.892/11, indicar aquelas que foram contempladas pela Lei nº 12.766/12, comentando essas propostas, e sugerir as medidas que ainda precisam ser tomadas. Neste sentido, o Quadro 1 sintetiza os pontos discutidos ao apontar gargalos, soluções já encaminhadas no âmbito da recente mudança de legislação e o mais importante: o que falta fazer para destravar as parcerias.

O texto está organizado da seguinte forma: a Seção 1 mostra como as parcerias público-privadas são essenciais para o crescimento sustentado do país. Isso se deve ao seu papel na mobilização do capital privado para elevação da taxa de investimento. A Seção 2 contém um resumo da experiência de parcerias público-privadas no Brasil. A Seção 3 mostra os principais gargalos encontrados na implementação prática das parcerias público-privadas. A Seção 4 apresenta propostas de mudança na legislação, algumas das quais contempladas na Lei nº 12.766/12.

Uma seção final apresenta as conclusões, apontando alterações legais e institucionais que ainda precisam ser realizadas para impulsionar as parcerias público-privadas no país.

1 Como as parcerias público-privadas e as concessões são essenciais para o crescimento sustentado do país

A taxa de investimento de um país é a variável-chave para o crescimento e ganho de competitividade. Sem investimento adequado, a economia não cresce de forma sustentada e certamente não na intensidade necessária para o Brasil oferecer as oportunidades de emprego e melhora de bem-estar para a maioria da população nas próximas décadas.

Os níveis recentes de investimento no Brasil são incompatíveis com a manutenção de uma taxa de crescimento sustentado de 5% a 6% ao ano. A taxa de investimento da economia deveria alcançar algo em torno de 25% do PIB (um crescimento de 8 pontos percentuais com relação à média dos últimos 10 anos) para atingir um nível compatível com o crescimento sustentado (PASTORE, 2010; HOLLAND, 2007). Conforme a Confederação Nacional da Indústria (CNI) (2013, p. 38), a taxa de investimento média do Brasil no período 2003-2011 foi de 17,9%, inferior a de países emergentes como China (42,4%), Índia (31,6%) e México (24,7%).

Quadro 1 Síntese dos gargalos e propostas para as parcerias público-privadas e concessões: o que falta fazer

Nº	Gargalo	Proposta	O que foi feito na Lei nº 12.766/12	O que falta ser feito
1	Falta de capacidade de oferecer garantias adequadas de pagamento por parte de estados e municípios.	Permitir que o Fundo Garantidor de Parcerias público-privadas (FGP) possa ser utilizado em PPPs estaduais e federais.	"Art. 16. Ficam a União, seus fundos especiais, suas autarquias, suas fundações públicas e suas empresas estatais dependentes autorizadas a participar, no limite global de R$ 6.000.000.000,00 (seis bilhões de reais), em Fundo Garantidor de Parcerias público-privadas - FGP, que terá por finalidade prestar garantia de pagamento de obrigações pecuniárias assumidas pelos parceiros públicos federais, *distritais, estaduais ou municipais* em virtude das parcerias de que trata esta Lei."	Especificar melhor as regras de contribuição e contragarantia por parte dos estados e municípios.
2	As agências reguladoras têm deficiência de recursos para regular e fiscalizar adequadamente os contratos de concessão e PPPs. No caso destes últimos, a legislação não permite.	Retomar o projeto de Lei Geral das Agências Reguladoras, visando fortalecê-las e equipá-las adequadamente para o exercício de suas competências, e aprovar o art. 15 do PL 2892/11 que permite à agência regular os contratos de PPP	—	Retomar o projeto de Lei nº 3.337 de 2004, alterando a gestão, e aprovar o art. 15 do PL 2892/11.
3	Impossibilidade de parte de um empreendimento de PPP poder ser financiado com recursos públicos.	Permitir que o Poder Concedente pague a contraprestação antes do início da operação.	"Art. 6º § 2º. O contrato poderá prever o aporte de recursos em favor do parceiro privado para a realização de obras e aquisição de bens reversíveis, nos termos dos incisos X e XI do caput do art. 18 da Lei nº 8.987, de 13 de fevereiro de 1995, desde que autorizado no edital de licitação, se contratos novos, ou em lei específica, se contratos celebrados até 8 de agosto de 2012.	Contemplado.

(Continua)

Quadro 1 Síntese dos gargalos e propostas para as parcerias público-privadas e concessões: o que falta fazer (continuação)

Nº	Gargalo	Proposta	O que foi feito na Lei nº 12.766/12	O que falta ser feito
4	Impossibilidade de estados e municípios contratarem PPPs cuja contraprestação ultrapasse 3% da receita corrente líquida.	-	"Art. 28. A União não poderá conceder garantia ou realizar transferência voluntária aos Estados, Distrito Federal e Municípios se a soma das despesas de caráter continuado derivadas do conjunto das parcerias já contratadas por esses entes tiver excedido, no ano anterior, a 5% (cinco por cento) da receita corrente líquida do exercício ou se as despesas anuais dos contratos vigentes nos 10 (dez) anos subsequentes excederem a 5% (cinco por cento) da receita corrente líquida projetada para os respectivos exercícios."	A presença de um limite para a contraprestação de projetos contratados via PPP pode continuar desestimulando a contratação desses projetos; por isso a eliminação do limite deve ser buscada.
5	Concorrência entre recursos do PAC e PPPs.	Criar uma linha de recursos não onerosos específicos para PPPs.	-	Buscar a criação de uma linha de recursos específica para PPP.
6	Tributação sobre o faturamento de concessionárias de serviços públicos e parceiros privados.	Desonerar o PIS/COFINS sobre o faturamento de concessionárias de serviços públicos e parceiros privados.	"Art. 6º § 3º. O valor do aporte de recursos realizado nos termos do § 2º poderá ser excluído da determinação - do lucro líquido para fins de apuração do lucro real e da base de cálculo da Contribuição Social sobre o Lucro Líquido - CSLL; e II - da base de cálculo da Contribuição para o PIS/Pasep e da Contribuição para o Financiamento da Seguridade Social - COFINS."	Permitir que os investimentos feitos em ativos permanentes imobilizados necessários à prestação de serviços públicos ou vinculados a projetos de PPPs com alto retorno social possam ser utilizados como créditos perante o PIS/PASEP-COFINS.

(Continua)

Quadro 1 Síntese dos gargalos e propostas para as parcerias público-privadas e concessões: o que falta fazer *(continuação)*

Nº	Gargalo	Proposta	O que foi feito na Lei nº 12.766/12	O que falta ser feito
7	Dificuldade de contratação de consultores e especialistas para modelagem de projetos.	Flexibilizar o regime de contratação das Unidades de PPPs.	-	Adoção de um regime especial de licitação aplicável às Unidades de PPPs por meio de inclusão de artigo específico na Lei nº 11.079/04 que permita que os estados e municípios editem regulamentos próprios de licitação paras as Unidades de PPP.
8	Dificuldade para o gestor público justificar a escolha pela modalidade de PPP ou concessão em determinado empreendimento.	Desenvolver e disseminar critérios objetivos para a escolha de uma modalidade de prestação de serviços como a PPP relativamente às demais.	-	Desenvolver e disseminar metodologias que permitam maior segurança para avaliar os projetos e acelerar a tomada de decisão quanto à aprovação de projetos.
9	Modelo federal de referência de manifestação de interesse é pouco ágil.	Modelo mais ágil de manifestação de interesse.	-	A inclusão de diretrizes gerais para o procedimento de manifestação de interesse com certo nível de padronização dos PMI.
10	Falta de conhecimento na sociedade sobre possíveis benefícios de concessões e PPPs.	Difusão dos benefícios das PPPs em diversas instâncias da sociedade.	-	Treinamento de gestores públicos no tema de PPP; inclusão da discussão sobre parcerias nas Universidades; inserir o tema das PPPs e concessões como tópicos obrigatórios nos concursos públicos etc.

A infraestrutura é um dos principais entraves ao crescimento brasileiro. A Figura 1 mostra que os investimentos em infraestrutura no Brasil, como proporção do PIB, ainda são reduzidos comparativamente a outras economias emergentes: cerca de 2% do PIB. A China, entre 1998 e 2003, elevou este percentual de 2,6% para 7,3%. A Tailândia saltou de 5,3% para 15,4% (FRISCHTAK, 2008).

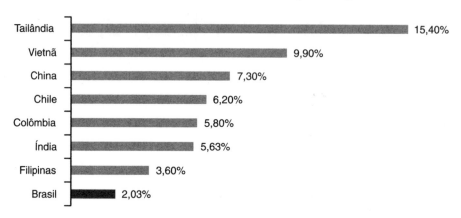

Figura 1 Investimento em infraestrutura como porcentagem do PIB

Fonte: Frischtak (2008).

A taxa de investimento em infraestrutura no Brasil (cerca de 2% do PIB) é inferior à taxa média de 3% considerada com base na experiência de economias emergentes que obtiveram taxas de crescimento acelerada nos últimos anos (FRISCHTAK, 2008). Este ritmo de investimentos seria o suficiente apenas para manter o estoque de capital existente, acompanhar o crescimento e as necessidades da população.

A modernização da infraestrutura exigiria uma taxa de investimento maior. Investimentos da ordem de 5% do PIB levariam o Brasil a padrões semelhantes aos de países industrializados do leste da Ásia, como a Coreia do Sul. Esta taxa teria que se manter ao longo de algumas décadas para possibilitar a modernização necessária na infraestrutura.

No contexto brasileiro, caso sejam mantidas as taxas de investimento próximas a 19% do PIB (PASTORE, 2010), a taxa de crescimento da economia brasileira estaria limitada no longo prazo. Eventos como o crescimento de

7,5% em 2010 seriam frutos de uma recuperação cíclica da economia depois de um ano de estagnação, como foi 2009. Taxas de crescimento entre 5% e 6% ao ano exigiriam investimentos em torno de 25% do PIB.

Atualmente, cerca de metade dos investimentos em infraestrutura no Brasil são feitos pelo setor público e a outra metade pelo privado. A elevação da taxa de investimentos em infraestrutura dependerá de esforços de ambos os setores. Entretanto, tendo em vista as restrições fiscais do setor público e a disposição e capacidade de investir do setor privado, é razoável supor que a elevação da taxa de investimento passe por um aumento da participação da iniciativa privada nos investimentos em geral e em infraestrutura, em particular.

A atração de investimentos do setor privado tem sido importante para a modernização da infraestrutura de dois países da América Latina que conseguiram aumentar seus investimentos: Chile e Colômbia. Em ambos, o investimento em infraestrutura é de cerca de 6% do PIB, com algo como dois terços dos gastos sob a responsabilidade do setor privado (FRISCHTAK, 2008).

A participação do setor privado no investimento pode ocorrer de diversas formas. As parcerias com o setor público têm revelado a maneira eficaz de realizar empreendimentos no setor de infraestrutura.

2 Uma visão panorâmica das parcerias público-privadas no Brasil

Conforme mencionado na seção anterior, o desafio de elevar o investimento em infraestrutura passa pela participação da iniciativa privada. Historicamente, isso ocorreu de várias formas e respondeu a ciclos de participação do capital privado no investimento em infraestrutura.

Como indica a linha do tempo da Figura 2, no período recente, este fenômeno ocorreu através das concessões à iniciativa privada, que ganharam força a partir dos anos 1990, tendo em vista o processo de privatização de empresas estatais em diversos setores. Foram privatizadas empresas estaduais de energia e gás (Lei nº 9.478/97); privatizou-se o sistema Telebras; foram criados o marco legal geral para concessões (Lei nº 8.987/95) e as leis específicas, reorganizando diversos setores, entre eles, o de energia (Lei nº 9.427/96), de telecomunicações (Lei nº 9.472/97) e o de petróleo e gás (Lei nº 9.478/97). Na esteira de tais privatizações, criaram-se agências reguladoras responsáveis por fiscalizar e regular os contratos de concessão.

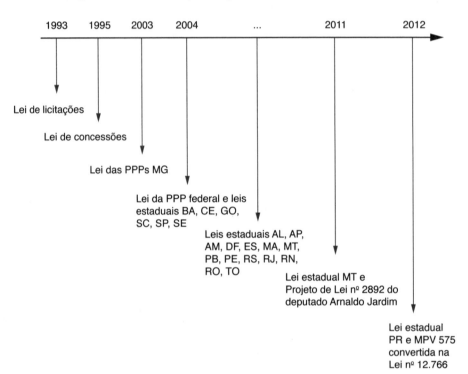

Figura 2 Linha do tempo das parcerias e concessões no Brasil

As parcerias público-privadas *stricto sensu* (PPPs) entraram em cena a partir dos anos 2000, inicialmente com a edição das leis estaduais mineira (14.868/03) e paulista de PPPs (11.688/04) e, posteriormente, com a Lei Federal nº 11.079/04 ("Lei das PPPs").[1]

Estas leis permitiram expressamente a concessão a empresas privadas do financiamento, construção e operação de infraestrutura que não pode ser financiada exclusivamente com tarifas cobradas dos usuários, mas depende

---

[1] Conforme destacado na Introdução deste livro, o termo Parceria Público-Privada está sendo usado de forma geral, incluindo as concessões comuns previstas na Lei nº 8.987/95 e outras modalidades.

de recursos fiscais.[2] Em dezembro de 2012 foi editada a Medida Provisória nº 575, posteriormente convertida em Lei nº 12.766/12, que trouxe aperfeiçoamentos à Lei das PPPs.

Três motivos justificam o fortalecimento de parcerias e concessões no Brasil.

Em primeiro lugar, a necessidade de aumentar o montante de investimentos em infraestrutura no Brasil de 2% para algo no intervalo de 3-5% do PIB, como destacado na seção anterior.

Em segundo lugar, o governo conta com restrições fiscais. Não seria realista imaginar que o setor público pudesse, por si só, aumentar em três ou quatro vezes a participação de seus investimentos em infraestrutura do PIB. Um salto de investimento público dessa magnitude seria inviável por conta da já mencionada baixa capacidade de poupança do setor público e das restrições fiscais para elevação do gasto público, sem contar a dificuldade de elaboração, gerenciamento e execução de projetos.

Em terceiro lugar, para além da restrição orçamentária, ao se comparar PPPs e concessões à execução dos investimentos diretamente pelo setor público, observam-se as seguintes cinco vantagens (FERNANDEZ, 2006):

1. Estabelecimento de sistema de metas e de incentivos para seu cumprimento que possibilitam a melhoria da prestação dos serviços.
2. Maior transparência na prestação de serviços públicos.
3. Inovação tecnológica e gestão trazidas pelo agente privado.
4. Incentivos para que os parceiros privados maximizem a qualidade e a eficiência do investimento.
5. Alocação ótima dos riscos entre os parceiros público e privado.

Se o modelo de concessão comum já está relativamente bem difundido em alguns setores como energia elétrica, rodovias e telecomunicações desde a década de 1990 e início dos anos 2000, o desenvolvimento de PPPs *stricto sensu* ocorreu mais recentemente.

Atualmente, existem PPPs organizadas diretamente pelas diferentes esferas governamentais. No âmbito federal, está em andamento a PPP do Projeto Datacenter, Consórcio do Banco do Brasil e da Caixa Econômica Federal,

---

[2] A Lei das PPPs se insere dentro de um movimento iniciado no Reino Unido na década de 1990.

conforme discutido em outro capítulo deste livro. Há uma diversidade de outros projetos em análise, entre os quais nas áreas de infraestrutura de rede (ferrovias), de defesa e irrigação.

Com objetivo de verificar o desenvolvimento de parcerias público-privadas no âmbito dos governos estaduais, foi realizada pesquisa com as Unidades de PPP, com as Secretarias de Planejamento, de Desenvolvimento Econômico, de Estado e da Fazenda. Os quadros a seguir oferecem uma visão geral das concessões e PPPs, estas últimas divididas nas categorias de contratos em andamento e de PPPs em fase de projeto. Enquanto a primeira categoria engloba os contratos em andamento e os projetos já licitados e com contrato assinado,[3] a segunda envolve os projetos que estão prontos para a licitação, projetos em estudo – fase de modelagem econômico-financeira e jurídica – e projetos ainda em fase de discussão[4] (Figura 3).

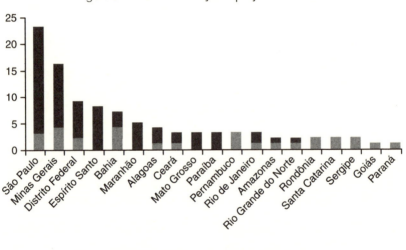

Figura 3 PPPs em execução e projetos de PPPs

A Figura 4 mostra a desagregação das PPPs em execução e dos projetos de PPPs por setor.

---

[3] Em fase de constituição da SPE, por exemplo.
[4] Projetos que estão na pauta da administração pública para possivelmente serem executados através de parcerias público-privadas.

Figura 4 PPPs em execução e projetos de PPPs por setor

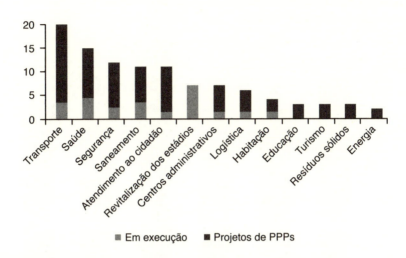

O levantamento sugere os seguintes pontos:

- O período de aprendizado da aplicação da legislação foi relativamente longo; depois de quase uma década da entrada em vigor da Lei nº 11.079/04, o número de projetos em execução era relativamente pequeno, poucas unidades da Federação haviam adotado PPPs e o Governo Federal realizou apenas uma.

- Dado o pequeno número de projetos de PPP em execução, ainda não é possível detectar um padrão setorial, embora chame atenção nas PPPs o número de estádios, naturalmente associados à Copa do Mundo de 2014; quando se considera o total, verifica-se razoável diversificação setorial.

- Há um estoque de projetos de PPPs que pode indicar que esta modalidade tem potencial para crescer mais rapidamente nos próximos anos; nossa hipótese é de que isto ocorrerá se os gargalos detectados na próxima seção forem eliminados.

Comparativamente às concessões comuns reguladas pela Lei nº 8.987/95, nota-se que a evolução das PPPs foi mais lenta. As razões para essa diferença podem, porém, estar atreladas à conjuntura econômica e política em que cada lei foi editada. No caso das concessões comuns, há clara preponderância do setor de energia, secundado pelo transporte e logística, conforme indica a

Figura 5, o qual traz um panorama geral de concessões comuns e PPPs no país até 2010.

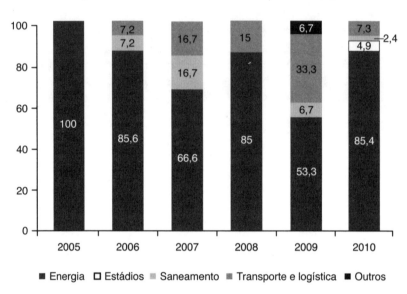

Figura 5 Concessões comuns e PPPs por setor (%)

Fonte: Anbima (2010)

No que concerne às parcerias público-privadas no âmbito municipal, São Paulo, Belo Horizonte, Rio de Janeiro, Vitória, Porto Alegre, Curitiba, Natal e Palmas são alguns dos municípios que já instituíram leis de parcerias público-privadas. Estima-se ainda que existam mais de 30 parcerias público-privadas em municípios em andamento ou em formatação. Essas parcerias têm sido desenvolvidas em diversas áreas em que os municípios atuam na prestação dos serviços, tais como:

i. saneamento (Rio Claro: coleta e tratamento de esgotos; Rio das Ostras: coleta e tratamento de esgotos);

ii. limpeza urbana (Canoas, Belo Horizonte, São Carlos, Jacareí e Piracicaba);

iii. educação (São Paulo e Belo Horizonte);

iv. habitação (Paulínia);

v. centro administrativo (Hortolândia).

3 Principais gargalos encontrados na experiência prática na execução das parcerias público-privadas

O objetivo desta seção é indicar os principais gargalos encontrados na implantação prática de PPPs. Na Seção 4 são indicadas quais medidas já foram tomadas para superar esses gargalos e o que ainda falta fazer. A primeira coluna do Quadro 1 resume os obstáculos à disseminação das PPPs.

O *primeiro* problema detectado é a falta de capacidade de oferecer garantias de pagamento adequadas por parte de estados e municípios. Quando se iniciou a discussão específica das leis estaduais e federal de PPPs, uma das principais condições levantadas pelo setor privado para que esse modelo de contratação se viabilizasse foi a garantia de pagamento. Nas PPPs (concessões administrativas e patrocinadas), uma parte ou a totalidade da remuneração do parceiro privado advém do governo – e não de tarifas cobradas diretamente dos usuários. Dessa forma, havia grande preocupação com o risco de inadimplência do poder concedente que, caso não pagasse a contraprestação devida, obrigaria o parceiro privado a acionar a justiça e se submeter ao regime de precatórios. É sabido que esse risco era assumido por empresas privadas envolvidas em projetos governamentais de infraestrutura. Porém, nas contratações tradicionais, a remuneração da empresa privada sempre foi paga mediante a medição da conclusão de etapas das obras e serviços realizados. Assim, se não houvesse pagamento, o parceiro privado estaria exposto ao risco de uma única medição e não de todo o projeto.

No caso das PPPs, o parceiro privado é responsável pela construção e financiamento do projeto e recebe sua remuneração, via de regra, ao longo da operação da infraestrutura. Assim, caso o governo não pague a contraprestação, o parceiro privado já terá realizado todos os investimentos e terá que honrar com os financiamentos já assumidos, o que representa um risco bem mais elevado.

No intuito de mitigar o risco de crédito, foram criados fundos ou empresas estatais garantidores de parcerias público-privadas cujo objetivo principal é garantir as obrigações de pagamento assumidas pelos Poderes Concedentes. Esses fundos e empresas não se submetem ao regime de precatórios.

Os fundos garantidores também servem para melhorar, de maneira geral, o *rating* do projeto, ainda que o Poder Concedente seja uma entidade não sujeita ao regime de precatórios (como é o caso das empresas públicas e sociedades de economia mista). Como exemplo, pode-se citar PPPs organizadas por empresas estatais de metrô ou de saneamento que tenham capacidade reduzida de prestar garantias de pagamento aos parceiros privados.

Ocorre que alguns estados e muitos municípios não dispõem de ativos suficientemente líquidos para integralizar o capital de fundo ou empresa municipal ou estadual que visa garantir parcerias público-privadas.

Nesses casos, uma garantia líquida que poderia ser oferecida por estados e municípios seria a vinculação de receitas tributárias próprias ou dos recursos dos Fundos de Participação Estadual ou Municipal, conforme o caso.

No primeiro caso, porém, o inciso IV do artigo 167 da Constituição Federal[5] veda a vinculação de receita de impostos a órgãos ou fundos. A única exceção admitida está prevista no parágrafo 4º do próprio artigo 167 que autoriza a vinculação de "receitas próprias geradas pelos impostos" para "a prestação de garantia ou contragarantia à União e para pagamento de débitos para com esta".[6]

Assim, não é possível, por exemplo, a estados e municípios oferecer em garantia aos parceiros privados as suas receitas tributárias futuras.

No que diz respeito à vinculação dos recursos dos Fundos de Participação de Estados e Municípios, não há vedação de oferecê-los em garantia aos parceiros privados em projetos de PPP. Esse entendimento, porém, não está pacificado e determinados bancos públicos e privados não têm aceito esses recursos como garantia de financiamentos tomados por empresas privadas participantes de projetos de PPPs.

O *segundo* problema prático é o fato de as agências reguladoras terem deficiência de recursos para regular e fiscalizar adequadamente os contratos de concessão e PPPs. No caso das PPPs *stricto sensu*, não há previsão para que isso seja feito. As agências reguladoras têm papel importante a exercer na mediação e gestão de contratos de parceria. Seu bom funcionamento é fator de redução de risco e consequentemente de custo de capital.

---

[5] "IV - a vinculação de receita de impostos a órgão, fundo ou despesa, ressalvada a repartição do produto da arrecadação dos impostos a que se referem os arts. 158 e 159, a destinação de recursos para as ações e serviços públicos de saúde, para manutenção e desenvolvimento do ensino e para realização de atividades da administração tributária, como determinado, respectivamente, pelos arts. 198, § 2º, 212 e 37, XXII, e a prestação de garantias às operações de crédito por antecipação de receita, previstas no art. 165, § 8º, bem como o disposto no § 4º deste artigo."

[6] "§ 4º É permitida a vinculação de receitas próprias geradas pelos impostos a que se referem os arts. 155 e 156, e dos recursos de que tratam os arts. 157, 158 e 159, I, a e b, e II, para a prestação de garantia ou contragarantia à União e para pagamento de débitos para com esta."

No entanto, o processo de estruturação das agências reguladoras no Brasil ainda está longe daquilo que se espera de uma regulação adequada da infraestrutura. Embora a maior parte das agências já conte com uma estrutura mínima de trabalho, ainda faltam recursos financeiros e técnicos para que tais entidades consigam cumprir adequadamente seu papel de fiscalizar os contratos de concessão e de parcerias público-privadas. Levantamentos anteriores realizados por associações de classe sugerem um recorrente contingenciamento do orçamento das agências reguladoras.

Além da questão de falta de recursos, deve-se observar também o problema de vacância nas diretorias das agências. De fato, os 28 cargos de diretoria de sete agências federais ficaram vagos em média 50 dias por ano no período 2003-2009. Tal problema causa ineficiências, como falta de planejamento e descontinuidade nas principais ações. Por fim, será necessário assegurar critérios técnicos para as nomeações dos membros das agências reguladoras.

Um *terceiro* problema é a impossibilidade de parte de um empreendimento de PPP poder ser financiado tanto com recursos privados como com recursos públicos. Conforme mencionado anteriormente, um dos principais motivos para se estruturar um projeto de PPP ou de concessão é o de atribuir ao parceiro privado a responsabilidade de financiar o empreendimento. Essa possibilidade é especialmente importante em momentos de retração do crédito e da capacidade de investimento do setor público.

Porém, em momentos em que há grande abundância de crédito barato ao setor público (em especial de organismos multilaterais), os entes federativos com capacidade de endividamento tendem a utilizar esses fundos para financiar obras de infraestrutura.

Nessa situação, há um desincentivo à utilização do mecanismo de PPP, pois, em geral, o custo do empréstimo obtido pelo governo é inferior ao custo do financiamento privado e embutido no valor da contraprestação paga ao concessionário. Assim, a escolha pela modalidade de contratação pode ser feita com base na disponibilidade de financiamento e não a partir de uma análise minuciosa das eventuais vantagens ou desvantagens das alternativas existentes. Deveria ser o contrário: uma vez feita a opção pela modalidade de contratação, procurar-se-ia a alternativa mais adequada de financiamento.

Assim, verificaram-se casos em que as obras de maior valor de um determinado projeto foram financiadas e realizadas pelo poder público e, posteriormente, foi contratado um parceiro privado para operar e manter a infraestrutura. Tal divisão de responsabilidade, porém, tem se mostrado problemática e ineficiente.

Tome-se como exemplo a construção da Linha Quatro do Metrô de São Paulo. A Companhia do Metropolitano de São Paulo contratou, por meio de obra pública (financiamento público), a realização das obras civis (estações, extensão da malha). Em paralelo, realizou uma PPP patrocinada para contratar um parceiro que fornecesse os trens e operasse as linhas, além de prestar serviços acessórios de segurança e limpeza.

Ocorre que um atraso nas obras civis decorrente de um acidente em uma estação postergou o cronograma de execução da PPP de operação e manutenção e, por consequência, suscitou uma disputa entre o Poder Concedente e a concessionária.

Em outras palavras, o fato de o Metrô não ter transferido ao concessionário a responsabilidade por todo o empreendimento (obras civis, fornecimento de trens, operação e manutenção) trouxe riscos adicionais e ineficiências. Isso porque o concessionário teve sua capacidade de melhorar a eficiência do empreendimento limitada pela solução técnica e tecnológica adotada pelo Poder Concedente no momento do projeto e construção das obras civis.

Como será discutido na Seção 4, a alteração trazida pela Lei nº 12.766/12 procurou equacionar esse problema, ainda que algumas questões sobre como estruturar esse novo mecanismo devam ainda ser mais bem exploradas projeto a projeto.

O *quarto* problema reside na vedação de a União "conceder garantia e realizar transferência voluntária aos Estados, Distrito Federal e Municípios se a soma das despesas de caráter continuado derivadas do conjunto das parcerias já contratadas por esses entes tiver excedido, no ano anterior, a 5% (cinco por cento) da receita corrente líquida do exercício ou se as despesas anuais dos contratos vigentes nos 10 (dez) anos subsequentes excederem a 5% (cinco por cento) da receita corrente líquida projetada para os respectivos exercícios".[7] Antes da edição da Lei nº 12.766/12 esse limite era de 3%. Em qualquer situação, porém, esse tipo de limite, ainda que ampliado, pode continuar a representar um gargalo, na medida em que mais projetos de PPP forem viabilizados.

Na Seção 4, apresenta-se proposta alternativa para esse mecanismo de controle imposto a estado e municípios.

---
[7] Lei nº 12.766/12, art. 28.

Em *quinto* lugar, a concorrência entre recursos do PAC e PPPs parece inibir a formação de PPPs. O Programa de Aceleração do Crescimento (PAC) tem sido gerido de forma a discriminar as parcerias privadas na destinação de recursos não onerosos (p. ex.: Orçamento Geral da União). Embora não haja imperativo legal, os recursos não onerosos do PAC têm sido canalizados exclusivamente a projetos de obra pública, permanecendo a gestão do ativo e dos serviços sob a responsabilidade do município ou do estado beneficiário dos recursos.

Esse modelo cria um forte desincentivo para viabilizar PPPs, pois os estados e municípios costumam optar por obter recursos do PAC e realizar os investimentos através de obras públicas em vez de modelar uma PPP. Trata-se de um caso particular da situação já mencionada anteriormente de indução de certa modalidade de contratação em função exclusiva da oferta de financiamento.

O *sexto* problema evidenciado é de tributação sobre o faturamento de concessionárias de serviços públicos e parceiros privados. Atualmente, a maior parte das concessões são oneradas com tributação do PIS/PASEP-COFINS. Essa tributação eleva, consequentemente, o custo dos serviços, o qual é repassado para as tarifas cobradas da população ou para o governo federal, estados ou municípios que arcam com as contraprestações pagas aos parceiros privados.

No que diz respeito às PPPs administrativas, a tributação recai sobre a contraprestação global paga ao parceiro privado, ainda que tal contraprestação sirva para remunerar não só serviços, mas também os investimentos de infraestrutura. Ou seja, há uma tributação sobre a contraprestação, além daquela já incidente sobre as atividades de construção da infraestrutura. Caso esses investimentos sejam realizados diretamente por órgão público, a tributação incidirá exclusivamente sobre o empreiteiro que realizar a obra. Neste sentido, a desoneração fiscal de PPPs e concessões constituiria um importante estímulo, de forma a pelo menos conferir tratamento tributário isonômico às diferentes alternativas disponíveis ao gestor público.

O *sétimo* problema avaliado é a dificuldade de contratação de consultores e especialistas para modelagem de projetos. As Unidades de PPP foram originalmente criadas para serem centros de excelência, com capacidade para apoiar os entes da Administração na modelagem de projetos. Ocorre que tais unidades se defrontam com dificuldades administrativas semelhantes ao conjunto da máquina pública.

Verifica-se, em alguns casos, que as Unidades de PPPs, juntamente com os conselhos gestores de PPPs, se tornaram instâncias adicionais de aprovação de projetos, deixando de exercer, como seria o desejável, um papel de coordenador e promotor da formação de parcerias público-privadas.

Duas razões ajudam a explicar essa situação. De um lado, os governos nem sempre valorizam o papel das Unidades de PPP e, muitas vezes, os demais órgãos da administração veem essas Unidades como uma ingerência e limitação de atuação em suas atividades. Como as informações estratégicas para a formulação dos projetos se encontram nas pastas setoriais, as unidades de PPPs nem sempre dispõem dos mecanismos necessários para liderar o processo.

De outro lado, as Unidades de PPP estão sujeitas às mesmas amarras de contratação de consultores externos que qualquer órgão da Administração Pública, em especial à realização de licitação nos moldes da Lei nº 8.666/93. Tal situação limita consideravelmente a atuação das Unidades de PPPs.

A estruturação de parcerias e concessões requer conhecimento técnico bastante específico e a realização de estudos complexos. A grande maioria dos agentes públicos não conta sequer com a capacitação adequada para realizar a contratação de consultores para estruturar uma PPP ou concessão (RIBEIRO, 2010).

Constata-se ainda uma dificuldade em contratar apoio externo, o que retarda a absorção de conhecimento e tecnologia. Além disso, a não valorização das Unidades de PPP impede que esses entes desenvolvam um papel de *advocacy* das PPPs dentro do próprio governo.

Uma das consequências indesejáveis da falta de conhecimento técnico na aprovação de parcerias nas esferas de governo é a morosidade do processo de aprovação. A razão disso é a dependência da avaliação de diversas instâncias que nem sempre têm conhecimento sobre o tema. Por exemplo, no caso de uma empresa pública estadual que deseje desenvolver uma PPP, o projeto terá que ser aprovado: (i) pelas instâncias internas da empresa, incluindo diretoria e conselho de administração; (ii) pela Unidade de PPP Estadual; (iii) por comissões que podem incluir a Procuradoria Geral do Estado e Secretarias de Estado relevantes para aquele projeto específico; e (iv) por um conselho de PPPs do estado que envolve secretários de estado e outros representantes. Além disso, a PPP deverá passar por audiências públicas e outras discussões para convencimento da sociedade. A Figura 6 mostra o caso da PPP do Alto Tietê, discutida neste livro, no qual a contratante foi a Sabesp. Tratava-se de um projeto prioritário para assegurar a oferta de água para a Região Metropolitana de São Paulo, que teve de passar por um longo trâmite de aprovação. Não se questiona, obviamente, o rigor necessário da apreciação de projeto complexo que acarretará obrigações de longo prazo para o setor público. Preocupa apenas a morosidade do processo.

Figura 6 Passos para aprovação de PPPs – o caso da ampliação da ETA do Alto Tietê da Sabesp

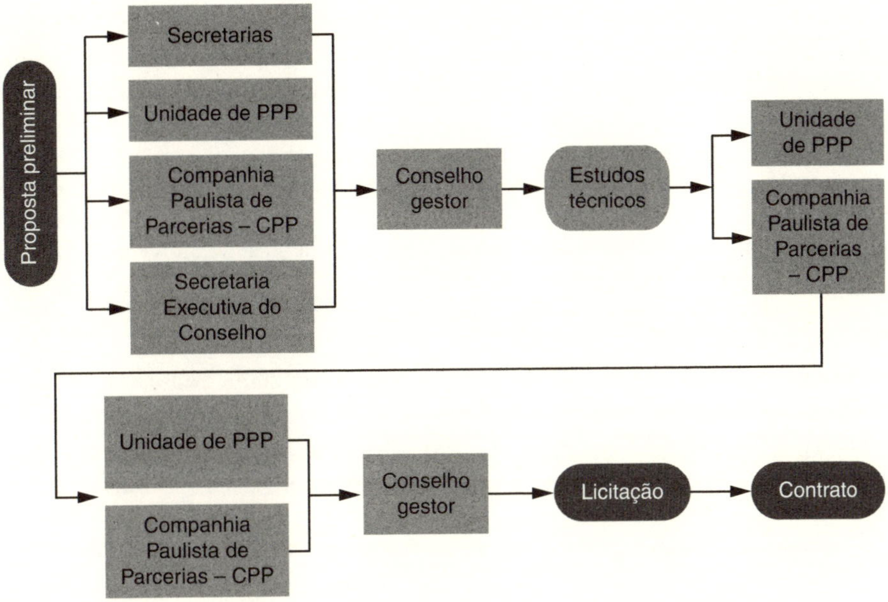

Fonte: Secretaria de Planejamento e Desenvolvimento Regional do Estado de São Paulo.

Por conseguinte, seria necessário repensar o formato das unidades de PPPs mediante criação de um regime de gestão próprio, possível terceirização de serviços especializados e assessoria técnica para os estados e municípios de forma a estimular parcerias público-privadas. Na mesma linha, seria útil pensar em empresas estruturadoras de projetos nas esferas estaduais, a exemplo daquilo que ocorre no plano nacional.

O *oitavo* problema considerado é a dificuldade para o gestor público justificar a escolha pela modalidade de PPP ou concessão em determinado empreendimento.

É importante que o processo de aprovação de uma PPP seja ágil e, ao mesmo tempo, avaliado por critérios estritamente técnicos. A definição de critérios objetivos que permitam ao gestor público justificar o projeto de PPP ou concessão seria essencial.

O *nono* problema consiste na falta de agilidade do mecanismo de manifestação de interesse. O artigo 21 da Lei de Concessões autoriza tal procedimento, através do qual uma empresa privada pode apresentar ao governo a modelagem de determinado projeto de concessão ou PPP. É verdade, porém, que tal artigo era pouco claro na descrição do roteiro a ser seguido.

A Lei nº 11.922/09, através de emenda apresentada pelo deputado Arnaldo Jardim, incluiu um dispositivo que tornou mais clara a possibilidade de União, Estado e Município regulamentarem procedimentos de manifestação de interesse:

> "Art. 2º Ficam os Poderes Executivos da União, dos Estados, do Distrito Federal e dos Municípios autorizados a estabelecer normas para regular procedimento administrativo, visando a estimular a iniciativa privada a apresentar, por sua conta e risco, estudos e projetos relativos à concessão de serviços públicos, concessão de obra pública ou parceria público-privada."

O Decreto Federal nº 5.977 de 1º de dezembro de 2006, estabelece um procedimento de apresentação de manifestação de interesse no âmbito da administração pública federal. O referido decreto, porém, impõe algumas limitações ao procedimento de manifestação de interesse. Destaquem-se as seguintes:

- Limitação de apresentação de manifestação de interesse a modelagens de parcerias público-privadas já definidas como prioritárias no âmbito da administração pública federal. Ou seja, não pode a iniciativa privada propor projetos que entenda ser de interesse da administração pública, ainda que não tenham sido considerados no planejamento estatal.
- Limitação no tipo de projeto que pode ser apresentado, tendo em vista o § 3º do artigo 2º do Decreto que estabelece que, "salvo decisão em contrário do CGP, a contraprestação pública nas parcerias público-privadas cujos estudos sejam recebidos nos termos deste Decreto não poderá exceder a trinta por cento do total das receitas do eventual parceiro privado".
- Estabelecimento de procedimento burocrático e formalista para a apresentação da manifestação de interesse.

Assim, o estímulo às parcerias passa pela desburocratização, difusão e ampliação do mecanismo de manifestação de interesse.

O *décimo* problema é de caráter mais geral e cultural. A falta de conhecimento na sociedade sobre possíveis benefícios de concessões e PPPs constitui obstáculo à concretização de parcerias público-privadas. Neste sentido, há um grande número de concessões em andamento no Brasil e a possibilidade de desenvolvimento de diversas PPPs. No entanto, a informação sobre os principais conceitos, vantagens e desvantagens dessas parcerias ainda estão pouco disseminados no setor público, nos meios profissionais e nas universidades. É possível que uma maior difusão da teoria e prática das parcerias sirva para atenuar resistências naturais a um mecanismo novo, especialmente por parte de segmentos corporativos diretamente afetados.

Tendo em vista que essas parcerias já são uma realidade e podem crescer nos próximos anos, a disseminação de informações sobre o tema deve ser estimulada. Mostrar quais são as principais modalidades, as diferenças entre elas e sua maior adequação para cada situação é indispensável para a consolidação desses mecanismos de cooperação público-privada.

4 Propostas para destravar as parcerias

Esta seção apresenta propostas institucionais para aperfeiçoar concessões e parcerias público-privadas de forma a responder aos problemas levantados na seção anterior. A segunda coluna do Quadro 1 resume as proposições relevantes.

As propostas cobrem aspectos legislativos, institucionais, gerenciais e culturais e foram agrupadas de acordo com cinco objetivos: redução de risco, diminuição do custo de financiamento, elevação dos recursos, redução dos tributos e aumento da capacidade de formulação e execução. Algumas dessas propostas constam do Projeto de Lei nº 2.892/11 e foram, ainda que parcialmente, adotadas pela Lei nº 12.766/12. Porém, aperfeiçoamentos ainda são necessários, o que é detalhado nesta seção.

A Objetivo 1: Redução de risco

Proposta 1: Permitir que o FGP possa ser utilizado em PPPs estaduais e federais.

Com o intuito de solucionar a falta de capacidade de oferecer garantias adequadas de pagamento por parte de estados e municípios na contratação de parcerias público-privadas, o Projeto de Lei nº 2.892/11 prevê a alteração do artigo 16 da Lei nº 11.079/04 para permitir que o Fundo Garantidor Federal de Parcerias público-privadas possa prestar garantias de pagamento a concessionárias privadas contratadas em projetos de PPPs estaduais e municipais. A concessão dessa garantia seria remunerada pelo parceiro privado ao FGP.

O Projeto de Lei nº 2.892/11 prevê que a concessão de garantias pelo FGP a estados e municípios ou por fundos/empresas garantidores estaduais estaria condicionada à montagem de uma estrutura de contragarantias, conforme mostra a Figura 7.

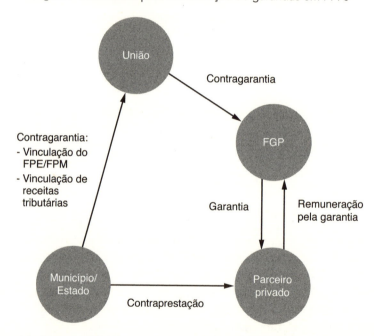

Figura 7 Alternativa para estruturação de garantias em PPPs

Nessa hipótese, o FGP ofereceria garantia ao parceiro privado contratado em uma PPP municipal ou estadual. A União, então, garantiria o FGP e obteria uma contragarantia do estado ou município por meio da vinculação de receitas tributárias. Esse mecanismo permitiria, de um lado, que o parceiro privado dispusesse de uma garantia líquida[8] e exequível e, de outro, que o

---

[8] Isso porque os ativos integralizados pela União no fundo são bastante líquidos.

estado ou município pudessem oferecer contragarantias à União de boa qualidade e que seriam facilmente exequíveis.

A Lei nº 12.766/12 contemplou parcialmente os mecanismos propostos pelo Projeto de Lei nº 2.892/11 autorizando o FGP a "prestar garantia de pagamento de obrigações pecuniárias assumidas pelos parceiros públicos federais, distritais, estaduais ou municipais" em virtude das parcerias público-privadas.[9]

Porém, a legislação não deixa claro se estados e municípios deverão ser quotistas para se beneficiar das garantias prestadas pelo FGP nem tampouco se deverão integralizar bens de sua propriedade no FGP.

Por outro lado, a Lei nº 12.766/12 não prevê nenhum tipo de remuneração ou contragarantia a ser prestada ao FGP por estados ou municípios, o que significa que o FGP estaria funcionando como garantidor de dívidas de estados e municípios sem exigir nenhuma contragarantia. Esse mecanismo pode, em princípio, violar o § 1º do Artigo 40 da Lei de Responsabilidade Fiscal (Lei Complementar 101/00).[10]

Essa insegurança jurídica, naturalmente, gera instabilidade no novo mecanismo de garantia proposto, reduzindo sua eficácia. Seria fundamental a criação de mecanismos de contragarantia (conforme previsto no Projeto de Lei nº 2892/11) visando mitigar esse risco.

Proposta 2: Retomar o projeto de Lei Geral das Agências Reguladoras, visando fortalecê-las e equipá-las adequadamente para o exercício de suas competências.

O fortalecimento de agências reguladoras e seu mandato específico para regular e fiscalizar contratos de PPP e concessão dependem de: (i) capacitação e profissionalização do corpo funcional; (ii) garantia de recursos adequados para que as agências tenham autonomia financeira; (iii) inclusão no Projeto de Lei das agências reguladoras de um dispositivo que garanta a recomposição dos cargos de diretoria tão logo o mandato termine, evitando vacâncias

---

[9] Lei nº 12.766/12. art. 16: "Ficam a União, seus fundos especiais, suas autarquias, suas fundações públicas e suas empresas estatais dependentes autorizadas a participar, no limite global de R$ 6.000.000.000,00 (seis bilhões de reais), em Fundo Garantidor de Parcerias Público-Privadas - FGP que terá por finalidade prestar garantia de pagamento de obrigações pecuniárias assumidas pelos parceiros públicos federais, distritais, estaduais ou municipais em virtude das parcerias de que trata esta Lei."

[10] "§ 1º A garantia estará condicionada ao oferecimento de contragarantia, em valor igual ou superior ao da garantia a ser concedida, e à adimplência da entidade que a pleitear relativamente a suas obrigações junto ao garantidor e às entidades por este controladas (...)."

prolongadas; e (iv) introdução de mecanismos para incentivar a excelência e a adoção de critérios técnicos para as decisões da agência.

O Projeto de Lei nº 3.337/04 que se encontra em tramitação no Congresso serviria como uma importante base para implantar tais modificações.

Além disso, o Projeto de Lei nº 2.892/11 prevê expressamente a regulação dos contratos de PPPs pelas agências reguladoras, o que conferiria maior segurança jurídica às parcerias. Atualmente, as agências reguladoras setoriais não têm regulado contratos de PPP, mas apenas de concessões comuns. A mudança desse paradigma certamente conferirá maior segurança jurídica aos contratos de PPP.[11]

Essa mudança visa preencher uma lacuna constante do atual artigo 15[12] da Lei nº 11.079/04 que atribui às agências reguladoras o papel exclusivo de fiscalização das PPPs, mas não sua regulação. Além disso, o artigo 15 é aplicável exclusivamente às PPPs federais. Seria importante que fosse estabelecida a obrigatoriedade de regulação de PPPs em todos os níveis federativos. Ainda que os contratos de PPPs (em especial as concessões administrativas) não sejam tecnicamente considerados contratos de prestação de serviços públicos (pois o usuário dos serviços é a própria administração pública), sua estrutura, prazo, porte e complexidade exigem regulação econômica independente, visando garantir maior segurança jurídica.

B Objetivo 2: Diminuição do custo de financiamento

Proposta 3: Permitir que o Poder Concedente possa pagar a contraprestação antes do início da operação.

A impossibilidade de parte de um empreendimento de PPP poder ser financiado com recursos públicos apresentava-se como gargalo importante no fortalecimento de PPPs.

---

[11] Projeto de Lei nº 2892/11. Art. 15. Parágrafo único. "As agências reguladoras ficarão responsáveis pela regulação e fiscalização das concessões patrocinadas e administrativas relativas ao setor que regulem."

[12] "Art. 15. Compete aos Ministérios e às Agências Reguladoras, nas suas respectivas áreas de competência, submeter o edital de licitação ao órgão gestor, proceder à licitação, acompanhar e fiscalizar os contratos de parceria público-privada.
Parágrafo único. Os Ministérios e Agências Reguladoras encaminharão ao órgão a que se refere o caput do art. 14 desta Lei, com periodicidade semestral, relatórios circunstanciados acerca da execução dos contratos de parceria público-privada, na forma definida em regulamento."

Esse gargalo foi equacionado com a Lei nº 12.766/12, com a criação da figura do "aporte de recursos". Não é mais necessário que a infraestrutura objeto do contrato de PPP esteja disponível para que se inicie o pagamento da contraprestação do parceiro privado. A lei autoriza, por meio do mecanismo de aporte de recursos, que os pagamentos possam ser feitos durante a fase de construção da infraestrutura. Esse mecanismo reduz o montante de recursos que tem que ser financiado pelo parceiro privado e, consequentemente, o custo do projeto.

É importante, então, entender como esse mecanismo deve ser aplicado na prática. A nova lei estabelece duas condições para que o aporte de recursos possa ser realizado.

i. Proporcionalidade com os investimentos

A primeira condição é que os aportes de recursos devem "guardar proporcionalidade com as etapas efetivamente executadas dos investimentos".[13] A lei parece pretender vincular os desembolsos pelos aportes de recurso a determinado nível de execução dos investimentos. Entretanto, não estabelece nenhum critério que permita definir essa proporcionalidade. Um cálculo simples que poderia ser proposto é o de atrelar os desembolsos a um cronograma físico-financeiro dos investimentos. Tão logo fosse concluído, por exemplo, 20% do valor da obra, seria desembolsado pelo parceiro público a quantia equivalente a 20% do aporte de recursos.

Essa métrica, porém, não responde à diversidade de arranjos que pode ser desenvolvida em um projeto de infraestrutura. Em determinadas situações, o adiantamento pela mobilização de pessoal e do canteiro de obras pode ser conveniente no intuito de reduzir custos com capital de giro ou compra de materiais. Em outros, o aporte de recursos poderia servir para complementar o capital próprio que deve ser aportado pelo parceiro privado, tendo em vista o financiamento obtido junto à instituição financeira.

Vale notar ainda que a nova lei previu expressamente a possibilidade de aquisição de bens reversíveis com o aporte de recursos. O aporte de recursos pode servir para a aquisição de hidrômetros ou automóveis para manutenção. Nessa situação, todavia, o critério de proporcionalidade com as etapas efetivamente executadas dos investimentos é de difícil implantação.

---

[13] Art. 7º (...) § 2º.

Tome-se como exemplo uma PPP cujo objeto seja a operação de sistema de coleta e tratamento de esgotos existente e a sua ampliação, inclusive com a construção de estação de tratamento de esgotos. No início do projeto, o parceiro privado terá que operar e manter o sistema existente realizando investimentos e adquirindo ativos. Os gastos com essa etapa podem ser expressivos, dependendo do estado da rede a ser reformada. Do ponto de vista físico, porém, esses investimentos são menos relevantes do que a construção de uma estação de tratamento de esgotos. Isto é, os investimentos iniciais de recuperação são mais caros proporcionalmente aos investimentos de expansão. Nessa situação, uma interpretação restritiva de proporcionalidade entre o desembolso do aporte de recursos e as etapas efetivamente executadas dos investimentos parece ter pouca lógica econômica, não servindo à otimização dos custos do projeto.

O que o artigo da lei traz é a obrigatoriedade de uma definição prévia e racional de etapas de execução do projeto e uma vinculação de pagamentos ao cumprimento dessas etapas. Isso não significa, porém, que tenha que haver relação direta entre desembolso e realização física. Assim, é possível que uma etapa física do projeto exija menores investimentos, mas que envolva maiores desembolsos, comparativamente às demais etapas.

Desde que o aporte de recursos seja utilizado com a finalidade de viabilizar a realização dos investimentos e aquisição dos bens, não haverá nenhuma restrição legal em utilizá-lo, por exemplo, como parcela do capital próprio da concessionária na obtenção de determinado financiamento. No mesmo sentido, poderá o aporte de recursos servir como garantia para obtenção desse financiamento.

Não há, em princípio, um modelo único para a utilização do aporte de recursos. O critério fundamental para a definição da forma de utilização e o cronograma de desembolsos do aporte de recursos deve ser o de redução de custos financeiros do projeto.

ii. Aprovação legislativa

A segunda condição diz respeito à aprovação legislativa. A nova lei criou uma distinção entre contratos de PPP já firmados e aqueles ainda não firmados (ditos novos). A lei determina (artigo 6º, § 2º) que contratos assinados até 8 de agosto de 2012 só poderão receber aporte de recursos se houver aprovação legislativa. Já os contratos firmados após esta data ou que venham a ser firmados não dependem de aprovação legislativa.

É de difícil compreensão o motivo pelo qual a lei criou esta distinção. Porém, sua constitucionalidade parece bastante questionável quando aplicada a estados e municípios.

Não cabe a uma lei ordinária federal estabelecer requisitos para que estados e municípios façam uma PPP. Trata-se de decisão autônoma desses entes federados (artigos 25 e 29 da Constituição Federal). O fato de a União poder legislar sobre contratações públicas não lhe dá o direito de dispor sobre a forma de organização dos serviços públicos de titularidade estadual ou municipal.

Assim, para PPPs em andamento, há fortes argumentos que justificam a dispensa de aprovação legislativa para inclusão do aporte de recursos nos contratos. A imposição trazida pela nova lei é inconstitucional, ferindo a autonomia estadual e municipal. Do ponto de vista econômico, a necessidade de aprovação legislativa torna o processo mais longo e incerto, elevando o custo de capital.

C Objetivo 3: Elevação dos recursos

Proposta 4: Considerar as PPPs dentro dos limites de endividamento estabelecidos pelo Senado Federal.

Limites para a contratação de PPPs por estados e municípios apresentam-se como um efetivo gargalo à ampliação deste mecanismo de contratação de projetos. A Lei nº 12.766/12 fez progressos com relação a este ponto, mas não solucionou o problema.

O novo artigo 28 da Lei das PPPs limita a União a transferir recursos a estados e municípios quando o "conjunto das parcerias já contratadas por esses entes tiver excedido, no ano anterior, a 5% (cinco por cento) da receita corrente líquida do exercício ou se as despesas anuais dos contratos vigentes nos 10 (dez) anos subsequentes excederem a 5% (cinco por cento) da receita corrente líquida projetada para os respectivos exercícios."

Não há uma limitação direta à contratação de PPPs acima desse limite. Porém, na prática, desrespeitar o limite significa a suspensão de transferência de recursos federais a estados e municípios. Trata-se, portanto, de uma maneira indireta de limitação da contratação de PPPs. Outro problema associado a esse mecanismo é a necessidade de alteração legislativa sempre que se desejar aumentar o limite estabelecido no artigo 28 da Lei nº 11.079/04.

Além disso, não há clareza de como as PPPs devem ser classificadas para fins de endividamento público e aplicação da Lei de Responsabilidade Fiscal. Uma solução estrutural e definitiva permitiria que estados e municípios pudessem desenvolver seus programas de PPPs de forma sustentada e com estabilidade de regras.

O artigo 52, inciso VII da Constituição Federal outorga ao Senado Federal competência exclusiva para "dispor sobre limites globais e condições para as operações de crédito externo e interno da União, dos Estados, do Distrito Federal e dos Municípios, de suas autarquias e demais entidades controladas pelo Poder Público Federal". Atualmente esses limites foram estabelecidos pela Resolução nº 43 de 2001 do Senado Federal.

Considerando que as PPPs são uma forma de obtenção de crédito por parte de entes da Administração Pública, pode-se alegar, em tese, que tais limites globais também seriam aplicáveis às PPPs.[14] Nessa hipótese, o limite de 5% de PPPs estabelecido pela Lei nº 11.079/04 estaria dentro do limite global de realização de operações de crédito imposto pelo Senado Federal.

Assim, a alteração do limite do artigo 28 da Lei das PPPs pode não ser suficiente para permitir um maior número de PPPs, pois estas impactariam no limite global de operações de crédito estabelecido pelo Senado Federal (atualmente em 11,5% da receita corrente líquida).

Há entendimento divergente no sentido de afirmar que a Lei de Responsabilidade Fiscal e a própria Constituição Federal não imporiam limites a contratações de PPPs. Nessa hipótese, a única limitação para a contratação de PPPs por estados e municípios seria a impossibilidade de acessar recursos federais, caso o limite de 5% da receita corrente líquida fosse ultrapassado.

Essa interpretação, porém, parece ferir o espírito da Lei de Responsabilidade Fiscal e da própria Constituição, pois permitiria a estados e municípios elevar seu endividamento com PPPs sem nenhuma limitação. Do ponto de vista econômico, por sua vez, pretende-se estimular a formação de parcerias sem,

---

[14] A respeito da competência do Senado de estabelecer limites globais de endividamento e da edição de legislação impondo limites distintos, ver ROCHA, C.A.A. In: Textos para Discussão nº 34, *Dívidas e Dúvidas: Análise dos Limites Globais de Endividamento de estados e municípios*. Consultoria Legislativa do Senado Federal, junho de 2007.

contudo, comprometer o equilíbrio das contas públicas, outro elemento fundamental para assegurar a elevação da taxa de investimento.

No intuito de sanar essas incertezas, de um lado, e, de outro, permitir que estados e municípios possam ampliar o seu limite de contratação de PPPs, *propõe-se a edição de nova Resolução do Senado em que o limite de endividamento com operações de créditos seja dividido em operações de crédito em geral e operações de crédito de PPPs.* Dessa forma, o limite de 11,5% seria mantido e, deste total, estaria expressamente autorizado o endividamento com PPPs em até 5%.

Entretanto, se determinado estado ou município desejasse exceder o limite de 5% com PPPs, poderia fazê-lo utilizando-se de eventual limite não utilizado nas operações de crédito em geral. Por exemplo, suponha que um determinado município já tenha comprometido 10% de sua receita corrente líquida com operações de crédito em geral. Deste total, 5% já está comprometido com PPPs. O referido município poderia utilizar adicionalmente 1,5% de sua receita corrente líquida com PPPs.

Para viabilizar essa proposta, *propõe-se a exclusão do artigo 28 da Lei das PPPs e a edição de uma nova Resolução do Senado refletindo o mecanismo acima descrito, visando alterar, entre outras, a Resolução do Senado nº 43 de 2001, que dispõe sobre as operações de crédito internas e externas da União, Estados, Distrito Federal e Municípios.*

Proposta 5: Criar uma linha de recursos não onerosos específicos para PPPs.

A exclusividade dos recursos não onerosos do PAC para obras e empreendimentos públicos dentro do modelo de contratação tradicional desincentiva a contratação de PPPs.

Propõe-se a criação, no âmbito do PAC, de uma linha de recursos não onerosos que seriam destinados obrigatoriamente a estados e municípios para que possam fazer frente às suas obrigações de pagamento de contraprestação de PPPs. O PAC-PPP serviria para incentivar PPPs, permitindo a estados e municípios que optem pela modelagem mais adequada de determinado projeto e não tenham que escolher essa modelagem apenas em função da disponibilidade de recurso não oneroso.

Nesse sentido, importantes avanços foram obtidos através da Portaria 262 de 7 de junho de 2013. A Portaria estabelece regras e procedimentos a serem adotados para o repasse de recursos do Orçamento Geral da União para os entes federados, cujas propostas selecionadas no âmbito do PAC 2 - Mobilidade Grandes Cidades pretendam utilizar parceria público-privada. Os contratos firmados pelos entes federados beneficiados pelos repasses deverão atender ao disposto nas Leis n⁰ˢ 11.079[15] e 12.587.[16] Entre 80% e 95% do valor total do repasse será realizado durante a fase de investimentos. O valor repassado em cada marco físico financeiro deverá ser proporcional ao valor da etapa em relação ao total do investimento, conforme estimado no Estudo de Viabilidade Técnica e Econômico-Financeira.

Como já ressaltado, o que a Lei nº 11.079 traz é a obrigatoriedade de uma definição prévia e racional de etapas de execução do projeto e uma vinculação de pagamentos ao cumprimento dessas etapas. Isso não significa, porém, que tenha que haver relação direta entre desembolso e realização física. O critério fundamental consiste no estabelecimento de um cronograma de desembolsos de aporte de recursos de forma a reduzir os custos financeiros do projeto. Dessa forma, é possível que algumas etapas do projeto representem menores investimentos em relação ao total da obra, mas exijam maiores desembolsos.

Embora essa Portaria constitua importante avanço para o desenvolvimento de mais projetos de PPPs, seria importante que a medida se estendesse a todos os setores e não apenas aos de mobilidade urbana.

D Objetivo 4: Redução de tributos

Proposta 6: Desonerar o PIS/COFINS sobre o faturamento de concessionárias de serviços públicos e parceiros privados.

A tributação sobre o faturamento de concessionárias de serviços públicos e parceiros privados desestimula a contratação de PPPs.

Propõe-se que todos os investimentos feitos em ativos permanentes imobilizados necessários à prestação de serviços públicos ou vinculados a projetos de PPPs com alto retorno social (notadamente educação, água, esgoto, resíduos sólidos, entre outros) possam ser utilizados como créditos perante a PIS/PASEP-COFINS.

Essa medida exigiria a edição de uma lei específica permitindo a utilização dos créditos. A referida lei deveria também estabelecer quais são os serviços públicos e setores nos quais os concessionários e parceiros privados poderão se

---

[15] O aporte devido no contrato de PPP pelo ente federado em favor da concessionária, nos termos previstos na Lei nº 11.079, deverá ser igual ou superior ao valor total do repasse da União.
[16] Instituiu as diretrizes da Política Nacional de Mobilidade Urbana.

beneficiar desses mecanismos de isenção. O critério a ser utilizado deveria ser o de presença de externalidades positivas do empreendimento.

A Lei nº 12.766/12 trouxe um dispositivo relativo à forma de tributação do aporte de recursos, porém não assegurou nenhum tipo de redução da carga tributária para PPPs. O que a lei fez foi esclarecer que o aporte de recursos deverá ser "computado na determinação do lucro líquido para fins de apuração do lucro real, da base de cálculo da CSLL e da base de cálculo da Contribuição para o PIS/PASEP e da COFINS, na proporção do custo para a realização de obras e aquisição de bens" realizados com o aporte de recursos.

Esse dispositivo evita que o aporte de recursos seja computado para fins de apuração do lucro real no momento em que é recebido do parceiro público. Há, portanto, um diferimento do pagamento do imposto, o que representa uma melhoria financeira para o projeto. Não há, porém, uma desoneração efetiva.

E Objetivo 5: Aumento da capacidade de formulação e execução

Proposta 7: Flexibilizar o regime de contratação das Unidades de PPPs.

A dificuldade de contratação de consultores e especialistas para modelagem de projetos constitui importante gargalo na multiplicação de PPPs. Reformar as unidades de PPPs mediante a criação de um regime de gestão próprio e assessoria técnica para os estados e municípios pode representar uma solução. Propõe-se a adoção de um regime especial de licitação aplicável às Unidades de PPPs. Esse regime seria estabelecido por meio da inclusão de um artigo específico na Lei nº 11.079/04. O regime especial de licitação deve permitir que União, estados e municípios editem regulamentos próprios de licitação[17] para as Unidades de PPP, os quais poderão prever, por exemplo, a utilização da modalidade de convite para valores que vierem a ser determinados pelos próprios regulamentos de licitação ou de credenciamento de consultores.

Esse mecanismo asseguraria maior agilidade na formatação dos projetos por parte das Unidades de PPP. Além disso, é fundamental que cada estado e cada município revejam as instâncias necessárias à aprovação de um projeto

---

[17] Essa proposta é inspirada na proposta de Projeto de Lei visando à revisão do Decreto-Lei nº 200, elaborada por uma comissão de renomados juristas nomeados pela Portaria nº 426 de 6 de dezembro de 2007 do Ministério do Planejamento, Orçamento e Gestão.

dessa natureza. Excesso de controles e submissão de aspectos técnicos à análise política pouco contribuem para a viabilização de projetos de PPP. Vale mencionar que nesta obra há um artigo elaborado pela professora Vera Monteiro que apresenta uma proposta de alteração da Lei nº 8.666/93 (Lei de Licitações) para viabilizar a contratação de serviços de consultoria, auditoria, elaboração de pareceres técnicos, a qual certamente poderia nortear os esforços de flexibilização do regime de contratação das Unidades de PPP.

Proposta 8: Desenvolver e disseminar critérios objetivos para a escolha do modelo de PPP.

Como apontado anteriormente, há grande dificuldade dos gestores públicos em justificar a opção por uma Parceria Público-Privada. Essa justificativa envolve o desenvolvimento de estudos de *Value for Money* (justificativa de que a PPP representa o melhor custo-benefício para a realização do projeto) e demais justificativas. Assim, a definição de critérios objetivos que permitam ao gestor público justificar o projeto de PPP ou concessão é uma solução para a eliminação deste gargalo.

Com metodologias desenvolvidas e disseminadas, as áreas técnicas dos Executivos terão maior segurança para avaliar os projetos e acelerar a tomada de decisão quanto à sua possível aprovação. Essa iniciativa poderia ser liderada pelo Governo Federal por meio da elaboração de manuais de boas práticas e minutas padrão replicáveis nas diversas esferas do governo, semelhante ao que foi desenvolvido nos estados de Minas Gerais, no Brasil, e Victoria, na Austrália.

Proposta 9: Modelo mais ágil de manifestação de interesse.

Conforme explicitado anteriormente, o atual modelo federal de referência de manifestação de interesse é burocrático e pouco ágil.

Propõe-se a *inclusão na Lei de Concessões de dispositivos que estabeleçam diretrizes gerais para o procedimento de manifestação de interesse.*

A inclusão dessas diretrizes em lei visa difundir o modelo entre estados e municípios, bem como criar um certo nível de padronização das Manifestações de Interesse.

Uma referência útil para os termos da Manifestação de Interesse é o modelo do Decreto nº 57.289/11 editado pelo governador do Estado de São Paulo, o qual estabeleceu procedimento mais célere ao processo de Manifestação de Interesse, permitindo inclusive que a iniciativa privada proponha projetos que não foram identificados como prioritários pelo governo do Estado.

O modelo paulista, porém, ainda apresenta algumas limitações, como a obrigação de realização de chamada pública a todos os interessados em apresentar manifestação de interesse semelhante à que tenha sido aprovada pelo governo. Além disso, sua implementação prática ainda se revela morosa pelo excesso de instâncias e de burocracia já apontados antes.

De qualquer maneira, a autorização para que a iniciativa privada proponha ao governo projetos de PPP, ainda que esses projetos não estejam dentro das prioridades governamentais anunciadas, é um mecanismo importante para a difusão de PPPs no país.

Proposta 10: Difusão dos benefícios das PPPs em diversas instâncias da sociedade.

É comum a resistência de determinados setores da sociedade com relação a parcerias público-privadas e outros arranjos que envolvam a participação privada no setor de infraestrutura e serviços públicos. Essa resistência vem diminuindo nos últimos anos, mas ainda é bastante relevante em alguns setores. Disseminar e produzir informações sobre os benefícios de PPPs e concessões constitui medida fundamental para superar essa resistência.

A disseminação das informações passa por treinamento de gestores públicos que, em grande medida, ainda não estão familiarizados com o tema. Outro ponto fundamental é a inclusão da discussão sobre parcerias nas universidades. Dada a natureza do tema, deveriam ser criadas cadeiras multidisciplinares sobre parcerias público-privadas que abordem aspectos econômicos, administrativos, jurídicos e de engenharia.

Em particular, seria importante inserir o tema das PPPs e concessões como tópicos obrigatórios nos concursos públicos de áreas relevantes da administração.

É fundamental, ainda, treinar e sensibilizar os Tribunais de Contas da União, estados e municípios sobre a importância e a complexidade dos projetos de PPP e concessões. Desse modo, seria conveniente fomentar a criação de centros de excelência de concessões e PPPs nos tribunais de conta, permitindo uma análise prévia mais célere dos editais, bem como julgamento de recursos relativos às licitações e contratos de PPPs e concessões.

Conclusão

Verificou-se que existem algumas maneiras de se estimular a realização de Parcerias Público-Privadas. Algumas das propostas contidas neste artigo já começaram a ser introduzidas pela legislação recente. O Quadro 1 sintetiza os pontos deste artigo, colocando em evidência o que a legislação corrente já incorporou e o que ainda falta ser feito para estimular as parcerias público-privadas no Brasil.

A Seção 1 chamou atenção para a importância das parcerias para o aumento da taxa de investimento e em particular do investimento em infraestrutura. Este, por sua vez, é essencial para o crescimento sustentado da economia.

A Seção 2 mostrou como as parcerias em geral ainda estão aquém daquilo que seria necessário. Em particular as concessões administrativas foram pouco implementadas, ainda que o número de projetos em elaboração tenha aumentado no período recente.

As Seções 3 e 4, respectivamente, contêm os gargalos para a implementação das parcerias bem como possíveis soluções. O Quadro 2 organiza as propostas do Quadro 1 de acordo com os objetivos e natureza de cada proposição.

Conclui-se que a mudança mais importante transcende o aspecto legal. Será necessária uma transformação cultural para realmente destravar as parcerias e maximizar a mobilização do capital privado e público em prol do investimento. A construção institucional deste novo padrão de relacionamento entre Estado e setor privado constitui, portanto, uma das condições essenciais para o crescimento sustentado.

Quadro 2 Síntese das propostas conforme natureza e objetivo

	Legislativa	Institucional	Gerencial	Cultural
1 Redução de Risco	Fortalecimento das agências reguladoras. Permitir que o FGP possa ser utilizado em PPPs estaduais e federais.	Criar estruturas de contragarantias para dar maior segurança jurídica aos contratos.		

(Continua)

Quadro 2 Síntese das propostas conforme natureza e objetivo *(Continuação)*

	Legislativa	Institucional	Gerencial	Cultural
2 Diminuição do custo de financiamento	Criar uma linha de recursos não onerosos no âmbito do PAC, similarmente ao que já foi feito pela Portaria 262.			
3 Elevação dos recursos	Considerar as PPPs dentro dos limites de endividamento estabelecidos pelo Senado Federal.			
4 Redução de Tributos	Desonerar o PIS/COFINS sobre o faturamento de concessionárias de serviços públicos e parceiros privados.			
5 Aumento da capacidade de formulação e execução	Flexibilizar o regime de contratação das Unidades de PPPs. Modelo mais ágil de manifestação de interesse.		Desenvolver critérios objetivos para a escolha de uma modalidade de prestação de serviços como a PPP.	Difusão dos benefícios das PPPs em diversas instâncias da sociedade.

BIBLIOGRAFIA

AKITOBY, B.; HEMMING, R.; SCHWARTZ, G. **Public investment and public-private partnerships**. 40. ed. Washington D.C.: International Monetary Fund, 2007. ISBN 978-1-58906-478-2; ISSN 1020-5098. Coleção Economic Issues. Disponível em: <http://www.imf.org/External/Pubs/FT/issues/issues40/ei40.pdf>. Acesso em: abril de 2013.

BRITTO, P. A. P. D. **Análise fiscal e contabilização dos investimentos públicos**: o caso das PPP. Brasília: Estudos CNI 2, 2005. ISBN ISSN 1807-6661. Disponível em: <http://admin.cni.org.br/portal/data/files/00/8A9015D01418E1EE01142897 4A7F44EE/Estudos%20CNI%202.pdf>. Acesso em: abril de 2013.

CONFEDERAÇÃO NACIONAL DA INDÚSTRIA. **Experiência internacional das parcerias público-privadas**: O Exemplo Inglês. Brasília: [s.n.], 2004. Disponível em: <http://www.cni.org.br/portal/data/pages/FF808081314EB362 01314F2252FE7A54.html>. Acesso em: abril de 2013.

CONFEDERAÇÃO NACIONAL DA INDÚSTRIA. **Mapa estratégico para a indústria 2013-2022**. Brasília: [s.n.], 2013. Disponível em: <http://www.portaldaindustria.com.br/cni/o-que-a-cni-faz/mapa-estrategico-da-industria/2013/05/1,13421/mapa-estrategico-da-industria-2013-2022.html>. Acesso em: junho de 2013.

ENGEL, E.; FISCHER, R.; GALETOVIC, A. Public-private partnerships: when and how. **"Infrastructure and development" Seminar**, Lima, 2008.

FERNANDEZ, N. R.; CARRARO, A. A teoria econômica das parcerias público-privadas: Uma análise microeconômica, Pelotas. Disponível em: <http://www.anpec-sul2011.ufsc.br/?go=download&path =2&arquivo=4_974973041.pdf>. Acesso em: abril de 2013.

FILHO, A. F. M. Parceria público-privada - Considerações de um economista. **Boletim FIPE**, São Paulo, n. 285, p. 14-16, junho 2004. ISSN 1234-5678. Disponível em: <http://www.fipe.org.br/publicacoes/downloads/bif/2004/6_bif285.pdf>. Acesso em: abril de 2013.

FRISCHTAK, C. R. O investimento em infraestrutura no Brasil: histórico recente e perspectivas. **Pesquisa e planejamento econômico**, Brasília, v. 38, agosto 2008. ISSN 2237-2091. Disponível em: <http://ppe.ipea.gov.br/index.php/ppe/article/view/1129>. Acesso em: fevereiro de 2013.

GRILO, L. et al. A implementação de parcerias público-privadas como alternativa para a provisão de infraestrutura e serviços públicos no Brasil: visão geral. **Unidade de PPP de Espírito Santo**. Disponível em: <http://www.ppp.es.gov.br/_midias/pdf/91-4b4477c456a43.pdf>. Acesso em: 12 abril 2013.

HOLLAND, M. Cenários do crescimento econômico de longo prazo no Brasil. **Seminário Economia Brasileira em Perspectiva**, São Paulo, 2007. Disponível em: <http://eesp.fgv.br/sites/eesp.fgv.br/files/235.pdf>. Acesso em: agosto de 2011.

LIMA, J. B.; PAULA, L. M. A.; PAULA, R. C. D. Entendendo a parceria público-privada no Brasil: uma análise preliminar. **Revista Gestão Pública e Controle**, 2006. p. 79-111.

MENEZES, A. M. **Desenvolvimento econômico sustentável e seu financiamento**: uma análise da parceria público-privada. I Encontro de Economia Baiana. Salvador: [s.n.]. 2005.

MESQUITA, A. M.; MARTINS, R. S. Desafios logísticos às redes de negócios no Brasil: o que podem as parcerias público-privadas (PPPs)? **Revista de Administração Pública**, Rio de Janeiro,

v. IV, n. 42, p. 735-763, julho - agosto 2008. ISSN 0034-7612. Disponível em: <http://www.scielo.br/pdf/rap/v42n4/a06v42n4.pdf>. Acesso em: abril de 2013.

NOBRE, V. C. S. Porque as parcerias público-privadas não decolam no Brasil. **Revista Portuária**, Itajaí, maio 2008. Disponível em: <http://www.revistaportuaria.com.br/site/?home=artigos&n=zdN&t=porque-parcerias-publico-privadas-no-decolam-brasil-por-veimar-cezar-souza-nobre>. Acesso em: abril de 2013.

PASTORE, A. C.; PINOTTI, M. C.; PAGANO, T. A. Limites ao crescimento econômico, 2010. Disponível em: <http://www.acpastore.com/imagens/velloso2010.pdf>. Acesso em: fevereiro de 2013.

PPP BRASIL. O Observatório das Parcerias Público-Privadas. **PPP Brasil**, 2013. Disponível em: <http://www.pppbrasil.com.br/>. Acesso em: 10 abril 2013.

RIBEIRO, M. P. **Condições favoráveis e dificuldades para envolver participação privada em infraestrutura no Brasil**. Texto para discussão. Salvador – Bahia, 2010.

TALAMINI, E.; JUSTEN, M. S. Parcerias público-privadas. Um enfoque multidisciplinar. São Paulo, **Revista dos Tribunais**, p. 322-328, 2005.

TAPRADO, L. N.; RIBEIRO, M. P. **Comentários à lei de PPP - Parceria Público-Privada. Fundamentos econômico-jurídicos**. [S.l.]: Malheiros, 2007.

A teoria econômica das PPPs: concessões, participação do governo e renovações[1]

VINICIUS CARRASCO

JOÃO MANOEL PINHO DE MELLO

PABLO SALGADO

Introdução

O site do governo brasileiro define uma parceria público-privada como "um contrato de prestação de serviços e obras [...] com duração mínima de cinco anos e no máximo de 35 anos firmado entre empresa privada e o governo", no qual "o agente privado é remunerado exclusivamente pelo governo ou em uma combinação de tarifas cobradas dos usuários dos serviços mais recursos públicos".[2]

A definição faz referência explícita a duas dimensões de uma PPP. A primeira dimensão é que a parceria entre a empresa privada e o governo se dá ao longo do tempo. Naturalmente, ao longo da interação do governo com uma empresa privada em uma PPP, é provável que a empresa não só tenha mais informação a respeito de quão custosa

---

[1] Conversas com Rogério Werneck e Klênio Barbosa estimularam o interesse dos autores pelo tópico. Por seus comentários e sugestões, Edmar Bacha merece um agradecimento especial.
[2] Ver http://www.brasil.gov.br/sobre/economia/setores-da-economia/parceria-publico-privada-ppp.

é a provisão do serviço no momento em que a PPP é firmada, como também observe privadamente contingências que afetem tais custos ao longo do tempo. Desse modo, um bom desenho do contrato que regerá a PPP deve levar em conta a forma como a assimetria de informação entre governo e empresa evolui no tempo. A pergunta relevante é: como fazê-lo? A segunda dimensão da definição acima é que, ao menos em parte, a remuneração do agente privado se dá através de pagamentos feitos pelo governo, o que suscita inúmeras perguntas. Como esses pagamentos devem ser feitos? Eles devem variar ao longo do tempo e/ou depender das dimensões observáveis dos custos de provisão dos serviços? Em caso afirmativo, como?

Utilizando uma versão simplificada do modelo de *procurement* dinâmico de Carrasco e Salgado (2012), este artigo responde às questões acima e toca em outras que têm sido objeto de debate na conjuntura atual. De fato, entre outras coisas, nosso modelo faz prescrições a respeito da forma pela qual as renovações de PPPs (e de concessões) devam se dar.

No modelo, em cada um de dois períodos, uma agência governamental benevolente (isto é, que maximize excedente econômico total) decide qual empresa contratar para prover um serviço entre duas potenciais candidatas. Em cada período, o custo para produzir o serviço de cada uma das empresas candidatas depende (i) de um parâmetro de custo que é privadamente observado pela empresa e que varia ao longo do tempo de acordo com um processo e (ii) do montante (não observável) de "esforço" que a empresa emprega para reduzir custos de produção. Em outras palavras, as empresas sabem mais que a agência governamental a respeito de um *atributo* – o parâmetro de custo, que mede o quão eficiente é – *e* de seu *comportamento* – a escolha de quanto se dedicar a reduzir custos – quando selecionadas para produzir o serviço. A agência governamental deve, portanto, desenhar as regras que regerão a PPP de modo a lidar com ambas as formas de assimetria.

Ao longo do artigo, adotamos a hipótese (manifesta na forma funcional dos custos de provisão do serviço e comumente usada na literatura econômica de *procurement*)[3] de que as duas formas de assimetria de informação com as quais a agência governamental deve lidar são igualmente importantes. Embora a hipótese nos pareça razoável, não é, de forma alguma, óbvio que se deva aplicar a todas as situações de interesse. Como um exemplo, dado o montante de investimento necessário e as inúmeras dificuldades tecnológicas de se retirar

---

[3] Ver, por exemplo, Laffont e Tirole (1998) e McAfee e McMillan (1986).

petróleo da camada pré-sal, é razoável supor que o desenho das regras que regulam a exploração devam dar mais peso à não observação do esforço que ao fato de não observarmos o quanto as empresas candidatas à exploração valoram os diferentes blocos. Da mesma forma, sem situações nas quais o governo consiga monitorar de alguma forma o esforço da empresa privada – por exemplo, quando concede o direito de operação de estradas –,[4] maior peso deve ser dado à assimetria relativa a atributos (p. ex.: a disposição a pagar pelo direito de operar a estrada). Para uma vasta gama de aplicações práticas, no entanto, ambas as dimensões têm a mesma importância relativa. Certamente, nossos resultados serão mais diretamente aplicáveis a tais situações. No entanto, sempre que possível, discutiremos como esses resultados devem ser adaptados para o caso em que as dimensões de assimetria têm importância relativa desigual.[5]

O artigo se divide da seguinte forma: a próxima seção apresenta o modelo. Na Seção 2, um caso-referência no qual não há assimetria de informação com respeito ao parâmetro de custos das firmas é analisado. A Seção 3 considera o desenho ótimo para o caso de informação incompleta e a Seção 4 apresenta uma breve discussão dos resultados. A última seção apresenta as conclusões finais.

1 O modelo

Uma agência governamental precisa contratar uma empresa para prover um determinado serviço em cada um de dois períodos, $t = 1,2$. Se prestado, o serviço proporciona um valor S_t aos consumidores. Há duas firmas que podem prover tais serviços. O custo, que supomos ser observável, da firma i, em que $i = 1,2$, de prover o serviço no período t é

$$c_{it} = \theta_{it} - e_{it},$$

em que θ_{it} é um parâmetro de custo privadamente observado pela firma – e que reflete o quão eficiente a firma é na produção do serviço – e e_{it} é uma medida não observável do esforço devotado pela firma para redução de custos. Portanto, embora o custo seja observável por parte da agência governamental, ela não consegue inferir seus componentes (eficiência e esforço na redução de custos).

---

[4] Nesse caso, os esforços de manutenção das estradas podem ser monitorados, ainda que imperfeitamente.
[5] Agradecemos a Edmar Bacha por, além de nos sugerir uma discussão explícita a respeito do ponto, nos instigar a pensar sobre como adaptar nossos resultados a tais situações.

Os parâmetros θ_{it} são determinados da seguinte forma. No primeiro período, os θ_{i1} são retirados de uma distribuição uniforme sobre $[\underline{\theta}_1, \overline{\theta}_1]$. Para o segundo período, o parâmetro de custo segue um processo autorregressivo de ordem 1 (AR1):

$$\theta_{i2} = \beta \theta_{i1} + \varepsilon_2,$$

em que $0 < \beta < 1$ e ε_2 é um choque aleatório com média zero e variância finita.

O processo que rege a evolução dos parâmetros de custo tenta capturar uma forma de persistência no tempo da tecnologia de produção. Em cada período, a firma observa θ_{it} privadamente. Embora não observe a realização dos parâmetros de custo, a agência governamental conhece o processo que os gera.

Ao longo do artigo, adotamos a convenção contábil de que, em cada período t, se a firma i for recrutada para produzir o serviço, o custo c_{it} é pago pela agência governamental, que faz uma transferência líquida p_{it} para a empresa. Desse modo, supondo que a firma desconte o futuro a uma taxa $0 < \delta < 1$, o *payoff* da firma i pode ser escrito como:

$$U^i = \sum_{t=1}^{2} \delta^{t-1} x_{it} \left[p_{it} - \frac{1}{2} e_{it}^2 \right]$$

No qual $x_{it} \in \{0,1\}$ denota se a firma i foi selecionada para produzir no período t e $\frac{1}{2} e_{it}^2$ é o custo que a firma tem em se esforçar. Em palavras, o *payoff* da firma é simplesmente o valor presente de seus lucros. Ao longo do artigo, suporemos que a opção de fora das firmas lhes gere *payoffs* iguais a zero, de modo que, em qualquer contrato que venham a assinar com a agência governamental, $U_i \geq 0$.

A agência governamental se depara com um custo $\lambda > 0$ dos fundos públicos; isto é, para transferir 1 real para a firma, o governo precisa coletar $1 + \lambda$.[6] Como consequência, o excedente líquido dos consumidores, quando é bem provido pela firma i, é:

$$S_t - (1 + \lambda)[p_{it} + c_{it}]$$

Ao longo do artigo, elaboraremos a hipótese de que os consumidores descontam o futuro à mesma taxa que as firmas. O valor presente do excedente líquido dos consumidores (doravante o *payoff* dos consumidores) será, portanto,

---

[6] Uma razão óbvia é que, para transferir recursos para a firma, o governo precisa coletar recursos através de impostos que geram distorções.

A teoria econômica das PPPs: concessões, participação do governo e renovações

$$U^C = \sum_{t=1}^{2} \sum_{t=1}^{2} \delta^{t-1} x_{it} [S_t - (1+\lambda)[p_{it} + c_{it}]]$$

No modelo, a agência governamental é benevolente e, como consequência, desenha um mecanismo de *procurement* de modo a maximizar o excedente social total, isto é, a soma dos *payoffs* dos consumidores e das firmas:

$$U^C = \sum_{t=1}^{2} U^i$$

Para o que segue neste artigo, será útil reescrever o excedente social total de forma a explicitar os custos econômicos com os quais a agência governamental se depara. Para tal, note que podemos expressar o valor presente líquido dos pagamentos feitos pela agência governamental à firma i como:

$$\sum_{t=1}^{2} \delta^{t-1} x_{it} p_{it} = \sum_{t=1}^{2} x_{it} \frac{1}{2} e_{it}^2 + U^i$$

Em palavras, o valor presente dos pagamentos feitos à firma i é igual à soma do valor presente de seus custos de se esforçar e de seus lucros. Substituindo-se essa equação na expressão do valor presente do excedente social total, temos:

$$\sum_{t=1}^{2} \delta^{t-1} \sum_{t=1}^{2} \left(x_{it} \left[S_t - (1+\lambda) \underbrace{\left[\theta_{it} - e_{it} + \frac{1}{2} e_{it}^2 \right]}_{\text{Custo total de } i \text{ produzir em } t} \right] \right) - \lambda \sum_{t=1}^{2} U^i.$$

Portanto, a agência governamental gostaria de conciliar dois objetivos (possivelmente conflitantes): (i) em cada instante de tempo, minimizar os custos totais, expressos por $\theta_{it} - e_{it} = \frac{1}{2} e_{it}^2$, aos quais os serviços são produzidos e (ii) minimizar os *payoffs* das firmas. A razão do segundo objetivo é simples. Para transferir 1 real para a firma, a agência precisa, devido aos custos dos fundos públicos, coletar $1 + \lambda$ dos consumidores via impostos. Portanto, uma situação na qual a firma tem lucros altos é percebida como custosa pela agência governamental.

A sequência de eventos do modelo é a seguinte. Depois de as firmas aprenderem privadamente a respeito de seus parâmetros de custo no primeiro período, a agência governamental propõe um mecanismo que, como função dos anúncios feitos pelas firmas em cada período a respeito de seus parâmetros de custo, prescreva quem proverá o serviço em cada período e qual será a transferência feita da agência para as firmas.

2 O caso de informação completa

Para entender as dificuldades com as quais a agência governamental se depara ao tentar conciliar os dois objetivos listados, é útil discutir o caso em que ela observa os parâmetros de custo.

Cabe notar que, uma vez que observa c_{it}, se a agência governamental observar θ_{it}, ela conseguirá inferir de maneira precisa o montante de esforços que as firmas devotarão para reduzir custos. Segue dessas constatações que a agência governamental poderá sempre, e de maneira trivial, contratar firmas de modo a garantir que elas tenham lucro zero, $U^i = 0$. De fato, tudo que é necessário é que, para o nível de esforço (que, de fato, será observável) escolhido, a transferência feita pelo governo seja igual ao custo do esforço da firma.

Note-se que os argumentos que garantem que a contratação pode se dar de forma a fazer com que as firmas tenham *payoffs* zero independem do nível de esforço escolhido *e* da firma selecionada para produzir. Em outras palavras, pode-se garantir $U^i = 0$ para qualquer que seja o critério de seleção e níveis de esforços. Em particular, isso será verdade se a cada instante a firma mais eficiente (isto é, a que tiver o menor θ_{it}) for selecionada e se o mecanismo induzir que essa firma escolha o esforço *socialmente* ótimo; isto é, se esforce de maneira a maximizar a diferença entre os benefícios sociais de se esforçar (medidos pela redução nos custos de provisão dos serviços) e os custos em que ela incorre ao fazê-lo,[7]

$$e_{it} = \frac{1}{2} e_{it}^2$$

Da discussão acima, segue:

Proposição 1: Quando os parâmetros de custo são observáveis, a agência governamental consegue contratar as firmas de forma a, simultaneamente, induzir (i) que tenham lucros zero e (ii) garantir que, instante a instante, o serviço seja provido ao menor custo possível. É obtido através de um critério de seleção em que, a cada instante, a firma mais eficiente é escolhida para produzir e através de contratos que induzam níveis de esforços socialmente ótimos.

---

[7] É fácil ver que a solução desse problema é $e_{it}^* = 1$.

A Proposição 1 mostra que, quando os custos são observáveis, os objetivos da agência governamental de minimizar os custos de *procurement* dos *payoffs* das firmas podem ser perfeitamente conciliáveis. A minimização dos custos de *procurement* se dará da seguinte forma: a cada instante de tempo, a firma mais eficiente será escolhida e se esforçará de maneira socialmente ótima para reduzir custos. O nível de esforço socialmente ótimo pode ser obtido com pagamentos que tomem a seguinte forma:

$$p_{it} = a_{it} - c_{it},$$

nos quais a constante a_{it} é escolhida de forma a fazer com que os *payoffs* das firmas sejam zero. Note-se que esse pagamento faz com que a firma produtora se aproprie de cada real que ela poupe ao produzir o serviço. Portanto, ela internalizará completamente os benefícios (sociais) de seus esforços e se esforçará de maneira socialmente ótima.

Há ao menos duas formas equivalentes de se interpretar tal pagamento. A primeira interpretação é de que (dada a convenção contábil que adotamos) o contrato de *procurement* é um contrato de preço fixo (*fixed-price contract*). A segunda interpretação é de que a empresa ganha (através, por exemplo, de um leilão padrão) o direito de prover o serviço, retendo cem por cento de participação na empreitada, o que a faz *residual claimant* de qualquer redução de custos que implantar.

3 O caso de informação incompleta

Para o caso de informação incompleta, não haverá nenhuma forma de a agência governamental levar os *payoffs* das firmas a zero. De fato, e utilizando o jargão de Economia da Informação, o fato de observarem privadamente seus parâmetros fará com que as *firmas* obtenham rendas informacionais.

Para entender a razão, note-se, em primeiro lugar, que a informação que as firmas têm no estágio em que o mecanismo é proposto é seu parâmetro de custo no primeiro período. Será esta, portanto, a fonte de qualquer renda que as firmas obterão. Considere, então, o caso em que a firma i tenha parâmetro de custo θ_{i1}. Por observar privadamente esse parâmetro, a firma pode sempre anunciar que é menos eficiente do que realmente é. De fato, ela sempre poderá fazer um anúncio igual a $\theta_{i1} + y$ para $y > 0$ pequeno. Em palavras, a firma pode sempre anunciar que é x menos eficiente do que de fato é. Em relação a uma firma com parâmetro de custo $\theta_{i1} + y$ a firma com parâmetro θ_{i1}

(i) é *y* mais eficiente no período 1 e (ii) *espera* ser *βy* mais eficiente no segundo período.

Portanto, a firma com parâmetro de custo θ_{i1} poderá sempre mimetizar a firma com parâmetro de custo $\theta_{i1} + y$ e, em relação a esta,[8] entregar um montante *menor* de esforço igual a $y > 0$ no primeiro período e $\beta y > 0$ no segundo. Carrasco e Salgado (2012) mostram que esses menores níveis de esforço fazem com que o *payoff* da firma de parâmetro de custo θ_{i1} seja maior que o da firma com parâmetro de custo $\theta_{i1} + y$ por um termo que é igual a (ao valor esperado de):

$$ye_{i1} + \beta y_{ei2}$$

em que (com algum abuso de notação) e_{i1} e e_{i2} são os níveis de esforços nos períodos 1 e 2, respectivamente, escolhidos pela firma de parâmetro de custo $\theta_{i1} + y$.

Pelas mesmas razões discutidas, a firma de parâmetro de custo $\theta_{i1} + y$ terá um *payoff* maior que a firma $\theta_{i1} + 2y$, que, por sua vez, terá um *payoff* maior que a firma com parâmetro de custo $\theta_{i1} + 3y$ e assim por diante. De fato, o seguinte resultado, cuja prova pode ser encontrada em Carrasco e Salgado (2012), vigora:

Proposição 2: Seja $\theta_{11} < \overline{\theta}_{11}$ e defina $U_1(\theta_{11})$ o lucro esperado da firma 1 quando ela tem parâmetro de custo θ_{11} no primeiro período em um dado mecanismo proposto pela agência governamental. Defina, ainda, x_{11} e x_{12} como as variáveis do mecanismo que definem se a firma 1 produz ou não nos períodos 1 e 2. Tem-se que:

$$U_i(\theta_{11}) = U_i(\overline{\theta}_{11}) + \underbrace{\int_{\theta_{11}}^{\overline{\theta}_{11}} E[x_{11}(\tau, \theta_{21})e_{11}(\tau, \theta_{21}) + [x_{12}(\tau, \theta_{21}, \theta_{12}, \theta_{22})]\beta e_{12}(\tau, \theta_{21}, \theta_{12}, \theta_{22}) d\tau}_{\text{Rendas informacionais}}$$

Os lucros da firma 2 podem ser expressos de maneira análoga.

A Proposição 2 é a representação formal da afirmação de que, quando as firmas observam privadamente seus parâmetros de custos, elas obtêm rendas (isto é, lucros em excesso ao que receberiam se seus custos fossem observados)

---
[8] Supondo que esta produza.

informacionais. De fato, o resultado nos diz que os lucros de uma firma com parâmetro de custo θ_{i1} no período em que o mecanismo é proposto são iguais aos lucros que a firma mais ineficiente (isto é, de parâmetro $\bar{\theta}_{t1}$ obtém no mecanismo *mais* um termo, referente às rendas informacionais, que depende dos esforços que todas as firmas com parâmetro de custo $\tau > \theta_{i1}$ devotam no mecanismo. Em outras palavras, as rendas informacionais (i) resultam da capacidade de uma firma fazer-se passar como menos eficiente do que de fato é e (ii) para uma dada firma dependem do montante de esforço escolhido por todas as firmas menos eficientes que ela.

Do ponto de vista do desenho do mecanismo, há duas implicações importantes da Proposição 2. A primeira é que, ao contrário do que ocorre no caso de informação completa, todas as firmas que não a mais ineficiente (isto é, de parâmetro $\bar{\theta}_{t1}$ terão lucro estritamente positivo-esperado.

A segunda, e talvez mais importante, é que os dois objetivos da agência governamental – reduzir os lucros das firmas e induzir os menores custos para a produção dos serviços – estarão necessariamente em conflito. De fato, note-se que, para reduzir as rendas informacionais (e, portanto, o lucro da firma), a agência governamental necessita desenhar um mecanismo que induza um menor esforço para redução de custos por parte das firmas, o que, obviamente, *aumenta* o custo da produção dos serviços. Analogamente, para reduzir os custos de provisão dos serviços, a agência governamental necessita induzir maiores esforços por parte das firmas, o que aumenta suas rendas informacionais.

O seguinte resultado estabelece que o conflito dos dois objetivos com os quais a agência governamental se confronta induzirá uma solução para o mecanismo proposto pela agência governamental que necessariamente implicará uma distorção do nível dos esforços para redução de custos induzidos pelo mecanismo.

Proposição 3: Em comparação com os níveis de esforços (socialmente ótimos) que prevalecem sob informação completa, o mecanismo ótimo com informação incompleta induzirá menores níveis de esforço em ambos os períodos. No segundo período, o esforço induzido pelo mecanismo ótimo será (a) maior que o induzido no primeiro período e (b) tão menor quanto maior for o grau de persistência β.

A primeira parte da Proposição 3 advém do fato de a solução para o conflito descrito envolver algum compromisso entre redução de custos e limitação dos lucros destinados às firmas. De fato, a única forma de se fazer com que as firmas tenham lucro zero para quaisquer que sejam seus parâmetros de custo θ_{t1} é induzindo esforço igual a zero em cada um dos períodos, o que induzirá um custo de provisão dos serviços excessivamente alto. Por outro lado, para minimizar os custos de provisão do serviço, a agência governamental necessita induzir esforços altos (iguais aos que prevalecem sob informação completa), o que faria com que as firmas tivessem lucros excessivamente altos. Como consequência, a agência governamental distorce os níveis de esforços.

O componente (a) da segunda parte da Proposição 3 resulta da hipótese de β ser menor que 1. O componente (b) é resultado do fato de o esforço no segundo período (e_{12}) contribuir de maneira mais forte para as rendas informacionais obtidas pelas firmas quando o grau de persistência β é maior. Para ilustrar o ponto, note-se que, quando $\beta = 0$, o esforço do segundo período não afeta as rendas informacionais que as firmas obtêm. Pode-se, portanto, induzir altos níveis de esforço no segundo período sem que isso afete o lucro esperado das firmas.

3.1 Implantação

Como visto, na Seção 2, por um lado, há ao menos duas formas de se implantar os níveis de esforços prescritos pelo mecanismo ótimo para o caso em que a informação seja completa em cada um dos períodos: (i) por meio de contratos *fixed-price* ou (ii) por meio de cessão (mediante pagamento definido, por exemplo, em leilão) a uma das empresas do direito de prover o serviço, retendo cem por cento de participação na empreitada. Por outro lado, foi visto na Seção 3 que, em relação ao caso de informação completa, quando os parâmetros de custo são privadamente observados pelas firmas, o mecanismo ótimo induz esforços menores que os que são induzidos sob informação incompleta. Os pontos acima sugerem duas formas de se implantar os níveis de esforços prescritos pela Proposição 3.

A *primeira* é através de um contrato no qual a firma selecionada para produzir no período t receba um pagamento na forma:

$$p_t = k_t - \gamma_t c_t$$

em que $0 < \gamma_t < 1$, é escolhido pela agência governamental de modo a garantir que a firma se esforce como o prescrito pelo mecanismo ótimo. Note-se que, no caso em que $\gamma_t = 1$, tem-se um contrato *fixed-price*, no qual a firma se apropria de toda a redução de custos que implantar. Em outro extremo, no caso em que $\gamma_t = 0$, a firma não se apropria de nenhum real de qualquer redução de custos que implante: como consequência, a firma não devotará esforços para reduzir custos. Um contrato no qual $\gamma_t = 0$ é chamado de *cost-plus*. Com $0 < \gamma_t < 1$, a firma selecionada se apropriará de uma fração positiva, mas menor que um, de uma redução de custo que implantar.

Portanto, pode-se implantar os esforços prescritos pela Proposição 3 por meio de um contrato que esteja no "meio do caminho" de um contrato *fixed-price* e um contrato *cost-plus*. Como o esforço no segundo período será maior que o induzido no primeiro, nosso modelo prescreve que os contratos fiquem mais próximos de um contrato de *fixed-price* no segundo período. Carrasco e Salgado (2012) mostram que isso é uma propriedade geral: os contratos sempre proverão mais incentivos para redução de custos (isto é, se aproximarão de um contrato *fixed-price*) à medida que o tempo avança.

A segunda forma de se implantar os níveis de esforços prescritos pela Proposição 3 é por meio de cessão (p. ex.: em leilão) a uma das empresas do direito de prover o serviço, retendo $0 < \gamma_t < 1$ de participação na empreitada. Em outras palavras, ao contrário do que ocorre no caso em que a informação é completa, nosso modelo prescreve que a agência governamental retenha participação positiva (igual a $0 < -\gamma_t < 1$) sobre a empreitada. Mais do que isso: como a Proposição 3 diz que esforços induzidos devem aumentar ao longo do tempo, a participação retida pela agência governamental deve reduzir-se ao longo do tempo.

3.2 Seleção de empresas

Até agora, nos detivemos à análise dos esforços que serão induzidos pela agência governamental e estivemos silentes quanto ao critério de seleção a ser adotado. No entanto, a decisão de qual firma selecionar a cada instante de tempo também será baseada nos dois objetivos com os quais a agência governamental se confronta: (i) em cada instante de tempo, minimizar os custos totais aos quais os serviços são produzidos e (ii) minimizar os *payoffs* das firmas.

Carrasco e Salgado (2012) mostram que, sob a ótica da agência governamental, tanto no período 1 quanto no período 2, os pesos relativos das rendas informacionais deixadas para as firmas em sua função objetivo dependem somente dos parâmetros de custo do primeiro período, θ_{i1}. Mais: quanto maior for θ_{i1}, mais custoso é para a agência governamental deixar renda informacional para as firmas. Dois pontos emergem dessa discussão acima.

Em primeiro lugar, a firma que é mais eficiente no primeiro período será, sob a ótica da agência reguladora, também a firma para a qual o custo de se deixar renda informacional é menor no primeiro período. Portanto, será ótimo para a agência reguladora selecionar, no primeiro período, a firma mais eficiente (isto é, de menor θ_{i1}).

Em segundo lugar, a firma de menor parâmetro de custo no primeiro período também será a firma para a qual o custo de se deixar renda informacional é menor no *segundo* período. Portanto, para que a firma incumbente seja substituída, será necessário que a outra firma seja bastante mais eficiente que a incumbente. Mais precisamente, se for suposto que a firma 1 foi selecionada no primeiro período, haverá um número $\Delta > 0$ tal que a firma 2 será selecionada no segundo período somente se:

$$\theta_{22} < \theta_{12} - \Delta$$

Em palavras, a firma 2 só será selecionada no segundo período se for $\Delta > 0$ mais eficiente que a firma 1. Portanto, o critério de seleção da agência governamental no segundo período favorecerá o incumbente.

O próximo resultado sumariza a discussão.

Proposição 4: No mecanismo ótimo, a firma mais eficiente é selecionada no primeiro período. No segundo período, o critério de seleção do mecanismo ótimo favorece a firma incumbente.

4 Discussão dos resultados

Podemos resumir os principais resultados da seguinte forma:

1. Sob informação completa, o mecanismo ótimo é tal que, a cada instante, a firma com menor parâmetro de custos é selecionada. Os esforços para redução de custos podem ser implantados através de duas formas: (i) via contratos *fixed-price* ou (ii) via uma cessão dos direitos de produzir para a firma selecionada, na qual esta retém 100% da empreitada.

2. Sob informação incompleta, a firma com menor parâmetro de custo no período 1 é selecionada para produzir no período. No período 2, o critério de seleção é enviesado em favor da firma incumbente: haverá troca de

firmas no segundo período somente se a que ficou fora no primeiro for mais eficiente que a incumbente por um montante estritamente positivo.

3. Sob informação incompleta, os níveis de esforços prescritos podem ser implantados de duas formas: (i) através de um contrato que esteja no "meio do caminho" de um contrato *fixed-price* e um contrato *cost-plus* ou (ii) cessão (p. ex.: em leilão) do direito a uma das empresas de prover o serviço, retendo participação menor que 100% na empreitada (isto é, à agência governamental é cedida participação positiva na empreitada). Em ambos os casos, os incentivos para a redução de custos aumenta ao longo do tempo, o que implica que, para o caso (i), os contratos se movem na direção de contratos *fixed-price* e, para o caso de (ii), a participação do governo na empreitada se *reduz* ao longo do tempo.

Quão dependentes são esses resultados de nossas hipóteses? Em especial, quão dependentes são os resultados da hipótese de que a assimetria de informação com respeito a um atributo é tão importante quanto a assimetria com respeito à adoção de uma ação (esforço para reduzir custos)? A resposta é: não muito.

Para entender a razão, note-se que a primeira dimensão de assimetria de informação (não conhecimento de um atributo) afeta os resultados através da preocupação da agência reguladora em reduzir as rendas informacionais (e, como consequência, os lucros) das firmas. Portanto, essa dimensão é a força que, em um mecanismo ótimo, faz com que, por um lado, nos distanciemos de contratos *fixed-price* – ou, alternativamente, de uma situação na qual a empresa que produz o serviço detenha 100% da empreitada – e, por outro lado, tenhamos um critério de seleção que favoreça o incumbente no segundo período. O custo da distorção no critério de seleção é evidente: mesmo sendo a firma com maior parâmetro de custo no segundo período, a firma incumbente poderá ser selecionada. Quanto a fazer com que o governo retenha participação na empreitada (ou oferecer um contrato diferente de *fixed-price*), seu custo está associado à segunda dimensão de assimetria de informação: se não deter 100% da empreitada (ou, alternativamente, não for confrontada com um contrato *fixed-price*), a firma não terá tantos incentivos a devotar esforços para reduzir custos.

Em qualquer situação, o mecanismo ótimo equilibra os benefícios e custos de se ter um critério de seleção que favoreça incumbentes e uma política que faça com que a agência governamental retenha participação na empreitada (ou que a firma seja paga de acordo com contratos que não sejam *fixed-price*). Portanto, em situações nas quais a dimensão de não conhecimento do atributo da firma seja relativamente mais importante, (relativamente) menores serão os custos de enviesar-se o processo de seleção no segundo período, por um lado, e de ter-se a agência governamental com participação na empreitada (ou fazer uma pagamento mais próximo de *cost-plus*), por outro. Como consequência, o mecanismo fará uso mais intenso desses instrumentos. Quando a dimensão (relativamente mais) relevante for a não observação dos esforços devotados para a redução de custos, o mecanismo ótimo fará menor uso dos instrumentos.

Conclusão

Ao longo do artigo, apresentamos um modelo que nos permitiu discutir diferentes aspectos (que nos parecem ser) de primeira ordem para as parcerias público-privadas. Em vez de reapresentar os resultados (que foram extensivamente discutidos ao longo do artigo), sugeriremos outros dois aspectos desconsiderados no trabalho que nos parecem merecer futuros estudos.

Em primeiro lugar, consideramos uma situação na qual as firmas são simétricas. Seria bastante interessante pensar nas implicações de assimetrias, tanto *ex ante* (p. ex.: firmas que sejam sistematicamente mais eficientes que outras, que difiram em termos do grau de persistência da tecnologia) quanto *ex post* (p. ex.: *learning by doing* gerando diferenças nos parâmetros de custos das firmas ao longo do tempo). Em segundo lugar, fizemos a suposição (implícita) de que todas as firmas participantes tinham acesso irrestrito a fontes de financiamento. Como incorporar ao modelo uma situação na qual haja firmas que tenham dificuldades em se financiar? O governo deve tentar corrigir eventuais fricções que restrinjam a capacidade de financiamento de uma firma que possa a vir a participar de uma PPP?

Por fim, acreditamos que a utilidade deste artigo vá além das prescrições geradas por nosso modelo. De fato, se alguma, a maior utilidade é a de se mostrar que é possível fazer uso de Teoria Econômica para discutir questões de interesse prático. Incentivos são particularmente relevantes para questões relativas a regulação, *procurement* e desenhos de parcerias. Quando incentivos importam muito, as regras a serem utilizadas no desenho de políticas são de primeiríssima importância. Ao redor do mundo, a teoria de desenho de mecanismos e mercados tem sido útil na sugestão de aspectos para os quais um bom desenho deve atentar. No Brasil, é trabalho dos economistas de desenho tentar convencer a sociedade e *policy-makers* do mesmo.

BIBLIOGRAFIA

CARRASCO, V.; SALGADO, P. **Auctioning dynamic procurement auctions**, Mimeo, PUC-Rio, 2012.

LAFFONT, J. J.; TIROLE, J. **Theory of incentives in regulation and procurement**. Cambridge: MIT Press,1993.

McAFEE, P.; McMILLAN, J. Competition for agency contracts. **The Rand Journal of Economics**, v. 18, 2. ed., 1987.

Concessões de rodovias e renegociação no Brasil

CÉSAR MATTOS

Introdução

O leilão de concessão das rodovias federais em 2007 foi considerado um retumbante sucesso pelo governo, especialmente em função dos elevados deságios dos lances para os preços dos pedágios, como no caso do trecho da Fernão Dias, que atingiu 65,4%. Atualmente, os pedágios federais permanecem com valores relativamente módicos, se considerarmos a comparação com os pedágios paulistas.

De outro lado, uma pesquisa da Confederação Nacional dos Transportes (CNT) de 2012 mostra que das 20 melhores rodovias em território nacional, 19 estão em São Paulo, são concedidas ao setor privado e reguladas pela Agência de Transporte do Estado de São Paulo (ARTESP). Apenas uma rodovia federal, a BR-116, que liga Rio de Janeiro a São Paulo, licitada em 2007 e regulada pela Agência Nacional de Transportes Terrestres (ANTT), está entre estas 20 (em 11º lugar). Enquanto apenas 9,9% das rodovias do país estão em estado considerado "ótimo", em São Paulo este percentual atinge 49,9%.

A explicação que consideramos mais importante para o diferencial de desempenho entre as estradas federais e paulistas reside no maior percentual de gestão privada em São

Paulo. De fato, na pesquisa da CNT, enquanto 44,7% das rodovias com gestão privada no país são consideradas ótimas, apenas 3,2% das rodovias com gestão pública apresentam este desempenho superior. O outro lado da moeda é que a gestão privada será também naturalmente mais cara para o serviço, até porque nem sempre a rodovia em gestão pública será pedagiada. Isto indica que as rodovias privadas deverão ter, em média, melhor qualidade, mas um preço mais alto. A escolha sobre privatizar ou não o serviço estaria, em última análise, relacionada ao *trade-off* usual entre preço e qualidade de qualquer bem ou serviço: tudo que é melhor custa mais.

A hipótese deste artigo é de que pode haver outra razão importante para a diferença de desempenho entre os modelos de concessão federal e paulista, tanto no que diz respeito à qualidade das rodovias quanto em relação aos preços, que reside no próprio formato do leilão. O Governo Federal, tanto na primeira como na segunda etapa da concessão de rodovias, optou por um procedimento no qual o critério de definição do vencedor seria dado pelo menor preço do serviço. Já no caso do governo paulista, a escolha da primeira etapa foi por um critério do maior valor pago pela concessão, deixando o pedágio para a regulação.[1] A segunda etapa do programa paulista acabou por seguir o critério de menor preço do Governo Federal, provavelmente pelas críticas dos elevados valores do pedágio em São Paulo.

O Governo Federal defendia que o seu modelo seria naturalmente mais pró-consumidor ao induzir os participantes do certame a reduzir ao máximo os preços do pedágio já no próprio leilão. Nos leilões paulistas, ao contrário, o modelo da primeira etapa teria privilegiado o aporte de recursos ao Estado em detrimento do consumidor.

Como veremos, a depender dos parâmetros do problema, pode surgir aqui o *trade-off* clássico da teoria da regulação econômica. De um lado, o objetivo de modicidade tarifária ou transferência de renda ao consumidor pode, de fato, ser mais bem alcançado pelo leilão de menor preço do serviço. De outro lado, o objetivo de incrementar a produtividade do serviço é beneficiado pela escolha do candidato mais eficiente para ser concessionário, o que, como veremos, é mais garantido pelo leilão de maior valor da concessão. Ademais, se as tarifas são realmente maiores neste tipo de leilão, o incentivo a prover um serviço melhor é também superior.

---

[1] O valor das tarifas básicas por praças de pedágio já vinha definido no edital de licitação nas concessões paulistas na primeira etapa. No caso da Autoban, licitada em 1997, por exemplo, tais valores variavam entre R$ 2,60 a R$ 3,80. A regra de reajuste também é dada no contrato de concessão, basicamente seguindo o IGP-M.

Os termos deste *trade-off* entre os dois objetivos principais regulatórios — produtividade/qualidade e modicidade tarifária —, no entanto, ficam atenuados, se considerarmos que os preços do serviço apresentam uma elevada probabilidade de renegociação, sejam eles definidos no edital de licitação (São Paulo na primeira etapa) ou no próprio leilão (Governo Federal e São Paulo na segunda etapa).

Na verdade, esta não é uma discussão nova na teoria econômica da regulação. Enquanto Demsetz (1968) propôs a concessão por leilões de menor preço do serviço, Williamson (1976) criticou este procedimento com base no que seria uma potencial falta de *commitment* dos participantes do leilão com os lances baseados no preço do serviço, o que ensejaria a emergência de comportamentos oportunistas *ex post* dos concessionários.

Do ponto de vista empírico, Guasch (2004) confirma que, a partir de dados da América Latina e Caribe, o índice de renegociação dos contratos de concessão foi de 60% quando o critério do leilão foi o de menor preço do serviço contra 11% quando o critério foi o de maior valor pago pela concessão.[2]

O objetivo deste artigo é propor um modelo simples de concessão de serviços públicos com base neste debate da teoria econômica e discutir os resultados obtidos até agora nos programas de concessão de rodovias federais e paulistas em termos de qualidade do serviço e preços. A Seção 1 apresenta a discussão original entre Demsetz e Williamson. A Seção 2 desenvolve o modelo teórico e suas extensões, em que se consideram as hipóteses de regulador benevolente, regulador pró-consumidor e capacidade de renegociação endógena definida pelos custos de troca dos concessionários. A Seção 3 trata brevemente de como distinguir conceitualmente as renegociações boas das ruins. A Seção 4 inclui na discussão a existência de obrigações de investimento nas concessões rodoviárias, avaliando seus efeitos sobre a possibilidade de renegociação e os incentivos do concessionário. A Seção 5 apresenta alguns dados do setor de rodovias, baseados na pesquisa de qualidade da Confederação Nacional dos Transportes de 2012 e na evolução das tarifas, o que permitirá a conexão com a análise teórica das seções precedentes. A seção final conclui o texto.

1 A discussão teórica

Demsetz (1968) propôs que as concessões de serviços regulados fossem realizadas por um leilão de menor preço do serviço. Isto resolveria dois

---
[2] O autor analisa vários outros itens do contrato de concessão que condicionam a renegociação.

problemas fundamentais dos reguladores em um contexto de assimetria de informações sobre as firmas reguladas: definir qual seria o preço ótimo do serviço e qual seria o candidato a concessionário com maior eficiência para operar o serviço.

Conforme Demsetz, supondo um leilão suficientemente competitivo, cada participante estaria disposto a fazer lances com preços dos serviços menores até atingir os seus respectivos custos médios. No critério de menor preço do serviço, o vencedor tenderia a ser aquele com menor custo médio, pois este estaria disposto (apesar de não precisar e de não fazê-lo) a fazer lances em valores entre o seu próprio custo médio e o do segundo com menor custo médio, o que todos os outros participantes (inclusive o segundo) não estariam dispostos a fazer para evitar um prejuízo.[3] Assim, além de o certame baseado no menor preço do serviço se constituir em um mecanismo de revelação da informação sobre o preço ótimo do serviço regulado para o regulador (uma preciosidade em um contexto de assimetria de informação sobre custos),[4] também viabiliza que o escolhido seja aquele participante com maior eficiência. Dois coelhos com um só tiro!

O problema deste mecanismo foi apontado por Williamson (1976). No caso do leilão baseado nos preços dos serviços, haveria uma tendência sistemática dos participantes do certame a realizar lances excessivamente baixos. Isso ocorreria na medida em que tais participantes acreditassem serem capazes *ex post* de convencer o regulador a permitir o incremento dos preços dos serviços acima daquilo que foi resultado do lance no leilão. O ponto principal para Williamson é que faltaria capacidade *ex ante* ao regulador de se comprometer (*commitment*) a não ceder às demandas *ex post* de reajuste das tarifas acima do combinado. Ou seja, o regulador não seria capaz de se comprometer a não renegociar o valor fundamental que ensejou o resultado do leilão, ou seja, o preço do serviço. Isso decorreria especialmente das dificuldades do poder público em trocar o fornecedor do serviço *ex post* rapidamente e com baixo custo em resposta à tentativa de um comportamento oportunista como o da renegociação de preços.

Os custos de troca *ex post* estão associados aos elevados *sunk costs* que permitem comportamentos oportunistas tanto do concessionário como do próprio

---

[3] Assumindo as premissas do teorema da equivalência de receitas esperadas nos leilões, este resultado seria verdadeiro tanto para um leilão aberto descendente quanto para um leilão de um só lance em envelopes fechados. Ver Klemperer (2004).

[4] O preço ótimo, na verdade, seria dado pelo custo do próprio vencedor e não do segundo lugar da licitação. Supondo um leilão com vários participantes, os custos do primeiro e segundo devem ser suficientemente próximos para se chegar a um resultado não muito distante do ótimo.

Estado.[5] Se o governo demandar *ex post* uma troca de concessionário em função da tentativa de comportamento oportunista, é possível que seja obrigado a fazer a compensação dos *sunk costs* já incorridos pela empresa. De fato, provavelmente, haverá substancial custo judicial para determinar os valores da compensação e ainda o questionamento do concessionário sobre as razões da troca. Aduzam-se ainda os custos e a demora para organizar e realizar uma nova licitação.

O tempo perdido deve afetar negativamente também a probabilidade de reeleição do governante, em função do custo político no atraso da entrega das obras prometidas à população. Como os serviços concedidos como rodovias são usualmente utilizados por elevada parcela da população, este custo político da maior demora na entrega da obra em função da troca do concessionário por outro tende a ser grande. Por fim, há o motivo mais simples, que é a corrupção: o regulador pode possuir preferências por determinados concessionários mais "abertos" a realizar contribuições a campanhas políticas ou mesmo ao bolso do próprio regulador. A troca deste concessionário mais "flexível" se tornaria, portanto, custosa aos olhos do regulador. Em síntese, os custos de troca *ex post* do concessionário podem capturar uma série de variáveis, inclusive associadas à maturidade das instituições do país, o que remete ao debate dos institucionalistas à la North (1990). O importante é que, quanto maior o custo de troca do concessionário, menor será a capacidade de o governo se comprometer *ex ante* a não renegociar *ex post*, bloqueando resultados superiores do ponto de vista do bem-estar social.

No caso do leilão por menor preço do serviço, se os participantes do certame racionalmente esperam *ex ante* que faltará *commitment* ao regulador *ex post*, os valores dos preços do serviço que eles devem propor em seus lances tendem a ser menos vinculados aos seus reais fundamentos de demanda e custo. Pior, é razoável postular que o valor do preço do serviço definido no lance de cada participante reflita menos a sua eficiência econômica própria, como custos menores, e mais a capacidade percebida de cada um em realizar um *lobby* bem-sucedido sobre o regulador. Ou seja, vencerá quem tiver (ou achar que tem) melhores conexões políticas ou quem for mais otimista em relação às dificuldades do regulador em evitar uma renegociação ou mesmo minimizar o incremento de preços demandado pelo concessionário *ex post*. Nesse contexto,

---

[5] Há várias situações em que o oportunista é o Estado e não o concessionário: após a realização dos custos afundados pelo último, o Estado (especialmente governos recém-eleitos, descomprometidos com a estabilidade das regras do procedimento licitatório anterior) é que tenta forçar as tarifas para níveis inferiores ao estabelecido. Este problema aconteceu no Paraná e no Rio Grande do Sul na concessão de rodovias. Analisar a possibilidade de oportunismo do Estado, apesar de esta ser frequente, não é o objetivo do artigo.

tanto o objetivo de garantir a escolha do participante mais eficiente como o de modicidade tarifária ficam comprometidos.

A seguir, apresentamos o modelo teórico que procura capturar a intuição básica de Williamson (1976).

2 O modelo teórico

2.1 O jogo

Suponha que dois candidatos disputam uma concessão que ocorrerá por meio de leilão. O candidato a concessionário 1 tem custo marginal c_1 e o candidato a concessionário 2, custo marginal c_2 – ambas as informações detidas pelos dois candidatos a concessionário, mas não pelo regulador. Vamos supor que a única informação que o regulador possui diz respeito à função de probabilidade estatística dos custos marginais dos candidatos a concessionário existentes na economia. *Ex ante*, esta função de probabilidade gera para o regulador um valor esperado para o custo marginal de qualquer dado candidato igual a c. Como veremos abaixo, após o leilão, ocorre o aporte de informações novas, que deverão alterar a percepção do regulador sobre o valor esperado do custo marginal do candidato ganhador.

Vamos admitir que o candidato 1 é o mais eficiente, ou seja, $c_2 > c_1$. Inexistem custos fixos. A demanda pelo serviço concedido é totalmente inelástica e igual a "Q", que suporemos igual a 1. O consumidor valora o serviço em v, informação detida tanto pelos dois candidatos quanto pelo regulador. Os lances de cada um dos candidatos no leilão são dados por b_1 e b_2 em um leilão oral descendente.

O jogo entre o regulador e os dois candidatos a concessionário ocorre em três estágios. No primeiro estágio, o governo opta entre um leilão de maior preço pela concessão ou de menor preço do serviço. No segundo estágio, os dois candidatos jogam o leilão e um deles ganha. Ainda neste segundo estágio, o ganhador do leilão de menor preço de serviço sempre pede uma renegociação para um novo preço. Esta tentativa de renegociação será uma oferta *"take or leave it"* do concessionário ganhador para o regulador. Este último decide se renegocia ou não no terceiro estágio. Caso não renegocie, o contrato de concessão se encerra.

A diferença principal para o caso do leilão por maior preço da concessão é que neste supomos que o candidato nunca é capaz de solicitar renegociação, enquanto, no leilão por menor preço do serviço, haverá sempre uma tentativa de renegociação por parte do concessionário. Esta diferença se deriva do fato de que a tentativa de renegociação dos valores a serem pagos ao governo no modelo de maior preço da concessão deve sofrer grande resistência de órgãos de controle.[6] Tais órgãos de controle forneceriam um *credible commitment* para o governo *ex ante* de que não renegocia *ex post*.

Essa distinção entre os dois tipos de leilão é o foco da crítica de Williamson contra leilões por menor preço do serviço. O jogo entre o regulador e os dois candidatos a concessionário é exposto na Figura 1.

Avaliaremos inicialmente a mecânica do leilão por maior preço da concessão no lado direito e, depois, por menor preço do serviço no lado esquerdo do jogo.

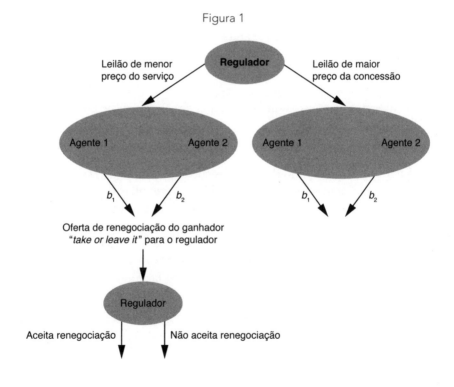

Figura 1

---

[6] No Brasil, por exemplo, a Controladoria Geral da União (CGU) e o Tribunal de Contas da União (TCU) ou dos Estados.

71

2.2 Leilão de maior preço da concessão

Na hipótese de um modelo de leilão pelo maior valor da concessão, cabe derivar qual o máximo que cada candidato a concessionário estaria disposto a pagar pela concessão. Tais valores são exatamente iguais aos lucros que cada um espera obter com a prestação do serviço. Como o regulador não consegue, por este modelo de concessão, "revelar" nada sobre o preço ótimo do serviço, ele anuncia um preço regulado do serviço p exógeno antes do leilão. p será, portanto, uma variável conhecida *ex ante* pelos candidatos a concessionário e pelo regulador. Quanto maior a assimetria de informação do regulador quanto aos custos dos concessionários, maior deverá ser o preço regulado escolhido p[7] para assegurar que, mesmo que os candidatos a concessionário existentes sejam pouco eficientes relativamente à distribuição de tipos esperada pelo regulador, estarão dispostos a aceitar operar a concessão (ou seja, a sua restrição de participação é satisfeita).

Assim, os lucros dos candidatos 1 e 2 na prestação do serviço nas hipóteses mutuamente excludentes de que cada um ganhe a concessão seriam:

Lucro 1 = $p - c_1$ (1)

Lucro 2 = $p - c_2$ (2)

Tais valores seriam os máximos que cada um estaria disposto a dar de lance no leilão. Como $c_2 > c_1$, então:

$p - c_1 > p - c_2$ (3)

O que implica que o candidato 1 mais eficiente sempre estará disposto a dar um lance ligeiramente superior ao candidato 2 e ganhar o certame. Assim, o equilíbrio de Nash desse jogo será o candidato 2 jogando $b_2 = p - c_2$ e o candidato 1 jogando $b_1 = p - c_2 + \varepsilon$, sendo ε tão pequeno quanto desejado. Como ε é praticamente zero, podemos considerar, para efeitos práticos, que $b_1 = p - c_2$, sendo 1 sempre o vencedor. Note-se que, sem a possibilidade de renegociação, o candidato 1 mais eficiente é sempre o vencedor, fazendo o leilão cumprir sua obrigação de alocar o objeto da concessão ao candidato mais eficiente.

O objetivo de modicidade tarifária, no entanto, não é endereçado quando o leilão é baseado no preço da concessão.

---

[7] Este é um dos resultados importantes do modelo básico de Laffont e Tirole (1993): quanto maior a assimetria de informação do regulador, mais *rents* ele deve abrir mão para a firma regulada no contrato ótimo.

O lucro do ganhador da concessão 1 (L_1) será a diferença entre o que ele ganha de lucros *ex post* e o que ele desembolsa no leilão:

$$L_1 = p - c_1 - p + c_2 = c_2 - c_1 \qquad (4)$$

No caso do leilão por preço da concessão, considera-se a função objetivo do regulador benevolente igual à soma dos lucros com o excedente do consumidor e a própria receita do governo no valor do lance pago, no caso, $b_1 = p - c_2$. O excedente do consumidor será:

Excedente do Consumidor (EC) = $v - p$ \qquad (5)

A função de bem-estar, no caso do leilão por preço da concessão (W_{pc}), será:

$$W_{pc} = v - p + c_2 - c_1 + p - c_2 = v - c_1 \qquad (6)$$

Cumpre destacar que o regulador não conhece plenamente (6), posto que não observa o custo marginal c_1 do mais eficiente, mas tão somente c_2 do menos eficiente, que ele é capaz de inferir a partir do último lance dado pelo mais eficiente antes do menos eficiente sair do leilão, $b_1 = p - c_2$. Como o regulador conhece p, então passa a conhecer o custo marginal do perdedor, $c_2 = p - b_1$. Do candidato ganhador, a única coisa que ele passa a conhecer após o leilão é que seu custo é inferior a c_2, pois, se não o fosse, teria perdido o leilão. O regulador só não sabe o quanto c_1 é inferior a c_2. O aporte da informação pelo leilão sobre c_2 reduz o intervalo de possibilidades de custo marginal do candidato ganhador, c_1, para o regulador, com uma redução do limite superior da distribuição de probabilidades original anterior ao leilão. A distribuição de probabilidades original é truncada, gerando um valor de custo marginal esperado para o ganhador *ex post* menor que o valor original c; digamos c_{1e} (<c_2).[8]

O ponto importante aqui é que, como o regulador não conhece plenamente (6), ele reestimará após o resultado do leilão. O bem-estar que o regulador espera ter obtido no leilão de maior preço da concessão, após observar o resultado do leilão e o lance ganhador ($p - c_2$), conhecendo c_2 e reestimando c_1 de c (a estimativa *ex ante* de c_1) para c_{1e} (a estimativa *ex post* de c_1), será dado por:

$$E(W_{pc}) = v - p + c_2 - c_{1e} + p - c_2 = v - c_{1e} \qquad (6')$$

A seguir, avaliamos o leilão por menor preço do serviço.

---

[8] A não ser que o valor recuperado c_2 seja exatamente igual ao valor máximo do intervalo da função de probabilidade original, o que implica não gerar nenhum ganho de informação.

2.3 Leilão por menor preço do serviço

Agora os lances b_1 e b_2 são os preços dos serviços que os candidatos a concessionário propõem e não mais os valores pagos pela concessão. A diferença fundamental em relação ao problema anterior é que aqui pode haver renegociação *ex post* exatamente sobre a variável que serviu de base para a escolha do concessionário: o preço do serviço.

Ademais, é possível que a capacidade de renegociação ou, mais precisamente, a percepção de cada candidato sobre a sua própria capacidade de renegociação da variável "preço do serviço" seja diferenciada, o que pode ter várias fontes: (i) determinados grupos têm maior capacidade de *lobby* no governo do que outros, inclusive por corrupção; (ii) determinados grupos são naturalmente mais otimistas em relação à sua capacidade de renegociação, tenha esta base real ou não; e (iii) o custo reputacional da renegociação é diferente entre os candidatos, sendo que os mais aventureiros, sem perspectivas de entrar em outras disputas por concessões dentro e fora do país, devem perceber um custo de reputação para si próprios relativamente mais baixo. O que importa para o modelo é que as percepções de cada candidato sobre suas próprias capacidades de renegociação podem ser diferentes entre si e mesmo distintas das suas reais capacidades de renegociar.

Supomos que as capacidades percebidas de renegociação de ambos os candidatos sejam proporcionais aos próprios lances realizados, b_1 e b_2. Ou seja, cada candidato é capaz de incrementar os preços dos serviços após o leilão, mas não muito distante de seu lance. Assim, apesar da renegociação, os lances b_1 e b_2 limitam, em alguma medida, o valor do preço do serviço que será efetivamente cobrado após a renegociação. Isso faz com que os lances não sejam sem custo para os candidatos. Quanto mais os lances forem irrealistas, mais difícil atingir *a posteriori* valores mais realistas. Isso faz sentido, pois, ainda que plenamente capturado, um regulador sempre terá um constrangimento em se distanciar excessivamente do lance de preço original, especialmente depois de esse último ter proposto ofertar o serviço a um preço inicial muito baixo. O Judiciário, os Tribunais de Contas e as Controladorias tendem a ser cruciais nesta restrição da ação do regulador.

Além dos lances efetuados no leilão, supomos que os limites de até onde cada candidato conseguirá renegociar o preço do serviço são definidos também pela capacidade percebida de cada um fazer *lobby* no governo. Na Seção 2.5, veremos o caso em que a capacidade de *lobby* percebida se iguala à capacidade real, o que torna o segundo estágio – quando os candidatos fazem seus lances e propõem a renegociação — mais dependente do terceiro estágio — quando o regulador aceita ou não a renegociação da proposta.

Assim, o novo preço renegociado depende tanto dos lances efetuados no leilão como de uma capacidade percebida exógena de *lobby* diferenciada entre os candidatos. Os múltiplos sobre os lances iniciais de preços b_1 e b_2 serão, respectivamente, θ_1 e θ_2, ambos maiores ou iguais a 1. O caso de igualdade de θ_i com 1 retrata a situação em que o candidato não possui nenhuma capacidade de renegociação do preço do serviço com o governo. É o caso em que o governo possui plena capacidade de se comprometer *ex ante* a não renegociar *ex post* com o candidato. Assim, quanto mais distante de 1 for θ_i, maior a capacidade percebida de renegociação do candidato i e menor a capacidade percebida de *commitment* do governo a não renegociar. Assumimos que θ_1 e θ_2 são de conhecimento tanto dos dois candidatos como do regulador.

Uma variável fundamental para definir os θ_i são os custos de troca – CT_i ($i = 1,2$) – que os candidatos percebem que o regulador terá se resolver não aceitar a renegociação e optar por refazer a licitação e trocar de concessionário. Como já vimos, este custo de troca inclui várias fontes possíveis, como o custo de refazer a licitação, o custo político de atrasar as obras ou, mais simplesmente, corrupção. Por enquanto, não realizamos uma conexão explícita entre os θ_i e os respectivos CT_i, o que deixaremos para a Seção 2.5, na qual a capacidade de renegociação percebida se torna endógena e igual à capacidade efetiva.

Se o candidato 1(2) ganhar o leilão de menor preço do serviço, seu lucro na concessão, L_{ps1} (L_{ps2}), caso aceita a renegociação pelo regulador, será:

$$L_{ps1} = b_1\theta_1 - c_1 \tag{7}$$
$$L_{ps2} = b_2\theta_2 - c_2 \tag{8}$$

De forma equivalente ao modelo de leilão por maior preço da concessão, derivamos os lances mínimos b_{imin} que os candidatos estariam dispostos a dar. Estes valores de lances mínimos de preços de serviço seriam tais que exauririam todo o lucro da concessão.

$$b_{1min}\theta_1 - c_1 = 0 \to b_{1min} = c_1/\theta_1 \tag{9}$$
$$b_{2min}\theta_2 - c_2 = 0 \to b_{2min} = c_2/\theta_2 \tag{10}$$

Os valores de lances mínimos que os candidatos estão dispostos a fazer são uma proporção do inverso de sua eficiência econômica, traduzida pelo custo marginal, com a sua "eficiência política", traduzida por sua capacidade percebida de renegociar dada por θ_i. O valor de lance mínimo será tão menor quanto maiores forem tanto a eficiência econômica quanto a eficiência política percebida do candidato relativamente ao outro. Assim, mesmo que um candidato seja menos eficiente do ponto de vista econômico, com um custo marginal superior, sua "eficiência política" percebida superior pode mais do que compensar a ineficiência econômica e fazer com que ele ganhe o leilão. De fato, o cenário mais interessante ocorre quando $b_{1min} > b_{2min}$, ou seja,

$$c_1/\theta_1 > c_2/\theta_2 \qquad (11)$$

A condição (11) implica que, apesar de o candidato 2 ser menos eficiente do ponto de vista econômico, sua eficiência política percebida mais do que compensa sua desvantagem em termos de custos. Isso permite ao candidato 2 estar disposto a fazer lances menores que o menor lance que o candidato 1 está disposto a fazer. O candidato mais eficiente 1 só ganha o leilão se o seu diferencial de custo em relação ao candidato 2 $(c_2 - c_1)$ for maior que o diferencial de capacidade de renegociação percebida entre os candidatos $\theta_2 - \theta_1$.

Caso a condição (11) se verifique, o candidato 2 fará um lance de preço do serviço que está no valor estritamente necessário para ganhar o leilão, o qual será ligeiramente inferior ao mínimo que o candidato 1 está disposto a fazer de lance. O equilíbrio de Nash no leilão será o candidato 1 dar um lance $b_1 = b_{1min} = c_1/\theta_1$ e o candidato 2 dar um lance apenas ligeiramente inferior a b_{1min}, $(c_1/\theta_1) - \varepsilon$. Como ε pode ser tão pequeno quanto se deseje, fazemos $b_2 = c_1/\theta_1$ e o candidato 2 é o vencedor do leilão.

O lucro do concessionário 2, no caso em que (11) se verifica, L_{ps2}, será:

$$L_{ps2} = b_2 *(\theta_2 - c_2) = (c_1/\theta_1)\,\theta_2 - c_2 \qquad (12)$$

Se (11) não se verifica, ou seja, o diferencial de capacidade percebida de lobby não compensa o diferencial de eficiência econômica, o candidato mais eficiente 1 é o ganhador com lucro:

$$L_{ps1} = b_1 *(\theta_1 - c_1) = (c_2/\theta_2)\,\theta_1 - c_1 \qquad (13)$$

Na modelagem de leilão pelo preço do serviço, como não há receita do governo, a função de bem-estar é dada pela soma do excedente do consumidor e do lucro do concessionário. Verifiquemos, portanto, a função de bem-estar nos dois casos, quando (11) não se verifica e quando (11) se verifica.

Se (11) não se verifica, o candidato mais eficiente 1 é o ganhador do leilão de menor preço, com o lance igual a c_2/θ_2, o preço pós-renegociação $(c_2/\theta_2)\,\theta_1$ e o lucro igual a $(c_2/\theta_2)\,\theta_1 - c_1$. O excedente do consumidor nesse caso será $v - (c_2/\theta_2)\,\theta_1$. Assim, a função de bem-estar quando o mais eficiente ganha (W_{pse}) será:

$$W_{pse} = (c_2/\theta_2)\,\theta_1 - c_1 + v - (c_2/\theta_2)\,\theta_1 = v - c_1 \qquad (14)$$

W_{pse} em (14) é exatamente igual ao bem-estar obtido no caso do leilão pelo preço da concessão em (6). Ou seja, quando o candidato mais eficiente é o vencedor, o resultado em termos de bem-estar dos métodos de "maior preço da concessão" e "menor preço do serviço" é o mesmo. É indiferente para o regulador benevolente implementar um ou outro tipo de leilão.

Como supomos que o regulador conhece o valor dos θ_i, então, quando ele observa o lance ganhador, que é igual ao lance mínimo de preço que o perdedor estaria disposto a dar, $b_{2min} = c_2/\theta_2$, então ele "recupera" o valor do custo marginal do candidato perdedor, que será $c_2 = \theta_2 b_{2min}$. Assim, quando (11) não se verifica, ele passa a conhecer o custo marginal do perdedor c_2. Da mesma forma que na seção anterior, quando o regulador recupera c_2, ele altera o intervalo de sua distribuição de c_1, de forma a gerar uma nova expectativa sobre o custo marginal de 1 c_1, que deixa de ser o custo esperado *ex ante c*. Como a informação obtida é a mesma do leilão de maior preço da concessão (c_2), então o novo valor esperado do custo marginal do candidato 1 será também o mesmo c_{1e} obtido no leilão de maior preço da concessão. Assim, o bem-estar esperado pelo regulador após o leilão, quando (11) não se verifica,[9] será:

$$E(W_{ps}) = (c_2/\theta_2)\theta_1 - c_{1e} + v - (c_2/\theta_2)\theta_1 = v - c_{1e} \qquad (14')$$

Tal como (14) é igual a (6), (14') é também igual a (6').

Agora, vamos supor o caso em que (11) se verifica, fazendo com que o candidato 2 seja o vencedor com o lance igual a c_1/θ_1, o preço após renegociação igual a $(c_1/\theta_1)\theta_2$ e, portanto, o lucro igual a $(c_1/\theta_1)\theta_2 - c_2$. O excedente do consumidor, nesse caso, será $v - (c_1/\theta_1)\theta_2$. Assim, a função de bem-estar quando o menos eficiente ganha o leilão de menor preço do serviço (W_{nps}) será:

$$W_{nps} = (c_1/\theta_1)\theta_2 - c_2 + v - (c_1/\theta_1)\theta_2 = v - c_2 \qquad (15)$$

Como, por hipótese, $c_2 > c_1$, então

$$W_{nps} = v - c_2 < v - c_1 = W_{eps} = W_p c \qquad (16)$$

A variação de bem-estar (VBE) pela escolha do governo de um leilão por menor preço do serviço em lugar de maior valor da concessão quando (11) se verifica será:

$$\text{VBE} = c_1 - c_2 \qquad (17)$$

---

[9] Note-se que o regulador sabe *ex post* que o ganhador é realmente o mais eficiente neste caso, dado que ele conhece os θ_i.

Como $c_2 > c_1$, (17) será sempre negativa, indicando perda de bem-estar pela escolha da regra do menor preço do serviço quando (11) se verifica.

Assim, o bem-estar social quando o candidato menos eficiente (2) vence o leilão de menor preço do serviço será inferior aos casos em que o mais eficiente (1) vence o leilão de menor preço do serviço ou quando o regulador implementa um leilão de maior valor da concessão. Este era exatamente o temor de Williamson, quando afirmava que, em um leilão de menor preço do serviço, o ganhador poderia ser o que melhor seria capaz de fazer *lobby*, em lugar do mais eficiente economicamente, com perdas de bem-estar no processo de concessão. Esta perda de bem-estar seria uma consequência direta do fato de que um dos principais objetivos de qualquer metodologia de leilão, que é atribuir ao mais eficiente o objeto da concessão, não foi alcançado (quando (11) se verifica).

Mais uma vez, cabe avaliar a expectativa do regulador sobre o bem-estar que ele utilizará para definir se aceita ou não a renegociação. Nesse caso, quando (11) se verifica, o regulador consegue observar o custo do candidato perdedor, agora c_1, com base no lance do candidato vencedor e, como conhece os θ_i, reestima o valor do custo marginal do candidato ganhador 2 para um nível inferior ao custo marginal esperado *ex ante c*, digamos para $c_{2e}(>c)$.[10] Isto ocorre porque, ao observar c_1, o regulador conclui que o limite inferior da distribuição do custo marginal do candidato 2 (o próprio c_1) é superior ao limite inferior da distribuição do custo marginal que ele tinha antes de receber a informação do leilão.

Assim, o bem-estar esperado *ex post* pelo regulador, após verificar o resultado do leilão de menor preço do serviço, será:

$$E(W_{nps}) = (c_1/\theta_1)\theta_2 - c_{2e} + v - (c_1/\theta_1)\theta_2 = v - c_{2e} \qquad (15')$$

Como $c_{2e} > c > c_{1e}$, então o valor esperado da função de bem-estar quando (11) se verifica, (15'), e o mais ineficiente ganha o leilão, é menor do que quando (i) (11) não se verifica e o mais eficiente ganha o leilão (14') ou; (ii) o leilão é de maior preço da concessão (6').

Quanto maior a probabilidade de que (11) se verifique, maior a perda esperada de bem-estar gerada por um modelo de leilão pelo menor preço do serviço. É possível que haja uma correlação negativa entre as eficiências

---

[10] Mais uma vez, c_{2e} só deve igualar c se o valor observado de c_1 estiver no extremo inferior do intervalo admitido pelo regulador e não agregar nenhuma informação nova.

econômica e política. O tempo e esforço gastos com *lobby* podem deslocar o tempo e esforço que seriam devotados à eficiência econômica, um típico efeito de *crowding-out*. Nesse caso, a probabilidade de que (11) ocorra pode ser superior a 50%, o que magnifica o efeito negativo esperado do leilão por menor preço do serviço sobre o bem-estar.

No terceiro estágio do jogo, o regulador define se aceita a renegociação com base nos valores esperados *ex post* (6'), (14') e (15'), após adquiridas novas informações a partir dos próprios lances dos candidatos.

Assumimos que, caso o regulador troque o concessionário, ele opta por realizar *a posteriori* um leilão de maior preço da concessão. Assim, a perda de bem-estar esperada será dada pela diferença entre o bem-estar esperado *ex post* com o leilão pelo menor preço do serviço e o bem-estar esperado *ex post* com o leilão pelo maior preço da concessão. O regulador decidirá se renegocia ou não comparando a diferença de bem-estar esperado *ex post* com o custo de troca do concessionário, CT_1 ou CT_2. Vejamos o cálculo do regulador no terceiro estágio do jogo mais uma vez nas situações em que (11) não se verifica ou se verifica.

Quando (11) não se verifica, o regulador descobre c_2 e, com base nisso, atualiza o valor esperado do custo marginal do candidato que ganhou de c para c_{1e}. Assim, o regulador avalia o seguinte diferencial:

$$E \text{ (VBE 11 não se verifica)} = E(W_{pc}) - E(W_{eps}) = v - c_{1e} - v + c_{1e} = 0 \quad (17')$$

Considerando qualquer custo de troca não negativo do candidato 1, CT_1 teremos:

$$CT_1 \geq E \text{ (VBE 11 não se verifica)} = 0 \quad (18)$$

Nesse caso, a ação ótima do regulador é sempre aceitar a renegociação do candidato mais eficiente ganhador (que ele sabe *ex post* que é o mais eficiente).

Já quando (11) se verifica, o regulador descobre c_1 e, com base nisso, infere um novo custo marginal esperado para o candidato 2 c_{2e}. Apesar de não saber exatamente o valor de c_2, o regulador sabe que $c_{2e} > c_2 > c_1$. Isto implica que o regulador sabe que, no caso de leilão pelo maior preço da concessão, quem ganha é o candidato 1. Ademais, como conhece precisamente c_1, ele utilizará a própria função de bem-estar W_{pc} de (6) e não a sua expectativa em (6'). No entanto, para o bem-estar no leilão pelo menor preço do serviço, ele ainda utilizará $E(W_{nps})$ de (15'), dado que ainda não conhece c_2, apenas conseguindo atualizar sua estimativa para c_{2e} pela informação trazida pela descoberta de c_1. Assim teremos:

$$E(\text{VBE 11 se verifica}) = W_{pc} - E(W_{nps}) = v - c_1 - v + c_{2e} = c_{2e} - c_1 \quad (17'')$$

Agora o regulador compara este diferencial com o custo de troca de 2, CT_2. O regulador aceitará a renegociação com o candidato menos eficiente 2 se:

$$CT_2 > c_{2e} - c_1 \quad (18')$$

A não verificação de (18) e/ou de (18') reflete uma contradição entre as capacidades percebida e real de renegociação, respectivamente, de 1 e 2. Isso porque o candidato pode ganhar o leilão com um lance que se baseia na expectativa de renegociação definida por seu θ_i, mas a intenção de renegociar, de fato, não se concretiza, o que ocorre quando (18) e/ou (18') não são satisfeitas. Nesses casos, o regulador não aceita a renegociação e troca o concessionário. Mesmo o concessionário 1 em (18) será trocado por ele mesmo depois no (segundo) leilão de maior preço da concessão, o que deriva da hipótese das ofertas de renegociação "*take or leave it*".

De qualquer forma, em ambos os casos, com ou sem a troca do concessionário, teria sido melhor para o regulador ter optado, em primeiro lugar, pelo leilão por maior preço da concessão, que garantiria a escolha do *player* economicamente mais eficiente e o melhor *pay-off* possível do regulador. Ou seja, pela estrutura do jogo definida acima e pela hipótese de benevolência do regulador, nunca faria sentido o regulador optar por fazer a licitação pelo preço do serviço, mas sempre pelo maior valor da concessão.

Esta conclusão, no entanto, depende da hipótese de regulador benevolente. Neste caso, tanto em (6) quanto em (6'), a variável p desaparece da função de bem-estar, pois o que o consumidor ganha com um preço menor é exatamente o que o concessionário perde com este mesmo preço menor. Tratar o consumidor de forma diferenciada em relação ao concessionário com um regulador pró-consumidor torna a variável p relevante no problema, como veremos na seção a seguir.

2.4 Regulador pró-consumidor

Como vimos na seção anterior, o regulador benevolente neste modelo é totalmente indiferente ao preço do serviço. No entanto, como os reguladores da vida real usualmente buscam a modicidade tarifária, faz sentido diferenciar o impacto do bem-estar do consumidor, governo e empresários.

Assim, introduzimos nas funções de bem-estar os pesos a_c para consumidores e a_e para empresários e receitas do governo, sendo $a_c > a_e$.

Isso altera a equação da função de bem-estar sob o regime de leilão por preço da concessão (6) da seguinte forma:

$$W_{pc}' = (v - p) a_c + [(p - c_2) + (c_2 - c_1)] a_e = va_c + (a_e - a_c) p - a_e c_1 \qquad (6'')$$

A equação da função de bem-estar sob o regime de leilão por preço do serviço (15), no caso quando (11) é satisfeita, se transforma em:

$$W_{nps}' = a_e [(c_1/\theta_1) \theta_2 - c_2] + a_c [v - (c_1/\theta_1) \theta_2] =$$
$$a_c v - (a_c - a_e) \theta_2 c_1/\theta_1 - a_e c_2 \qquad (15'')$$

Aceitando renegociar, o diferencial de bem-estar entre as regras de leilão por maior preço da concessão e menor preço do serviço será dado pela diferença entre (6") e (15").

E (VBE 11 se verifica e regulador pró-consumidor) =

$$W_{pc}' - W_{nps}' = va_c + (a_e - a_c) p - a_e c_1 - a_c v + (a_c - a_e) \theta_2 c_1/\theta_1 + a_e c_2 =$$
$$a_e (c_2 - c_1) + (a_c - a_e) (\theta_2 c_1/\theta_1 - p) \qquad (17''')$$

A diferença entre o bem-estar no leilão por maior preço da concessão e o leilão por menor preço do serviço será dada no primeiro termo de (17'''), que apresenta o diferencial de eficiência dos candidatos ponderado pelo peso dos empresários na função objetivo do regulador a_e, mais um segundo termo que exprime a diferença entre os pesos de consumidores e empresários $(a_c - a_e)$ multiplicada pela diferença entre o preço (endógeno) sob a regra de leilão pelo preço do serviço $\theta_2 c_1/\theta_1$ e o preço (exógeno) definido sob a regra de leilão pelo preço da concessão p.

Se o regulador conseguir definir um preço do serviço sob a regra de leilão por preço da concessão p menor que o preço definido no leilão pelo preço do serviço $\theta_2 c_1/\theta_1$, então este é mais um elemento que reforça a superioridade do mecanismo de leilão por preço da concessão no modelo. Este seria o caso quando o regulador tem uma baixa assimetria de informação em relação aos custos marginais reais dos operadores e é capaz de fixar p a um valor bem próximo ao valor dos custos marginais reais dos operadores, inclusive c_2. Como $\theta_2 c_1/\theta_1 > c_2$ se (11) é verificado, isto pode tornar a última expressão de (17''') positiva. Como o primeiro termo é sempre positivo, se $p < \theta_2 c_1/\theta_1$, a introdução de um regulador pró-consumidor comparativamente ao regulador benevolente reforça a superioridade do leilão de maior preço da concessão sobre o de menor preço do serviço, contrariamente à intuição usual de que o leilão de menor preço do serviço sempre geraria preços menores.

No entanto, o regulador escolhe uma metodologia de leilão pelo preço do serviço justamente porque tem dificuldades em escolher o preço regulado correto.[11] Se o regulador tiver uma elevada assimetria de informação e isto gerar um valor de p maior que $\theta_2 c_1/\theta_1$, o segundo termo de (17''') passa a ser negativo, o que, diferentemente do cenário com regulador benevolente, pode tornar a regra do leilão pelo menor preço do serviço superior à regra do leilão pelo maior preço da concessão. De fato, se p for suficientemente maior que $\theta_2 c_1/\theta_1$ de forma a compensar o primeiro termo de (17'''), que é sempre positivo, o leilão de menor preço do serviço se torna preferível.

Nesse contexto, (17''') pode traduzir um *trade-off* entre o leilão por maior valor da concessão e por menor preço do serviço quando o regulador é pró-consumidor, o que não existia com o regulador benevolente. De um lado, o leilão por maior valor da concessão sempre escolhe o concessionário mais eficiente, gerando eficiência produtiva com maior frequência na concessão, tal como indica o primeiro termo de (17'''). De outro, o leilão por menor preço do serviço pode (mas nem sempre) resultar em preços menores comparativamente ao leilão por maior preço da concessão, favorecendo o objetivo de modicidade tarifária, o que está associado ao tamanho da assimetria de informação do regulador. Havendo uma preferência maior do regulador pelo consumidor, este menor preço afeta positivamente a função de bem-estar social relativamente ao modelo de leilão por maior valor da concessão, como pode ser visto no segundo termo de (17''').

Em síntese, havendo uma distância grande entre os custos marginais do mais e do menos eficiente, um grau de assimetria de informação do regulador que torna p não muito distante dos custos e uma capacidade relativa de renegociação do candidato mais ineficiente em relação ao mais eficiente θ_2/θ_1 elevada, o leilão de maior valor da concessão continua sendo a opção preferível do regulador. De outro lado, quando a assimetria de informação do regulador quanto aos custos reais é maior, o preço fixado p pode ser alto o suficiente para fazer o segundo termo de (17''') negativo. Associando a isso uma razoável distância das preferências do regulador entre consumidores e

---

[11] Neste exemplo, olhando a função objetivo (6'), o valor deste preço ótimo seria o menor possível. Introduzindo uma restrição de que o lucro do empresário deve ser não negativo, o preço ótimo igualaria o custo marginal do empresário. Como quem ganha o leilão por maior valor da concessão é sempre o mais eficiente, 1, então o preço ótimo seria dado pelo custo marginal c_1.

empresários $(a_c - a_e)$, um diferencial de custos entre o mais e menos eficiente não muito significativo e uma capacidade relativa de renegociação do candidato mais ineficiente em relação ao mais eficiente menor, a balança passa a pender favoravelmente ao leilão de menor preço do serviço.

2.5 Custo de troca e capacidades de renegociação percebidas

Uma extensão interessante seria tornar as capacidades de renegociação endógenas. Nesse caso, o regulador não mais conhece *ex ante* os valores dos θ_{is} e, por conseguinte, também não consegue descobrir *ex post* o custo do perdedor nem realizar nenhuma atualização do custo esperado do ganhador.

Vejamos, assim, o caso em que (11) é satisfeita. O que o regulador consegue observar é o valor de $b_{1\min} = c_1/\theta_1$ do perdedor. O regulador não é capaz agora de saber os valores do numerador e denominador, mas apenas o valor da fração. Isto implica que o regulador não consegue nem descobrir o valor nem atualizar suas expectativas sobre os custos, de forma que as expectativas de c_2 e c_1 *ex post* se igualam ao custo marginal esperado *ex ante*, c.

O valor de θ_2 pode agora ser definido com base no próprio custo de troca CT_2, que, como vimos, depende do custo político-eleitoral da demora na entrega das obras, do custo de refazer a licitação e mesmo do custo de perder um concessionário mais permeável a propinas.

Assumindo que o candidato 2 conhece este custo de troca, ele empurrará a renegociação até o limite em que ele sabe que o regulador está disposto a renegociar. Podemos conseguir θ_2 com base em CT_2, modificando (17'''), conforme a nova estrutura informacional do regulador, com as alterações definidas no parágrafo anterior e igualando a CT_2:

$$a_e(c-c) + (a_c - a_e)(\theta_2 b_{1\min} - p) = CT_2$$
$$\theta_2 = \{CT_2/(a_c - a_e) + p\}/b_{1\min} \tag{19}$$

Apesar de não recuperar ou atualizar os valores dos custos, o regulador descobre θ_2, dado que conhece, após o leilão, todas as variáveis de (19). Quanto maior o custo de troca do concessionário 2 CT_2, maior sua capacidade de renegociação do preço *ex post* θ_2. Um grande diferencial entre os pesos do consumidor e do empresário reduz a capacidade de renegociação. De fato, quanto maior o peso do consumidor, menos aceitável para o regulador será renegociar preços para cima, limitando θ_2. Preços regulados p elevados tornam o regulador menos propenso a realizar a troca do concessionário e partir para um leilão pelo maior valor da concessão, o que incrementa a capacidade de renegociação *ex post* no leilão por menor preço do serviço. O menor valor b_{1min} a que o candidato perdedor 1 está disposto a dar no leilão será praticamente igual ao lance de preço do ganhador 2. Se este valor já for razoavelmente elevado, especialmente em comparação a p, pouco resta para o candidato 2 tentar renegociar de forma a garantir que o regulador aceite a renegociação, o que reduz θ_2.

Nesse caso, o valor de θ_2 é calibrado para fazer com que o regulador sempre aceite a renegociação *ex post*. Note que fazer com que a capacidade de renegociação seja endógena equivale a fazer convergir as capacidades percebida e real de renegociação. Para que as capacidades de renegociação percebida e real convirjam é preciso que os candidatos incorporem neste modelo explicitamente os custos de troca de cada concessionário CT_i em seus valores de θ_i. Quanto maior CT_i, mais os candidatos podem forçar uma renegociação para um preço maior, ou seja, θ_{is} maiores.

3 Renegociações boas e ruins

Pode-se considerar as renegociações como "ruins" quando resultam de comportamento oportunista, seja do governo, seja do concessionário. No caso deste último, a perspectiva de renegociação compromete a própria escolha do candidato a concessionário mais eficiente, como vimos na Seção 2.

As renegociações "boas" derivam da realização de contingências não previstas que derivam do fato de o contrato de concessão de rodovias, como todos os contratos deste tipo, ser bastante incompleto. Quanto mais mutante for o cenário econômico da concessão, pior é este problema. A correção *ex post* dos problemas derivados dessas contingências é desejável. Há também contingências previsíveis *ex ante* cuja solução deveria ser tratada no próprio edital e/ou contrato de concessão, sendo, portanto, igualmente consideradas por todos os participantes do certame. O ponto importante é que nestes dois casos (contingências imprevisíveis e/ou previsíveis e incluídas no contrato),[12] a renegociação não gera distorções no processo de escolha do vencedor nem oportunismo, sendo positiva para o bem-estar.

No caso das rodovias federais, o restabelecimento do equilíbrio econômico-financeiro baseado na implementação do cronograma de obras, com

---

[12] Neste caso, é possível inclusive não considerar a alteração dos preços com base nas contingências previstas como uma renegociação *stricto sensu*.

suas inevitáveis modificações *ex post*, inclusive pela realização de diagnósticos diferenciados (e, espera-se, mais precisos) dos problemas pelo concessionário privado, seria, teoricamente, a tradução desta ideia de incorporação destas contingências. No entanto, apesar de se basear nessa ideia positiva de "acomodar contingências", não há dúvida de que se abre espaço para as renegociações "ruins" em função da assimetria de informação do regulador sobre as reais realizações de custos das obras do concessionário, a qual se transforma em "captura" quando constitui omissão deliberada.

Guasch (2004) sumaria este ponto de quando a renegociação é ou não desejável: *"se os licitantes acreditam que é possível e provável renegociar, seus incentivos e lances serão afetados, e o leilão irá selecionar não o provedor mais eficiente, mas sim aquele mais apto em renegociações. A renegociação deve ocorrer apenas quando justificada por contingências previstas no contrato ou por eventos de grande impacto não previstos"* (tradução livre).[13]

4 Renegociação e cronograma de obras

4.1 Como a renegociação de obras afeta o problema?

As concessões rodoviárias, assim como várias outras, usualmente são acompanhadas de um programa de investimentos e atividades definido pelo regulador. No contexto deste setor, são descritas neste programa atividades de manutenção e obras para a recuperação ou mesmo ampliação (duplicação) das estradas. No caso brasileiro, em toda concessão rodoviária federal há associado um Programa de Exploração Rodoviária (PER) no qual se descreve o conjunto de obras a ser realizado com um cronograma associado.[14] Isto gera implicações importantes para a discussão deste artigo.

Primeiro, o PER é frequentemente revisado e, em alguns casos, isto enseja a própria revisão de tarifas. Isto implica que um incremento (remoção) nas obras e obrigações contratadas no PER pode ser uma justificativa para o incremento (a diminuição) da tarifa. Se a alteração desta última for superior (inferior) ao aumento (à redução) dos custos gerados pela ampliação (redução) das obras ou atividades contratadas na rodovia, consegue-se, na prática, uma renegociação

---

[13] *"if bidders believe that renegotiation is feasible and likely, however, their incentives and bidding will be effected, and the auction will likely select, not the most efficient provider, but the one most skilled at renegotiations. Renegotiation should occur only when justified by the initial contract's built-in contingencies or by major unexpected events."*

[14] "Além das obras, há outros compromissos que geram custos ao concessionário como, no caso das rodovias federais, a obrigação de conseguir o licenciamento ambiental."

tarifária. Ou seja, as revisões do PER abrem espaço para uma renegociação das tarifas, que pode conter elementos do que consideramos renegociações boas, mas também ruins. A forma de se transformar pelo menos parte desta renegociação boa em ruim se daria pelo concessionário usando a assimetria de informação ou a conivência do regulador para empurrar variações das tarifas diferentes das variações reais dos custos. Seria uma renegociação tarifária oportunista não transparente passando-se como mero ajuste no equilíbrio econômico-financeiro do contrato.

Segundo, a existência de um programa de investimentos vinculado à concessão aduz mais uma razão para o regulador ceder na renegociação *ex post* no leilão pelo menor preço do serviço: se a tarifa que resultou do lance de leilão se revelar *ex post* muito baixa para assegurar o equilíbrio econômico-financeiro do contrato (ou, de forma equivalente, a taxa interna de retorno acordada entre concessionário e regulador), considerando este programa de obras, a estratégia de não renegociar se torna muito custosa. E a alegação pode, ainda por cima, ser verdadeira. Só não é uma novidade: desde o leilão, o concessionário já sabia que havia um desequilíbrio, mas estava certo de que conseguiria renegociar em um típico comportamento oportunista. O ponto principal aqui levantado não é que o regulador esteja sendo generoso *ex post* ao renegociar. Se isto não for permitido, as obras podem realmente não se concretizar, comprometendo um dos principais objetivos do leilão.

Terceiro, é possível que o concessionário use o próprio atraso nas obras para pressionar o regulador a renegociar. Ou seja, a existência de um cronograma de obras gera um poder de barganha ao concessionário, que acentua a tendência ao comportamento oportunista nas concessões visando a renegociação de tarifas.

O quarto e último ponto importante é que renegociar tarifas maiores amplia o incentivo do concessionário a investir voluntariamente, o que diminui o custo da fiscalização e *enforcement* do regulador. Do ponto de vista teórico, Laffont e Tirole (1993) consideram que não haveria este tipo de problema para os chamados "investimentos contratáveis", que são aqueles que podem ser verificáveis e, portanto, *enforceable ex post*. Independentemente de se o preço é baixo ou não, bastaria o regulador impor uma penalidade alta o suficiente ao concessionário que não cumprisse o cronograma de obras para que os investimentos contratáveis estivessem garantidos.

O problema recairia tão somente sobre os "investimentos não contratáveis", para os quais a verificabilidade e/ou o *enforcement ex post* seriam mais difíceis. Nestes casos, seria preciso conferir incentivos contratuais, na forma de rendas adicionais para o regulado, para que os concessionários investissem voluntariamente, sem maiores necessidades de fiscalização do regulador. Isso ocorre porque, quanto maior a tarifa, mais o concessionário se apropria dos resultados deste investimento, ou seja, mais se torna o "reclamante residual" dos benefícios gerados por uma rodovia com melhor qualidade.

Pode haver, inclusive, investimentos contratáveis que dependem de não contratáveis. Um dos exemplos importantes de investimento não contratável do PER estaria relacionado ao esforço das concessionárias em conseguir as licenças ambientais do Instituto Brasileiro do Meio Ambiente e dos Recursos Naturais (IBAMA). Sem estas, o concessionário teria como que um "álibi" para não realizar ou postergar determinadas obras. Vários relatórios da Agência Nacional de Transportes Terrestres (ANTT), no entanto, insistem que a não obtenção da licença é um problema do concessionário e não deveria ensejar renegociação do cronograma de obras. A possibilidade de "corpo mole" do concessionário em resolver o problema das licenças com o IBAMA constituiria um problema de *moral hazard* muito difícil de observar ou provar, comprometendo a "contratabilidade" de vários "investimentos". Os técnicos da ANTT atribuem boa parte do diferencial de qualidade atual das rodovias federais em relação às paulistas ao fato de os reguladores destas últimas terem encaminhado a questão do licenciamento antes mesmo da licitação, facilitando o processo e eliminando esta escusa. De fato, é plausível que haja uma vantagem comparativa do próprio regulador em cuidar da questão do licenciamento ambiental relativamente ao concessionário. Primeiro, por que pode ser mais fácil dois órgãos de Estado – ANTT e IBAMA ou ARTESP e IBAMA –, mesmo que pertencentes a entes da federação distintos, como no caso de São Paulo, do que entre um agente privado e um órgão de Estado se entenderem. Segundo, porque o esforço para conseguir a licença ambiental é não contratável.

Apesar de reconhecer que o problema da "não contratabilidade" de investimentos torna tudo mais problemático, na prática sabemos que mesmo a "contratabilidade" do investimento não inibe comportamentos oportunistas em função também dos custos de troca *ex post* do concessionário. Simplesmente este custo pode retirar toda a credibilidade da ameaça de remoção do concessionário faltoso. No Brasil, os atrasos de obras em rodovias nunca ensejaram a troca do concessionário.[15]

---

[15] Apesar de que, no caso das rodovias federais, a ANTT reduza algumas vezes a tarifa como resposta às inexecuções de obras.

4.2 Renegociação de obras e incentivos

A conexão entre as renegociações de obras e de tarifas gera dois tipos de incentivos ao concessionário, um bom e outro ruim. Primeiro, o concessionário se torna mais alinhado ao regulador no sentido de avaliar as reais demandas de obras na rodovia relativamente à situação em que novas obras ou obras mais custosas não possam ser repassadas a preços e devidamente remuneradas.

Note-se que, nos setores econômicos não regulados, o empresário procura melhorar a qualidade do serviço para incrementar a "disposição a pagar" do consumidor e deslocar a curva de demanda para cima, o que permite incrementar tanto o preço quanto a quantidade, elevando a receita. Quando o preço é regulado, que é o caso do pedágio, o incentivo para incrementar a qualidade do serviço pelo aumento do preço não ocorre automaticamente, restando apenas o incentivo pelo aumento da quantidade. Isto gera uma natural tendência a um subinvestimento em qualidade que deve ser compensado pela regulação. Assim, uma vez que o regulador restabelece a relação entre qualidade e preço, permitindo o repasse do custo de novas obras às tarifas, o interesse do concessionário pela qualidade da rodovia aumenta, compensando, de certa forma, aquela tendência ao subinvestimento.

Ainda assim, a recuperação do incentivo ao investimento pelo concessionário não é plena. Se fosse um pedágio totalmente livre, o concessionário seria capaz de transferir todo o deslocamento da curva de demanda (ou, de forma equivalente, todo o incremento na disposição a pagar do consumidor) para a tarifa. Aqui esta capacidade de transferência é limitada ao incremento de custo,[16] de forma a não permitir aumentos na taxa de retorno do concessionário ou, em igual medida, manter o equilíbrio econômico financeiro do contrato sem rendas extras para o concessionário. Como o regulador valoriza a modicidade tarifária, o não alinhamento pleno do interesse do concessionário com o objetivo de incremento da qualidade se torna inevitável. Identifica-se, de qualquer forma, uma escolha clara para o regulador: quanto mais generoso ele for em sua política de repasses dos custos das obras à tarifa, maior o interesse do concessionário em investir, gerando um incentivo voluntário ao aumento de qualidade e ao cumprimento do cronograma de obras, o que tem como contrapartida pedágios mais caros.

Caso a tarifa não fosse sensível a novas obras, o problema de agente-principal entre concessionário e regulador seria significativo quanto à melhor forma

---

[16] Cabe lembrar que uma obra apenas é desejável, do ponto de vista estritamente econômico, se o aumento da disposição a pagar em função da melhoria da qualidade supera o incremento de custo.

de ampliar/restaurar/manter a rodovia. A melhor estratégia do concessionário seria esconder ao máximo do regulador as verdadeiras necessidades da estrada, minimizando a necessidade de investimentos em ampliação/recuperação/conservação, o que o faria perder um dos principais ganhos esperados do regime de concessão, que é aproveitar a melhor capacidade de gerir e implementar melhorias de qualidade das estradas brasileiras. Ou seja, o efeito da revisão do PER sobre as tarifas abre, sim, espaço para "renegociações boas".

De outro lado, o problema de agente-principal entre regulador e concessionário pode reaparecer de outra forma. O concessionário pode ter o incentivo a propor mais obras do que o necessário para gerar variações nas tarifas maiores do que nos custos. Alternativamente, pode concentrar suas indicações de incrementos no PER ao regulador naqueles tipos de projetos em que for relativamente mais fácil convencê-lo de que houve um incremento de custo maior do que aquele que realmente ocorreu. Isto permitiria ao concessionário um repasse à tarifa superior ao aumento do custo. Se a assimetria de informação for suficientemente grande ou o regulador suficientemente conivente, estas novas obras podem representar ou mesmo encobrir verdadeiras renegociações tarifárias (agora ruins).

Do ponto de vista da teoria econômica da regulação, esta associação do PER com as tarifas gera uma dicotomia fundamental. De um lado, há um esquema de baixo poder de incentivo para reduzir custos, pois estes são repassados às tarifas, o que pode aumentar a ineficiência do setor. De outro, há um esquema de alto poder para incentivar investimentos, que podem ser ou não os mais adequados.

Esta combinação de baixos incentivos para reduzir custos e altos incentivos para investir (ou para o concessionário indicar investimentos novos na rodovia para o regulador incluir no PER) é tão mais adequada quanto maior o grau de incompletude do contrato do PER original. Ou seja, quanto mais o desenho original do contrato do PER requerer ajustes (o que, mais uma vez, vale repisar que é um dos ganhos esperados com a gestão privada), mais faz sentido sacrificar os incentivos para a eficiência produtiva característica dos esquemas regulatórios de alto poder.[17] Isto porque facilitar o repasse destes custos de investimento para tarifas reduz o custo das inevitáveis renegociações do PER do regulador com o concessionário.

---

[17] Ver o capítulo 2 do livro-texto clássico de Laffont e Tirole (1993). Para um texto mais didático em português, ver Mattos (2007).

Esta questão é extensamente tratada por Bajari e Tadelis (2001) no contexto da escolha entre contratos de "*cost-plus*" (menor incentivo) e "*fixed-price*" (maior incentivo) quando os projetos-alvo das licitações são mais complexos ou, de forma equivalente, quando são mais difíceis de o contratante (no caso, o regulador) descrever de forma pronta e acabada antes da contratação. Esta ideia, segundo os próprios autores, estaria em linha com a intuição original de Williamson de que "baixos incentivos são bons para acomodar adaptações *ex post*" do contrato. Haveria, portanto, "um conflito entre prover incentivos *ex ante* e evitar custos de transação *ex post* devido a renegociações custosas (...) sob informação assimétrica".

A análise dos autores se baseia principalmente na complexidade intrínseca dos contratos do governo americano na área de defesa, um problema intuitivamente menor no caso da concessão de rodovias. Há, no entanto, o atenuante de que a experiência do Estado brasileiro no setor ainda é muito rarefeita, o que tornaria não indicado um contrato de tão alto poder para reduzir custos se não houvesse nenhuma (ou muito escassa) possibilidade de revisão do PER. A concessão à iniciativa privada iniciou de forma experimental em meados da década de 1990, tendo sido interrompida por um longo período até ser retomada apenas em 2007. O órgão regulador federal, a Agência Nacional de Transportes Terrestres (ANTT), foi criado pela Lei nº 10.233, de 2001, tendo feito concurso público para a montagem de seus quadros permanentes apenas a partir de meados da década passada. Em São Paulo, o programa de concessões rodoviárias é de 1998, sendo a agência reguladora paulista, a ARTESP, criada apenas em 2002.[18] Dessa forma, faz sentido que a capacidade de os reguladores exaurirem a descrição das obras de restauração/ampliação/manutenção das rodovias no momento inicial da concessão seja ainda limitada. O número de contingências imprevistas tende a ser substancial, o que recomenda mecanismos de ajuste que reduzam o poder de incentivo para diminuir os custos do contrato de concessão e aumentar o poder de incentivo para investir.

Por fim, se o concessionário acredita que pode remover obras e/ou atividades do PER sem que isso afete a tarifa, isto gera um viés oposto. Esta seria outra forma velada de renegociação tarifária, agora pela remoção (e não inclusão) de obras/atividades. Note que, se o regulador não aceitar tais alterações e o concessionário insistir no cancelamento/postergação, pode-se definir que houve simplesmente "inexecução" das obras e serviços obrigatórios. Além de multas, tais inexecuções podem implicar a redução da TBP (Tarifa Básica do

---

[18] Ver histórico em Neto e Soares (2007).

Pedágio) na proporção da não realização do custo relativo àquelas obras. Isto conferiria um incentivo tarifário ao cumprimento do cronograma de obras, reduzindo o incentivo ao "corpo mole" no cumprimento do PER. A ANTT, de fato, declarou várias inexecuções ao longo destes três anos, as quais puxaram a TBP para baixo.

O incremento da experiência regulatória no setor deveria permitir a migração dos contratos futuros para esquemas de incentivo de mais alto poder para reduzir custos. Tudo dependerá do passo do aprendizado institucional que ora ocorre na ANTT e agências e órgãos de regulação estaduais.

4.3 Como a renegociação de obras afeta a renegociação de tarifas nos dois modelos de leilão

O cumprimento de um programa de obras e atividades aparece igualmente nos contratos de concessão que foram baseados em leilões de menor preço do serviço e de maior valor da concessão. A questão aqui é se haveria alguma tendência de haver mais ou menos renegociações de obras ruins em cada um deles, dada a existência em ambos de mecanismos de revisão tarifária com base em inclusões, exclusões e modificações do programa. Se a tendência à renegociação "ruim" de obras for igual nos dois tipos de leilão, a premissa fundamental de que há maior propensão a renegociar tarifas no leilão pelo menor preço do serviço não seria adequada, dado que a renegociação de obras no PER constitui a motivação principal para a renegociação de tarifas.

Acreditamos, no entanto, que a renegociação de tarifas baseada em comportamento oportunista continua sendo mais plausível no leilão de menor preço do serviço.

Primeiro, o valor pago pela concessão não afeta o equilíbrio econômico e financeiro do contrato de concessão, não justificando alterações de tarifas. Isto elimina boa parte da percepção do concessionário de que conseguiria motivações legítimas para renegociar no leilão de maior valor da concessão como fruto de comportamento oportunista. Já o preço do serviço está na base do equilíbrio econômico-financeiro do contrato de concessão, havendo, como visto, regras contingentes de renegociação pelo próprio cumprimento/descumprimento do cronograma de obras e/ou remoção/inclusão de novas obrigações de investimentos. Isto é explícito no item 5.5 do contrato de concessão federal: "apenas as alterações nos encargos do PER da Proponente, durante a execução do

Contrato de Concessão, decorrentes de antecipações ou postergações e de inclusões ou exclusões de obras e implantações de serviços obrigatórios, serão objeto de reequilíbrio econômico-financeiro do Contrato de Concessão."

Segundo, "bigornas são bigornas" e, como o valor pago pela concessão é um custo afundado, não altera as decisões empresariais do concessionário dali para a frente (é *backward-looking*). Isto torna o regulador menos sensível a aceitar atrasos no cronograma de obras em função de o concessionário ter aceitado pagar muito pela concessão. Esta menor sensibilidade deve ser antecipada pelo concessionário, reduzindo suas perspectivas de renegociação. Já os preços do serviço estão na base dos incentivos a investir do concessionário, pois afetam diretamente a rentabilidade do investimento dali para a frente (*forward-looking*).

Terceiro, o grau de rigidez do regulador na exigência do cumprimento do cronograma de obras deve ser menor quando a rentabilidade, que depende do valor da tarifa, for pequena. Se o eleitorado for mais sensível às tarifas que às obras, a tendência é de o regulador ser mais condescendente com as segundas e apertar mais a regulação das primeiras. Na prática, o regulador estaria, neste caso, "trocando" um cronograma de obras mais frouxo por uma tarifa menor. Considerando que o leilão por menor preço do serviço, de fato, reduza a tarifa em relação ao leilão de maior valor da concessão, mesmo após a renegociação das tarifas (e o segundo termo de 17''' for realmente negativo), a tendência deste último seria renegociar o cronograma de obras de forma menos frequente. De forma mais simples, tarifas menores em qualquer modelo de leilão ensejam maior frequência de renegociação. Havendo um modelo que gera tarifas menores (o de menor preço do serviço), então é esperado que este seja aquele em que haverá mais renegociações.

5 Os leilões de concessões rodoviárias federais no Brasil

5.1 Comparações entre rodovias federais e paulistas

No Brasil, já foram duas as etapas de concessões de rodovias pelo Governo Federal, a primeira entre 1995 e 1997 e a segunda em 2007. Em ambos os casos o critério do leilão foi o de menor preço da tarifa.

Conforme Neto, Paula e Souza (2011), o preço do pedágio para os veículos de passeio na primeira etapa de concessões foi de R$ 9,86 por cada 100 km, enquanto, para a segunda etapa de concessões, este valor se reduziu substancialmente para R$ 2,96 para cada 100 km. Segundo os autores, a razão desta diferença reside na maior taxa básica de juros da economia à época, superior a 18% em termos reais, o risco-país bem mais elevado, a novidade do negócio de concessão de rodovias no país e o estado físico das rodovias ainda pior que hoje, o que requereu um grande investimento em recuperação da pavimentação e sinalização antes do início da cobrança do pedágio.

No caso de São Paulo, também ocorreram duas etapas de concessões, a primeira entre 1997 e 1998 e a segunda entre 2008 e 2010. Na primeira etapa, o critério do leilão foi o maior valor da concessão,[19] enquanto, na segunda etapa, o Estado de São Paulo optou por aderir ao modelo de menor preço do serviço das rodovias federais.

As rodovias paulistas apresentaram um preço do pedágio para os veículos de passeio ainda maior que o das rodovias federais da primeira etapa, atingindo R$ 12,76 por cada 100 km. O preço do pedágio do Rio de Janeiro, por sua vez, supera ligeiramente o de São Paulo, de R$ 12,93 por cada 100 km. Um ponto em comum de São Paulo (primeira fase) e Rio de Janeiro é justamente o fato de que em ambos utiliza-se o critério de maior valor da concessão. Segundo os autores, "este fato é um forte indicativo de que o critério acaba penalizando os usuários, por meio de tarifas mais elevadas". Os autores, no entanto, não consideram as variáveis de qualidade da rodovia no bem-estar do usuário, mas apenas os efeitos negativos dos preços, enviesando sua conclusão de forma contrária ao modelo paulista.

Como destacamos na parte teórica do trabalho, um preço superior não é um resultado obrigatório do modelo de concessão por maior valor da concessão. O alcance da capacidade de renegociação percebida pelos candidatos a concessionários em relação à escolha exógena de preços pelo regulador, no caso do leilão pelo maior valor da concessão, poderia, em tese, reverter o resultado mais intuitivo de que leilões por menor preço de serviço realmente geram menores preços do serviço. Este, no entanto, não parece ser o caso no Brasil.

Observando os valores dos custos dos pedágios de São Paulo e das rodovias federais, é significativa a diferença de preços, considerando a segunda fase das concessões em 2007 (R$ 12,76 de São Paulo contra R$ 2,96 das rodovias federais). No entanto, tal como na comparação entre a primeira e segunda

---

[19] No caso específico da SPVias, o critério era ligeiramente diferente das outras licitações da primeira etapa. Enquanto em todas as outras o critério foi de o maior valor pago ao Estado, na SPVias, o critério foi o maior *"valor presente dos desembolsos correspondentes à execução da obra física da AMPLIAÇÃO PRINCIPAL PRIORITÁRIA"* da rodovia. Ou seja, o valor a ser pago no leilão deveria se converter em investimento na rodovia.

fases das concessões federais, o fato de a maior parte das concessões paulistas terem se iniciado em um período com maior custo de oportunidade e maior risco dificulta a comparação justa destes valores. Assim, a comparação das concessões de São Paulo com a primeira fase das concessões federais é mais adequada. Neste caso, São Paulo continua com custo de pedágio superior, mas a diferença é bem menor (R$ 12,76 contra R$ 9,86 das rodovias federais).

De qualquer forma, não se pode considerar o desempenho dos dois modelos apenas pelo fator "preço", cabendo incluir também o fator "qualidade". O Quadro 1 apresenta uma comparação qualitativa entre as concessões rodoviárias federais e paulistas nas fases 1 e 2 de cada programa.[20] A análise das condições gerais de cada rodovia na pesquisa CNT 2012 envolve avaliação do pavimento,[21] sinalização (tanto horizontal, na pista, quanto na vertical, nas placas) e a geometria da estrada (acostamento, curvas perigosas, dentre outros).

Note-se que nenhuma rodovia concedida à iniciativa privada, seja federal seja paulista, está classificada como ruim ou péssima.[22] A grande parte das rodovias concedidas federais é classificada como boa,[23] sendo a única exceção a BR-116 entre Rio e São Paulo, considerada como "ótima". No caso das rodovias paulistas concedidas à iniciativa privada, a maioria é considerada "ótima", especialmente na primeira fase do programa. Em ambos os casos (federal e paulista), o conjunto de rodovias concedidas em estado "regular" é pequeno em relação às classificações "boa" e "ótima".

Os dados levantados na pesquisa da Confederação Nacional dos Transportes (CNT) indicam um diferencial significativo de qualidade para as rodovias paulistas relativamente às federais, o que favorece a hipótese de que o leilão por maior valor da concessão é superior neste aspecto. Reforça esta tese o fato de que a incidência de rodovias paulistas "ótimas" é maior na primeira fase, em que se adotou a metodologia de maior valor da concessão, do que na segunda fase, em que se adotou o critério do menor preço do serviço. Dado que as concessões da segunda etapa em São Paulo são ainda mais recentes (todas, exceto

---

[20] A Pesquisa da CNT não envolve todas as rodovias do país. Nem todas as concessões paulistas levantadas possuem classificação na pesquisa. Em alguns casos, são apenas pequenas partes de determinadas rodovias que estão sob concessão, as quais não consideramos na tabela. As classificações são ótima, boa, regular, ruim ou péssima.

[21] Avalia-se em pavimento a existência de buracos, afundamentos e ondulações na pista.

[22] A pesquisa considera as condições gerais das rodovias, o que não exclui a existência de trechos com classificações diferentes. Do total de km de rodovias concedidas no Brasil, apenas 1,8% é classificado como ruim (263 km - 1,7%) ou péssimo (10 km - 0,1%). Já das rodovias não concedidas, mais que 36% do total de km está na categoria ruim (23,8%) e péssima (10,8%).

[23] São 86,7% das rodovias consideradas boas (42%) ou ótimas (44,7%).

Concessões de rodovias e renegociação no Brasil

Quadro 1 Indicadores de qualidade das rodovias concedidas federais e paulistas

	Ótimo	Bom	Regular	Ruim	Péssimo
Rodovias federais 1ª Fase					
BR-116 RJ/SP	X				
BR-040		X (Trecho RJ)	X (Trecho MG)		
BR-116 Rio/Teresópolis/Além Paraíba		X			
BR-290 Osório/Porto Alegre	X				
BR116/293/392 RS	X				
Rodovias federais 2ª Fase					
BR-116 PR/SC		X			
BR-116 SP/Curitiba		X			
BR-376 PR/SC		X			
BR-381 MG/SP		X			
BR-393		X			
BR-101 Ponte RJ/ES		X (RJ)	X (ES)		
BR-153 MG/SP e Divisa SP/PR		X (MG e SP)	X (PR)		
Rodovias paulistas 1ª Fase					
SP-330 (Anhanguera)	X				
SP-348 (Bandeirantes)	X				
SP-300 (*)		X			
SP-345		X			
SP-334	X				
SP-330 (*)	X				
SP-318	X				
SP-225 (*)		X			
SP-310			X		
SP-75	X				
SP-127	X				
SP-333			X		

(Continua)

95

Quadro 1 Indicadores de qualidade das rodovias concedidas federais e paulistas

	Ótimo	Bom	Regular	Ruim	Péssimo
SP-344	X				
SP-340	X				
SP-342		X			
SP-350			X		
SP-147	X				
SP-191					
SP-352	X				
SP-323	X				
SP-351		X			
SP-255	X				
SP-258	X				
SP-270			X		
SP-322	X				
SP-328	X				
Rodovias paulistas 2ª Fase					
SP-65		X			
SP-332		X			
SP-360		X			
SP-63		X			
SP-70	X				
SP-99			X		
SP-101		X			
SP-113	X				
SP-209		X			
SP-308		X			
SP-21	X				
SP-348	X				

(*) Rodovias que estão também na 2ª fase do programa.
Fonte: Pesquisa da Confederação Nacional dos Transportes (CNT), 2012.

uma, em 2008) do que no caso das rodovias federais, é provável que grande parte desta diferença entre as duas etapas do programa de concessões paulista resida no maior tempo de gestão privada da primeira etapa.

5.2 Renegociações nos leilões de concessões federais

Na primeira etapa das concessões federais foram licitados seis trechos de rodovias, tendo chegado a tarifas iniciais de pedágio entre R$ 1,20 e R$ 2,39.[24] Como mostram Neto e Soares (2007), tais valores passaram a variar entre R$ 3,40 e R$ 7,50 dez anos depois, entre 2005 e 2006. Conforme os autores, isto representou incrementos reais na tarifa, considerando o IPCA, entre 35,6% e 54,7%.[25] Em artigo mais recente, Neto, Paula e Souza (2011) atualizam estes cálculos para janeiro de 2011 e chegam a um crescimento acumulado muito maior dos pedágios desta primeira fase de concessões federais acima da inflação, entre 84% e 168%.

A segunda etapa compreendeu os sete trechos apresentados na primeira coluna do Quadro 2. Na segunda coluna são apresentados os lances de tarifa vencedores no leilão e, na terceira, o valor do pedágio atual, que vale até o final de 2012 ou início de 2013, conforme o caso. A variação do valor nominal do pedágio é colocada na quarta coluna e, na quinta, introduzimos a diferença deste valor com a inflação medida pelo IPCA acumulada desde junho de 2007 até a data do último reajuste (que varia entre dezembro de 2012 e março de 2013, conforme a rodovia).

Tal como no caso da primeira etapa das concessões de rodovias, todos os pedágios apresentaram incrementos reais que variaram de 2,41%, para o trecho Planalto Sul, até 24,26%, para a Rodovia do Aço, com uma média de 10,5%.

Como vimos, a renegociação de tarifas na prática pode ser viabilizada pela renegociação de obras no PER. Vejamos este ponto em mais detalhe. Nos contratos de concessão federais, os leilões resultam em tarifas básicas de pedágio (TBP) que servem de base para o pedágio que será efetivamente cobrado. O

---

[24] Notar que esses valores são os próprios valores dos pedágios, sendo distintos dos preços por 100 km reportados acima de Neto, Paula e Souza (2011), os quais refletem de forma economicamente mais relevante o valor real do pedágio.
[25] De acordo com os autores, o reajuste ordinário das tarifas de pedágio na primeira fase do programa de concessões de rodovias federais se baseia na evolução de uma cesta de índices dos principais componentes de custos de obras rodoviárias.

Quadro 2 Pedágios do lance vencedor (2007) × atual (2011)

Rodovias	Lance vencedor R$	Pedágio atual R$	Variação Pedágio	Incremento real Pontos percentuais
BR-116 PR/SC (Planalto Sul) Trecho Curitiba SC/RS	2,54	3,3	29,92%	2,41%
BR-376 PR - BR-101 SC (Litoral Sul) Trecho Curitiba-Florianópolis	1,028	1,5	45,91%	17,11%
BR-116 SP/PR Régis Bittencourt São Paulo-Curitiba	1,364	1,8	31,96%	4,45%
BR-381 MG/SP (Fernão Dias) Trecho BH/SP	0,997	1,4	40,42%	12,91%
BR-393 RJ (Rodovia do Aço) Divisa MG/RJ Entroncamento com a Via Dutra	2,94	4,5	53,06%	24,26%
BR-101 RJ (Fluminense) Ponte Rio-Niterói Divisa RJ/ES	2,258	3,1	37,29%	9,07%
BR-153 SP (Transbrasiliana) Divisa MG/SP Divisa SP/PR	2,45	3,2	30,61%	3,10%

Fonte: Site da ANTT.

lance do leilão que gera a TBP, no entanto, não acontece em um vácuo. O candidato a concessionário deve demonstrar em sua "proposta comercial"[26, 27] que, dados os custos esperados em restauração, manutenção e duplicação da rodovia, ou seja, o PER e os outros encargos contratados na rodovia, e dado o tráfego esperado, aquela TBP gerada pelo lance do leilão está consistente com a taxa interna de retorno pactuada e que caracteriza o equilíbrio econômico-financeiro do contrato. O demonstrativo de receitas e despesas requerido pelo regulador é detalhado e dificulta, em alguma medida, a apresentação de lances muito baixos que sejam muito irreais.

Os valores das tarifas são alterados todo ano para refletir três tipos de "ajustes". Primeiro, todo ano a TBP será reajustada conforme a variação acumulada do IPCA sem fator de desconto predefinido (fator X igual a zero).

---
[26] Ver cláusulas 2.40 a 2.54 e Anexo 3 dos contratos de concessão das rodovias federais de 2007. O cumprimento do PER original definido pelo regulador deve naturalmente ser considerado nesta proposta.
[27] Mesmo sendo pelo maior valor da concessão, as concessões paulistas também continham requerimentos de apresentação de "Proposta financeira" com a exigência de demonstrativos detalhados (ver Anexo 8).

O segundo ajuste seria uma "revisão ordinária" dos valores com o objetivo de manter o equilíbrio econômico-financeiro do contrato de concessão de modo a assegurar a taxa interna de retorno pactuada entre o concessionário e o regulador. Conforme a cláusula 5.56 do contrato de concessão, as hipóteses em que estes ajustes acontecem são: (i) alterações de tributos (exceto o de renda); (ii) acréscimo ou supressão de encargos no Programa de Exploração da Rodovia (PER); (iii) valores pagos pela concessionária para efeito de desapropriação de bens imóveis, instituição de servidão administrativa ou imposição de limitação administrativa ao direito de propriedade; (iv) alteração unilateral do contrato de concessão pelo regulador; e (v) receita alternativa, complementar, acessória ou de projetos associados à concessão. Naturalmente, tais itens podem ensejar tanto incrementos como reduções da tarifa, a depender de seu sinal.

O terceiro ajuste seria uma "revisão extraordinária" baseada em "ocorrências supervenientes, decorrentes de força maior, caso fortuito, fato da Administração ou de interferências imprevistas". Após contabilizados estes três ajustes, a tarifa de pedágio será arredondada conforme múltiplos de dez centavos para a facilitação do troco e redução do custo de transação para motoristas e pedágios.[28]

As revisões extraordinárias trazem de forma mais explícita a ideia de contingências imprevistas que devem embasar as "boas renegociações". O item (iv) da revisão ordinária representa alteração no contrato de concessão, que ocorre com menos frequência. O item (ii) é particularmente importante por se referir às (frequentes) modificações no PER. São várias as hipóteses em que o detalhado planejamento inicial do regulador para as obras nas rodovias incluídas no PER são (e convêm que sejam) modificadas. Isso deriva de que uma das justificações para a gestão privada é a busca de soluções mais eficientes para os problemas das rodovias, o que pode incluir até mesmo o concessionário rediscutir o conjunto dos diagnósticos existentes que embasaram o PER original. Assim, é inevitável e esperado que haja vários pontos incluídos no item (ii) da revisão ordinária, os quais alteram a recuperação, manutenção e duplicação das rodovias.

O fato é que, para todas as sete rodovias federais concedidas em 2007, houve, até o final de 2011 e início de 2012, quatro reajustes (2008, 2009, 2010 e 2011), três revisões ordinárias e três revisões extraordinárias (em ambos, 2009, 2010 e 2011). Ou seja, para todas as concessões da 2ª fase há renegociações

---

[28] Segunda casa decimal menor que cinco arredonda para baixo e maior ou igual a cinco arredonda para cima. Ver cláusulas 5.46 a 5.53 do contrato de concessão.

anuais baseadas na cláusula 5.56, destacadamente de alteração de implementação do PER — item (ii).

Considerando a tabela II, o balanço das revisões ordinárias e extraordinárias (os dois ajustes acima descritos, à exceção da atualização do IPCA), o que inclui as inexecuções do PER em todas as concessões rodoviárias federais da segunda etapa, resultou em uma soma positiva. Uma explicação possível é que o viés do regulador que elaborou o PER inicial seja de sempre incluir para a licitação menos obras e atividades do que deveria em relação ao ótimo e às futuras contingências imprevistas. Ou seja, ainda que contando as inexecuções de obras que sempre puxam para baixo a TBP, a constatação de uma variação da TBP acima da variação do IPCA indica um viés sistematicamente positivo para a revisão da tarifa. Isto aconteceu em todas as sete concessões federais do 2º estágio em 2007, com especial destaque para a Rodovia do Aço, com 24,26% de aumento real de preços. Não havendo qualquer razão mais evidente para este viés, sobressai-se a hipótese de que os incrementos reais traduzem algum grau de renegociação das tarifas na linha do modelo acima apresentado.

Conclusão

A gestão privada parece constituir um dos fatores explicativos principais do diferencial de qualidade das rodovias paulistas relativamamente às do Governo Federal. A contrapartida disso é a constatação de pedágios maiores ou mesmo a sua própria existência em São Paulo. Neste artigo aduzimos um segundo fator para explicar este desempenho distinto, que é a diferença entre os leilões por maior valor da concessão, adotado em São Paulo na primeira etapa, e pelo menor preço do serviço, implementado pelo Governo Federal e na segunda etapa do programa de concessões paulista.

Na verdade, os resultados estão correlacionados: pedágios maiores viabilizam estradas melhores. A escolha entre gestão pública e privada de um lado e os modelos de maior valor da concessão e menor preço do serviço de outro espelhariam, em última análise, este *trade-off* entre qualidade do serviço e modicidade tarifária. A análise empreendida neste artigo nada mais é que a aplicação do *trade-off* clássico da regulação entre incentivo à produtividade e ao investimento, que requer liberar maiores *rents* para o regulado, e a extração de renda do concessionário em favor do consumidor, que privilegia a modicidade tarifária.

O peso de cada objetivo regulatório dependerá de quanto é a carência de investimentos identificada, o que depende diretamente do estado de conservação atual das rodovias. Quanto mais se demandam investimentos, mais se deve optar por mecanismos que os incentivem, o que implicará, pelo menos no curto prazo, pedágios mais elevados e mecanismos que viabilizem as renegociações (boas) de obras e, consequentemente, renegociações (também boas) de tarifas. Estas últimas, no entanto, quase que inevitavelmente viabilizam também mais renegociações ruins, cujo impacto depende da assimetria de informação do regulador quanto aos custos das obras ou mesmo da sua conivência com um comportamento oportunista do ente regulado.

Isto indica que um mecanismo de leilão menos vulnerável a renegociações ruins como o de maior valor da concessão pode se constituir na melhor opção no atual momento. No entanto, quanto mais se equacionarem estes problemas de investimento e qualidade das estradas, mais o contrato de concessão e o PER ficam "completos" e mais a modicidade tarifária poderia se tornar o objetivo proeminente na concessão. A maior completude do contrato abrindo menos espaço para renegociações ruins e o maior peso relativo da modicidade tarifária fariam o caso pelo leilão com base no menor preço do serviço mais forte que atualmente.

Naturalmente, uma maior capacidade de fiscalização da concessão, especialmente as obras nas rodovias, e um menor custo de troca do concessionário que incrementem a capacidade de *commitment* do regulador também suavizam o *trade-off* regulatório básico de maneira favorável e podem também melhorar o cenário para um leilão por menor preço do serviço.

Cabe avaliar, de qualquer forma, se a capacidade institucional do Estado brasileiro na atualidade já é suficiente para a implementação de mecanismos de leilão mais sujeitos à renegociação como o leilão por menor preço do serviço. Se este não for o caso, a opção por mecanismos que dependam menos do *commitment* do regulador, como no caso do leilão pelo maior valor da concessão, é mais recomendável.

A grande dificuldade reside em "amarrar as mãos do regulador" (ou de *commitment*) para as renegociações ruins e mantê-las "desamarradas" para as renegociações boas decorrentes principalmente das incompletudes do contrato de concessão, especialmente o programa de obras. Como neste momento o espaço de renegociação ruim será necessariamente grande, cabe evitar que o processo de escolha do concessionário se baseie em tarifas ou outras variáveis muito renegociáveis, vulneráveis ao comportamento oportunista.

BIBLIOGRAFIA

AGÊNCIA NACIONAL DE TRANSPORTES TERRESTRES. Disponível em: www.antt.gov.br.

AGÊNCIA DE TRANSPORTE DO ESTADO DE SÃO PAULO. Disponível em: www.artesp.sp.gov.br.

BAJARI, P.; TADELIS, S. Incentives versus transaction costs: a theory of procurement contracts. **Rand Journal of Economics**. v. 32, n. 3. Outono 2001.

CONFEDERAÇÃO NACIONAL DOS TRANSPORTES. **Pesquisa 2012**. Disponível em: http://pesquisarodovias.cnt.org.br.

DEMSETZ, H. Why Regulate Utilities? **Journal of Law and Economics**, v. 11, n. 1, abril de 1968.

GUASCH, J. L. **Granting and renegotiating infrastructure concessions doing it right**. The World Bank Institute, 2004.

KLEMPERER, P. **Auctions**: theory and practice. Mercer: Princeton University Press, 2004.

LAFFONT, J. J.; TIROLE, J. **A theory of incentives in regulation and procurement**. Cambridge: MIT Press, 1993.

MATTOS, C. C. A. Modelos de regulação tarifária em infraestrutura. In: CONSULTORIA LEGISLATIVA. **Política de preços públicos no Brasil**. 2. ed. Câmara dos Deputados. Brasília, 2007.

NETO, C. A. S. C. PAULA, J. M. P.; SOUZA, F. H. **Rodovias brasileiras:** políticas públicas, investimentos, concessões. Texto para discussão IPEA n. 1668. Outubro, 2011.

_____; SOARES, R. P. A eficiência do estado e as concessões rodoviárias no Brasil: preocupação com o valor do pedágio e sugestões para operacionalizar a modicidade das tarifas. Texto para discussão IPEA n. 1.286. Junho, 2007.

NORTH, D. **Institutions, institutional change and economic performance**. Cambridge University Press, 1990.

WILLIAMSON, O. E. Franchise bidding for natural monopolies. In: General and with respect to CATV. **The Bell Journal of Economics**. v. 7, n. 1 (Primavera), 1976.

Momento de definição na infraestrutura brasileira

ARMANDO CASTELAR PINHEIRO

> "O fim do mundo em 21 de dezembro de 2012 foi cancelado no Brasil, pois o país não tem estrutura para receber um evento desse porte."
>
> (Afixado em uma lanchonete na Rua Uruguaiana, Rio de Janeiro.)

Introdução

Há diversas maneiras de reagir às crônicas deficiências de infraestrutura com que se defrontam os brasileiros no seu dia a dia, com os seguidos apagões elétricos e os congestionamentos nas cidades e principais vias de transporte do país, incluindo portos e aeroportos. O humor, bem representado pela citação na epígrafe, é uma dessas maneiras. Outra, mais disseminada, é a preocupação, refletindo o fato de que a qualidade da infraestrutura brasileira não é apenas ruim, como está cada vez pior. Há três décadas os investimentos são de pouco mais de 2% do PIB nessa área, uma fração do que fazem vários de nossos concorrentes diretos no mercado internacional e alguns países da América Latina, onde essa taxa está na faixa de 4% a 8% do PIB.

A falta de investimento transformou a infraestrutura em uma importante restrição ao crescimento, reduzindo a produtividade e o investimento privado. É um fator que reduz a competitividade brasileira no comércio internacional e na atração de investimentos. No Global Competitiveness Report (GCR) de 2012, a má qualidade da infraestrutura aparece como o segundo maior problema para as empresas no Brasil, ficando pela primeira vez à frente do tamanho da carga tributária (World Economic Forum, 2012). Entre os 144 países analisados, o Brasil ocupava a 107ª posição em termos da qualidade da infraestrutura, com uma situação especialmente ruim em termos da logística de transporte: 100ª posição em ferrovias, 123ª em rodovias, 134ª em aeroportos e 135ª em portos. Em contraste, o país ocupava 48ª posição em relação ao indicador global de competitividade e detinha a 52ª maior renda *per capita*, mostrando que o nível de desenvolvimento da infraestrutura brasileira está bem aquém daquele do país como um todo, revelando a falta de prioridade atribuída ao setor.

A péssima qualidade da infraestrutura e o certo descaso com que vem sendo tratada contrastam com a ampla disponibilidade de recursos com que conta o setor público, como bem caracterizado pela alta de 10% do PIB na carga tributária bruta entre meados da última década do século passado e a primeira deste século. Bastaria um quinto desses recursos para dobrar o investimento em infraestrutura. Isso mostra que é a falta de prioridade, capacidade gerencial e estratégia, e não a carência de recursos, que faz a nossa infraestrutura se encontrar na sua situação atual. Esse eixo será desenvolvido mais à frente.

Neste artigo, mostramos o quadro de relativo abandono da infraestrutura no Brasil e analisamos em que medida esse deve mudar nos próximos anos. A Seção 1 detalha o diagnóstico sobre a nossa infraestrutura, apresentando alguns indicadores por setor. A Seção 2 analisa em que grau as atuais políticas para o setor vão levar a uma significativa recuperação do investimento em infraestrutura. A seção final resume os principais pontos.

1 Na infraestrutura, o Brasil vai de mal a pior

Uma dificuldade de avaliar a qualidade da infraestrutura no Brasil é o fato de que esta varia consideravelmente com o nível de renda, possivelmente em uma relação causal bidirecional (BLYDE *et al.*, 2009). Assim, dizer que a infraestrutura brasileira é pior do que a disponível nos países ricos não significa muito. Para demonstrar a influência do nível de renda, apresenta-se no Quadro 1 um conjunto de indicadores de infraestrutura para o Brasil e um grupo de países comparáveis, em termos de renda, assim como as médias latino-americana e mundial. O que mostra o quadro?

Primeiro, para vários dos indicadores selecionados, a situação do Brasil não é inconsistente com seu nível de renda. É particularmente interessante comparar o Brasil com as médias mundial e regional devido à semelhança de PIB *per capita*. Por esse critério, o Brasil está relativamente bem em termos de serviços de acesso a telecomunicações e eletricidade, água e saneamento, mas atrasado no que se refere ao movimento portuário. Essa situação é consistente com os resultados do GCR já comentados anteriormente, que realçam em especial a precariedade da nossa infraestrutura de transporte.

Os indicadores para a área de logística, de forma geral, reforçam essa visão. Apenas 13% das rodovias brasileiras são pavimentadas, menos da metade da taxa média da América Latina (29%), e uma fração da observada na média dos países de renda média alta (50%). O Quadro 2 mostra que, na avaliação dos profissionais de logística, a qualidade da infraestrutura de transportes é ruim em todos os modais. Adicionalmente, em todos os casos, a avaliação do Brasil é pior do que a da média da América Latina e fica bem aquém da reportada para os países de renda média alta.

A precariedade da infraestrutura de transportes é o resultado da combinação de três fatores: o forte aumento da demanda por esses serviços na última década, a idade das instalações e o baixo investimento destinado a esses setores nas últimas três décadas.

Nos últimos anos, a demanda por transporte aumentou consideravelmente nos diferentes modais. No setor portuário, o total de carga movimentada cresceu 5,9% ao ano entre 2002 e 2012, 60% a mais que a alta observada no PIB (3,7% ao ano). No setor ferroviário, a expansão da movimentação de carga nesse período, medida em toneladas × quilômetros, foi ainda maior: 6,7% ao ano. Em relação ao transporte aéreo, o número de passageiros embarcados nos aeroportos brasileiros subiu em média 11,8% ao ano entre 2003 e 2012. Apenas no transporte rodoviário de carga o crescimento da carga movimentada foi relativamente lento — 1,9% ao ano entre 2006 e 2011, segundo dados da FIPE/USP —, mas pode-se especular que essa expansão mais lenta refletiu em parte a própria saturação das vias.

Essa forte alta na demanda não teve contrapartida na expansão da oferta, o que acarretou um aumento dos congestionamentos e uma deterioração dos serviços, levando à sua baixa qualidade, como se observou no Quadro 2.

Quadro 1 Indicadores comparados de infraestrutura (2010)

	Brasil	América Latina e Caribe*	Média mundial	Argentina	México	Peru	China	Índia	Rússia	África do Sul
PIB *per capita* PPP (2010)	11.202	11.194	11.073	15.941	14.559	9499	7568	3373	19.941	10.540
Movimento de contêineres/PIB (milhões de US$, PPP)	3,7	5,6	7,1	3,1	2,2	5,6	12,8	2,4	1,1	7,2
Usuários de internet (por cem habitantes)	40,7	34,3	29,5	40,0	31,1	34,8	34,4	7,5	43,3	18,1
Assinaturas de internet banda larga fixa (por 100 habitantes)	6,8	6,2	7,7	9,6	10,0	3,1	9,4	0,9	11,0	1,5
Assinatura de plano de telefonia celular (por cem habitantes)	104,1	97,8	77,1	132,9	80,6	100,1	64,0	61,4	166,3	100,5
Acesso a instalações sanitárias melhoradas (% da população urbana com acesso)	85,0	84,5	79,1	–	87,0	81,0	74,0	58,0	74,0	86,0
Acesso a fontes de água melhoradas (% da população urbana com acesso)	100,0	97,9	96,2	98,0	97,0	91,0	98,0	97,0	99,0	99,0
Acesso a eletricidade (% da população)**	98,3	93,4	74,1	97,2	–	85,7	99,4	66,3	–	75,0
Consumo de eletricidade (kWh *per capita*)**	2206	1892	2807	2759	1943	1136	2631	571	6133	4532

Fonte: Banco Mundial.
*Apenas países em desenvolvimento. **2009. PPP: paridade do poder de compra.

Quadro 2 **Qualidade da infraestrutura de logística**

Avalie a qualidade da infraestrutura relacionada ao comércio e ao transporte (p. ex.: portos, rodovias, aeroportos, tecnologia da informação) no país em que você trabalha.	Proporção de entrevistados que responderam "baixa" ou "muito baixa"		
	Brasil	**América Latina e Caribe**	**Países de renda média alta**
Portos	75,0%	33,8%	24,8%
Aeroportos	40,9%	25,3%	22,9%
Rodovias	52,0%	50,4%	17,8%
Ferrovias	90,0%	85,9%	11,1%
Instalações de armazenagem e translado	24,0%	20,4%	29,9%
Telecomunicações e tecnologia de informação	17,4%	14,8%	17,9%

Fonte: Banco Mundial (2011) *apud* Giambiagi e Pinheiro (2012).

Em especial, como chamei a atenção em um livro que escrevi com Fabio Giambiagi (2012), o foco na "fotografia" nos distrai e impede de ver que o "filme" da infraestrutura no Brasil é ainda pior que a foto. Uma boa indicação disso é que no ranking de infraestrutura do GCR o Brasil caiu da 45ª posição entre 80 países, em 2002, para 79ª entre 125 países em 2006, e da 104ª posição entre 142 países, em 2011, à 107ª entre 144 países em 2012. Só andamos para trás, portanto.

A fotografia é melhor que o filme da infraestrutura, pois a situação atual ainda reflete, para o bem e para o mal, os elevados investimentos realizados entre a década de 1950 e meados dos anos 1980. Desde então, o setor foi marcado por baixos níveis de investimento, com a oferta se expandindo, na melhor das hipóteses, *pari passu* com a demanda, que na maior parte do tempo cresceu pouco, devido às crises que marcaram esse período. As rodovias ilustram bem esse processo: a rede rodoviária federal pavimentada aumentou de 8,7 mil km em 1960 para 47,5 mil km em 1980 (1,9 mil km/ano), expandindo para 56,1 mil km nas duas décadas seguintes (430 km/ano) e 62,0 mil km em 2010 (587 km/ano). A razão PIB/km de rodovia federal pavimentada subiu 63% entre 1980 e 2010.

Mesmo essa medida, porém, subestima o aumento da saturação das rodovias nesse período: como essas foram construídas há muitos anos, não só estão tecnologicamente defasadas, como se encontram, em muitos trechos, cercadas por aglomerados urbanos que lá não existiam antes, o que reduz a velocidade média e, portanto, a sua capacidade de tráfego. Algo semelhante ocorre nas ferrovias, com a velocidade média dos trens e no acesso aos portos. Levando em conta as muitas lombadas e passagens de nível surgidas nas últimas décadas, se verifica que o aumento da capacidade foi menor do que sugere a expansão quilométrica das malhas.

A elevada idade das nossas vias aparece na qualidade das estradas pavimentadas, que ainda por cima compreendem uma proporção pequena de nossa malha rodoviária. A Confederação Nacional do Transporte (CNT) realiza pesquisas anuais sobre a qualidade das estradas (pavimentadas) do Brasil: dos 91 mil quilômetros pesquisados em 2010, apenas 14,7% foram considerados muito bons e 26,5% bons. Embora representem apenas 16% das rodovias pesquisadas, as estradas operadas por concessionárias privadas respondem por 20% das de boa qualidade e 59% das muito boas.

De acordo com a Associação Nacional dos Transportadores Ferroviários (ANTF), a maioria dos nossos trens trafega a velocidades entre 5 e 20 km/h devido ao desenho pouco eficiente das curvas nas linhas de trem, construídas há muito tempo e tecnologicamente defasadas, às famílias que vivem em torno dos trilhos, às muitas passagens de nível, ao acesso limitado aos portos e às pequenas áreas disponíveis para descarregamento (retroáreas), que fazem com que os trens gastem muito tempo para entrar e sair dos portos. Se esses gargalos fossem removidos, os trens poderiam rodar a 80 km/h.

A rápida expansão na quantidade de carga movimentada nos portos tem levado à formação de filas de espera em alguns dos principais portos do país. A alta significativa no tempo de espera para atracação e saída nos terminais que lidam com navios porta-contêiner causou o cancelamento de mais de 850 pontos em 17 grandes portos brasileiros em 2010, contra 457 em 2009. De acordo com a CentroNave, entidade que representa companhias de navegação em operação no Brasil, o atraso total nos embarques e desembarques devido ao congestionamento dos terminais atingiu 4000 dias em 2010. Estima-se que, só em Santos, os custos extras causados por atrasos em 2010 podem ter chegado a 95 milhões de dólares.

Os aeroportos dão uma boa medida das consequências do descasamento entre o aumento da demanda e a expansão da capacidade de oferta. Idealmente, os aeroportos devem operar com taxas médias de utilização de, no máximo, 80% para acomodar os picos de demanda. Comparando a capacidade e a utilização dos 20 maiores aeroportos do Brasil, vê-se que, em 2010, apenas três deles respeitavam esse limite (Galeão, Salvador e Recife), com os mais movimentados tendo taxas de utilização de até 142%.

O setor elétrico fornece outro exemplo interessante de como a fotografia de hoje reflete em grande medida os investimentos do passado distante. Até meados dos anos 1980, o Brasil realizou um forte esforço para elevar a capacidade de geração elétrica. Como mostra o Quadro 3, o consumo *per capita* de eletricidade no Brasil saiu de um patamar inferior ao de Argentina, Chile e México em 1971 e superou o desses três países em 1986. Desde então, porém, retrocedemos em termos relativos, tendo a expansão desses países superado a nossa, de forma que, em 2009, o país estava outra vez atrás da Argentina e do Chile e tinha sua vantagem em relação ao México reduzida.

Quadro 3 Consumo de eletricidade *per capita* (kWh *per capita*)

| | 1971 || 1986 || 2009 ||
	Valor	Brasil = 100	Valor	Brasil = 100	Valor	Brasil = 100
Argentina	870,3	191,1	1325,5	98,5	2758,8	125,0
Brasil	455,4	100,0	1345,3	100,0	2206,2	100,0
Chile	776,1	170,4	1039,4	77,3	3283,0	148,8
México	504,0	110,7	1093,6	81,3	1942,8	88,1

Fonte: World Development Indicators, Banco Mundial.

Como ilustram esses exemplos, houve uma marcada desaceleração no ritmo de expansão da infraestrutura nas duas últimas décadas, refletindo o grande declínio do investimento no setor desde meados dos anos 1980 (Quadro 4). No geral, essa taxa caiu de 5,4% do PIB em 1970 para pouco mais de 2% do PIB nas últimas décadas. Em 2001-2010 investiu-se 2,3% do PIB nesse setor. Ainda que essa taxa tenha subido para 2,6% do PIB em 2008-2010, basicamente por conta das empresas públicas e do governo federal, no biênio 2011-2012 a situação voltou a piorar.

O setor de Telecomunicações foi o único capaz de sustentar a sua taxa de investimento, basicamente devido à privatização do monopólio estatal em 1998. Esse fato explica por que o Brasil aparece relativamente menos mal em comparações internacionais de indicadores de telecomunicações. Se excluirmos o setor de telecomunicações, temos um declínio na taxa de investimento de infraestrutura de 4,6% no período de 1971 a 1980 para 1,7% do PIB na primeira década deste século, uma redução de quase dois terços. Transporte e eletricidade sofreram as maiores quedas no investimento.

Quadro 4 Investimento em infraestrutura no Brasil (% do PIB)

Período	1971-1980	1981-1989	1990-2000	2001-2010	2011-2012*
Total (% PIB)	5,42	3,62	2,29	2,32	2,00
Eletricidade	2,13	1,47	0,76	0,67	0,59
Telecom	0,80	0,43	0,73	0,65	0,50
Transporte	2,03	1,48	0,63	0,71	0,75
Água e Saneamento	0,46	0,24	0,15	0,29	0,17

Fonte: Giambiagi e Pinheiro (2012) e Frischtak (2012).
*Preliminar.

Em geral, a infraestrutura no Brasil não é apenas de má qualidade, mas também cara. Nas telecomunicações, por exemplo, o Brasil parece estar completamente fora do padrão, para pior, a respeito do custo dos serviços, que está bem acima das médias da América Latina e dos países de renda média alta: uma assinatura básica custa quase o triplo e o uso do telefone celular quase quatro vezes a média dessas tarifas na região e no conjunto de países de renda média alta. O acesso à internet de banda larga também é significativamente mais caro. Um quadro semelhante surge no caso de serviços de transporte, que são uniformemente vistos como mais caros no Brasil do que, em média, no resto da América Latina e nos países de renda média alta.

Como mostram as estimativas do BNDES, o investimento em infraestrutura no quadriênio 2011-2014 deve permanecer no patamar das últimas décadas: o Banco projeta inversões de 2,33% do PIB, dos quais 0,18% do PIB relativos ao trem de alta velocidade ligando Rio de Janeiro a São Paulo, um projeto que dificilmente será implementado nesse período. Esse patamar de investimento não vai evitar que o congestionamento da infraestrutura aumente. De fato, estima-se que o Brasil precise investir 2,0% do PIB apenas para manter o atual estoque de infraestrutura (FRISCHTAK, 2007).

Os números para cada setor levam a uma conclusão parecida sobre a insuficiência dos investimentos esperados para os próximos anos. O caso dos aeroportos nas cidades-sede da Copa de 2014 ilustra essa questão. Mesmo supondo que todos os investimentos planejados para a expansão de sua capacidade sejam realizados em tempo – algo improvável, considerando o histórico da Infraero –, esses aeroportos devem chegar a 2014 operando bem acima da taxa de utilização ideal, próxima de 80%. Há casos em que, mesmo depois das expansões, a capacidade será inferior ao fluxo atual.

2 Faltam prioridade e estratégia

O Brasil investe pouco em infraestrutura, apresentando um hiato de 2% a 3% do PIB em investimentos nessa área, em comparação a um padrão ideal para um país que deseja crescer rápido e de forma competitiva. É comum associar essa situação à necessidade de disciplina fiscal. De fato, até o início dos anos 1980, a taxa de investimento em infraestrutura era de 5% do PIB e, nos anos seguintes, caiu devido à pressão para conter o gasto público. Não só era mais fácil segurar investimentos do que gastos correntes, como as políticas de combate à inflação semicongelaram as tarifas, comprometendo as receitas das empresas estatais, enquanto suas despesas financeiras explodiam pelo impacto da desvalorização cambial sobre o serviço de sua dívida, majoritariamente indexada ao dólar.

O espaço para elevar o investimento público foi ainda mais comprometido pela forte alta nos gastos públicos a partir da segunda metade da década de 1980: o consumo do governo, que de 1947 a 1985 fora em média de 10,8% do PIB, subiu para 21,0% nos dez anos seguintes e, desde então, ficou em média 20,2% do PIB. Somou-se a isso o aumento das transferências, em especial com benefícios do INSS, que pularam de 3,4% do PIB em 1991 para 7,0% em 2012.

Essa gigantesca expansão fiscal explica o fato de o Brasil ter entrado em quase hiperinflação, só debelada pelo Plano Real, em 1994. E este só se consolidou por que foi acompanhado de grande elevação da carga tributária bruta, que saiu dos 25% do PIB, com que o Brasil funcionava até o início dos anos 1990, para quase 35% do PIB uma década e meia depois, uma alta provavelmente sem paralelo na história mundial por seu tamanho e sua velocidade (Figura 1).

O que esses números mostram é que o Brasil optou, consciente ou inconscientemente, por mudar seu modelo econômico: basicamente, trocou uma carga tributária bruta de 25% do PIB e uma taxa de investimento em infraestrutura de 5% do PIB por 35% do PIB de carga tributária e 2% do PIB de investimento em infraestrutura, utilizando esses 13% do PIB de folga para elevar o consumo do governo e os benefícios do INSS.

Figura 1 Carga tributária e investimento em infraestrutura (% PIB)

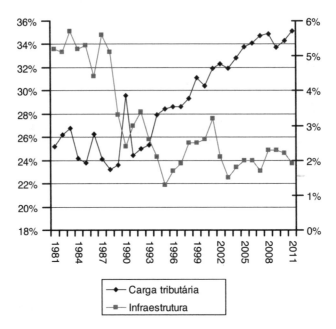

Fonte: Ipeadata e IBPT.

Assim, é falacioso creditar a falta de investimento em infraestrutura aos imperativos da disciplina fiscal. Investimos pouco em infraestrutura não por falta de recursos, mas por falta de prioridade: preferimos dar outra destinação aos enormes recursos adicionais colocados à disposição do governo. Teria bastado utilizar um terço do salto na carga tributária para retornar ao padrão anterior de investimento em infraestrutura. De fato, muitos países, inclusive na América Latina, investem bem mais que nós neste setor, apesar de terem uma carga tributária bem mais baixa.

O governo FHC tentou reverter essa situação atraindo a iniciativa privada para o setor. Eram três os alicerces dessa estratégia:

- Transferir parte da atividade comercial de infraestrutura para o setor privado. Este é reconhecidamente mais eficiente que o público em implantar e operar projetos, inclusive de infraestrutura. A mudança foi dramática: todos os setores de infraestrutura foram objeto de privatizações e da abertura ao investimento privado, alguns sendo inteiramente transferidos para a iniciativa privada, como em telecomunicações e ferrovias. A maior participação privada na infraestrutura permitiu poupar recursos escassos e dar maior rentabilidade, inclusive social, a esses investimentos, tornando-os mais atrativos.

- Na conjuntura fiscal e jurídica que prevalece no país desde a redemocratização, é mais fácil e seguro financiar esses projetos quando sob controle privado do que público. Como observou o mestre Ignácio Rangel, isso vale mesmo quando o financiamento é feito por um banco público, como o BNDES. Resulta daí um arranjo institucional que reduz o custo de captação e cria condições necessárias, ainda que não suficientes, para alongar os prazos de financiamento. Com a privatização, aumentou o financiamento para a infraestrutura.

- A transferência das atividades comerciais (investimento e operação) para a iniciativa privada torna mais transparente a governança do setor, já que as responsabilidades do governo, em termos de regulação econômica, ambiental, entre outras, podem ser mais bem monitoradas. O risco de corrupção, ainda que sempre presente, também fica mais fácil de controlar. Paralelamente à privatização, foram constituídas agências reguladoras autônomas, encarregadas de supervisionar e regular as atividades comerciais das empresas.

Desde as eleições de 2002, porém, o tema da privatização foi politizado e "demonizado" pelo Partido dos Trabalhadores, opositor histórico desse modelo. Ao assumir o governo, Lula sustou a implantação da estratégia adotada por FHC, mas sem colocar outra no lugar, com exceção parcial do setor elétrico. Em setores em que a transição já estava concluída, como nas telecomunicações, isso teve pouco impacto, posto que se reverteu muito do que fora feito por FHC. Em outros, porém, o processo ficou no meio do caminho: o discurso é estatizante, mas a prática, vez por outra, é privatizante, e vice-versa.

Não obstante, a oposição ao modelo fez com que se enfraquecessem as agências reguladoras, aumentando o risco político. A estratégia do governo Lula para a infraestrutura foi apostar no aumento do investimento público. Contudo, essa estratégia não funcionou, tanto pela incapacidade dos órgãos públicos de gastar os recursos disponíveis como pelas recorrentes paralisações resultantes de escândalos de corrupção.

Nesse quadro, dada a necessidade de dar respostas para os problemas existentes na infraestrutura, o governo Lula resolveu retomar as privatizações, com foco nas rodovias federais. Ao mesmo tempo, porém, se restringiu a

113

participação privada em portos e saneamento. A ambiguidade ideológica e a preocupação excessiva em diferenciar-se das políticas do governo FHC comprometeram a qualidade das privatizações realizadas por Lula, de forma que o Brasil se viu sem estratégia para o setor e com a qualidade da sua infraestrutura cada vez pior. O seguinte parágrafo, retirado de matéria de *O Globo* (18 setembro 2011, p. 3), ilustra esse ponto:

> "Enquanto o volume de acidentes avança nas rodovias federais entregues à administração de empresas privadas, na segunda etapa do Programa de Concessões Rodoviárias, as concessionárias investem menos do que previsto originalmente em contrato. E a Agência Nacional de Transportes Terrestres (ANTT) age, por resoluções, para retardar as principais obras, que deveriam ocorrer nos primeiros três anos de cobrança de pedágio (2007-2009). Os números de 2009, os últimos fornecidos pela agência, mostram que há casos em que triplicaram os acidentes em relação ao ano anterior. Nos sete trechos privatizados, o total de acidentes subiu de 9961 em 2008 para 28.947 em 2009, um crescimento de 190%."

O governo Lula lançou então o Programa de Aceleração do Crescimento, PAC, que seria, na retórica oficial, um ataque direto às carências do país na infraestrutura. De fato, em 2008-2010, aumentou um pouco o investimento em infraestrutura, mas este caiu em seguida. O PAC, portanto, não resolveu o problema da infraestrutura nem mudou o quadro de gradual degradação, não só por conta dos seus conhecidos atrasos, mas também porque muito do seu foco está em outras áreas, como petróleo e habitação popular. O PAC não é a solução para as carências brasileiras de infraestrutura, especialmente nos transportes, por três motivos principais:

- O total projetado de investimentos é pequeno frente às necessidades do país. Por exemplo, no setor rodoviário, Campos Neto *et al.* (2011) identificam a necessidade de desembolsar recursos da ordem de 5% do PIB – majoritariamente para recuperar, adequar e duplicar estradas (4% do PIB) –, enquanto o PAC prevê investir apenas 0,23% do PIB ao ano no setor.
- Os projetos em geral atrasam e apenas uma pequena fração é concluída no prazo. Em uma análise de 101 projetos de saneamento do PAC, o Instituto Trata Brasil verificou que apenas 4% das obras haviam sido concluídas até 2010, contra uma previsão oficial de 60% de conclusões.
- O PAC foca em determinados tipos de investimento, em especial novas construções, deixando de lado outros investimentos tão ou mais importantes, em especial voltados para recuperação e eliminação de gargalos de vias

existentes. No setor ferroviário, por exemplo, os recursos prometidos para o Trem de Alta Velocidade seriam suficientes para realizar a maioria dos outros projetos prioritários, elevando a baixa velocidade média com que trafegam os trens no Brasil.

Passadas as eleições presidenciais de 2010, o investimento em infraestrutura voltou a cair e, na média de 2011-2012, deve ficar em 2,0% do PIB, insuficiente para mudar o quadro de saturação que se observa nessa área. Para lidar com esse problema, o governo Dilma adotou um plano que contempla três iniciativas.

A primeira é avançar mais decididamente com a privatização, especialmente nos vários segmentos de transporte. Novas concessões rodoviárias, ferroviárias e portuárias já foram anunciadas e um pacote do mesmo tipo está em gestação para os aeroportos, na esteira das privatizações ocorridas no início de 2012.

A nova rodada de privatizações vai ao encontro de outra importante iniciativa em desenvolvimento nos últimos dois anos: o fomento ao mercado de títulos privados de renda fixa de longo prazo. Em especial, os incentivos tributários originalmente contidos na Lei nº 12.431/11, que foram fortalecidos com as mudanças trazidas pela Lei nº 12.715/12, buscam atrair o financiamento estrangeiro para projetos privados de infraestrutura, eliminando vantagens tributárias de que gozavam os títulos públicos. Outras ações nessa área se voltam para dar liquidez e governança de qualidade para esses papéis, que também são condições para atrair o investidor estrangeiro de renda fixa privada. Já há operações realizadas ao amparo dessa legislação e outras em andamento.

Por fim, o governo vem tentando baixar a taxa de retorno obtida pelos concessionários privados. Vem fazendo isso por meio da concessão de crédito farto e barato pelo BNDES; pela assunção de alguns riscos, como no caso do papel que a Valec vai desempenhar no setor ferroviário; e simplesmente pressionando os operadores a reduzirem suas tarifas. O setor elétrico é um exemplo.

Ainda que essas iniciativas sejam meritórias isoladamente, elas pouco contribuem para alargar horizontes e reduzir riscos. Portanto, não se deve descartar a possibilidade de que, a despeito de avanços pontuais, o investimento em infraestrutura permaneça baixo. Há quatro motivos para isso.

Primeiro, o setor público continuou dominando algumas das principais áreas de infraestrutura, mas foi incapaz de realizar os investimentos que esses setores necessitavam. Aeroportos e rodovias são exemplos disso e do fato de que os investimentos não ocorreram por falta de dinheiro. Burocracia, má gestão, corrupção; vários são os motivos que impedem o investimento público de deslanchar, a despeito da disponibilidade de recursos. Como ainda levará vários anos até que as novas privatizações sejam concluídas e, mesmo depois, o setor público continuará responsável por uma parcela relevante da nossa infraestrutura, esses problemas se manterão relevantes no médio e longo prazos.

Segundo, o ambiente macroeconômico permanece instável, com a inflação ainda em patamar alto, o que aumenta a incerteza de longo prazo e dificulta a obtenção de financiamento em condições adequadas. Em especial, o financiamento externo, ao qual as empresas recorrem para alongar seus passivos, é arriscado para as empresas de infraestrutura porque suas receitas são em reais.

Terceiro, a desconstrução do aparato regulatório instituído até 2002 encurtou os horizontes e elevou o risco. As agências reguladoras foram enfraquecidas e o tema da privatização, politizado. Passou-se a recorrer à regulação por contrato e à busca de uma modicidade tarifária que acabaram por comprometer os investimentos e a qualidade da operação.

A própria insatisfação demonstrada pelo governo com o resultado da privatização dos aeroportos de Cumbica, Viracopos e Brasília mostra que este vem tendo dificuldade em estabelecer prioridades. A hesitação posterior em avançar com a privatização dos demais aeroportos mostra, por outro lado, que falta uma estratégia mais ampla para a infraestrutura. Esse passo atrás parece refletir questões político-partidárias e certa frustração com o resultado das privatizações dos últimos cinco anos. Essa é uma consequência da busca simultânea de múltiplos objetivos, problema que também pode afetar as novas concessões.

Quarto, o governo quer garantir uma taxa de retorno para esses projetos que, especialmente para novas infraestruturas — em anteposição à concessão de infraestruturas já existentes —, parece baixa demais. Não cabe aqui entrar em detalhes técnicos, mas lembrar que dois componentes fundamentais dessa taxa de retorno — a taxa de juros "sem risco", balizada pelos títulos de dez anos do Tesouro americano, e, possivelmente, o prêmio de risco-país — estão artificialmente baixos em função da política de afrouxamento quantitativo adotada pelos bancos centrais dos EUA, da Europa e do Japão.

A baixa taxa de retorno que o governo deseja tem sido parcialmente viabilizada com o BNDES financiando até 80% dos investimentos a taxas de juros reais perto de zero, dando ao concessionário privado uma remuneração maior para o capital aplicado. Ocorre que os investidores privados não vão se interessar por financiar esses investimentos a taxas semelhantes às do BNDES, o que se choca com o objetivo de desenvolver um mercado privado de títulos de renda fixa para projetos de infraestrutura. Da mesma forma, será difícil depois o BNDES securitizar e vender em mercado esses créditos sem incorrer em perda contábil significativa.

Nessas circunstâncias, fica difícil desenvolver um mercado privado de títulos de renda fixa para projetos de infraestrutura. Uma melhor alternativa seria dar a esses projetos taxas de retorno e condições de financiamento compatíveis com a realidade brasileira. Se fosse identificada a necessidade de subsídios para garantir a realização de investimentos, esses deveriam ser canalizados diretamente pelo Tesouro Nacional, por meio de parcerias público-privadas (PPPs).

Adicionalmente, o governo tenta reduzir a remuneração dos investidores privados assumindo diretamente riscos que seriam mais bem alocados com o concessionário. Esse é o caso do papel pretendido para a Valec no setor ferroviário, que causa preocupação. A ideia básica é transformar a empresa em uma espécie de "mercado administrado", em que provedores e usuários de infraestrutura ferroviária se "encontrem". Só que, em vez de se encontrarem, as duas pontas desse mercado vão se relacionar com a Valec: os fornecedores vendendo-lhe toda a sua capacidade; os usuários comprando capacidade da Valec.

Obviamente, os provedores vão ter poucos incentivos para fornecer bons serviços, já que não precisam se esforçar para vendê-los. Além disso, esse esquema é menos transparente e eficiente do que criar um mercado em que produtores e consumidores se encontrem, como se fez no setor elétrico. Trata-se de um modelo que, organizado de forma mais simples, já deu errado em outros países. O risco de que a gestão desse processo enfrente problemas de distintas naturezas, como ocorreu com a própria Valec em anos recentes, não é pequeno.

Em suma, o que falta para experimentarmos um salto na infraestrutura não são recursos, mas melhor gestão pública, estratégia e prioridade. Não é isso que se tem; o que se observa é um programa definido a partir de um rol de projetos e a busca de múltiplos objetivos que não são consistentes entre si. É preciso ir além e, sim, também, ter mais ambição: precisamos, no mínimo, dobrar a taxa de investimento em infraestrutura.

Conclusão

A privatização mudou a cara da infraestrutura brasileira. Novas empresas foram criadas, inclusive com a vinda de investidores estrangeiros para o país e hoje já se considera natural que setores inteiros, como telecomunicações e ferrovias, historicamente redutos exclusivos de empresas estatais, sejam dominados pela iniciativa privada. Porém, em que pesem as grandes transformações e os benefícios que daí advieram, o investimento em infraestrutura no Brasil continua empacado em pouco mais de 2% do PIB. Os resultados disso se veem nos recorrentes apagões, nas estradas, nos portos e aeroportos congestionados e na dificuldade de locomoção da população das grandes cidades.

Ao contrário do que às vezes se argumenta, a falta de recursos não é o que explica o fato de não termos uma infraestrutura melhor. O que falta é, principalmente, uma estratégia que permita focar nos principais gargalos e atrair mais recursos e capacidade de gestão para o setor. O que se vê, ao contrário, é a adoção de soluções pontuais, carentes de uma visão mais ampla. O PAC, em especial, não foca em gargalos, mas em novas obras. A atitude perante o setor privado, que pode alocar recursos e capacidade técnica e gerencial, é ambígua, como exemplificam as reformas regulatórias no setor aeroportuário.

A falta de estratégia clara ajuda a manter uma aparência antiprivatista, mas tem consequências práticas, reduzindo o nível de investimento e aumentando o subsídio público necessário para compensar o risco político.[1] Em especial, se observa uma perda de transparência no processo de concessão e regulação, com o governo forçando as tarifas para baixo, mas depois tendo de compensar o investidor privado com subsídios diversos, inclusive assumindo riscos que estariam mais bem alocados com o concessionário. Isso ajuda a entender porque, apesar de os desembolsos do BNDES terem dado um salto — de 1,9% do PIB em 2001-2002 para 4,4% do PIB em 2009-2010 —, o investimento em infraestrutura caiu 0,14% do PIB nesse período.

Sem uma postura consistente e despida de ideologia não se vai reverter o quadro de deterioração na infraestrutura. O Brasil precisa de uma estratégia para essa área que permita elevar o investimento e aumentar a sua eficiência. Essa estratégia deve dar um tratamento sistêmico a questões-chave, como a qualidade da regulação, a definição e as condições de participação do setor privado, as fontes e formas de financiamento, a priorização de projetos com

---

[1] Os próximos parágrafos seguem de perto o artigo de Giambiagi e Pinheiro (2012).

maior impacto para a economia brasileira, a fixação de tarifas que remunerem efetivamente os investimentos etc. Em especial, essa estratégia deve substituir e dar coerência às atuais políticas públicas nessa área, hoje marcadas por lógicas conflitantes e definidas de forma *ad hoc* em cada setor.

O foco da estratégia na infraestrutura deve ser a busca de parcerias entre os setores público e privado. Para aquele, é preciso garantir a disponibilidade de recursos e a capacidade de definir políticas, planejar e selecionar investimentos, e regular e monitorar o setor privado. Para esse é preciso transparência, estabilidade de regras e políticas, boa regulação e disponibilidade de financiamento a custo e prazo compatíveis com a natureza do investimento.

Parte do hiato de investimento na infraestrutura terá de ser coberto por meio de maior investimento público, diretamente ou por meio de PPP, cuja utilização no setor de infraestrutura até hoje se limita a uma estrada estadual em Minas Gerais e a uma linha do metrô em São Paulo. As PPP têm claras vantagens em termos de eficiência e alavancagem de recursos públicos. Além disso, com elas os usuários passam a financiar parte dos investimentos, o que é eficiente do ponto de vista da economia como um todo.

Aumentar o investimento do setor público será um desafio mais difícil do que pode parecer à primeira vista. A maneira mais óbvia seria a de reduzir os gastos correntes e as transferências, que aumentaram substancialmente nos últimos 25 anos. Mas isso é politicamente difícil de implementar. Sem reduzir despesas de consumo, a alternativa seria aumentar a carga tributária, mas esta já é bastante elevada. Além disso, a carga tributária em 2001-2010 foi 5,6% do PIB mais alta do que em 1990-2000 e isso não teve nenhum efeito sobre o volume total de investimentos em infraestrutura.

O setor público também precisa melhorar sua capacidade gerencial nas várias áreas de infraestrutura. Em 2003-2010, a Infraero desembolsou apenas 44% do orçamento de investimentos. No setor portuário, as Companhias Docas contaram com um volume crescente de recursos para investimentos, mas não tiveram capacidade para utilizar plenamente esses recursos: menos de 30% dos fundos provenientes do orçamento anual são efetivamente gastos (ABDIB, 2010).

Quanto aos desafios para o setor privado, os principais são os quadros jurídico e regulatório, aqui incluídas, questões administrativas, econômicas e ambientais. Transcorrida uma década e meia do retorno do setor privado à operação de infraestrutura, partes do marco regulatório tornaram-se obsoletas. A instabilidade das regras é grande e é um foco adicional de incerteza.

No setor elétrico, por exemplo, o país já passou por três grandes mudanças no quadro regulatório do setor em menos de duas décadas.

A falta de financiamento adequado é outra questão importante, ainda que parte do problema derive do elevado risco regulatório, inclusive ambiental, a que o setor está submetido. Os projetos de infraestrutura apresentam elevados riscos na sua fase de implantação e faz sentido que seja um banco a financiá-los nessa fase. No Brasil, o BNDES está especialmente bem situado para isso, pela sua capacidade de analisar e monitorar os projetos, além de sua disponibilidade de *funding* longo. Na fase operacional, porém, é razoável que seja o mercado a carregar esses créditos.

Mas é necessário que isso se dê no mercado doméstico, pois as receitas dos projetos de infraestrutura são em reais, o que faz a captação de recursos no exterior uma iniciativa arriscada. Os investidores estrangeiros parecem dispostos a entrar no mercado local, mas é necessária uma institucionalidade para isso. Além disso, o BNDES precisa participar desse processo, seja securitizando seus créditos em infraestrutura, quando os projetos entram em fase operacional, seja exigindo que o setor privado cofinancie os projetos.

É preciso, porém, ir além da privatização das infraestruturas já existente e dos investimentos de recuperação e ampliação. Depois de três décadas praticamente sem novos grandes projetos em logística de transporte, o país precisa de um salto nos investimentos, que não será obtido com o modelo atual. Para isso, é preciso priorizar o investimento e reduzir o foco em outros objetivos, mesmo que também meritórios. Não há mágica: se queremos extrair mais do concessionário em uma dimensão, vai-se obter menos em outra. Outros objetivos podem ser priorizados em um segundo momento. O exemplo das concessões elétricas ilustra também essa multiplicidade de objetivos.

BIBLIOGRAFIA

ASSOCIAÇÃO BRASILEIRA DA INFRAESTRUTURA E INDÚSTRIAS DE BASE. **Agenda da infraestrutura**: 2011/2014. São Paulo, 2010.

BANCO MUNDIAL. **Logistics performance index**. 2011. Disponível em: <http://go.worldbank.org/88X6PU5GV0>.

BLYDE, J.; PINHEIRO, A. C.; DAUDE, C.; FERNANDEZ-ARIAS, E. Competitiveness and Growth in Brazil. In: AGOSIN, M.; FERNANDEZ-ARIAS, E.; JARAMILLO, F. (eds.). **Growing pains**: binding constraints to productive investment in Latin America. Washington: IADB, 2009.

CAMPOS NETO, C.; SOARES, R.; FERREIRA, I.; POMPERMAYER, F.; ROMMINGER, A. Gargalos e demandas da infraestrutura rodoviária e os investimentos do PAC: mapeamento Ipea das obras rodoviárias. **Texto para discussão**. Brasília, Instituto de Pesquisa Econômica Aplicada, n. 1592, março 2011.

FRISCHTAK, C. **Infraestrutura e desenvolvimento no Brasil**. Apresentação no II Seminário IBBRE/FGV de Infraestrutura, 2012.

GIAMBIAGI, F.; PINHEIRO, A. C. **Além da euforia**: riscos e lacunas do modelo brasileiro de desenvolvimento. Rio de Janeiro: Elsevier, 2012.

PUGA, F. P.; BORÇA Jr., G. Perspectivas do investimento em infraestrutura 2011-2014. **Visão do desenvolvimento**. BNDES, n. 92, fevereiro 2011.

WORLD ECONOMIC FORUM. **The global competitiveness report 2012-2013**. 2012.

PARTE II
Experiências, Lições e Resultados

PPPs: a experiência internacional em infraestrutura

CLÁUDIO R. FRISCHTAK

Introdução

O objetivo deste trabalho é relatar de forma sintética a experiência internacional com parcerias público-privadas (PPPs) em infraestrutura e inferir algumas lições que podem ser úteis no contexto brasileiro.

As PPPs podem ser entendidas como uma alternativa de financiamento e aquisição de ativos físicos e uma forma de gestão e entrega de serviços de natureza pública, suportada por esses ativos. No plano contratual, as PPPs são uma estrutura de alocação de riscos, cujo fluxo de caixa é oriundo de tarifas (pagas pelos usuários) e – se estas forem insuficientes – de transferências governamentais. Os polos de uma PPP são o setor público – parte contratante –, e o setor privado, enquanto agente que, em grande medida, financia e absorve os riscos inerentes à provisão dos serviços.

Os serviços fornecidos e os ativos subjacentes no caso de PPPs são geralmente caracterizados por elevadas externalidades e, por vezes, associados à dificuldade de excluir não pagadores de usufruí-los. Nesses casos, o setor público historicamente se encarregou de financiar os ativos (via taxação ou endividamento) e fornecer os serviços. As PPPs surgem da necessidade de mobilizar recursos privados para constituir novos ativos (ou melhorar existentes) e assim transformar no tempo as demandas de recursos públicos.

Nesse sentido estrito, as PPPs podem ser construídas como uma forma de financiar o setor público sem aumentar de modo explícito o seu endividamento (ainda que criem obrigações determinadas *ex ante* ou contingentes que devem se refletir nos passivos do governo) e ainda obter ganhos de eficiência na constituição do ativo e sua operação.

Essas características fizeram das PPPs arranjos bastante usados nos últimos anos, tomando diversas formas as quais são tipicamente categorizadas em função das responsabilidades assumidas pelas partes (público e privada) e da alocação de riscos correspondente. Frequentemente se visualiza essa relação tendo por referência um gradiente. Neste, os "extremos" não são entendidos como PPPs, mas encerram ativos de propriedade operados integralmente pelo setor público ou – após um processo de desinvestimento pelo Estado –, por empresas privadas que assumem a totalidade dos riscos nas suas distintas dimensões.

No interior desse eixo de divisão de responsabilidades e de alocação de riscos se situam as PPPs, entre as quais as concessões puras e onerosas (incluindo as que envolvem a constituição de ativos fixos, a operação destes por prazos relativamente longos, medidos em décadas, e a transferência deles de volta às mãos do Estado) são as mais frequentes. Porém, esses arranjos incluem também contratos de gestão, operações de transferência temporal de ativos contra pagamentos fixos ou variáveis (*leasing* e *affermages*), privatização parcial de ativos do Estado e ainda *joint ventures* ou coinvestimentos entre empresas públicas e privadas.

Vale enfatizar que, em algumas jurisdições que seguem o Código Napoleônico, se contrapõem as concessões, em que a parte privada provê diretamente ao usuário final um serviço tipicamente público, e as PPPs, entendidas como arranjos em que a parte privada tem por contraparte o setor público como demandante e pagador (a exemplo de uma planta de tratamento de esgoto construída e operada pelo setor privado). Esse tipo de categorização não é especialmente útil do ponto de vista analítico, pois as implicações econômicas irão depender da divisão de responsabilidades e da alocação de riscos contratados, inclusive do fluxo de caixa subjacente à operação. Uma PPP tipifica-se quando os riscos e as responsabilidades são divididos entre o setor público e entes privados (empresas ou mesmo o terceiro setor), e estes últimos se obrigam por meio de contratos de médio e longo prazos a financiar, constituir, renovar, operar, manter e eventualmente retornar os ativos necessários à oferta de serviços sob o mandato do Estado (por serem "públicos"). Ainda que nem sempre as PPPs operem em setores regulados, no caso de infraestrutura, essa é, na maioria das vezes, a regra, dada a forma como essa indústria se organiza do ponto de vista da oferta, sujeita a significativas economias de escala e de escopo por conta dos efeitos de rede, indivisibilidades e custos afundados.[1]

A Seção 1 deste artigo discute inicialmente a importância relativa das PPPs no conjunto de investimentos em infraestrutura e algumas tendências que apontam questões recorrentes no plano financeiro, contratual e da sociedade civil. Com base na experiência internacional, a Seção 2 relata alguns dos ensinamentos fundamentais sobre as PPPs, os desafios inerentes a elas e as estruturas que mitigam os riscos associados. A última seção conclui com uma síntese dos principais resultados.

1 Tendências globais em PPPs

Desde meados da década de 1990, o valor compromissado dos investimentos em PPPs voltadas à infraestrutura econômica tem ganhado substância, ainda que não de forma monotônica. Depois de uma rápida expansão, cujo pico foi atingido em 1997, observou-se uma queda que coincidiu com a retração da economia mundial associada à crise da Ásia (e da América Latina e Rússia) e à reversão da expansão dos EUA após os anos Clinton. Uma década depois, o processo se repetiu e, apesar (ou até por conta) da Grande Recessão, os compromissos privados chegaram ao seu maior valor histórico em 2010, com cerca de US$ 180 bilhões (Figura 1).

Apesar de a Inglaterra ter sido a precursora das PPPs na década de 1980, estas não se disseminaram rapidamente entre as economias desenvolvidas, com exceção do sul da Europa – Espanha e Portugal – e de alguns países do Leste Europeu. Encontraram, contudo, forte eco na América Latina, região que consistentemente tem atraído os maiores investimentos (ou assumido a vice-liderança), seja por conta do papel pioneiro do Chile, seja ainda pelo impulso do Brasil a partir da segunda metade da década de 1990. Mais recentemente, a resposta tem sido significativa no sul da Ásia (impulsionado pela Índia) e na África Subsaariana (Figura 2).

---

[1] Ver Frischtak (2012). Na África do Sul, uma PPP é um contrato entre uma instituição de governo e uma parte privada em que esta parte assume uma função institucional e parte considerável dos riscos correspondentes. Essa transferência de mandato, envolvendo desenho, construção, operação e financiamento de ativos, caracteriza a definição na Irlanda. O Private Finance Initiative (PFI) do Reino Unido, que não exaure, mas é o componente dominante do programa precursor de PPP, é definido com a compra pelo setor público de serviços ofertados pela parte privada por meio de contratos de longo prazo.

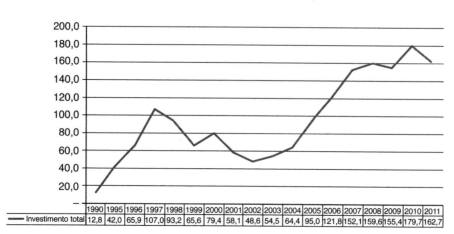

Figura 1 PPPs – Investimentos globais em infraestrutura em 1990, 1995-2011 (US$ bilhões)

Fonte: *Private Participation in Infrastructure Database*, Banco Mundial (http://ppi.worldbank.org/).

A Figura 2 também revela a relativa estagnação dos investimentos em PPPs no leste da Ásia e no Pacífico, na medida em que a resposta dos países na sua maioria à crise da década de 1990 e o colapso cambial consistiram em renegociações e na eventual nacionalização parcial ou total dos ativos. Na região, somente o setor de transportes voltou aos níveis de investimento pré-crise sob a forma de PPPs, o que possivelmente indica a dificuldade dos governos e do setor privado em alocar os riscos de eventuais choques macroeconômicos e em conciliar as implicações tarifárias (RESIDE Jr., 2009).

No plano setorial, o setor de telecomunicações foi por muitos anos alvo maior de investimentos privados. Mais recentemente, os investimentos em energia e transportes sob a forma de PPPs ganharam impulso, enquanto água e saneamento – após avanços significativos na década de 1990 – permaneceram praticamente estagnados na última década. Esta trajetória é, com toda a probabilidade, reflexo das dificuldades do governo e do setor privado em precificar adequadamente os serviços de um bem essencial (no caso da água) e de alinhar os reajustes com as expectativas (e possibilidades) da população, e o impacto adverso de casos notórios cujo impasse tarifário levou à nacionalização (a exemplo de Buenos Aires, na Argentina).

PPPs: a experiência internacional em infraestrutura

Figura 2 PPPs – Investimentos globais em infraestrutura por regiões em 1990, 1995-2011 (US$ bilhões)

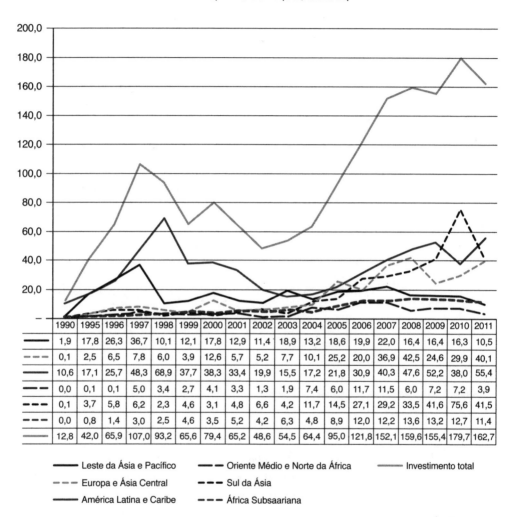

Fonte: *Private Participation in Infrastructure Database*, Banco Mundial (http://ppi.worldbank.org/).

Figura 3 PPPs – Investimentos globais em infraestrutura por setor
em 1990, 1995-2011 (US$ bilhões)

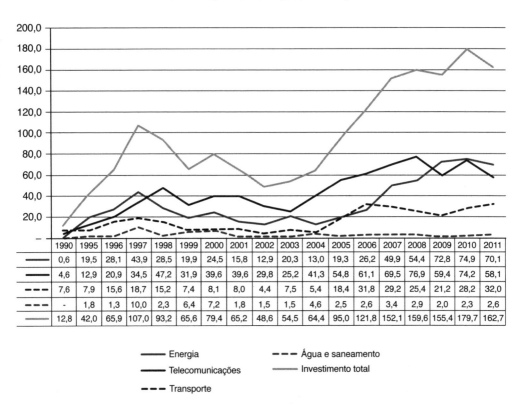

Fonte: *Private Participation in Infrastructure Database*, Banco Mundial (http://ppi.worldbank.org/).

Qual é a importância relativa dos investimentos em infraestrutura por meio de PPP? Estima-se que, na década de 2000, os gastos mundiais em infraestrutura foram em média de 3,26% do PIB em paridade de poder de compra (PPC). Conforme o Quadro 1, nesta década os investimentos se concentraram em telecomunicações, água e esgoto, transportes e energia, estes últimos em praticamente igual proporção (todos os valores são aproximados por não haver uma contabilidade global desses investimentos). Vale sublinhar que as necessidades estimadas de investimento em infraestrutura são da ordem de 4,5% do PIB mundial (ou US$ 3,1 trilhões a preços de 2011).

Quadro 1 Gastos médios mundiais em infraestrutura em 2000-2010
(% do PIB em PPC)

Setor	%
Rodovias	0,38
Aeroportos	0,10
Portos	0,05
Ferrovias	0,09
Telecomunicações	1,14
Geração	0,27
Transmissão e distribuição	0,22
Água e esgoto	1,01
Total	**3,26**

Fonte: WEF (2012) e cálculos próprios.

Quanto aos gastos com PPPs, as estatísticas disponíveis são imperfeitas, sendo as melhores aquelas referentes a compromissos de investimentos e disponibilizadas pelo Banco Mundial. Consequentemente, as estimativas de participação das PPPs nos investimentos totais de infraestrutura — de 5,24% em 2005 e 7,36% em 2010 — são uma aproximação (Quadro 2). De qualquer forma, a princípio, esses percentuais parecem bastante baixos, como indicação de participação privada ainda limitada em investimentos dessa natureza globalmente.

Quadro 2 Investimentos globais em infraestrutura em 2005, 2010 (US$ bilhões)

	2005	2010
PIB mundial em PPC	56.800	76.300
Investimentos em infraestrutura (aprox.)	1.826	2.442
Investimentos em PPP	95,3	179,7
Participação das PPP (em %)	5,24	7,36

Fontes: *Private Participation in Infrastructure Database*, Banco Mundial (http://ppi.worldbank.org/), Quadro 1, e cálculos próprios.

Como interpretar esses percentuais? O Quadro 3 mostra a relação público-privada em alguns países da Ásia e da America Latina para os quais há dados disponíveis. Nos dois continentes — com exceção de Filipinas e Chile —, o setor público permanece de fato como maior investidor na maior parte dos países, ainda que o setor privado venha sendo chamado a contribuir de forma crescente. Na Ásia, com exceção de telecomunicações e energia (em menor escala), o protagonismo tende a ser público. Também o é — mas em escala um pouco menor — na Europa continental, em que o Estado continua a ter papel preponderante em transportes, principalmente ferroviário e marítimo, enquanto o componente rodoviário está crescentemente em mãos privadas, com a Espanha na vanguarda da construção e operação de rodovias pedagiadas, assim como nos setores de telecomunicações, energia e saneamento. Na América Latina, o Chile permanece sendo o caso mais avançado de atuação privada, ainda que um número significativo de países tenha atraído participação privada (sob diferentes formas) para segmentos importantes de infraestrutura. Nesse sentido, o fato de a participação das PPPs nos investimentos globais estar abaixo de 10% dos investimentos totais é consistente com o fato de que não apenas os investimentos públicos têm papel dominante em muitos países e jurisdições, como também em outras áreas significativas de infraestrutura os investimentos e os ativos criados são puramente privados (a exemplo de telecomunicações, e — em muitos países — energia).

Quadro 3 Investimentos públicos e privados em infraestrutura (% do PIB)

	Público	**Privado**
China (2010)	10,45	2,95
Índia (2010)	3,82	0,98
Vietnã (2009)	8,70	1,60
Filipinas (2009)	1,80	1,90
Chile (2008-2011)	1,73	3,37
Colômbia (2008-2011)	1,95	1,28
Brasil (2011)	1,08	0,97

Fonte: Frischtak (2012).

O aparentemente baixo percentual de PPPs esconde, contudo, dois fatos relevantes: um crescimento significativo nos últimos anos, particularmente em países mais pobres, cuja demanda por investimentos em infraestrutura tem tido um caráter explosivo; e as crescentes dificuldades associadas ao investimento público, não apenas no plano fiscal, mas nos desenhos dos projetos e, principalmente, na execução destes e operação dos ativos resultantes, o que faz com que, na margem, as PPPs tenham papel mais crítico do que os números indicam. Na medida em que as demandas da sociedade por maior cobertura e qualidade dos serviços se ampliam – fruto não apenas do aumento da renda *per capita*, mas da melhor educação e acesso à informação –, a capacidade de resposta dos governos será tomada na estruturação de uma oferta mais adequada de serviços entendidos como básicos ou obrigações intransferíveis do Estado: educação, principalmente no plano fundamental e médio; saúde, tanto primária quanto hospitalar; e segurança pública. Nesse sentido, em muitos países – principalmente aqueles em desenvolvimento e economias emergentes –, maiores demandas virão acompanhadas de uma ampliação do escopo e da intensidade de atuação do setor privado na provisão dos demais serviços centrados na infraestrutura econômica.

As PPPs são uma forma específica de inserção do setor privado que a maior parte das jurisdições contempla. Há, no que diz respeito às PPPs, algumas questões recorrentes e que poderiam ser categorizadas ao longo de três "vértices".

Primeiro, o financeiro. Em que sentido uma PPP à qual o setor privado aporta recursos sob a forma de capital próprio ou dívida seria uma alternativa superior ao financiamento integralmente público? Esta questão na realidade se desdobra em duas: ao apelar ao financiamento privado para a constituição de ativos de infraestrutura (e outros) de natureza pública, o Estado estaria abrindo mão de sua capacidade de financiar a taxas inferiores o setor privado, na medida em que o risco soberano estabelece um piso para o custo do financiamento ao setor privado. Nesse sentido, as PPPs, enquanto opção de financiamento, têm um custo real (a diferença entre o custo que seria incorrido pelo Estado e pelo setor privado). Ao mesmo tempo, em tese, um Estado eficiente seria capaz de recolher taxas de serviço para amortizar o financiamento da mesma forma como o setor privado o faria ou ainda tributar sem distorcer as decisões de produção.

Ainda que, estrito senso, ambos os argumentos estejam corretos, as premissas não são autoevidentes. Afinal, nem todos os países têm acesso irrestrito aos mercados de capitais e muitos dependem de financiamento bi ou multilateral, que podem estar condicionados ao compromisso privado de investimento. Nesta perspectiva, a cunha imposta pelo risco soberano, em muitos casos, de fato não vincula o custo de financiamento. Ademais, a imposição de impostos não distorcivos (basicamente sobre o consumo) nem sempre é politicamente viável, de modo que a neutralidade, na maioria das vezes, é um objetivo e não um fato. Finalmente, Estados frágeis frequentemente têm dificuldade de extrair taxas e impostos de forma eficiente e uma PPP pode ser entendida e construída como um mecanismo terceirizado de extração de recursos fiscais.

Um segundo vértice diz respeito à dimensão contratual. É bem conhecido que contratos de PPPs tendem a ser simultaneamente incompletos e bastante complexos, na medida em que não é possível prever todos os estados da natureza. Nesse sentido, há um elemento de risco considerável tanto para o contratante (Estado), agindo em nome do interesse público, quanto para o agente privado, e um forte incentivo para ambos agirem oportunisticamente. Mas há também escopo tanto para o principal (comitente) quanto o agente maximizarem seus ganhos com base em contratos desenhados de uma forma em que os riscos sejam alocados para aqueles mais bem posicionados para gerenciá-los e que o máximo de eficiência e qualidade de serviço seja extraído.

É a premissa de ganhos significativos de eficiência com o envolvimento do setor privado que justifica e (mais do que) compensaria os custos reais de financiamento não soberano, vistos então como um prêmio a ser pago pelo seguro implícito de um desempenho superior pelo setor privado. Em outras palavras, contratos capazes de incentivar e induzir os agentes privados a construírem e/ou operarem ativos de forma eficiente tornariam a cunha financeira um problema de segunda ordem.

Contudo, contratos bem desenhados não impedem que passivos contingentes se transformem em passivos reais. Em particular, há uma categoria de passivo que é frequentemente sublimado, na medida em que muitos governos enxergam as PPPs como forma de obter recursos a custo zero e/ou empurrar para um futuro distante eventuais obrigações não explicitadas nos seus balanços – uma forma de oportunismo fiscal eventualmente contra-arrestada por maior transparência nas contas públicas. Todas as PPPs geram passivos fiscais contingentes, em geral sob a forma de obrigações futuras de contribuição e/ou garantia do equilíbrio econômico-financeiro do contrato. Apesar de as PPPs serem uma ponte para o futuro – uma estrutura de financiamento que transforma obrigações no tempo –, em geral não são reconhecidas como tal na contabilidade fiscal dos governos, na medida em que essas contingências permanecem implícitas e submersas.

O imperativo da transparência e a necessidade de eficácia dos contratos sugere o terceiro vértice de questões recorrentes. As PPPs em infraestrutura estão normalmente presentes em setores fiscalizados e regulados pelo Estado, que o faz em nome do interesse público. Porém, nem sempre o regulador tem informação suficiente, e essa assimetria gera comportamentos oportunistas por parte do regulado; inversamente, o próprio regulador pode levar o regulado a um comportamento inconsistente com o interesse coletivo, a exemplo de incentivar o subinvestimento por força da compressão de tarifas e outras formas de expropriação regulatória, com impacto adverso sobre a qualidade dos serviços. Uma vez que o usuário, na maioria das vezes, não tem a opção de se retirar ("*exit*" no sentido Hirschmaniano) e deixar de consumir, a alternativa é expressar sua "voz" (HIRSCHMAN, 1970). A voz do consumidor – se ouvida e amplificada –, pode "modular" e restringir o oportunismo que escapa aos contratos na razão direta da experiência diuturna da utilização dos serviços, desde que haja canais para expressão individual e articulação coletiva. Em síntese, a fiscalização é tão mais eficaz quanto mais intenso o uso do equipamento ou o consumo dos serviços, estando presentes não apenas mecanismos de comunicação entre consumidor, provedor e regulador, como de articulação de demandas difusas (por meio de organizações de usuários capazes de expressar sua voz em audiências públicas, na mídia etc.). Neste contexto, uma lição relevante diz respeito à importância de a PPP ser explicada aos usuários, principalmente ao alterar o equilíbrio de serviços e tarifas, e de uma avaliação *ex ante* da disposição dos usuários quanto a pagar as tarifas planejadas, pois uma oposição geral e sistemática a uma PPP leva irremediavelmente ao fim prematuro da concessão.

Não há uma receita única para se construir estruturas que sejam simultaneamente eficientes, justas (*fair*) e transparentes. Mais além das questões recorrentes discutidas anteriormente, a experiência internacional sugere alguns ensinamentos que, na linha de mínima, seriam úteis para evitar os erros e distorções mais comuns, objeto da seção que segue.

2 Ensinamentos fundamentais da experiência internacional

O uso contemporâneo de PPP para criar ativos físicos e prover serviços associados teve partida na Austrália ao final da década de 1980. Todavia, foi o Reino Unido, no governo Major, em 1992, que lançou o programa mais ambicioso – o Private Finance Initiative (PFI) –, o qual desde então perfez cerca de 700 projetos, na sua maioria em infraestrutura social, e contratos geridos pelas municipalidades (NATIONAL AUDIT OFFICE, 2011). O histórico de um uso bastante intenso dessa modalidade de contratação de serviços públicos – certamente o maior na Europa – gerou a percepção de que o país se posiciona na fronteira das melhores práticas. Na realidade, outros países acumularam igualmente experiências significativas e, em muitos casos, bem-sucedidas, a exemplo da Austrália, considerada pela Organisation for Economic and Co-operation and Development (OECD) como o mercado mais maduro de PPPs (OECD, 2007), Canadá (OFFICE OF THE COMPTROLLER GENERAL, 2012), Chile (ENGEL *et al.*, 2008) e Portugal (MONTEIRO, 2007 e 2010), entre outros.

Quais são as lições mais relevantes que se pode inferir dessas experiências?

Talvez a reflexão *a posteriori* mais recorrente seja a constatação de que as PPPs são intensivas de certas competências do setor público, particularmente no que diz respeito à capacidade de:

- *escolha adequada do projeto*, que, ao envolver recursos públicos, deve passar por uma análise de custo-benefício comparativa a outros projetos, a menos que seja uma concessão pura, financiada privadamente, com garantias de execução e operação e cujo teste, neste caso, é o mercado;
- *planejamento detalhado e meticuloso* dos passos necessários para licitar o projeto, de modo a, primeiro, explicitar o objetivo do governo e os produtos esperados – prover certo tipo de serviço, com determinados parâmetros de qualidade e a forma como serão aferidos e fiscalizados; segundo, dar previsibilidade ao processo de implementação física do projeto, evitando que os custos e tempos de execução sejam inflados por barreiras interpostas por outros órgãos ou instâncias do governo e ações previsíveis de outros agentes; terceiro, estabelecer com anterioridade um processo competitivo, transparente, aberto, com limitado grau de discrição na contratação e tão menor quanto menos maduro o mercado. De qualquer forma, é fundamental elaborar uma análise cuidadosa de viabilidade econômico-financeira, pois estimativas otimistas de receita e pouco robustas de custos já foram responsáveis, em vários casos, por levar a concessão à bancarrota e à assunção dos serviços (e das dívidas) pelos governos;[2]

---

[2] Um caso clássico é o das rodovias M1 e M15 na Hungria, cuja construção foi executada no custo e tempo previstos, mas cujos volumes de tráfego foram cerca de 40% inferiores aos previstos, levando à necessidade de elevar tarifas, contestadas judicialmente pelos usuários, resultando na impossibilidade de o concessionário servir a dívida e forçando o governo a assumir a concessão a um custo elevado.

- *elaboração e negociação de contratos* cuja complexidade é dada pela necessidade de estabelecer um equilíbrio *ex ante* na alocação de riscos, na identificação (e precificação) das obrigações assumidas pelo Estado, na definição dos resultados esperados e na estrutura de compensação da parte privada para diferentes estados da natureza.

O reconhecimento de que a contratação de equipamentos e serviços sob a forma de PPPs não é um exercício trivial, implica riscos fiscais consideráveis e requer competências específicas levou os países a constituírem unidades de PPPs "transversais" externas aos ministérios ou departamentos setoriais.[3] A função *soft* dessas unidades é tornar as PPPs mais visíveis enquanto método adicional de contratação de serviços pelo setor público e disseminar melhores práticas e procedimentos. Contudo, isoladamente ou em conjunto com comissões interministeriais, em muitas jurisdições essas unidades têm a função adicional de filtrar as PPPs em seus diversos estágios e anteriormente ao ato de contratação, com particular atenção aos custos fiscal e das contingências (ambos nem sempre explícitos na sua totalidade), e assegurar que a margem de manobra para o oportunismo privado seja bastante limitada (Quadro 4).

A questão fiscal é central nas discussões das PPPs. Ainda que o custo fiscal das PPPs não seja zero, em muitos casos esse custo só se torna aparente a prazo mais longo, quando possivelmente os governantes que contrataram a PPP já deixaram o poder. Porém, mesmo que os pagamentos estejam explicitados em contrato e refletidos no orçamento pelas regras utilizadas na contabilidade pública, estas geralmente não captam contingências que, no limite, podem levar à reversão do bem para o setor público, sua indenização e a obrigação de servir. Nesse sentido, há uma percepção crescente de que as PPPs só devem ser contratadas quando seu custo fiscal estiver explícito e as contingências identificadas, sua natureza entendida pelas partes e a probabilidade de ocorrência e os custos associados feitos transparentes.

Há evidência considerável de que os problemas fiscais por vezes associados às PPPs não são independentes de falhas no processo de contratação que

---

[3] Muitos países contam com uma lei geral de PPP, um quadro de referência que provê maior segurança jurídica para as partes contratantes. A função básica desta legislação é estabelecer as "regras do jogo", de modo a reduzir o risco do projeto e, consequentemente, o custo do financiamento e, desta forma, aumentar a probabilidade de sucesso das PPPs. Neste sentido, o quadro legal reforça e facilita a atuação institucional das unidades de PPP.

Quadro 4 Funções das unidades transversais de PPP em vários países

	Tipo de unidade de PPP *	Poder de aprovação das PPP**	Assessorar de forma intensiva os projetos	Papel como desenvolvedor de projeto (a)**	Papel na supervisão dos contratos**	Centro de recursos***	Material de orientação para PPP***	Financiamento para preparação de PPP (b)
Reino Unido (f)	(4)	(c)	✓	✓	(d)	✓	✓	
Austrália	(1)					✓	✓	
Canadá	(3)		✓	✓	(d)	✓	✓	
África do Sul	(1)	✓	✓			✓	✓	✓
Holanda	(1)		✓		✓	✓	✓	(e)
Filipinas	(2)		✓		✓	✓	✓	✓

Fonte: Banco Mundial (2006).

Notas:

* "Unidade PPP" nesta tabela significa unidade transversal. Legenda para esta coluna: (1) = a unidade é parte de um ministério ou departamento; (2) = unidade de administração autônoma ou quase autônoma; (3) = autoridade pública ou empresa de capital aberto (fora do serviço público); (4) = *joint venture* público-privada.
** Refere-se à unidade dedicada de PPP.
*** Pode ser providenciada pela unidade de PPP dedicada ou por outro departamento transversal ou ministério central.

(a) Maior responsabilidade do que um consultor e cobra taxas baseadas em alguma medida de desempenho (exemplo: atingimento de *milestones* ou fechamento do negócio).

(b) Refere-se ao financiamento (fora do orçamento normal) para pagar consultores trabalhando para ministérios setoriais ou governos locais.

(c) *Partnerships UK* prepara um relatório para cada projeto PFI de governos locais; o relatório vai a um comitê interdepartamental que possui o poder de aprovação.

(d) Pode ser pedido pelos clientes (departamentos de linha e governos locais) para ter um papel na supervisão e monitoramento, mas não há obrigação de usar a unidade para este propósito.

(e) UE arca com os custos de transação de algumas PPPs em grande escala no setor de transporte (ferrovias e rodovias).

(f) Esta linha se refere apenas a *Partnerships UK*.

possibilitam comportamento oportunista de uma das partes. Uma constatação por vezes surpreendente é a frequência com que os contratos de PPP são renegociados.[4] Esse fenômeno pode ser entendido de duas formas bastante distintas: a repactuação é simplesmente um corolário do fato de que a complexidade de uma PPP gera necessariamente contratos incompletos; e, por serem incompletos, "fatos novos" podem obrigar as partes a renegociar de boa-fé. Nesse caso, a flexibilidade construída no próprio contrato levaria a um ganho de bem-estar.

Uma visão bastante distinta sugere que o problema está centrado no comportamento oportunista da parte privada. Esta se comprometeria a construir/reformar ativos e prover serviços com base em preços ou condições dos quais teria ciência de não serem factíveis *ex ante*. Tendo em vista que há um custo geralmente significativo e conhecido por ambas as partes de substituir o provedor (e, por vezes, interromper o serviço ou levar à sua deterioração), há um incentivo ao setor público de acomodar as demandas da parte privada.[5]

Há lições relevantes que dizem respeito à forma de contratação de PPPs e ao processo de acompanhamento e fiscalização de desempenho da parte privada. É imperativo que a divisão de riscos seja equilibrada, obedeça ao princípio de que cada parte venha gerir o risco para o qual está mais bem capacitada e que este compromisso esteja espelhado em cláusulas vinculantes e auditáveis, com garantias reais de cumprimento do acordado. Ainda que os contratos sejam necessariamente incompletos por serem incapazes de prever todos os estados da natureza, devem-se explicitar as circunstâncias que romperiam seu equilíbrio. Em particular, choques exógenos e independentes da ação da parte privada, se significativos, seriam razão possível (ainda que não necessária) de renegociação, que poderia ser iniciada por qualquer dos polos. De qualquer forma, há um quase consenso de que a transferência ótima (mas não necessariamente máxima) de risco à parte privada é possivelmente o fator

---

[4] Ver Guasch (2004) para uma análise das concessões na América Latina entre meados da década de 1980 e o ano 2000, quando cerca de 30% dos contratos foram renegociados, sendo 54,4% em transportes e 74,4% em saneamento, em uma média de 2,2 anos após a contratação. Esse curto intervalo parece sugerir como motivo dominante o oportunismo privado, pois a repactuação ocorreu, com toda a probabilidade, ainda na fase de constituição do ativo físico e em um prazo curto o suficiente para ser pouco provável a interveniência de fatores exógenos que pudessem alterar o equilíbrio contratual. É possível, contudo, que, em certos casos, o problema tenha residido na inobservância por parte do governo das suas obrigações contratuais.

[5] De acordo com Guasch, *op. cit.*, as renegociações geralmente favorecem o concessionário: em 62% dos casos levou a aumentos de tarifas; 38% a extensão do tempo de concessão; e 62% a redução das obrigações de investimento.

primordial de sucesso em uma PPP, da mesma forma que o é obviamente o cumprimento do estabelecido em contrato pelas partes.[6]

A alocação de riscos nas PPPs e os ganhos daí decorrentes dependem da forma como a PPP é estruturada (ver Anexo para o caso de rodovias). A agregação ou reunião dos investimentos e dos serviços de operação e manutenção em um único contrato e sob a responsabilidade de uma única contraparte privada geralmente cria os incentivos corretos para minimizar custos (e ineficiências). Isto representa ganhos para o erário e usuários, desde que os padrões de qualidade dos serviços estejam regulados em contrato e sejam fiscalizados de forma efetiva. Nesse sentido, uma lição relevante diz respeito à necessidade de separar institucionalmente, no plano do governo, o processo de definição e seleção da PPP, elaboração do projeto e gestão do processo de licitação e contratação, do seu monitoramento, fiscalização e eventual renegociação, de modo a evitar conflito de interesse e um viés que possa estimular o comportamento oportunista da parte privada ou pública.

A frequência de renegociação dos contratos sugere a dificuldade de sustentar os termos acertados. Em muitos casos, há um conluio tácito entre a parte privada, que demanda a negociação quando se vê confrontada com uma demanda abaixo do projetado, e a parte pública, que aproveita a oportunidade de repactuação para ampliar os investimentos, independentemente da capacidade fiscal futura de honrar os compromissos. Não há um único remédio eficaz ao comportamento oportunista, principalmente quando de natureza bilateral, e mais ainda se envolver a falta de integridade do agente público.

Engel, Fischer e Galetovic sugerem, em diversos trabalhos, o uso do menor Valor Presente da Receita (VPR) como critério de escolha do agente privado em contraposição ao que é mais comum – a menor tarifa.[7] Neste contrato, o tempo de concessão e o valor da tarifa são tratados como uma variável composta: uma "surpresa" sob a forma de uma demanda menor do que a prevista levaria automática e inversamente a uma extensão do tempo de concessão. Em

---

[6] O não cumprimento das condições contratuais pela parte pública – capaz de melhor gerir determinados riscos associados ao entorno da concessão, seja no plano macroeconômico, seja no que diz respeito a investimentos complementares ou ainda ao processo de licenciamento ambiental – levou, em muitos casos, ao fim da concessão ou sua repactuação. A compressão de tarifas é possivelmente a razão mais comum para alterar o equilíbrio contratual e, no limite, levar à sua rescisão. Ver discussão em RESIDE Jr., *op. cit.*, pp. 7 e 8 e seg.
[7] Uma variante usada em 1987-1995 no programa de rodovias pedagiadas no México e com efeitos desastrosos foi o critério do menor tempo de concessão. Dos 52 projetos, 23 soçobraram por uma combinação de tarifas excessivas (correspondentes a um período de exploração insuficiente), previsões otimistas e custos de construção acima dos previstos, resultando na assunção, por parte do governo, de dívidas da ordem de US$ 7,6 bilhões e perdas para os detentores de *equity* da ordem de US$ 3 bilhões.

princípio, o VPR teria um efeito neutro sobre o concessionário para expandir a demanda – isto é, não proveria incentivos para tal; na realidade os autores argumentam que, em uma estrutura ótima e sob determinadas premissas, o risco de demanda deveria ser absorvido pelo governo, estando o concessionário obrigado a disponibilizar capacidade.[8] É evidente que esta solução supõe que a capacidade ofertada otimiza o uso do ativo e minimiza os custos para a sociedade. De forma complementar e de maneira a reduzir o eventual oportunismo pelo agente público, os autores indicam o artifício da obrigação de lançar como investimentos públicos os gastos (privados) com consequências contemporâneas no déficit público (ENGEL *et al.*, 2008; 2009; 2011).

De qualquer forma, a lição essencial que se pode inferir do debate recente sobre PPP diz respeito à necessidade de o setor público deter determinadas competências críticas no interior de arranjos institucionais funcionais, com capacidade de coordenação e gestão dos programas de PPPs. A falta de experiência em alguns países gerou prejuízos consideráveis que poderiam ter sido evitados se os projetos fossem filtrados com mais rigor ao avaliar o impacto econômico e fiscal, e se instâncias setoriais tivessem recebido maior suporte técnico para a estruturação de PPP, sua contratação em bases equilibradas na alocação de riscos e posterior fiscalização.[9]

Finalmente, ainda que os governos recebam manifestação de interesse pelas partes privadas – mecanismo potencialmente útil para identificar projetos passíveis de serem executados sob a forma de PPPs –, como regra geral, a instituição de um processo competitivo é possivelmente a forma mais eficaz de garantir um equilíbrio no plano negocial entre as partes, minimizar eventuais

---

[8] "[A] simple model [used by the authors] shows that it is optimal to transfer demand risk to the government. Because PPPs involve large upfront investments, exogenous demand risk is an important concern of lenders when user fees are the main revenue sources, so that by assigning it to the government, the risk and therefore the rates charged to the project fall". Ver ENGEL *et al.* (2010). Ver também Julien Dehornoy (2012), que aponta para a tendência de as PPPs em ferrovias levarem à assunção, por parte do governo, do risco de demanda.

[9] Portugal é um caso "clássico" da importância de se gerir um programa de PPP com base em instituições que detenham um mínimo de experiência e competência para tal. Quando o programa de PPP em infraestrutura foi lançado, em meados da década de 1990, a unidade de PPP não foi capaz de lidar adequadamente com a alocação dos riscos ou coordenar a atuação de outras instâncias do governo relevantes para o sucesso das PPPs, particularmente a desapropriação de terras e aprovações ambientais. O resultado foi atrasos sistemáticos e custos acima do previsto, de modo que, em 2003, os passivos relativos às PPPs chegaram a 10% do PIB do país. Neste ano, o Decreto-Lei nº 86 estabeleceu um quadro de referência para avaliação e filtro de PPP, inclusive regras para avaliação de risco e computação de custos com base em um projeto comparável empreendido pelo setor público – iniciativa semelhante à de outros países. Naquele ano foi criada ainda a Parpública S/A, empresa do Estado que atua em nome do Ministério das Finanças como um centro gerador e disseminador de conhecimento sobre PPP e enquanto assessora do Ministério no que diz respeito às PPPs (Despacho Normativo nº 35/2003). Ver MONTEIRO, *op. cit.* p. 1 e seg.

questionamentos sobre a falta de transparência e assegurar o menor custo. A experiência sugere que raramente alternativas negociadas são sustentáveis.

Conclusão

A experiência internacional em PPP já se aproxima de um quarto de século, tendo se iniciado na Austrália e tomado forma e impulso no Reino Unido a partir de 1992, disseminando-se — ainda que de forma bastante heterogênea —, na Europa, América Latina e Ásia. O tempo percorrido possibilita uma avaliação das experiências e inferência de alguns ensinamentos.

Pode-se afirmar que, no conjunto, as PPPs em infraestrutura trouxeram ganhos significativos de eficiência na constituição dos ativos e na oferta de serviços correspondentes, na medida em que os países gradativamente acumularam experiência e competência na sua contratação e fiscalização.

A complexidade dos contratos de PPP reside na dificuldade de se encontrar um equilíbrio estável na alocação de riscos entre as partes e estabelecer uma estrutura que minimize a probabilidade de comportamento oportunista.

As PPPs supõem uma transferência significativa de riscos e da responsabilidade do financiamento do investimento inicial à parte privada. Contudo, o histórico das PPPs indica que uma alocação excessivamente assimétrica (e, consequentemente, não sustentável) implica renegociações e — no limite — na reversão ao setor público das obrigações assumidas pela parte privada e os passivos correspondentes. Ao mesmo tempo, há uma nítida possibilidade — e evidência — de que contratos mal desenhados ou negociados estimulem repactuações prematuras, fruto do oportunismo privado e mesmo do setor público —, o primeiro demandando mais tarifa e/ou tempo de concessão alegando desequilíbrio contratual; o segundo, mais investimento, independentemente das obrigações fiscais que gere no futuro.

A experiência dos países sugere que é possível obter melhores resultados desde que o setor público se organize institucionalmente e acumule as competências necessárias para: selecionar projetos consistentes com o mecanismo de PPP; desenhar contratos mais robustos, calcados em estudos rigorosos de viabilidade e capacidade de pagamento dos usuários e tendo por referência uma transferência adequada de riscos sob o princípio básico de que a gestão destes deve ser dar pela parte mais competente em fazê-lo; licitar de forma transparente e competitiva o objeto da PPP; e fiscalizar de forma eficaz o cumprimento dos contratos, inclusive da própria parte pública.[10] Finalmente, o custo fiscal e os riscos associados a contingências devem ser medidos e feitos explícitos no orçamento, de modo que as PPPs não sejam vistas como um artifício contábil para transferir para o futuro as obrigações do presente.

Anexo

Alocação de risco em países selecionados

Natureza do risco	Portugal Público	Portugal Privado	Reino Unido Público	Reino Unido Privado	Espanha Público	Espanha Privado	Austrália Público	Austrália Privado
Desenho do projeto		X		X		X		X
Aquisição de áreas		X	X		X		X	
Aderência às normas ambientais	X			X		X		X
Construção		X		X		X		X
Operações e manutenção		X		X		X		X
Mercado/ Demanda	X[1]	X[2]			X[1]	X[2]		X
Defeitos latentes		X	X[4]			X		X
Mudanças na legislação		X		X	X		X	
Force Majeure	X		X		X		X	
Ativos rivais		X[3]		X[5]	X[6]			X[5]

Fonte: Federal Highway Administration (EUA) (2009).

Notas: [1]Tarifa sombra; [2]Tarifa real; [3]Público pode proceder com estabelecimento planejado; [4]Depende do contrato; [5]Restrições limitadas ao setor público; [6]Impactos materiais podem requerer compensação pelo setor público.

---

[10] Em relatório, o National Audit Office do Reino Unido, com base na experiência do Private Finance Initiative, identifica o que denominaram elementos básicos (*key enablers*) para que o setor público possa agir de forma competente em todas as fases do projeto (NATIONAL AUDIT OFFICE, 2011).

BIBLIOGRAFIA

BANCO MUNDIAL. **India**: building capacities of public private partnerships, Washington, D.C., 2006.

DEHORNOY, J. PPPs in the rail sector: a review of 27 projects. **MPRA**, abril de 2012.

ENGEL, E.; FISCHER, R.; GALETOVIC, A. **Public-private partnerships**: when and how, mimeo, 19 de julho de 2008.

_____. **Soft budget and renegotiations in public-private partnerships**, mimeo, 21 de agosto de 2009.

_____. The economics of infrastructure finance: public-private partnerships versus public provision. **EIB Papers**, v. 15, n. 1, 2010.

FRISCHTAK, C. Infraestrutura e desenvolvimento no Brasil. In: VELOSO, F.; FERREIRA, P. C.; PESSOA, S.; GIAMBIAGI, F. **Desenvolvimento econômico**: uma perspectiva brasileira. Rio de Janeiro: Campus/Elsevier, 2012.

GOVERNO DOS EUA. Departamento de Transportes (Federal Highway Administration), **Public private partnerships for highway infrastructure**: capitalizing on international experience. Washington, março 2009.

GOVERNO DO REINO UNIDO. National Audit Office. Lessons from PFI and other projects. **Report by the Controller and Auditor General**, 28 de abril de 2011.

GOVERNO DO CANADÁ. Office of the Comptroller General. Life-cycle management of real property assets and public-private partnerships. **Report on the State of Comptrollership in the Government of Canada**, 2012.

GUASCH, J. L. **Granting and renegotiating infrastructure concessions**: doing it right. WBI Development Studies. Washington: Banco Mundial, 2004.

HIRSCHMAN, A. O. **Exit, voice and loyalty**: responses to declines in firms, organizations and states. Harvard University Press, 1970.

MONTEIRO, R. S. **PPP and fiscal risks**: experiences from Portugal, mimeo, 07 de março de 2007.

OECD. **Infrastructure to 2030 (volume 2)**: mapping policy for electricity, water and transport, 2007.

Public-Private Partnerships to Revamp U.S. Infrastructure. Brookings – The Hamilton Project Discussion Paper, fevereiro 2011.

RESIDE Jr., R. E. **Global determinants of stress and risk in public-private partnerships (PPP) in infrastructure**, ADBII Working Paper 133, Manila, março 2009.

A ascensão e queda das parcerias público-privadas em Portugal

RICARDO FERREIRA REIS
JOAQUIM MIRANDA SARMENTO

Este texto descreve a experiência portuguesa em Parcerias Público-Privadas (PPPs) como uma história de insucesso quanto à eficiência da utilização dos recursos públicos. As PPPs foram utilizadas como um instrumento que acelerou o processo de construção de infraestruturas de transportes e equipamento social em Portugal sem comprometer as restrições orçamentais de curto prazo exigíveis pela adesão à moeda única. Esses atributos conduziram a uma sobreutilização do mecanismo para desorçamentar a despesa pública em um curto espaço de tempo. O elevado número de projetos, o rápido período de execução, a falta de meios técnicos do Estado para gerir tantos projetos simultaneamente e a má alocação dos riscos são os motivos elencados neste texto para explicar o insucesso das PPPs em Portugal. Propõe-se uma solução de recompra de alguns dos contratos para resolver o problema.

Introdução

Nas últimas décadas, na construção, recuperação e manutenção de infraestruturas e serviços públicos por todo o mundo, tem-se recorrido progressivamente mais ao setor privado. Tradicionalmente, o Estado era responsável por todas as fases do processo, desde a concessão e o planejamento até a prestação do serviço. O setor privado apenas participava em regime de concurso de empreitada pública na construção das infraestruturas. Contudo, as crescentes restrições orçamentárias criaram as condições ideais para ampliar o campo de atuação do setor privado. Este passou a ser responsável por um conjunto maior de fases do processo, incluindo a concessão e o planejamento e a efetiva prestação do serviço. Generalizou-se, assim, sobretudo na Europa, Austrália, Canadá e Nova Zelândia, o recurso à utilização das Parcerias Público-Privadas (PPPs).

A Organização para a Cooperação e Desenvolvimento Econômico (OCDE) define PPPs como "um acordo entre o setor público e uma ou mais entidades privadas, no qual estas últimas prestam um serviço que corresponde aos requisitos definidos pelo governo e que ao mesmo tempo gera lucro para os acionistas, dependendo estes dois requisitos dos riscos alocados a cada parte" (OCDE, 2008). No entanto, com os modelos existentes na prática, diversos autores têm levantado dúvidas sobre a eficiência dos recursos públicos (*Value for Money*[1]) – por exemplo, Froud e Shaoul (2001, 2002, 2005, 2009); Ng e Loosemore (2007); Broadbent, Gill e Laughlin (2008) –, assim como sobre a sustentabilidade orçamentária dos encargos futuros destes contratos – Grimsey e Lewis (2002, 2005).

Em Portugal, as PPPs surgem em meados da década de 1990, apresentadas ao poder político como uma solução extremamente vantajosa, pois permitiam a construção e a gestão de infraestruturas pelo setor privado sem qualquer impacto no déficit orçamentário. Por um lado, era a fórmula para recuperar o atraso nas infraestruturas em face dos outros países da União Europeia. Por outro, evitava os constrangimentos orçamentários decorrentes da convergência para a moeda única. Só mais tarde, durante a fase de operação, é que existiriam encargos para o Estado. Sendo o modelo teórico das PPPs sustentável e considerando as diversas experiências positivas ocorridas até então no Reino Unido, Austrália, Canadá e Nova Zelândia e o enquadramento português, quais são os motivos que levam a experiência portuguesa a ser classificada como negativa, hoje em dia, passados cerca de 20 anos?

O nosso estudo aponta para um conjunto de fatores que serão desenvolvidos ao longo do trabalho. Entre eles, os quatro principais consistem (1) na tentação orçamentária de realizar infraestruturas sem impacto imediato no déficit. A isto se junta (2) a falta de preparo do setor público para contratos

---

[1] *Value for Money* consiste na utilidade retirada de cada compra ou gasto público. Baseia-se não no menor custo de aquisição/produção, mas sim na máxima eficiência dos gastos públicos.

desta complexidade e (3) o elevado número de projetos em um curto espaço de tempo. Por fim, (4) a incorreta alocação do risco (sobretudo do risco de demanda, *demand risk*) condicionou a eficiência destes projetos.

Este artigo está organizado da seguinte forma: a Seção 1 apresenta o enquadramento geral da experiência portuguesa nas PPPs; a Seção 2 salienta o problema orçamentário criado pela utilização intensiva deste mecanismo; na Seção 3 são analisadas as principais causas de insucesso. Uma possível solução para o problema orçamentário das PPPs é apresentada na Seção 4. A última seção conclui o texto.

1 A experiência portuguesa nas PPPs

A primeira PPP em Portugal surge em 1993, com a construção da segunda travessia do Rio Tejo, a Ponte Vasco da Gama. Desde então, as PPPs foram utilizadas, sobretudo, no setor rodoviário (80% do investimento total em PPPs), mas também no setor ferroviário, da saúde e de segurança, com 18%, 2% e 1% do investimento, respectivamente (DGTF, 2011).

O setor rodoviário em Portugal, nas últimas décadas, caracteriza-se por três projetos de investimento. Um primeiro projeto de autoestradas,[2] ainda antes da era das PPPs, durante as décadas de 1980 e 1990, corresponde ao principal eixo viário nacional, ao longo do Litoral Atlântico, ligando as principais cidades, em uma concessão com pedágio. Trata-se da concessão principal de autoestradas do país, atribuída à Brisa, uma empresa pública que absorveu a rede de autoestradas então existentes. A Brisa foi privatizada no final dos anos 1990. Posteriormente foram lançadas mais dois projetos de autoestradas.

O segundo projeto, lançado entre 1999 e 2002, correspondeu a sete projetos SCUT,[3] dois projetos de autoestrada com pedágio nas áreas metropolitanas de Lisboa e Porto e dois projetos de ligação destas duas cidades, também com pedágio, paralelo e alternativo ao eixo viário existente no primeiro projeto. Os projetos SCUT consistiam em autoestradas quase sempre localizadas em regiões economicamente desfavorecidas e sem encargos para o usuário, no chamado "pedágio virtual". O pagamento às empresas privadas era realizado pelo Estado, com base em um sistema de bandas de tráfego. Recentemente, em 2010

---

[2] O termo "autoestrada" em Portugal designa uma rodovia com separador central de sentido de tráfego, com duas ou mais faixas de circulação em cada sentido e com cruzamentos desnivelados.
[3] Sem Custo para o Utilizador.

e 2011, por motivos orçamentários, foram introduzidas portagens[4] reais nessas autoestradas. O registro de passagens é feito eletronicamente e cobrado pela concessionária privada, mas a receita pertence à empresa pública Estradas de Portugal, que gere a rede viária nacional. As empresas privadas passaram a ser remuneradas por disponibilidade. O esquema de cobranças aos usuários e remuneração do setor privado tem uma complexidade acrescida para todas as partes, compensando algumas vantagens contábeis para o Estado. Generalizou-se a denominação "ex-SCUTs" em referência a esses projetos.

O terceiro projeto de autoestradas foi lançado entre 2007 e 2009 e consiste em oito projetos que o governo resolveu atribuir em regime de subconcessão pública. A concessionária é a empresa Estradas de Portugal e não diretamente o Estado. Estes projetos estão ainda em fase de construção, com operação prevista para 2014 e 2015. O modelo de concessão é muito semelhante ao adotado agora nas "ex-SCUTs", com pedágio real e a receita pertencendo à empresa Estradas de Portugal. O pagamento ao setor privado é também realizado com base na disponibilidade da estrada.

No setor de ferrovias existem três PPPs: a concessão Fertagus, que opera o transporte ferroviário urbano na Ponte 25 de Abril entre Lisboa e a malha urbana densamente povoada ao sul da cidade; a concessão Metro Sul do Tejo, que opera o metrô ligeiro na margem sul do Rio Tejo, junto a Lisboa; e a PPP de infraestrutura do transporte ferroviário de alta velocidade entre o Poceirão, também na Área Metropolitana de Lisboa, e a fronteira do Rio Caia com a Espanha. Ressalta-se que esta última PPP é parte de um projeto de ligação de Lisboa a Madri, com um total de seis PPPs na parte portuguesa. O adiamento sem data definida desse projeto faz com que esta PPP não se encontre em operação, estando a indenização ao setor privado em fase de contencioso legal.

O setor da saúde teve dois projetos de PPPs. No primeiro (2002-2005), cada hospital (Cascais, Loures, Vila Franca de Xira e Braga) tem duas PPPs: uma construiu e irá administrar o edifício hospitalar por um prazo de 30 anos, sendo remunerada por disponibilidade; a outra gerencia os serviços médicos por 10 anos, sendo paga pela produção médica em condições similares aos hospitais públicos do Serviço Nacional de Saúde e com um *cap* de pagamento anual. Estão já em funcionamento os hospitais de Braga, Cascais e Loures, e a previsão de inauguração do Hospital de Vila Franca para 2013.

---

[4] O termo "portagem" em Portugal é utilizado como pedágio no Brasil, sendo portagem real a designação utilizada para a situação de pagamento efetivo do usuário.

O segundo projeto compreende apenas a PPP de construção e gestão do edifício hospitalar. A gestão dos serviços médicos passa a ser assegurada pelo Serviço Nacional de Saúde. Esta licitação prevê a inclusão de um novo hospital para a parte oriental da cidade de Lisboa, o Hospital de Todos-os-Santos, estando em consideração um novo hospital para o sul do país, o Hospital Central do Algarve.

Acrescente-se ainda um conjunto muito amplo de concessões no setor do abastecimento e saneamento de água e tratamento de resíduos sólidos urbanos, incluindo concessões da empresa pública Águas de Portugal, que assegura o abastecimento e saneamento de água em alta[5] e de empresas privadas na recolha e no tratamento de resíduos sólidos. O concessionamento neste setor, em meados dos anos 1990, procurou responder rapidamente a exigências europeias, que impunham a Portugal níveis de abastecimento de água canalizada na ordem dos 99% da população, níveis de acesso a saneamento básico na ordem dos 95% e o fim das lixeiras municipais. O número de concessões nessa área ambiental está em torno de 40 e elas são de menor dimensão em comparação às PPPs rodoviárias e ferroviárias.

Excluindo as concessões do ambiente,[6] ao longo dos últimos 15 anos foi lançado em Portugal um total de 36 projetos de PPPs (Figura 1), representando um investimento de cerca de 30 bilhões de euros (Figura 2). Esta utilização intensiva de PPPs conduziu Portugal a uma posição de destaque no contexto europeu. De acordo com um estudo recente do Banco Europeu de Investimentos relativo ao investimento em PPPs medido em percentagem do PIB, Portugal ocupa o primeiro lugar (BEI, 2009 - Figura 3).

Como tal, questões relativas ao *Value for Money* dessas PPPs têm sido levantadas (SARMENTO, 2010). Esta utilização intensiva deveu-se a uma "tentação orçamentária" de colocar os investimentos fora do déficit orçamentário. Contudo, conforme será analisado no capítulo seguinte, o montante de

---

[5] O termo "em alta" designa o distribuidor atacadista no abastecimento de água, o coletor atacadista no saneamento de águas residuais ou o processador atacadista no tratamento de resíduos sólidos urbanos domésticos. "Em baixa" designaria o equivalente ao varejista, ou seja, ao nível de município ou o equivalente brasileiro "prefeitura".

[6] Existe ainda um conjunto de concessões na área da construção de barragens e produção de energia elétrica que estamos ignorando porque seu enquadramento configura um contrato de concessão em que o setor privado pode refletir totalmente na fatura da eletricidade o custo destes investimentos. Também ignoramos as poucas concessões de três portos de mar, embora sejam frequentemente indicadas como PPPs, bem como três ou quatro contratos de PPPs absolutamente marginais em termos de dimensão, que dizem respeito a pequenos centros de reabilitação e fisioterapia ou o sistema de comunicações de emergências do Estado. Existem muitas PPPs em nível municipal, para as quais não se dispõe de dados.

Figura 1 Números de PPPs em Portugal

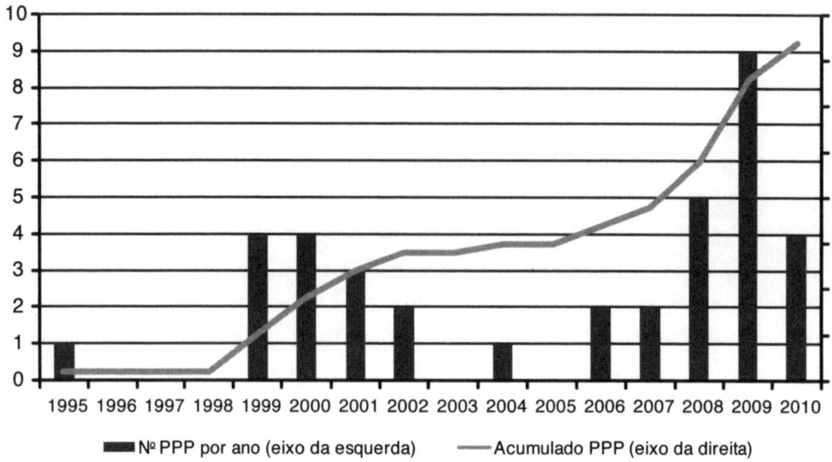

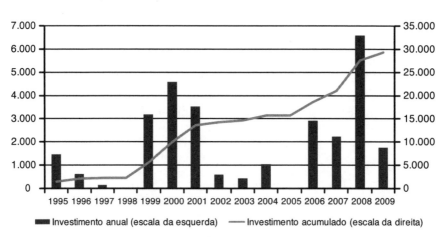

Fonte: DGTF (Direção Geral do Tesouro e Finanças).

Figura 2 Investimento anual e acumulado em PPPs

Fonte: DGTF. Valores em € milhões.

A ascensão e queda das parcerias público-privadas em Portugal

Figura 3 Investimento em PPPs em % do PIB na Europa

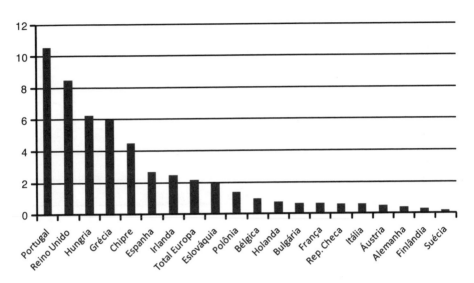

Fonte: BEI – Banco Europeu de Investimento (2009).

encargos assumidos antes representa agora e para os próximos 20 anos uma restrição orçamentária significativa. Essa restrição é agravada pela débil situação das finanças públicas em Portugal, que, de resto, originou o pedido de resgate financeiro internacional no passado ano, conduzindo ao programa de ajustamento econômico e financeiro atualmente em curso sob liderança da União Europeia, do Banco Central Europeu e do Fundo Monetário Internacional.

2 O problema orçamentário

A utilização de PPPs em Portugal gerou um encargo significativo nas contas públicas para as próximas décadas, conforme é visto na Figura 4. Até 2030, o valor anual dos encargos supera os 0,5% do PIB, e, entre 2014 e 2020, esse valor ascende a 1% do PIB. O valor atual líquido desses encargos, com uma taxa de desconto de 6% (taxa de desconto legal em Portugal para PPPs), ascende a 12% do PIB. As PPPs representam assim uma forte restrição ao processo de consolidação das finanças públicas em Portugal.

151

Figura 4 Encargos anuais com PPPs (em % PIB)

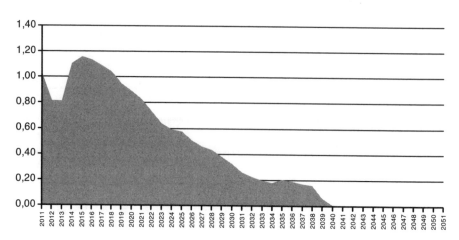

Fonte: DGTF.

De fato, a utilização de PPPs teve como principal objetivo a "desorçamentação" do investimento, ou seja, garantir que o investimento não contaria para o déficit no ano da sua realização. A adesão de Portugal à moeda única europeia comprometeu o país com um déficit inferior a 3% do PIB e um objetivo de médio prazo de déficit igual a 0,5% do PIB. Assim, para os sucessivos governos, o instrumento das PPPs apareceu como uma solução para poderem realizar um conjunto de infraestruturas, apostando assim em manter uma política de crescimento econômico através do investimento público sem prejudicar a posição orçamentária.

Contudo, esta "tentação orçamentária" descuidou não apenas da eficiência dos recursos públicos, mas também da sustentabilidade futura das finanças públicas (*affordability*).

A este fato adiciona-se a utilização bastante rápida deste mecanismo. A administração pública portuguesa não se dotou de meios técnicos e humanos necessários para garantir uma correta concessão, avaliação, negociação e monitoramento desses projetos com contratos bastante complexos. Por último, somente em 2003 se criou um enquadramento jurídico próprio das PPPs e apenas em 2006 se tornou obrigatório o uso do comparador do setor público (CSP).[7] O CSP foi utilizado nos hospitais, mas não nas subconcessões

---

[7] O CSP é o custo hipotético e ajustado pelo risco do que seria fornecer o serviço pretendido (com os *outputs* definidos) pelo setor público.

rodoviárias, embora a lei já o previsse. Acresce que o Estado carece de uma efetiva entidade fiscalizadora desses contratos, uma vez que a entidade que audita os contratos públicos, o Tribunal de Contas, tem muito pouco poder persecutório quando encontra irregularidades.

Dessa forma, podemos caracterizar a experiência portuguesa em PPPs como genericamente negativa. Os motivos que levaram a este insucesso são objeto de análise na seção seguinte.

3 Causas para o insucesso

A primeira causa identificada é que Portugal utilizou as PPPs de forma intensiva, com elevado investimento, em um período de tempo muito curto. Em poucos anos um vasto número de projetos foi lançado sem que houvesse experiência neste tipo de negócio. Assim, não foi possível consolidar o modelo. Uma utilização mais cuidadosa e com maior período de tempo teria permitido a criação de projetos-piloto, testando a sua eficácia e corrigindo falhas e imperfeições.[8]

A segunda causa está ligada à questão orçamentária. Em Portugal usaram-se PPPs para que o investimento não fosse contabilizado no déficit. Assim, condicionou-se a decisão dos agentes públicos. Já não havia a possibilidade de escolha entre empreitada tradicional ou PPP. A obra tinha de ser realizada e em PPP por motivos orçamentários. O princípio básico em finanças de separar a decisão de investimento da decisão de financiamento (DAMODARAN, 2001) não foi aqui respeitado (SARMENTO, 2010). Adicionalmente, o Ministério das Finanças teve um controle incipiente da parte orçamentária, sobretudo nos encargos futuros, e a inexistência de uma regra fiscal impediu que se criasse um limite a estes encargos, não tendo o Tesouro a decisão final relativa aos grandes investimentos públicos.

Soma-se a tudo isso a falta de capacidade e recursos do setor público para lidar com esse tipo de negócio. Essa situação foi agravada pela não utilização do

---

[8] Houve uma experiência-piloto na área da Saúde, o Hospital Amadora Sintra. Servindo a zona mais populosa dos arredores de Lisboa, o Hospital foi feito em regime de PPP em inícios da década de 1990. Alguma má organização do projeto tornou-o facilmente vulnerável à sua manipulação por detratores e por defensores do modelo de PPPs. Até hoje, sucessivas avaliações do projeto continuam sem uma cabal conclusão sobre se a experiência correu bem ou mal. A verdade é que se optou por acabar com a experiência, revertendo o hospital para o serviço público, mas as lições tiradas serviram para os contratos dos hospitais vizinhos de Cascais e Loures, também nos arredores de Lisboa.

CSP até recentemente. Também por esse motivo as frequentes renegociações têm sido, regra geral, prejudiciais para o Estado. Por motivos de alterações unilaterais (devido, sobretudo, ao mau planejamento) ou contratuais, os encargos públicos, fruto das renegociações e dos reequilíbrios financeiros, têm aumentado, principalmente porque estas renegociações têm sido promovidas pela má situação financeira do Estado.

Por último, mas não menos importante, a alocação do risco tem sido desequilibrada, com o Estado frequentemente assumindo demasiados riscos. Embora o setor privado assuma o risco de construção e o risco de disponibilidade (até por motivos das regras do Eurostat), bem como o risco financeiro, na maior parte das PPPs o *demand risk* tem ficado do lado do setor público. Isso faz com que o setor privado não tenha os incentivos para maior eficiência que compense os maiores custos financeiros.

Tendo-se tornado um problema orçamentário que urge resolver, o futuro e as soluções existentes para as PPPs em Portugal serão objeto de análise na próxima seção.

4 Quais soluções e qual futuro?

A situação insustentável das finanças públicas em Portugal leva a que os encargos futuros das PPPs tenham agora de ser reduzidos. Várias propostas têm surgido: uma sobretaxa extraordinária sobre os lucros das concessões rodoviárias, um corte nos pagamentos ou, no caso extremo, um *default* da dívida do Estado a essas empresas. Nenhuma das soluções se apresenta, aos autores, como possível ou desejável.

O *default* é a situação extrema, que arrasaria com a reputação do país. Grande parte do financiamento da dívida das PPPs foi ao BEI ou ao banco comercial estrangeiro. O não cumprimento das obrigações financeiras do Estado acarretaria graves consequências, quer de indenizações futuras, quer de acesso a financiamento para novos projetos. Por outro lado, o corte nos pagamentos (de 30%, como chegou a ser proposto) colocaria duas questões: primeiro, é uma decisão unilateral do Estado, a qual o setor privado litigaria em tribunal, com a probabilidade de indenizações no futuro. Segundo, colocaria em causa a sustentabilidade financeira da maioria das concessões, sobretudo a taxa de cobertura do serviço da dívida. Isso permitiria ao banco renegociar os contratos, aumentando os *spreads*. Neste momento, o financiamento desses projetos é feito com *spreads* de 1% a 2%, impossíveis no atual contexto de crise financeira.

Também a sobretaxa sobre os lucros das concessões seria uma má solução. Por um lado, levanta graves questões de inconstitucionalidade, pois é inviável taxar discricionariamente apenas um conjunto de empresas. Por outro, estando as PPPs inseridas em grupos multinacionais ou nacionais, a utilização de preços de transferência levaria a uma redução dos lucros das empresas em Portugal. Mas, mesmo que os lucros se mantivessem, esta medida geraria uma receita adicional de 50-70 milhões de euros — valor escasso quando comparado com os 800 milhões de euros de encargos só com as PPPs rodoviárias em 2012.

Assim, em Sarmento e Reis (2012), os autores deste texto apresentam uma solução para as ex-SCUTs e outra para as subconcessões. A solução passa pela compra destas concessões pelo Estado. Nas ex-SCUTs (já em operação), o Estado compraria os *cash-flows* futuros das empresas (o *free cash-flow to the firm*, ou seja, retirando dos pagamentos futuros os custos de manutenção e operação das estradas) a uma taxa de atualização de 16% (o CAPM médio das concessões). O valor do resgate seria de 3,5 bilhões de euros, a ser financiado por dívida pública a 3% de juros. Com o valor do resgate, os concessionários pagam a dívida bancária e distribuem o restante aos seus acionistas. Essa medida permitiria reduzir os encargos no déficit público em 600 milhões de euros por ano.

As subconcessões (ainda em fase de construção) seriam objeto de compra do *equity* dessas concessões (estimado entre 300 e 400 milhões de euros). O Estado assumiria posteriormente a construção dos projetos, agora no seu próprio *timing* e de acordo com as suas disponibilidades. Essa medida permitiria poupar 400 a 500 milhões de euros por ano, em face dos 800 milhões previstos como pagamentos anuais às subconcessões.

Trata-se de uma oportunidade de arbitragem, de troca de uma dívida a 16% por uma dívida a 3% e, por outro lado, de responder à necessidade do setor privado e dos bancos em realizar liquidez.

Conclusão

A utilização de PPPs em Portugal não pode ser vista globalmente como uma história de sucesso. Tem componentes de êxito — por exemplo, a eficiência com que se construiu infraestrutura em poucas décadas —, mas tem muitos aspectos criticáveis, por possibilitar um uso abusivo do mecanismo. Contudo, a má experiência de Portugal não significa que o modelo teórico esteja errado. Os autores acreditam que não deve haver qualquer preferência ideológica a favor ou contra este modelo.

O país apresenta hoje um excesso de infraestruturas em matéria de rodovias ou no abastecimento e saneamento de água, enquanto continuam a existir carências de infraestruturas em outras áreas de equipamento social. Por exemplo, Porto e Lisboa estão ligadas por duas modernas rodovias, com padrões de qualidade de ponta a nível mundial, mas com taxas de utilização conjunta baixas; e a ligação ferroviária está saturada, com composições de passageiros circulando em contexto nacional, inter-regional, regional e suburbano, além de serviço de transporte de carga durante os períodos noturnos.

Os principais motivos para a sobreutilização de PPPs em Portugal prendem-se com a tentação de desorçamentar o investimento público, crucial para alimentar uma política de crescimento econômico de pendor keynesiano; a voracidade de fazer obras, que levou à multiplicação de projetos em curtos espaços de tempo; a falta de preparação técnica para coordenar tantos e tão complexos projetos; a incorreta alocação dos riscos desses projetos; um enquadramento institucional bastante permissivo em relação a essas apostas, quer a nível nacional, quer a nível comunitário; alguma cumplicidade dos agentes privados, quer as concessionárias quer os bancos, que aceitaram participar de demasiados projetos sabendo que a *affordability* seria posta à prova; e um contexto político que favoreceu essas apostas.

O resultado se espelha na atual situação financeira do país, em que o abuso de PPPs é um dos motivos para as restrições orçamentárias e consequentemente para a necessidade de um Programa de Assistência Econômica e Financeira externo a Portugal.

Neste texto, os autores apresentam uma solução do problema com a aquisição dos contratos, postulando que, dessa forma, se voltaria à "estaca zero", podendo os projetos ser geridos subsequentemente pelo Estado ou reconcessionados ao setor privado, agora em condições eficientes de partilha de risco.

BIBLIOGRAFIA

BEI (2009). KAPPELER, A.; NEMOZ, M. Public-private partnerships in Europe before and during the recent financial crisis. **Economic and Financial Report**, 2010/04, July 2010, EIB.

BROADBENT, J.; GILL, J.; LAUGHLIN, R. Identifying and controlling risk: The problem of uncertainty in the private finance initiative in the uk's national health service. **Critical Perspectives on Accounting**, v. 19, n. 1, p. 40-78, 2008.

DAMODARAN, A. **Corporate finance**: theory and practice. Nova York: John Wiley & Sons, 2001.

FROUD, J.; SHAOUL, J. Appraising and evaluating PFI for NHS hospitals. **Financial Accountability & Management**, v. 17, n. 3, p. 247-270, 2001.

GRIMSEY, D.; LEWIS, M. K. Accounting for public private partnerships. **Accounting Forum**, v. 26, no. 3-4, p. 245-270, 2002.

_____. Are public private partnerships value for money?: Evaluating alternative approaches and comparing academic and practitioner views. **Accounting Forum**, v. 29, n. 4, p. 345-378, 2005.

NG, A.; LOOSEMORE, M. Risk allocation in the private provision of public infrastructure. **International Journal of Project Management**, v. 25, n. 1, p. 66-76, 2007.

OECD (ed.). **Public-private partnerships in pursuit of risk sharing and value for money**, 2008.

SARMENTO, J. M. Do public-private partnerships create value for money for the public setor? The portuguese experience. **OECD Journal on Budgeting**, v. 1, p. 93-119, 2010.

_____. REIS, R. F. Buyback PPPs: na arbitrage opportunity. **OECD Journal on Budgeting**, v. 3, 2012.

SHAOUL, J. Using the private setor to finance capital expenditure: The financial realities. In: AKINTOYE, A.; BECK, M. (ed.). **Policy, finance & management for public-private partnerships**. Oxford: Blackwell Publishing, p. 27-46, 2009.

_____. A critical financial analysis of the private finance initiative: Selecting a financing method or allocating economic wealth? **Critical Perspectives on Accounting**, v. 16, n. 4, p. 441-471, 2005.

_____. A financial appraisal of the london underground public-private partnership. **Public Money & Management**, v. 22, p. 53-60, 2002.

O atual cenário das PPPs no setor de saúde pública no Brasil: potencialidades, desafios e as primeiras experiências em âmbito estadual[1]

TOMAS ANKER
BRUNO RAMOS PEREIRA[2]

Introdução

Este artigo descreve um conjunto de percepções que derivam, sobretudo, de um exercício de sistematização realizado em virtude de um seminário em que se comemorou os dois anos de funcionamento do Hospital do Subúrbio, em Salvador, que é a iniciativa pioneira de parceria público-privada (PPP) em saúde no Brasil.

Após quase dez anos da promulgação da Lei Federal nº 11.079/04, também conhecida como "Lei das PPPs",

---

[1] Este artigo reflete tão somente as visões e opiniões dos autores e não representa necessariamente as visões e opiniões das instituições as quais os autores estão vinculados.
[2] Os autores agradecem à Secretária de Saúde e à Unidade de PPP do Estado da Bahia pelo convite para o seminário que comemorou os dois anos de funcionamento do Hospital do Subúrbio, pelas reflexões elaboradas a partir desse evento.

é importante tecer, de forma qualitativa, algumas reflexões sobre as potencialidades, vantagens e desafios de se fazer PPPs no setor de saúde, ainda que o Brasil não tenha um conjunto extenso de exemplos neste setor. Entretanto, primeiro se faz necessário elaborar uma breve síntese dos desafios enfrentados, o que contribuirá, mais adiante, para o debate sobre se as PPPs são ou não uma opção apropriada a se adotar daqui para frente com maior intensidade.

Apesar de investir em saúde o equivalente a 8,4% do PIB (IBGE, 2009), o Brasil, assim como outros países do mundo, enfrenta importantes desafios no financiamento da saúde pública. O caso brasileiro talvez seja ainda mais particular em comparação com outros países – ou faz parte de um clube restrito de países que adotaram este modelo –, porque a Constituição Federal de 1988 criou uma indiscutível particularidade quanto à divisão de competências e recursos para a saúde e, portanto, adicionou certa complexidade à obrigação do setor público de oferecer serviços de saúde de forma integral e universal à população, o que é muito diferente da forma como majoritariamente se oferece serviços de saúde em outros países do mundo. Não obstante a criação das vinculações orçamentárias que provêm recursos públicos delimitados à provisão destes serviços, o mandato constitucional, que derivou no SUS, criou uma complexidade que só pode ser cumprida à letra fria, se amparada por ilimitados recursos fiscais disponíveis no curto prazo. E sabemos que o orçamento público deve responder a uma necessidade de alocação muito mais ampla do que somente à Saúde, o que exige uma adaptação às regras orçamentárias prevalentes, que atualmente geram rigidez orçamentária, especialmente com a adoção de novas ferramentas de política pública que possam cumprir com as necessidades alocativas em outros setores de prestação de serviços públicos. De outro lado, o sistema de saúde complementar é também naturalmente restrito, uma vez que depende das condições do país, da renda da população e também do grau de maturidade de seu mercado securitário. Apesar disso, os gastos privados no país em saúde são maiores do que os gastos públicos (FIOCRUZ, 2012), o que é um dado paradoxal em face de um sistema de saúde que se apregoa como universal.

Os desafios na área da saúde são tão patentes que o diagnóstico que se segue torna-se quase que uníssono na literatura de saúde pública. Esta literatura (FIOCRUZ, 2012) prevê o envelhecimento da população, o que tem contribuído para uma inversão do perfil demográfico, com uma população de perfil etário cada vez mais elevado, *pari passu* a taxas de natalidade cada vez mais controladas. Dados demográficos preveem que a população brasileira deverá chegar à marca de 216 milhões de pessoas em 2030 e, nesta data, estima-se que haverá mais idosos do que pessoas no segmento etário de 0 a 14 anos, com uma tendência de crescimento vegetativo da população idosa continuando até 2038. Estas previsões aumentam as necessidades de planejamento estatal em função de uma esperada intensificação das demandas quanto aos cuidados e à promoção a saúde, bem como em razão dos gastos que naturalmente acompanham estas previsões.

A literatura especializada, em geral, também observa um padrão epidemiológico dinâmico que, somado a um quadro de aumento das doenças crônicas (com prevalência de doenças cardiovasculares, diabetes, doenças respiratórias etc.), amplia a necessidade de um apoio assistencial compatível. Vislumbra-se também a intensificação do uso de tecnologias clínicas mais sofisticadas, cuja necessidade de atualização torna-se cada vez mais dinâmica em função de inovações tecnológicas e do progresso científico, sem contar a intensificação do uso de medicamentos e insumos de saúde de "novas gerações", ventilados pela comunidade médica e, também, pelo *lobby* farmacêutico.

Diante disso, até que o Estado brasileiro resolva fazer emendas à Constituição ou resolva revisitar o SUS – e aqui não há nenhuma recomendação neste sentido, muito pelo contrário –, há que se aprofundar nas discussões sobre novas modalidades de contratação na saúde pública que possam fazer frente ao continuado desafio de seu financiamento. O desafio da saúde pública brasileira não envolve apenas mais recursos orçamentários, mas sim uma estratégia inteligente para que os recursos sejam gastos de modo eficiente.

As PPPs têm um papel a desempenhar neste campo como potencial modalidade de contratação para que os gastos públicos em saúde sejam realizados de modo mais eficiente. No mesmo compasso, há outros arranjos contratuais que também já foram testados no país e que podem ser utilizados mais intensamente e de forma simultânea com as PPPs da saúde. O regime de Organizações Sociais (OSs), implementado com êxito no Estado de São Paulo (LA FORGIA *et al.*, 2008) na década de 1990, é um dos registros contratuais que ainda tem muito a evoluir país afora. De fato, isso já vem ocorrendo em vários estados e municípios brasileiros (Rio de Janeiro, por exemplo) que têm aprovado leis que permitem a adoção deste tipo de contrato. O regime das OSs permite a transferência da prestação do serviço clínico e, portanto, o financiamento dos custos operacionais desta prestação de serviço pelo setor privado, mas não figura nesta modalidade a possibilidade de investimentos em equipamentos clínicos e na construção de ativo (portanto, também não é de responsabilidade privada a manutenção e renovação destes ativos). No regime das OSs, os investimentos em construção e nos equipamentos clínicos permanecem sob responsabilidade do poder público. Os contratos de OS são geralmente firmados com empresas filantrópicas e dentro da lógica do contrato de gestão, em que uma série de indicadores de desempenho e metas de produção assistencial são previamente pactuados.

Em realidade, em função do sucesso do regime de OS experimentado em algumas regiões do país, apesar de não ser um arranjo unânime em função de suas complexidades, há também alguns desenhos de projeto sendo pensados atualmente no país em que a operação dos serviços de saúde permanece sob a administração de uma OS, enquanto a atividade de infraestrutura – que envolve, mormente, a construção, a reforma, a aquisição e a manutenção dos bens – é transferida à operação de uma empresa contratada no regime de PPP. Este é o caso do projeto de PPP de hospitais estruturado durante a administração municipal de São Paulo do prefeito Gilberto Kassab.

Os limites, portanto, do regime das OSs podem ser complementados por intermédio de PPPs, em que a concessionária é responsável pela manutenção dos ativos vinculados aos serviços de saúde, assim como poderá também investir na construção de novos ativos nos termos das necessidades estabelecidas pelo poder público.

Deve-se reforçar, entretanto, um ponto que já foi registrado por estudiosos e praticantes de PPPs no Brasil, de que a modalidade de contratação em questão não é panaceia para todos os males e dificuldades do Estado – nem na saúde, nem em outros setores tradicionais de infraestrutura econômica. Se assim fosse e dada a racionalidade econômica de "livro-texto", maximizadora dos melhores resultados, certamente essa seria, logo após a promulgação da lei em 2004, a forma tradicional e corriqueira de contratação da Administração Pública. Mas fato é que o contrato de PPP não resolve tudo. E isso não ocorre desta forma por diversas razões, que fogem ao enfoque deste artigo, já que daria por si só temática para outro texto.

Apesar das questões que tornam as PPPs em saúde mais ou menos complexas e, portanto, mais ou menos custosas ao gestor público responsável por tomar decisões de investimentos eficientes, parece-nos já haver um conjunto de razões e elementos positivos para sua adoção (ou no mínimo consideração), contrabalanceando o conjunto de elementos negativos que poderiam desencorajar a sua adoção mais amiúde como política pública de destaque. Não estamos afirmando que todo gestor público na área de saúde deve estruturar e licitar uma PPP na área de saúde, mas sim que os gestores ou as gestoras públicas devem considerar as PPPs como modalidade de contratação possível.

Obviamente, é difícil ficar inerte aos múltiplos interesses em que a matéria está centrada; trata-se de um tema que poderá muitas vezes transcender às discussões meritórias e técnicas e poderá enveredar por matizes ideológicos. De forma isenta – se é que é possível os autores se isentarem por completo de uma visão parcial de seu objeto de análise – tentaremos abaixo expor analiticamente as vantagens e desvantagens de se adotar PPPs de Saúde.

1 As potencialidades e vantagens para a adoção de PPPs na saúde

A primeira grande vantagem está no âmbito da governança do contrato. Em primeiro lugar, o "empacotamento de serviços" (ou *bundling*), que é algo bastante comum em contratos de PPP que congregam vários serviços, centraliza sob a liderança de um único provedor de serviços a responsabilidade pela entrega de vários escopos necessários à oferta de um dado bem ou serviço público. O planejamento e a governança contratual da prestação de serviços (assim como os controles e os comandos para uma efetiva prestação do serviço), ao centralizar a responsabilidade da provisão dos serviços em um único agente, tornam-se muito mais eficientes, porque isso significa despender menos recursos e tempo na administração de múltiplas licitações e contratos com diferentes empresas.

As questões administrativas do dia a dia, inclusive as reclamações e ajustes pontuais necessários à perfeita fruição dos serviços, tornam-se potencialmente mais eficientes quando há uma relação contratual com um único agente. As sanções derivadas de possíveis deslizes na oferta do serviço impactam um único agente e isso é um instrumento econômico vital para evitar ações oportunistas que têm base em análises de custo-benefício destas ações pelos agentes privados. Isso não quer dizer que o escopo não possa ser oferecido por um consórcio de prestadores de serviço; mas fato é que o responsável legal pelo contrato sempre será uma única figura jurídica contratada, que não poderá alegar que a responsabilidade pela prestação dos serviços pertence a outra empresa contratada pelo poder público. A administração de questões eminentemente administrativas, voltadas às necessidades de manutenção da infraestrutura e dos serviços acessórios, torna-se menos complexa, o que permite ao gestor público voltar mais tempo e esforço às atividades clínicas, que são o núcleo mais importante na prestação de serviços à população.

Em segundo lugar, o estabelecimento de indicadores de desempenho *output-based*, ou seja, baseados em metas e resultados, representa também um ganho em termos de governança contratual, haja vista que estes indicadores são apurados *a posteriori*, descontados da remuneração final do parceiro privado e, como tal, tendem a incentivar no mesmo uma atitude voltada ao resultado da prestação do serviço ao usuário final, menos importando o processo em que este resultado foi atingido. Este modelo contribui para estimular a eficiência na prestação dos serviços, já que o que é válido para fins de remuneração do parceiro privado é o resultado final do serviço oferecido.

O importante não é o processo – ou seja, se um dado operador hospitalar realiza "x" limpezas diárias na recepção do hospital ou nas dependências de uma unidade de terapia intensiva ou ainda se este operador mantém um estoque auditável de "y" agulhas descartáveis ou "z" medicamentos hipertensivos. O que vale, ao fim e ao cabo, por exemplo, é se a limpeza das dependências hospitalares está adequada ou que um verificador independente não encontre aspectos de sujidade no chão de um hospital; ou ainda que a taxa de pacientes em crise hipertensiva tenha sua pressão estabilizada em até "W" horas e que não ultrapasse uma porcentagem delimitada. Por óbvio, o detalhamento do que se prevê de mais importante mensurar depende das especificidades do projeto e do que se deseja obter, mas a lógica é que o contrato baseie-se na observação, mensuração e penalização de seus resultados finais. O desafio para que os pontos positivos da PPP possam ser alcançados, portanto, envolve a concepção de indicadores de desempenho inteligentes.

Isso é especialmente importante dentro do *status* de relativa ineficácia de nossos contratos administrativos, que demonstram geralmente pouca eficiência na utilização de mecanismos sancionatórios (como multas, por exemplo), já que abrem margem a um amplo processo contraditório de defesa que pode dar espaço a um comportamento oportunista das partes, já que é sabido que os processos podem se estender por muito tempo. Por sua vez, o regime de indicadores de desempenho em PPPs, incluída a Saúde, está vinculado ao sistema de pagamentos de um contrato, o que tende a produzir melhores resultados, pois são descontados da remuneração devida de forma quase que automática.

Outra vantagem de se adotar PPPs para provisão de serviços de saúde pública, assim como em outros setores de capital intensivo, está na maior longevidade da PPP *vis-à-vis* um contrato tradicional. Como o contrato é de longo prazo, naturalmente, sua lógica econômico-financeira permitirá que se realizem investimentos mais pesados nos primeiros anos, que serão então amortizados e remunerados nos anos remanescentes. Se investimentos vultosos de curto prazo fossem contratados por intermédio de modalidades de contratação tradicionais (empreitada), o volume de pagamentos correspondente, em função de um período contratual menor, tenderia a ser mais elevado, já que se teria que pagar um montante maior de recursos públicos em menos tempo, sem a potencial vantagem de que haja o financiamento privado no longo prazo, como em um contrato de PPP.

Outra importante vantagem de se adotar PPPs na saúde refere-se à natureza contratual e aos incentivos perversos que um contrato tradicional poderá impor à Administração Pública. Em um contrato tradicional – digamos, para a construção de um hospital público – a lógica do pagamento está atrelada a medições das entregas de "engenharia". Ou seja, o contratado recebe pela entrega de parcelas da obra acordadas em contrato e mensuradas, mas não pelo serviço prestado ao usuário final, que é de responsabilidade do poder público.

De forma contrária a essa ação oportunista, nos contratos de PPP é natural imputar ao parceiro privado o risco da construção por meio da alocação desta responsabilidade na matriz de riscos do contrato – no que diz respeito aos sobrecustos e extensão do prazo de entrega – de forma a responsabilizar o parceiro privado por essas variáveis. Ou seja, de forma geral, é razoável que, em uma PPP, o parceiro privado não possa por contrato invocar a necessidade de mais recursos financeiros por alegações de sobrecusto ou ainda alegar a necessidade de maior prazo por questões de falta de tempo para entrega ou condições externas à sua vontade, porque estes riscos são naturalmente a ele imputados. E todas estas possíveis contingências, uma vez transferidas ao parceiro privado, criam elementos positivos à adoção de PPPs em saúde, já que se configuram em instrumentos mais eficientes e que mitigam certos riscos imputáveis à Administração Pública nos contratos tradicionais. Isso é ainda mais certo porque são equipamentos públicos que demandam intensamente recursos e que estão tradicionalmente sujeitos às ineficiências dos contratos administrativos tradicionais.

Há ainda a questão de que as PPPs tendem a gerar atratividade de outros segmentos da economia que, tradicionalmente, não possuem interesse em outros contratos da administração pública. A própria escala do projeto – que tende a ser de maior monta, haja visto que a PPP está exatamente em financiar o investimento de grande vulto – já abre a possibilidade de interesse por outro tipo de investidor, que somente procura e despende recursos internos para estudar oportunidades de determinados montantes. Além disso, a dinâmica contratual da PPP, que permite a oferta de garantias públicas e a composição com outros instrumentos que aumentam a financiabilidade do projeto – como, por exemplo, a possibilidade de dar em garantia os recebíveis do projeto ao financiador, a garantia de *step in rights*, a admissão de cláusulas de arbitragem – é um aspecto que também aumenta a atração de grupos que tendem a ter um maior grau de profissionalismo em matéria financeira e, por conseguinte, tendem a contar com ou podem mais facilmente adquirir, por terceirização ou parcerias estratégicas, o *know-how* técnico para operar o escopo do projeto. No âmbito da saúde, isso pode significar que empresas com finalidade lucrativa, de capital aberto ou não, tendam a se interessar mais por esse tipo de oportunidade, embora ainda existam questões tributárias adversas à sua participação, que serão discutidas mais adiante.

De forma análoga aos elementos contratuais vantajosos contidos no ambiente das PPPs, pode-se também afirmar que os riscos do projeto tendem a ser mais bem alocados nestes contratos. A tônica de uma PPP é alocar o risco ao parceiro que o melhor administra e, por essa razão, gerar eficiências que emanam da menor necessidade de recursos para contingências e/ou riscos mal administrados. Isso quer dizer que, se o risco de demanda é mais bem administrado pelo poder público, porque é ele quem regula a demanda por serviços de saúde ou cria as condições para que os níveis de complexidade em saúde sejam distribuídos pelas várias "portas" do sistema de saúde, então é natural que a ele seja imputado o risco de demanda. Ou seja, nesta condição, as consequências econômico-financeiras negativas decorrentes de surtos epidemiológicos ou explosões demográficas que aumentem consideravelmente os custos e o investimento em uma PPP não podem ser imputados ao parceiro privado que opera aquele equipamento público. Por outro lado, se o risco tecnológico é mais bem administrado pelo parceiro privado, que está mais próximo, muitas vezes, do que há em termos de vanguarda tecnológica e tem maiores flexibilidades para realização da renovação das tecnologias, é natural, portanto, que este assuma este risco.

Pode ser ainda exigida nos contratos de PPP a adoção de sistemas de informação com o recorte que se desejar e com maior riqueza de análise, inclusive com uma apropriação mais apurada dos custos operacionais. Há projetos atualmente que exigem HIS (*Hospital Information System*) ou mesmo plataformas tradicionais em ERP (*Enterprise Resource Planning*). Isso é especialmente relevante em um modelo de PPP em que há que se fazer uma análise imparcial dos resultados e dos indicadores de desempenho, vez que a remuneração privada se faz precipuamente baseada nestes indicadores. A exigência por um verificador independente, como um ente que realiza um registro imparcial e que deve julgar a performance privada na prestação do serviço, tem sido adotada de forma cada vez mais padrão em outros setores de infraestrutura, assim como nos projetos de PPP de saúde. Estas práticas contribuem para a criação de *benchmarks* na saúde pública – seja pelo registro sobre o cumprimento ou não dos indicadores de desempenho pactuados, seja pela adequada contabilização dos custos operacionais incorridos na provisão do serviço, que perfazem dados que, muitas vezes, não são demonstrados de forma fidedigna pela Administração Pública em função de seus problemas de apropriação e contabilização.[3] Isso sem contar a transparência e a maior robustez que estes sistemas de informação e o estabelecimento de verificação independente criam para a Administração Pública e os demais *stakeholders* públicos (órgãos de controle, como os Tribunais de Conta e Ministério Público) e civis (como o controle social e a imprensa) que acompanham de perto estes dados.

Por último, especialmente no contexto de licitações realizadas no âmbito da Lei de Licitações brasileira, mais morosas e sujeitas a outras formas de rigidez, tais como prazos contratuais mais curtos, está também a questão de que a PPP permite a manutenção, conservação e renovação do parque tecnológico dos equipamentos clínicos dentro de um mesmo contrato, administrando a sua recomposição dentro de prazos mais longos, tais como os permitidos pela Lei das PPPs. De forma complementar, como são atividades que tomam parte do escopo da PPP, é razoável admitir que sejam prestadas com melhor qualidade, já que são embasadas por qualificações financeiras exigidas no âmbito da PPP que tendem a ser de maior rigor comparativamente às encontradas em contratos tradicionais — exatamente em função da maior complexidade deste tipo de contrato (por exemplo, é normal se exigir nestes contratos garantias de proposta e de execução de contrato, a exigência de contratação de seguros diversos, patrimônio líquido mínimo, às vezes índices contábil-financeiros, além de variados níveis e tipos de atestação técnica etc.). Além disso, estas atividades de manutenção e conservação são realizadas dentro das atribuições e metas de performance do parceiro privado, que se pactuam dentro dos contratos de PPP e, portanto, estão sujeitas à mensuração e penalização contínuas.

2 Os desafios para a utilização de PPPs em saúde

O primeiro grande desafio tem a ver com a estrutura de uma PPP. Por lei, a sociedade que assume uma PPP é uma Sociedade de Propósito Específico (SPE), apartada do patrimônio de seus cotistas, exatamente para evitar a

---

[3] A incapacidade ou ineficiência do poder público para organizar os dados sobre gastos públicos intermediados por contratos administrativos tradicionais, inclusive, acaba por gerar uma situação em que a comparação da situação atual com eventuais PPPs indica com frequência que as PPPs demandarão mais recursos públicos, o que seria um desincentivo ao uso desta nova modalidade de contratação.

potencial contaminação das atividades finalísticas de seus acionistas com o escopo e saúde financeira do projeto de PPP. Se, por um lado, a SPE permite que a sua constituição se dê por meio de *Project Finance*, o que pode, a depender da estruturação financeira, neutralizar o endividamento dos seus acionistas, por outro, faz desta SPE uma estrutura de direito privado sujeita ao regime tradicional de tributação de uma sociedade comercial de direito privado.

Assim sendo, como a PPP enquadra-se na construção e prestação do serviço ao usuário final – na saúde, portanto, a construção de um hospital e a operação dos seus serviços clínicos e/ou não clínicos –, há tributos federais que incidem diretamente sobre a construção (e, portanto, sobre a empresa de construção que entrega o ativo à SPE operadora) e, logo, também, sobre a receita da prestação de serviço e da contraprestação pública que lhe é devida a partir da efetiva prestação do serviço. Há, portanto, uma bitributação que se faz presente como obrigação no nível da empresa *construtora* e, após, a jusante, nas receitas recebidas pela Sociedade de Propósito Específico (SPE), que detém o contrato com o poder público. Via de regra, as empresas construtoras pagam os tributos federais (PIS/COFINS), Imposto de Renda (IR) e Contribuição Social sobre Lucro Líquido (CSLL) e as SPEs pagam estes mesmos tributos federais e, se não houver isenção, tributos municipais, tais como o Imposto sobre Serviços (ISS).

Este regime tributário é especialmente desvantajoso no caso da saúde, em que as empresas filantrópicas, por exemplo, possuem uma série de imunidades tributárias que estão, inclusive, presentes quando estas sociedades operam em nome do Estado no regime de Organização Social. Dessa forma, o modelo de PPP torna-se especialmente oneroso às empresas filantrópicas, que representam parte significativa do mercado de operadores hospitalares no país, já que as PPPs, operadas necessariamente por meio de SPEs, não conseguem carregar o regime de imunidade tributária a que estas filantrópicas teriam direito.

Esta desvantagem relativa das empresas filantrópicas ocorre sem ainda levar em conta a repercussão que a bitributação acima referida causa no *Value for Money* dos projetos de PPP em geral. As SPEs sob as quais incidem tributos de forma duplicada tornam-se naturalmente um modelo mais oneroso *vis-à-vis* o regime tradicional, em que a Administração Pública compra, por exemplo, a construção e os serviços separadamente e, portanto, não paga a bitributação.

Outra desvantagem na adoção de PPPs reside no seu tempo de execução. O desenvolvimento de contratos de PPP tende a ser mais longo, haja vista que se trata de um contrato mais complexo, com mais interações dentro da Administração Pública e que, por vezes, exige adaptações institucionais, como a aprovação de uma lei específica ou a constituição e/ou contratação de uma garantia por parte do Estado. Trata-se de uma estruturação financeira mais sofisticada e que pode exigir a contratação de consultores externos, o que pode também significar mais tempo na seleção e contratação e, por conseguinte, a extensão no tempo de execução do projeto.

A limitação de gastos correntes com PPPs dos entes federativos, que hoje é de 5% da Receita Corrente Líquida (RCL), por mais que alargada com relação aos parâmetros originais da Lei nº 11.079/04 ou mesmo no seu primeiro ajuste, que a levou a 3% da RCL, é ainda um obstáculo para muitos entes – especialmente municípios, que têm um orçamento reduzido. A sanção pelo seu não cumprimento é muito forte: à letra da lei, significa que o ente federativo não mais receberá transferências voluntárias ou garantias federais; portanto, os custos de uma ação oportunista por parte do ente são significativos demais para que não seja levada a contento. Isso é ainda mais restritivo no âmbito da saúde, já que as PPPs realizadas neste âmbito são concessões administrativas, que consomem mais contraprestação pública relativamente às concessões patrocinadas, por exemplo, e é claro, mais que as concessões comuns, que não consomem nenhuma parte deste limite. Vale lembrar que se trata de equipamentos públicos cujos serviços são ofertados de forma gratuita à população – ou seja, não há que se falar em tarifas privadas para pagamento aos serviços prestados.

Da mesma forma que uma concessão administrativa – que é a forma a se adotar no caso das PPPs em saúde – consome relativamente mais o limite fiscal para as PPPs, deve-se dizer que as PPPs em saúde tendem a consumir muito mais garantias públicas do que as concessões patrocinadas. E isso, certamente, é um problema para entes federativos que não têm ativos para dar em garantias (o que é uma realidade para a maioria dos entes do país) ou mesmo porque não possuem limites em função das medidas de responsabilidade fiscal para contratação de garantias com instituições financeiras. Trata-se de uma desvantagem do modelo de PPP em saúde na modalidade de concessão administrativa, já que grande parte dos entes não possui esta possibilidade, o que, na prática, os exime de adotar PPPs neste setor e até em outros. E essa tendência não tende a se dissipar no curto prazo, pois o perfil e a qualidade de crédito do país ainda terão que mudar muito até que estes projetos possam ser licitados sem garantias públicas ou com mínimas garantias públicas racionadas por esses e outros projetos que o ente deseje empreender.

3 Algumas experiências de PPP em saúde no Brasil

Há, na data de desenvolvimento do presente artigo, apenas três contratos de PPP celebrados na área de saúde no Brasil. Entretanto, outros dez projetos estão sendo analisados por diversos estados da Federação e poderão se tornar contratos celebrados no curto prazo, ampliando a experiência brasileira de PPPs em saúde.

A finalidade desta seção é apresentar quais são os projetos com algum nível de detalhe, de modo a possibilitar uma visão panorâmica sobre o atual cenário, assim como sobre as perspectivas de curto prazo. Adicionalmente, abordaremos de modo mais aprofundado um dos projetos que já foram contratados como PPP (Hospital do Subúrbio, no Estado da Bahia).[4]

Como será possível observar adiante, iremos apresentar informações sobre projetos de PPP em saúde nos estados. A maioria das informações foi extraída do Relatório do PPP Brasil sobre projetos de PPP em fase de estruturação via PMI (Procedimento de Manifestação de Interesse).[5] Neste momento não abordaremos os projetos de PPP em saúde que estão sendo estruturados nos municípios (a despeito de haver casos, como o projeto de PPP para a prestação de serviços não assistenciais de apoio e infraestrutura à Rede de Atenção Primária à Saúde, que está em fase de consulta pública, do município de Belo Horizonte).

Os dez projetos de PPP em fase de análise pelos estados estão no Quadro 1.

É possível perceber que as PPPs em saúde estão na pauta de oito estados da Federação e que em vários dos casos os estudos de viabilidade foram obtidos por intermédio do PMI (Procedimento de Manifestação de Interesse), situação em que a iniciativa privada é autorizada pelo poder público competente a apresentar os estudos de viabilidade do projeto.

Adicionalmente, a amostra de projetos de PPP em saúde que estão na pauta dos estados pode ser classificada como uma amostra em estágio de maturidade avançado, pois a maioria dos projetos já passou por consulta pública ou está em condições de passar pela consulta pública (na medida em que os PMIs já estão encerrados).

---

[4] Além do Hospital do Subúrbio, os outros dois projetos de PPP já contratados são: o Hospital Metropolitano do Barreiro (município de Belo Horizonte) e as Unidades Básicas de Saúde da Família (município de Manaus).
[5] Bruno Ramos Pereira, Mariana Vilella e Valério Salgado, de 12 de setembro de 2012 (www.pppbrasil.com.br).

Quadro 1

Nome	Estado	Situação (em 26/12/12)
Instituto Couto Maia	Bahia	Em licitação
Modernização tecnológica hospitalar com telemedicina, diagnóstico e bioimagem – Inova Saúde – Fase II	Bahia	Modelagem
Hospital Regional Metropolitano	Ceará	PMI encerrado
Hospital do Gama e nova unidade do Hospital de Base	Distrito Federal	Consulta pública encerrada
Hospital Infantil	Mato Grosso	Consulta pública encerrada
Hospital Regional de Porto Alegre do Norte	Mato Grosso	PMI encerrado
Unidades de Saúde	Rio de Janeiro	PMI encerrado
Unidade Hospitalar Traumatológica no município de Natal	Rio Grande do Norte	PMI encerrado
Hospital Regional de Urgência e Emergência de Porto Velho	Rondônia	PMI encerrado
Complexos hospitalares (4 hospitais)	São Paulo	PMI em andamento

Fonte: PPP Brasil (26 de dezembro de 2012).

Com o objetivo de detalhar alguns destes projetos, apresentaremos informações sobre dois dos projetos da amostra: o Hospital Infantil (Mato Grosso) e a Unidade Hospitalar Traumatológica no município de Natal (Rio Grande do Norte). De forma complementar as análises destas PMIs, também serão apresentadas informações sobre o Hospital do Subúrbio, que é o primeiro contrato de PPP da Saúde efetivamente assinado.

3.1 Hospital Infantil (Mato Grosso)

O Estado do Mato Grosso publicou, em janeiro de 2012, um Procedimento de Manifestação de Interesse com a finalidade de obter os estudos de viabilidade do projeto de parceria público-privada na modalidade de concessão administrativa vinculado a unidade hospitalar denominada "Hospital Central".

O Hospital Central começou a ser construído em 1985, mas a obra nunca foi concluída. Tal fato, inclusive, levou o Ministério Público Federal a propor uma Ação Civil Pública em face do Estado de Mato Grosso e outros réus. A Sentença nº 583/2010 proferida nos autos do Processo nº 2003.36.00.008088-8 pelo Juízo da Quinta Vara Federal "condenou o Estado de Mato Grosso a concluir as obras do Hospital Central, mediante realização de nova licitação, a ser concretizada no menor prazo possível, além de recair aos outros requeridos à reparação do dano de restituição das verbas públicas".[6]

Em função deste contexto e das demandas de investimento em saúde pública no Mato Grosso, uma PPP foi considerada como um instrumento que poderia alcançar o objetivo de finalizar a obra do prédio já existente[7] e construir um prédio anexo ao existente para implantação dos serviços de Laboratório de Análises Clínicas e Hemoderivados. O objeto da PPP também envolveria toda a estrutura de equipamentos e os serviços não clínicos, incluindo hotelaria.

Durante o processo de tomada de decisão do poder público, o estado optou por alterar o objetivo da futura PPP, de modo que o projeto passou a estar vinculado às demandas pediátricas.[8] Em consequência, veio à público, em meados de 2012, a consulta pública de edital de PPP cujo objeto era a "construção, fornecimento de equipamentos, manutenção e gestão dos serviços não assistenciais do 'Hospital Infantil de Mato Grosso'".

Trata-se de um contrato de concessão administrativa cujo prazo de vigência será de 23 anos. O objeto do contrato é a "(i) a finalização da obra dos prédios já existentes e a implantação de novos blocos para atender ao novo perfil de hospital pediátrico e de maternidade de alto risco, (ii) a construção de prédios

---

[6] Informações extraídas do PMI nº 001/2012 – PMI-SES/MT.
[7] Que havia sido projetado originalmente para ser uma unidade hospitalar de perfil geral de no máximo 150 leitos, com leitos de UTI adulto e infantil.
[8] Sobre esta alteração, o Anexo 12 do edital de licitação ("Justificativa Técnica para o Hospital Infantil de Cuiabá"), disponibilizado para consulta pública, argumenta que "O interesse da Parceria Público-Privada – PPP – do Estado do Mato Grosso em relação à conclusão da obra da unidade hospitalar originalmente conhecida como 'Hospital Central', a qual foi iniciada em meados dos anos 1980 e cuja construção parcial está localizada no Centro Político Administrativo da capital do Estado, Cuiabá, na Rua G, s/n, faz sentido por múltiplos motivos. O primeiro deles, certamente, é a conclusão de uma obra inacabada que transtorna a população e com ela toda a administração estadual. Em sequência, sabe-se que a área da saúde está em estado de deficiência, em relação à demanda social, em todo o país, e Mato Grosso não é exceção. A princípio pensou-se na possibilidade do 'Hospital Central' vir a ser uma instituição voltada ao atendimento em traumatologia que, sabe-se, é crescente em todas as grandes cidades brasileiras, com uma demanda projetada em níveis crescentes, já para futuro próximo. Porém, o problema é tão crítico que o Governo Federal procura meios de atenuar esta 'verdadeira catástrofe' em que o trânsito das cidades e das rodovias se tornou. Assim é que o Governo do Mato Grosso vislumbrou com a possibilidade de unir-se aos programas federais de atenção às urgências e emergências, permitindo desta forma que recursos estaduais possam ser aplicados em outras áreas, também carentes, como a atenção à criança".

anexos para a criação de um Centro de Diagnóstico e instalação dos Serviços de Apoio Logístico (Almoxarifado, Farmácia, Manutenção, dentre outros), (iii) a construção de um bloco novo e independente para a implantação dos serviços de Hemoterapia, Laboratório de Análises Clínicas e Saúde Pública, (iv) a disponibilização de toda a estrutura de equipagem; e (v) bem assim a prestação dos serviços não clínicos no âmbito da unidade hospitalar,[9] na forma da legislação pertinente".

Os documentos disponibilizados para a consulta pública não indicaram o valor estimado do contrato. Mas, com o objetivo de sinalizar a dimensão econômica do projeto, a minuta do contrato de concessão administrativa indica que "o capital social da SPE é de R$ 20.000.000,00 (vinte milhões de reais), o qual deverá ser totalmente integralizado até o início da operação da concessão administrativa".

Na versão inicial da PPP, segundo indicado no PMI, o investimento estimado era de aproximadamente R$ 102.930.000,00 divididos nos seguintes termos: (i) R$ 77.980.000,00 para o desenvolvimento e elaboração de projetos e execução da obra; e (ii) R$ 24.950.000,00 para equipamentos e mobiliário.

Não foi possível obter informações sobre os resultados decorrentes da consulta pública.

3.2 Unidade Hospitalar Traumatológica no município de Natal (Rio Grande do Norte)

Também por intermédio de PMI, o Estado do Rio Grande do Norte solicitou à iniciativa privada a apresentação de estudos de viabilidade referentes a projeto de Parceria Público-Privada para a implementação e gestão de serviços não assistenciais de uma unidade hospitalar traumatológica.

Ao contrário da experiência de Mato Grosso, os documentos disponibilizados pelo poder público no PMI em questão não detalham as premissas do Estado do Rio Grande do Norte a respeito do projeto.

Neste caso, as empresas cadastradas ficaram responsáveis por apresentar ao Estado um estudo de diagnóstico sobre a rede pública de saúde existente no

---

[9] Nos termos do edital, a concessionária será responsável pelos seguintes serviços: (i) Manutenção Predial; (ii) Help Desk e Telefonia; (iii) Serviço de Atendimento ao Cliente – SAC; (iv) Segurança, Portaria e CFTV; (v) Serviços de Informática (TI); (vi) Coleta de Resíduos; (vii) Higiene Hospitalar; (viii) Lavanderia Hospitalar; (ix) Rouparia Hospitalar; (x) Nutrição e Dietética; e (xi) Serviços Administrativos Gerais.

Rio Grande do Norte, assim como a apresentação de uma proposta preliminar de PPP e as premissas operacionais da futura unidade de saúde.

Não foi possível obter outras informações públicas sobre o projeto de PPP do Rio Grande do Norte. Entretanto, a expectativa é de que o edital desta PPP seja publicado em 2013.

3.3 Hospital do Subúrbio (Bahia)

O Hospital do Subúrbio, com contrato já assinado e em plena execução, foi a primeira PPP em saúde do Brasil dentro dos moldes da Lei Federal nº 11.079/04, a Lei Federal de PPPs. À época da decisão pela implementação do projeto, o estado da Bahia já operava equipamentos públicos de saúde de variadas formas. Havia hospitais operados na forma tradicional, pela Administração Direta, e também hospitais operados dentro da modalidade de OS. Além disso, o estado realizava, concomitante à decisão pelo desenvolvimento do projeto, uma acirrada discussão sobre a implementação do regime de fundação estatal de direito público, que deveria funcionar como outra forma de contratação de serviços clínicos, sem as amarras tradicionais que a Administração Direta impõe sob a gestão destes hospitais.

O Hospital do Subúrbio é o primeiro hospital público de emergências em 20 anos. Trata-se de um hospital de porta aberta, que recebe toda a demanda hospitalar de emergências da região. Está localizado na região do Subúrbio Ferroviário, em Salvador, Bahia. Trata-se de uma região bastante carente, de baixo IDH, com uma população de abrangência de cerca de 1 milhão de habitantes. O governo do Estado da Bahia tinha a expectativa de criar um hospital de alta qualidade, estabelecido sob os pilares de bons indicadores hospitalares e de desempenho, com atendimento integralmente do SUS e, portanto, gratuito.

A decisão pela modalidade de PPP surgiu somente após o início da construção do hospital, que foi licitado e construído dentro da lógica tradicional de um contrato de EPC (*Engineering, Procurement and Construction*). Para o escopo da PPP, o Estado da Bahia decidiu pela transferência integral dos serviços clínicos e não clínicos do hospital, tal como se observa no regime tradicionalmente conhecido como "bata-blanca" na Espanha. Integram os serviços de apoio (tipicamente, os de natureza de hotelaria, tais como limpeza, manutenção, alimentação, portaria, segurança), como também os serviços clínicos (desde os serviços de apoio ao diagnóstico, como exames laboratoriais, até a administração e prestação de serviços médico-hospitalares de todas as áreas do hospital).

Os investimentos concentram-se principalmente nos equipamentos clínicos do hospital. O contrato estabeleceu um prazo de operação de dez anos, com possibilidade de prorrogação por mais dez anos.

O contrato estabeleceu metas quantitativas e qualitativas. As quantitativas dizem respeito aos volumes de produção assistencial que o concessionário deverá ofertar, ao passo que as metas qualitativas são indicadores de desempenho com relação às condições hospitalares, como tempo médio de permanência, taxa de mortalidade institucional, taxa de infecção hospitalar, entre outros.

O projeto de PPP foi licitado na Bolsa de Valores de São Paulo e contou com a presença de dois concorrentes. O grupo vencedor foi um consórcio formado pela Promédica (operadora de saúde do Estado da Bahia) e a Dalkia (operadora francesa de *facility management*).

A despeito de revisões extraordinárias, que podem ser pleiteadas a qualquer momento pelas partes, o contrato prevê revisões ordinárias, que se destinam a reequacionar os parâmetros contratuais que estejam em desacordo com as condições do momento. A possibilidade de se fazer revisões mostrou-se fundamental, especialmente no Hospital do Subúrbio, já que, por melhor que sejam os estudos, não é possível prever com total acurácia o perfil de demanda em saúde ao longo do contrato.

No contrato do Hospital do Subúrbio foram definidas metas de produção assistencial – fixadas em função do número de leitos do hospital e do perfil de exames clínicos desejados. Além disso, o risco de demanda é, *a priori*, do concessionário. Entretanto, como o comportamento de demanda em saúde é de difícil projeção, o concessionário tem sofrido com uma demanda acima do esperado. Isso deriva, em parte, de conjunturas epidemiológicas, mas, sobretudo, do próprio sucesso assistencial do hospital e de sua natureza de porta aberta, na qual não se pode negar atendimento, o que lhe impele a realizar mais exames do que o esperado e tem motivado pedidos de reequilíbrio econômico-financeiro do contrato.

4 Adaptando as regras prevalentes para uma maior consideração de PPPs no setor de saúde

Apesar de não ser a panaceia para todos os males da Saúde Pública do país, a PPP é uma modalidade subutilizada e que pode ser expandida no país (no mínimo, no momento em que o poder público considera as alternativas contratuais ao dispor). A PPP pode ser desenvolvida dentro de uma forma menos intervencionista, em que somente são transferidas as atividades não clínicas, tal como os serviços de hotelaria e a construção, aquisição e a manutenção da infraestrutura hospitalar. De forma intermediária, pode-se pensar também em transferir os serviços "meio", como o de logística de medicamentos e materiais, parcelas importantes da cadeia de prestação de serviços. Aos que desejam uma transformação mais integral, podem ser pensados contratos de PPP na forma completa, em que são transferidas também as atividades clínicas para além das atividades de apoio, ao que a literatura convenciona chamar de um projeto "bata-blanca".

Até o momento, as evidências mostram que a PPP não tem sido ainda a forma tradicional de implementação dos novos projetos em saúde no país. A inércia em relação ao novo e, também, o desconhecimento de como os contratos de PPP operam são algumas das razões para que não haja maior utilização deste modelo.

A partir do balanço de prós e contras e de forma não exaustiva, sem a pretensão por considerações definitivas sobre o tema, apresentamos a seguir algumas medidas que podem ajudar a destravar alguns "nós" que, atualmente, impedem uma mais ampla utilização do mecanismo de PPPs na saúde:

- **A questão da bitributação**[10] – A maior parte dos projetos de PPP na saúde envolvem a construção de um ativo (hospital, centro de saúde, clínica de família etc.) e/ou envolvem a aquisição de equipamentos clínicos. Em outras palavras, são PPPs que se apropriam das vantagens mais puras de "financiamento" de longo prazo dos investimentos e, posteriormente, da operação de longo prazo (independentemente de sua natureza, se clínica ou não clínica) destes investimentos. Como já mencionado, há uma carga tributária, mormente de tributos de origem federal, que incide de forma dupla na operação da PPP: sobre o construtor e/ou adquirente dos equipamentos da PPP e sobre a sociedade comercial que a opera. Isso, certamente, termina por onerar o Estado de forma mais intensa e, por consequência, o seu contribuinte. A correção desta bitributação, por meio da desoneração dos tributos federais sobre uma das cadeias produtivas da PPP, resultaria em menor oneração do orçamento público estadual e/ou municipal que arca

---

[10] Vale dizer que o governo editou, entre a realização deste artigo e a sua publicação, uma emenda à Lei nº 11.079/04, que definiu a dilação tributária dos impostos federais quando da utilização do mecanismo de Aporte de Recursos. A dilação tributária marca efeitos em termos das despesas do fluxo de caixa, porém não gera a isenção completa e definitiva desses impostos.

com a contraprestação pública, que poderia, por conseguinte, se preocupar em realizar outros projetos e/ou melhor gerir seus recursos. É bem verdade que o orçamento federal poderia sofrer marginalmente com tal medida, mas é importante lembrar que os recursos federais acabam retornando aos entes federativos, seja pelas transferências dos fundos de participação, seja pelo reembolso ou transferências do fundo nacional de saúde. Além disso, é digno de nota que atualmente os ativos e as construções realizadas no âmbito das PPPs têm sido desenhados de forma a serem precipuamente financiadas com verbas federais advindas dos programas de incentivo do governo federal (PAC da Mobilidade, por exemplo); portanto, há uma ineficiência adicional em se adotar a carga tributária federal sobre recursos que já fluem da esfera federal. Este mecanismo de tributação sobre estes recursos seria, por assim dizer, "tirar dinheiro de um bolso para colocar em outro", o que não faz sentido dentro de uma política de repartição de recursos e do federalismo que estes programas federais de desenvolvimento tentam corroborar.

- **Ajustes do *Value for Money*** – A correção da bitributação, que atualmente contribui para transferir mais recursos ao orçamento federal (já que incide sob as duas cadeias produtivas consecutivas da prestação de serviços da PPP), contribuiria também para a redução do custo do projeto de PPP ao ente; desta forma, as comparações quantitativas acerca das vantagens econômicas de um contrato de PPP *vis-à-vis* um projeto licitado de forma tradicional – e que são importantes aos olhos dos *stakeholders* e dos órgãos responsáveis pela aprovação do projeto – tornam-se mais favoráveis à adoção do contrato de PPP, visto que se torna um projeto mais econômico para aquele mesmo escopo.

- **A questão do limite fiscal para PPPs e os contornos de interpretação deste parâmetro** – Outro importante ajuste deveria se dar ao entendimento acerca do limite de gastos correntes com PPPs, que atualmente é de até 5% da Receita Corrente Líquida. A PPP *greenfield* para novos hospitais, clínicas e/ou centros de saúde, que foram integralmente construídos e que prestarão novos serviços à população como resultado do contrato de PPP deve, por justo, ser registrada como um novo gasto e, portanto, deve ser integralmente registrada nos cálculos do limite. Entretanto, as PPPs que forem formatadas para aproveitar o equipamento público já existente, ou seja, como forma de substituição dos gastos públicos já existentes (tal como hospitais reformados e/ou serviços clínicos e/ou não clínicos já prestados no âmbito público) não deveriam contar para o limite, visto que não representam a assunção de uma nova responsabilidade pelo poder público para construção e/ou gestão de um novo ativo público e/ou a criação de custeio público adicional; indicam, sim, a transferência de responsabilidades, ou seja, a substituição de um custeio público por um custeio privado (constituído porque delegado pelo poder público) que é, por sua vez, remunerado por meio de uma contraprestação pública de longo prazo.

- **A questão da imunidade tributária das filantrópicas** – Já que a PPP implica vantagens potenciais para o gasto público eficiente (atestadas pela literatura de PPPs e pelos relatórios difundidos por órgãos de controle em diversos países, tais como o *National Audit Office* do Reino Unido), dentre as quais destacam-se o financiamento do investimento ao longo do tempo, a possibilidade de construir mais rapidamente e com maior eficiência, uma prestação de serviço de maior qualidade atestada pela pactuação e mensuração de indicadores de desempenho, haveria que se pensar em uma política tributária que priorize ou incentive as PPPs dentre o rol de modalidades contratuais e políticas de alocação de recursos destinadas à saúde pública no país. Dentre as possíveis políticas, a primeira medida seria harmonizar o tratamento tributário diferenciado que se faz às empresas filantrópicas, para que operem no regime de PPPs da mesma forma como já gozam no regime de OS. Em outras palavras, a ideia seria dar imunidade tributária às filantrópicas também no âmbito das PPPs – já que hoje as sociedades filantrópicas perdem esta vantagem ao criarem SPEs operadoras das PPPs em saúde. Dessa forma, o mercado de filantrópicas, que hoje já se interessa pela operação conjunta com o Estado na forma de uma OS, também passaria a se interessar, com mais afinco, pela operação de uma PPP.

- **A questão do arranjo contratual** – Projetos de PPP em saúde costumam ser muito sensíveis ao tratamento e alocação contratual do risco de demanda. Diferentemente de outros setores, a projeção de demanda em saúde é muito mais complexa e sujeita a erros de previsão, porque não está necessariamente vinculada a fatores econômicos (como é, por exemplo, a projeção de demanda em uma rodovia, que tem muita aderência à melhoria das condições econômicas de um país e que, portanto, tem o crescimento do PIB como variável determinante). As perguntas que precisam ser exploradas neste tipo de projeto são: (i) como prever alterações do padrão epidemiológico e fazê-las constar das projeções de demanda pelo equipamento de saúde?; e (ii) como identificar e tratar alterações abruptas da epidemiologia do ponto de vista contratual? Eximir a Concessionária dos efeitos de sua ocorrência, como se fosse um caso de força maior?; e (iii) em se tratando de um equipamento de saúde pública de porta aberta, em que não se pode negar atendimento, como se deve tratar o risco, por vezes não administrável, do Concessionário quanto à regulação da demanda por saúde? Portanto, ao se definir o desenho do projeto, é preciso alocar riscos de demanda e/ou disponibilidade ao poder público, a despeito de questões fiscais que estes passivos contingentes possam trazer. Alternativamente, é necessário avaliar se há espaço para, em alguma medida, compartilhar de modo eficiente o risco de demanda com o concessionário. Além disso, para reduzir as incertezas de potenciais licitantes, e até mesmo para que estes se sintam interessados em assumir estes contratos por longo prazo, é preciso abrir espaços contratuais às revisões ordinárias, já que se trata de um setor cujos contratos precisam ser reparametrizados de tempos em tempos.

Conclusão

É importante salientar que, apesar das resistências ideológicas, que tendem a ser mais duradouras em setores de infraestrutura social como saúde, o país tem se encaminhado para bons avanços em termos das PPPs em saúde.

Os dados e as experiências em diferentes entes federativos, sob as mais diversas etapas do processo, corroboram esta visão. Sem dúvida que o maior desafio, no momento, envolve a definição das demandas de interesse público que poderiam ser satisfeitas por intermédio de contratos de PPP e, consequentemente, a estruturação dos projetos. Pode-se dizer que as PPPs em saúde no Brasil encontram-se em estágio de aprendizagem, quer seja para o poder público, quer seja para a iniciativa privada.

No entanto, embora as resistências e os preconceitos ideológicos sejam mais difíceis de serem ajustados, há ainda um percurso institucional, normativo e gerencial que pode facilitar este processo – ao menos podem reduzir as dificuldades na tomada de decisão pelos gestores públicos, que devem pautar suas ações em função de motivação técnica e buscando trazer eficiência à utilização dos recursos públicos.

BIBLIOGRAFIA

CARRERA, M. B. M. **Parceria público-privada na saúde no Brasil**: Estudo de caso do Hospital do Subúrbio de Salvador – Bahia. Dissertação de mestrado da Fundação Getulio Vargas. São Paulo, 2012.

FIOCRUZ. **A saúde no Brasil em 2030**: Diretrizes para a prospecção estratégica do sistema de saúde brasileiro, 2012.

INSTITUTO BRASILEIRO DE GEOGRAFIA E ESTATÍSTICA. www.ibge.gov.br

LA FORGIA, G. M.; COUTTOLENC, B. **Desempenho hospitalar no Brasil**: em busca da excelência. São Paulo: Singular, 2008.

Relatórios do site PPP Brasil (www.pppbrasil.com.br).

RIBEIRO, M. P. **Concessões e PPPs**: melhores práticas em licitações e contratos. São Paulo: Atlas, 2011.

Um novo paradigma para o investimento público: parcerias, formas de gestão e ampliação das fontes de financiamento

JOSÉ ROBERTO R. AFONSO
GERALDO BIASOTO JR.

Introdução

A cena política e social sofreu transformações importantes nos últimos anos. Uma delas foi a concessão de serviços públicos, que passou a ser assimilada e aceita pela sociedade e pela própria máquina estatal. Neste campo, as parcerias público-privadas (**PPPs**) abriram espaços, por maiores que sejam as dificuldades com sua inovação e a lógica pública. Mas ainda há muito por fazer, sobretudo diante das taxas de investimento, global e governamental, das mais baixas entre economias emergentes.

A título de dar uma contribuição para enfrentar o desafio do baixo investimento e aproveitar a aceitação social das parcerias, é aqui proposto um novo arranjo institucional para o financiamento e a gestão privada de grandes projetos de investimentos públicos. É preciso garantir que o setor privado não seja exposto a riscos que inviabilizam sua participação ao vedar ao Estado a tentativa de transferir a terceiros as obrigações que lhe são típicas.

Neste contexto, o objetivo deste trabalho é construir um Estado mais ágil, capaz de articular ações públicas e privadas que garantam a realização dos projetos de infraestrutura tão necessários ao crescimento econômico.

A estrutura do trabalho compreende na Seção 1 os óbices que têm se colocado a uma expansão mais forte dos novos instrumentos. A Seção 2 enuncia uma nova forma de tratar a questão do investimento público frente aos conceitos de déficit público. A Seção 3 mostra relações intergovernamentais alternativas para o encaminhamento das parcerias. A Seção 4 enfoca a necessidade de governança nas ações públicas em um novo paradigma de blocos de investimento e de credibilidade no trato do arcabouço proposto do ponto de vista da política fiscal.

1 O estado das artes ou as artes do estado

Há tempos se discute a fragilidade da infraestrutura brasileira e, mais recentemente, são questionadas as condições do Estado brasileiro de se desincumbir das tarefas historicamente imputadas a ele no campo do investimento público. O cenário pouco mudou depois de lançado, em meados da década passada, o Plano de Aceleração do Crescimento (PAC), porque a rara convergência em torno do diagnóstico não foi seguida de medidas realmente estruturais para equacionar o desafio de um governo que muito arrecada, mas pouco investe.

Interessante é que, mesmo tendo a Lei de Concessões quase duas décadas de vida e a Lei das PPPs cerca de oito anos, a vigência em larga escala das parcerias não tenha sido nem de longe lograda. Os motivos identificados são diversos, indo do nível muito elevado dos juros reais, das dificuldades para obtenção de licenças ambientais até os obstáculos à realização de parcerias. Dentre eles, mencionam-se o risco – considerado excessivo – repassado aos interessados privados, a fragilidade das garantias, a descontinuidade administrativa e a dificuldade em delimitar o campo da operação.

As razões do atraso devem ser buscadas nas relações entre o público e o privado e isso atinge de maneira dramática o investimento em infraestrutura. Há um enorme descompasso entre a dinâmica (avançada) das forças de mercado e o ritmo (lento) das reformas institucionais. O recurso às parcerias foi tratado pelo Estado como passível de gerar resultados acima de suas possibilidades.

Em diversos casos, o Estado transferiu aos parceiros privados atribuições que são dele próprio, como licenças ambientais ou articulações entre distintos atores da máquina pública. Essa postura, ao invés de abreviar, atrasou empreendimentos e jogou um enorme risco adicional para o projeto, o que não poderia deixar de resultar em paralisia de ambas as partes.

Neste contexto, torna-se cada vez mais necessário pensar em alternativas, mais ousadas e ambiciosas, para enfrentar uma questão tão grave para o futuro do país como o reduzido investimento público no Brasil.

Antecipa-se que, na tentativa de contornar as restrições legais e os entraves burocráticos ao endividamento e ao investimento de empresas estatais, algumas soluções (como no caso de operações estruturadas montadas com o Banco Nacional de Desenvolvimento Econômico e Social – BNDES) até já foram adotadas na linha aqui defendida. Mas as alternativas já acionadas tiveram dimensão ou tempo de maturação excessivamente restritos para garantir uma mudança qualitativa ao ponto de reverter expectativas empresariais com respeito à garantia de infraestrutura econômica para o crescimento. Os processos de concessão de serviços públicos tiveram seu papel, de inegável importância, mas pouco resta por avançar. Pior sorte tiveram as PPPs, que esbarraram em uma série de obstáculos. Logo, não há como supor que, ao menos no futuro próximo, este formato institucional de concessões e parcerias, em suas versões puras, possa garantir parte substantiva das necessidades de infraestrutura do país.

Ao mesmo tempo, todo o aparato de controle das contas públicas para efeito de cumprimento das metas fiscais permanece formalmente em vigor. Naufragaram as tentativas de estabelecer conceitos inovadores – como foi o caso dos projetos-piloto de investimentos (PPI), nos quais aqueles com taxa de retorno positiva teriam seu financiamento deduzido das necessidades de financiamento do setor público não financeiro. A retirada da Petrobras e, depois, da Eletrobras da submissão às metas fiscais de superávit primário e dívida líquida não resultou em elevação sustentada de seus investimentos e foi criticada pelos analistas de mercado, quando mais serviram para a engenharia fiscal que gerou receitas primárias artificiais para o Tesouro à conta de emissões de títulos e triangulações com o BNDES. Em verdade, os agentes econômicos entenderam as mudanças muito mais como mero instrumento para redução do esforço de superávit primário do setor público.

A capacidade do Estado para lançar mão de uma parcela da arrecadação de impostos e até mesmo da captação de crédito para financiar a realização dos investimentos públicos não foi recuperada, em que pese o contínuo aumento da carga tributária bruta global e o fato de o país ostentar um nível de dívida bruta muito acima da média das economias emergentes. No caso dos investimentos diretamente realizados por entidades públicas, nada mudou em duas décadas de política fiscal e os caminhos para que ganhasse grau de liberdade em relação às contas fiscais, com maior participação privada, também não lograram um equacionamento efetivo.

Esta situação de impasse requer que se elimine o maniqueísmo da oposição entre o público e o privado. É necessário gerar outras formas de investimento público adequadas aos novos mecanismos financeiros e às lógicas privadas de gestão e fazer isso sem perder credibilidade em relação ao realismo fiscal e à tendência de que o investimento privado ocupe espaços cada vez maiores dentro do investimento global.

Uma estratégia inovadora para elevar investimentos e preservar o equilíbrio fiscal seria conciliar a condução pública com a chancela do mercado para projetos de grande porte e sob condições especiais. Esse princípio já foi adotado em algumas soluções, em diferentes países, ainda que de caráter localizado e por conta de projetos específicos.[1] No caso de grandes projetos de infraestrutura, um arranjo institucional próximo ao que aqui será defendido foi aplicado ao sistema ferroviário alemão, que, depois da gestão compartilhada, acabou privatizado.[2]

2 Um novo arcabouço institucional para o investimento público

A proposta, em resumo, consiste em abrir um segmento dentro das contas públicas em que os mecanismos de mercado devem nortear a validação dos projetos de investimento e só assim resultar na retirada de seus gastos das

---

[1] Algumas experiências bem-sucedidas em países ricos e emergentes ajudaram a inspirar a modelagem aqui proposta. A título de ilustração, vale verificar como importantes investimentos foram realizados com base em um inter-relacionamento entre poder público e iniciativa privada para a construção e operação dos grandes projetos do Parque das Nações em Lisboa, Portugal, e da *Federation Square* em Merlbourne, na Austrália (ver apresentações realizadas no Foro de Cidades de Alicante, em março de 2007, e disponíveis no seguinte link: <http://www.suma.es/foros/index.php>).

[2] Joachim Knopp, do ILDES, destaca que a rede ferroviária alemã era controlada por uma empresa com 100% de capital público, mas com gestão já privada. Em meados de 2007, foi anunciada a abertura de capital e prevista a transferência total para o setor privado por 15 anos. A experiência alemã com ferrovias é considerada mais bem-sucedida do que a privatização promovida na Inglaterra e tem sido objeto de intenso debate; sem contar que o país adota uma só agência para regular os serviços de eletricidade, telecomunicações, correios, gás e, agora, ferrovias, chamada Agência Federal de Redes (http://www.bundesnetzagentur.de/enid/2.html).

metas de resultado sem que isso arranhe a credibilidade da política fiscal. Seria uma espécie de espaço fiscal diferenciado.

Para impedir a banalização do novo espaço fiscal, caberia identificar entre 20 e 30 projetos fundamentais para o desenvolvimento do país que pudessem ser organizados sob a forma legal de empresas de propósito específico, mas que ainda encontrassem dificuldades em seu equacionamento sob a forma de PPP.[3] Isto é, ainda que instituídas e reguladas pelo poder público, deveriam ser geridas de forma profissionalizada, em regime de governança privada.

A seleção dos projetos objetiva identificar aqueles avaliados como economicamente viáveis em relação a suas taxas internas de retorno. Do mesmo modo, projetos com taxa interna de retorno inferior, mas que tenham relevância para a economia e, assim, apresentem impactos econômicos indiretos positivos, até poderiam ter apoio para a realização. Esses projetos deveriam ter o novo desenho como base, tanto na formulação como na execução, desenvolvendo ações gerencialmente eficientes e financiáveis pelo mercado. Logicamente, apenas uma grande transparência nos projetos e em sua gestão poderia garantir a participação do mercado.

Caberia selecionar inicialmente um número limitado de projetos prioritários e montar, caso a caso, estruturas próprias de gestão profissionalizada, guiadas por metas e cronogramas, dotadas de independência dos preceitos normais do serviço público, mas solidamente monitoradas por instâncias de controle. Vale enfatizar a necessidade de construir uma estrutura institucional efetivamente distinta da normalidade administrativa do Estado.

O ponto diferencial, entretanto, não seria dado apenas pela estrutura governamental, mas sim pela lógica de mercado. Para tanto, o financiamento dos projetos deveria contar com recursos específicos, captados diretamente no mercado financeiro. Essa estratégia contemplaria levantar recursos como operações de crédito em bancos e fundos de investimento e também mediante a emissão de títulos contrarrecebíveis. Logicamente, seria crucial a estrutura

---

[3] A título de curiosidade, menciona-se que documento recentemente publicado pelo World Bank – ver Easterly, Irwin e Servén (2007) – chega a anunciar a proposta aqui desenvolvida: *private financing of public investment projects* (pp. 15-17). A análise, porém, é voltada para experiências latinas em torno das tradicionais PPP e acaba na crítica aos perigos de riscos fiscais. Os autores até levantam a possibilidade, mas desdenham da opção:
> On the whole, private financing has not come to play the dominant role in the provision of infrastructure services in Latin America and elsewhere that many observers expected. It may sometimes improve efficiency, and it may sometimes allow governments to sidestep the problems created by traditional fiscal targets, but in sectors such as roads and water it plays a very small role in total investment – something unlikely to change in the near term.

jurídica armada para dar segurança aos aplicadores quanto à condução profissionalizada da gestão.

Os projetos de investimentos seriam avaliados e classificados entre quatro diferentes tipos, o que resultaria em tratamentos distintos para fins de mensuração do resultado fiscal:

- *Tipo 1* - projeto cuja geração de recursos garante Taxa Interna de Retorno (TIR) adequada frente às condições de mercado.
- *Tipo 2* - projeto que tem TIR adequada quando considerada a vida do empreendimento, mas com incertezas em seu desenvolvimento inicial que fazem com que os primeiros anos sejam de TIR muito baixa ou negativa.
- *Tipo 3* - projeto que tem TIR consistentemente inferior à taxa de mercado, mas produz economias externas que o tornam de interesse público.
- *Tipo 4* - projeto cuja TIR nunca atingirá as taxas de mercado, mas de elevado interesse social e no qual a gestão privada é importante.

Existem diferentes formas e necessidades de intervenção para cada um dos tipos de projeto acima elencados. Os projetos do Tipo 1 precisam apenas de formas adequadas de articulação para sua realização. Já os projetos dos Tipos 2 e 3 dependem de articulação e credibilidade da política fiscal (orçamentária) para que os capitais privados sejam atraídos. Os projetos do Tipo 4 estão condicionados a formas de comprometimento de recursos no longo prazo e interesses de naturezas distintas dos agentes privados.

A nova formatação institucional estaria baseada na montagem de uma sociedade de propósito específico (SPE) para cada um dos projetos de investimento. Essa SPE seria de capital majoritariamente público, mas sua gestão seria de caráter privado e de estrita autonomia para a realização de seus fins. Diretoria e Conselho de Administração se guiariam por um contrato de gestão com uma Unidade Gestora de Projetos Estratégicos e com a área governamental responsável no qual estariam previstos os compromissos com a condução da empresa e a realização de sua finalidade.

Alguns dos projetos seriam tocados por empresas públicas com governança de mercado por todo o seu período de vida. Um sócio-operador privado poderia ser eleito, pela via do leilão de participação societária minoritária, sempre que as qualidades técnicas da parceira com empresas especializadas fossem interessantes, como mostra a Figura 1. Seria necessária a aprovação em lei de um regulamento próprio de licitações para o programa, o que não fere de nenhuma forma o regramento constitucional vigente. Do ponto de vista da gestão, as condições de funcionamento seriam semelhantes às melhores práticas do setor privado.

Figura 1 Estrutura jurídica – Empresa pública

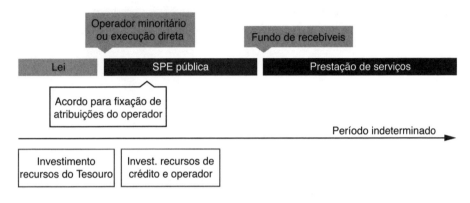

Em outros casos, o Estado poderia realizar a venda da posição de acionista majoritário para um agente privado que teria compromissos operacionais semelhantes aos assumidos em uma licitação de PPP ou concessão. O instrumento seria a venda do bloco majoritário de controle. O acordo de acionistas, como mostra a Figura 2, é a modalidade que dá a garantia ao poder público do cumprimento das políticas previamente definidas.

Figura 2 Estrutura jurídica – Venda do controle

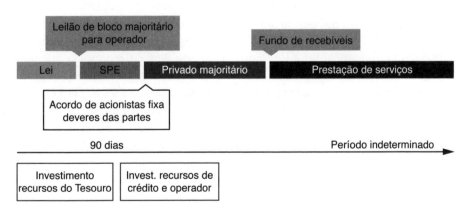

Os recursos financeiros para o investimento seriam captados por conta da emissão de papéis em mercado ou da captação de crédito junto ao sistema financeiro, em operações estritamente de mercado. Essa é a chave de todo o processo: o crivo dos investidores privados é a maior garantia de que os projetos têm possibilidade de gerar retornos satisfatórios frente ao esperado pelo mercado financeiro. Isto vale para os projetos do Tipo 1, já descritos, mas também para os demais tipos, sendo crucial a credibilidade nos aportes públicos para compor a TIR necessária.

3 Multiplicando oportunidades nas relações intergovernamentais e na associação entre o público e o privado

As práticas de planejamento de projetos no âmbito público, mesmo que realizadas por agentes privados, seguem viciadas nos mesmos mecanismos e concepções característicos do velho Estado brasileiro. O baixo poder de articulação entre ações para conduzir projetos conjuntamente retrata a tradição da administração pública brasileira, com sua estrutura "balcanizada" por setores, refratários a quaisquer ações integradas. Nesse ponto, é possível atribuir ao PAC a tendência à fragmentação da ação pública e à ausência de cuidado com a economicidade. Tudo se passa como se o onipotente Governo Federal pudesse mobilizar quaisquer quantidades de recursos necessários para fazer todas as obras, mas só agora desata os primeiros nós das parcerias com o setor privado.

O inverso tem ocorrido nos estados e municípios, pois as PPPs vão tendo curso em diversas regiões e localidades e diferentes setores de atividade. De hospitais a centrais de informática, de escolas a centros de convenções, as parcerias vêm avançando e de maneira segura. Nesse processo, o que mais merece destaque é o rompimento de barreiras ideológicas e das velhas amarras postas pela burocracia pública. Vale registrar uma experiência nova que tem ganhado corpo, especialmente em situações subnacionais. A proposta de manifestação de interesse privado (PMI), que por vezes assume o formato de manifestação de interesse privado (MIP), tem significado um novo ingrediente da dinâmica das administrações públicas, notadamente no nível estadual. As MIPs ou PMIs são instrumentos de interação entre o público e o privado que permitem aos últimos a apresentação de propostas e estudos sobre intervenções em obras e serviços, abrindo novas possibilidades, antes não colocadas pela máquina pública, ou levando ideias já consolidadas a projetos completos o suficiente para permitir a realização de certames licitatórios. A remuneração de estudos e projetos pelo vencedor da licitação reduz o risco para a empresa ou consórcio que o assumiu. Ao mesmo tempo, no seio da máquina pública, uma forte pressão por encaminhamentos e decisões estabelece uma nova temporalidade para a intervenção em pauta.

É interessante observar que, quanto mais próximas do nível local, mais as intervenções ganham em multissetorialidade. Essa característica das PPPs acaba impondo arquiteturas ainda mais arrojadas e formas de sustentação econômica e política ainda mais elaboradas. As condições criadas a partir das realidades locais deslocam o centro das decisões privadas sobre os projetos da questão da TIR para a avaliação de um grande número de fatores que podem condicionar cronogramas de execução e volumes de recebíveis.

Alguns projetos têm superado barreiras federativas e unido diferentes níveis de governo em torno de objetivos comuns, com o uso das atribuições constitucionais próprias de cada ente federado. O maior exemplo é o Porto Maravilha do Rio de Janeiro, onde União, Estado e Município participam de uma operação de revitalização urbana. Nela, cada um dos agentes coloca suas prerrogativas a serviço do conjunto da obra, em associação estreita com o setor privado e fontes oficiais de financiamento.

Dentre outros formatos de investimento de caráter regional, com suportes locais e igualmente viáveis, merecem atenção os que envolvem transportes metropolitanos, especialmente o metrô. Os custos da construção e implantação são crescentes por conta da valorização do solo urbano e das exigências que se avolumam, seja na questão da segurança, seja na do meio ambiente. A única forma de confrontá-los é apropriando parte do valor gerado pela própria obra em termos imobiliários e econômicos. A associação entre os níveis de governo e destes com o setor privado passa a ser condição prévia para a viabilidade do empreendimento.

Um caso hipotético de associação entre vários entes pode exemplificar esta intervenção de transportes em situação metropolitana. A Figura 3 mostra o financiamento de um investimento em transportes, a ser iniciado em um formato de empresa pública. A estrutura de financiamento abaixo esboçada já retrata o momento em que a SPE foi a leilão para venda de bloco majoritário de controle. Neste exemplo, a Prefeitura também participa como sócia do empreendimento usando suas prerrogativas de posturas urbanas, como a outorga onerosa, na viabilização das estações e do seu entorno (estacionamentos, prédios habitacionais e comerciais, terminal integrado com ônibus, redimensionamento do viário).

Figura 3 Estruturação financeira

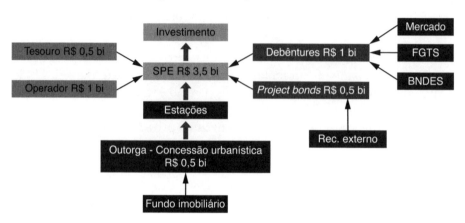

Vale notar que todo o grande objetivo da formatação proposta é a mitigação de risco ao parceiro privado, especialmente do risco relativo ao período de formatação, investimento inicial e obtenção de licenças. Como este tipo de risco é de difícil mensuração, os empreendimentos acabam inviabilizados pela ausência de condições de cálculo e de construção da estrutura de seguros à SPE na fase de construção. Porém, cabe frisar que assumir os riscos deste tipo de empreendimento sempre foi fácil ao Estado, dado que ele não tem uma taxa de retorno a honrar. Na transição para a composição dos interesses entre o público e o privado, os prazos e as condições passam a ser cruciais.

4 Governança, credibilidade e contas públicas

A construção da credibilidade, obviamente, é essencial neste processo. Por isso, o novo sistema teria que ser dotado de uma forte estrutura de governança corporativa, com salvaguardas legais para os gestores dos projetos. Não custa recordar que a Constituição já prevê que a lei regule a autonomia de empresas estatais, desde que associada à adoção de "contrato de gestão", o que coincide com a tese ora defendida, de modo que a regulamentação de tal dispositivo poderia oferecer a segurança jurídica e econômica a ser demandada pelos parceiros privados de cada projeto.[4] Ao mesmo tempo, os investidores privados teriam que ter a garantia da permanência dos termos contratuais amparados por um sistema de seguros, especialmente para a fase não operacional.

A relação entre esta nova forma de empreendimento estatal e a política fiscal deve trazer novos contornos para aferição das contas públicas sem abalar os ganhos conseguidos com todo o avanço em torno da redução do déficit público e da institucionalização de mecanismos como a Lei de Responsabilidade Fiscal (LRF). O financiamento dos projetos não poderia ser computado como déficit, dado que está submetido a análises de desempenho e retorno econômico-financeiro positivos, chancelados pelo próprio mercado. Esses investimentos e seus financiamentos não seriam computados no cálculo oficial das necessidades de financiamento do setor público (NFSP).

Nos casos em que ocorre um subsídio público para que os projetos atinjam níveis de TIR requeridos para a viabilidade de financiamento em mercado, o montante anual deste subsídio passa a ser considerado como necessidade de financiamento e fica incorporado ao déficit a cada ano. No momento em que o projeto ganhar sustentação própria e o subsídio cessar, deixa de existir déficit. Vale notar que essa sistemática possibilita contabilizar o déficit realmente existente, sem cair na armadilha derivada da forma de contabilização do déficit pela comparação de estoques de dívida.

Como um dos objetivos principais desta proposta é melhorar e consolidar boas práticas gerenciais, os desvios verificados nos resultados frente aos parâmetros previamente aprovados para os projetos teriam que ser tratados como expansão dos gastos públicos, passando a aumentar o déficit público. Ao mesmo tempo, os aplicadores deveriam ter recompostas suas posições frente às expectativas iniciais.

As principais formas de ajuste seriam:
- desvios da TIR em projetos do Tipo 1: contabilização como déficit, em caso de recorrência, mediante avaliações anuais;

---

[4] Chama-se a atenção para o dispositivo do artigo 37 da Constituição em 1998, introduzido pela emenda da reforma administrativa (EC nº 19), mas que ainda não foi objeto de regulamentação:
"§ 8. A autonomia gerencial, orçamentária e financeira dos órgãos e entidades da administração direta e indireta poderá ser ampliada mediante contrato, a ser firmado entre seus administradores e o poder público, que tenha por objeto a fixação de metas de desempenho para o órgão ou entidade, cabendo à lei dispor sobre:
I - o prazo de duração do contrato;
II - os controles e critérios de avaliação de desempenho, direitos, obrigações e responsabilidade dos dirigentes;
III - a remuneração do pessoal."

- desvios da TIR em projetos do Tipo 2: contabilização imediata como déficit. Capitalização em R$, a depender do desvio de rota;
- desvios da TIR em projetos do Tipo 3: contabilização imediata como déficit. Capitalização em R$ e auditoria de gestão;
- desvios da TIR em projetos do Tipo 4: contabilização imediata e reorganização administrativa.

É possível alegar que esta proposta seria extremamente atrativa frente às formas puras ou mais simples de concessão ou às parcerias público-privadas por várias razões.

Para a viabilização do empreendimento, a redução dos riscos de implantação é altamente interessante por conta das dificuldades em montar estruturas de seguro para esta fase. Os prazos de obtenção de licenças, especialmente ambientais, têm deteriorado as condições de cálculo dos riscos desta fase, o que poderia ser mitigado com a responsabilização direta do governo frente aos aplicadores. Outro elemento importante é a possibilidade de se reduzir o papel de mecanismos que ainda geram grandes incertezas, como o fundo garantidor ou o sistema de seguro de construção.

No que concerne ao setor público, a proposta pode render ganhos na eficiência da ação estatal e prevenir a formação dos famosos esqueletos. A incorporação dos desvios de execução frente ao planejamento inicial logo no momento de sua identificação colabora para incrementar a eficiência da máquina pública. A avaliação constante dos projetos para efeito de incorporação de deficiências às contas fiscais impede que a deterioração de suas condições patrimoniais se eternize até as operações de salvamento. A transparência conseguida amplia as possibilidades de transferência de formas da gestão privada ao setor público, inclusive na área social.

Não resta dúvida, porém, de que é nas funções do mercado financeiro que podem ser identificadas as características mais interessantes do modelo proposto. Para começar, a proposta implica redesenho do mercado de crédito de longo prazo ao setor público, abrindo espaços de aplicação para capitais internos e externos atualmente vinculados a títulos públicos. Ao mesmo tempo, a experimentação e o desenvolvimento de instrumentos financeiros privados em ambiente de investimento público pode render o amadurecimento da nova institucionalidade que dá seus primeiros passos. Uma necessidade será a montagem de estruturas de seguro compatíveis com as necessidades de empreendimentos de vulto.

O financiamento pelo mercado poderia melhorar a qualidade de muitos projetos de investimentos. Tal formatação não exigiria um sistema de securitização tão complexo quanto o que é necessário para as PPPs. A salvaguarda para as contas públicas se daria pela punição aos projetos mal executados. Em caso de descompasso entre a trajetória financeira inicialmente desenhada e a realizada, o diferencial seria computado como novo déficit público. Mas isso não daria aos investidores nenhum direito de ressarcimento, justamente para garantir as melhores decisões de investir e o monitoramento das condições gerenciais da empresa.

Três precondições deveriam ser atendidas: desenvolvimento de uma avaliação econômica detalhada do empreendimento, com auditoria externa; constituição de uma diretoria profissional, sem interferência política e com ativa participação dos investidores; e estruturação do financiamento da empresa realizado em mercado, com agentes privados.

A expectativa é de que tal proposição traria importantes benefícios para a economia nacional. Economizaria tempo na viabilização de projetos essenciais. Iniciaria a remontagem de uma estrutura de financiamento ao setor público, fugindo da concentração do endividamento na dívida mobiliária. Permitiria que o mercado financeiro desenvolvesse práticas e instrumentos compatíveis com o financiamento de operações de porte, que, posteriormente, poderiam ser diretamente realizadas pelo setor privado.

As maiores vantagens do sistema proposto, frente aos outros métodos de proteção ao investimento em contextos de restrição fiscal, seriam:

- inexistência de grandes problemas de classificação como os encontrados na separação entre o balanço de gastos correntes e o de despesas de capital, dado que o crivo do mercado evitaria qualquer má avaliação quanto às características do empreendimento;
- não se colocam as dificuldades com que os analistas se defrontariam na aferição do déficit estrutural, especialmente em economias nas quais os ciclos não têm uma definição muito clara; e
- todo o esforço institucional já realizado para garantir um novo marco legal para a gestão fiscal permaneceria intacto.

A modelagem proposta pode ser considerada superior à do PPI, que selecionava um rol de investimentos e simplesmente deduzia o valor correspondente do gasto e déficit público. Em primeiro lugar, porque os analistas de mercado têm tratado esse mecanismo como uma forma de maquiagem contábil ou fiscal. Em segundo, porque o PPI realmente não reflete nenhum conceito ou formato novo que melhore a eficiência, a gestão ou a solvência do setor público. Ao contrário, o PPI mais parece uma lista de projetos escolhidos por importância política.

Importa comparar o desenho aqui proposto com a modelagem já aplicada às PPPs no Brasil. Nenhum deles é excludente, uma vez que parcerias comandadas pelo setor privado já podem ser realizadas. O grande diferencial é que as PPPs acessam recursos na forma de garantias e junto a um fundo que poderá se tornar um grande esqueleto, enquanto a proposta em pauta liquida seus desvios, diante do planejamento inicial, a cada ano, produzindo o déficit correspondente no próprio ano. Dessa forma, estaria preservado o critério de apropriação dos prejuízos de forma a não afetar gerações futuras.

Tomada do ponto de vista mais geral, a formatação proposta visa romper a oposição entre as ações públicas e o setor privado, gerando unidades produtivas de perfil de funcionamento privado ainda que sob a propriedade estatal. Sem dúvida, a dimensão dos problemas da economia brasileira com a infraestrutura é tamanha que a multiplicidade de caminhos é bem-vinda.

Conclusão

O crescimento econômico puxado pela elevação da taxa nacional de investimento é o maior desafio atual da economia brasileira. Qual é o diagnóstico básico do problema? O crescimento é resultado de um conjunto de fatores, entre os quais podemos identificar dois como os mais relevantes no horizonte imediato: a adequação das políticas de juros e câmbio e o formato da presença do Estado na economia.

As soluções de política econômica até aqui se sustentaram na produção de superávits primários, viabilizados por novas elevações da carga tributária, convivendo com a inconsequente ampliação dos gastos correntes, relegando o investimento público a nível secundário, mesmo na vigência do PAC.

No campo da avaliação das condições do Estado de adotar políticas que suportem as necessidades de incremento da infraestrutura, é inegável que a atual estruturação da política fiscal é altamente restritiva. Diversos conceitos e formas de medida das contas fiscais apresentam um viés contrário aos gastos em investimento.

As duas tentativas de incentivar investimentos públicos e envolver recursos privados nas áreas em que tradicionalmente o setor público é supridor não tiveram o desempenho inicialmente esperado. De um lado, o PPI, redução do déficit limitada a projetos com piso de retorno aceitável, não teve condução expressiva e sempre foi percebido pelo mercado como mero falseamento das contas fiscais. De outro, a PPP, dadas as dificuldades envolvidas na formatação do *project finance*, deverá ser um instrumento em construção por período apreciável de tempo.

A busca por um espaço no orçamento público para aumentar as despesas com investimento (principalmente em infraestrutura) vem ganhando cada vez mais importância nas discussões internacionais[5] e já desperta atenção da política econômica brasileira, mas isso não foi suficiente para resultar em medidas de caráter estrutural.

Em princípio, há uma grande aposta de que, mantidos o atual patamar de carga tributária, a redução da taxa básica de juros e a esperada diminuição das despesas públicas com tais encargos, isso levaria a aumentar a chamada poupança corrente do governo federal (fora os efeitos benéficos da aceleração da economia) e, com isso, seria aberto o espaço para o financiamento de um volume maior de investimentos públicos federais, especialmente em infraestrutura. O problema é que não há nenhuma garantia de que o espaço fiscal aberto seja destinado a investimentos; muito pelo contrário, uma série de decisões federais (aumento de salários e de benefícios assistenciais, abertura de novos órgãos e criação de novos cargos) resultou em uma trajetória crescente dos gastos com pessoal e custeio nos próximos anos. Poder-se-ia recorrer a vinculações para redirecionar a sobra fiscal às despesas de capital, porém o passado recente mostra que, mesmo quando criadas e cobradas contribuições econômicas e taxas para financiar investimentos, elas se tornaram insuficientes – quando não inexistentes.

O grande desafio que se coloca nesse momento para a formulação das políticas é a proposição de formas de investimento em infraestrutura pela ação do Estado sem que os ganhos derivados da responsabilidade fiscal sejam postos em risco. Para isso, aqui se traz a proposta de desenhar um novo formato de bloco de investimentos, caracterizado pela formação de uma empresa controlada pelo Estado, mas de fim específico. Uma empresa de gestão privada submetida a diretrizes governamentais. O investimento realizado não seria

---

[5] Ver IMF (2004a), Martner e Tromben (2005) e Easterly, Irwin e Servén (2007).

contabilizado como déficit público, justamente porque a realização passaria pelo crivo do mercado como seu financiador. Logicamente, é uma forma de mimetizar o comportamento normal do mercado, em que a avaliação de crédito acaba chancelando a viabilidade e o retorno esperado do investimento.

O risco de criação de esqueletos sempre está colocado, mas um arcabouço transparente com avaliação e penalização imediata pode viabilizar um quadro fiscal de boa credibilidade para os agentes econômicos. Por isso, quaisquer insuficiências de fundos ou deficiências inesperadas de taxa de retorno deveriam ser imediatamente assumidas como ônus governamental e contabilizadas na NFSP como déficit público.

As vantagens dessa estratégia vão além de apressar investimentos inadiáveis, pois, ao mesmo tempo, a recomposição do padrão de financiamento público assume novos contornos e as próprias formas privadas de estruturação de financiamentos vão ganhando densidade e preparando o setor privado para uma presença mais forte na capacidade de ofertar infraestrutura.

BIBLIOGRAFIA

AFONSO, J. R. R.; BIASOTO, G. Investimento público no Brasil: diagnósticos e proposições. **Revista do BNDES**. Rio de Janeiro, v. 14, n. 27, p. 71-122, junho 2007b.

_____; ARAÚJO, E. **Fiscal space and public sector investments in infrastructure**: a brazilian case-study. Brasília: Ipea, dezembro de 2005 (Texto para Discussão n. 1.141).

ASSMANN, P. **Uma nova macroeconomia para os investimentos de infraestrutura**. São Paulo: maio de 2006. Mimeografado.

ASSOCIAÇÃO BRASILEIRA DE INFRAESTRUTURA E INDÚSTRIAS DE BASE. **Agenda da infraestrutura 2007-2010**, 2006.

BIASOTO, G. A polêmica sobre o déficit público e a sustentabilidade da política fiscal. In: PINTO, M.; BIASOTO, G. (org.). **Política fiscal e desenvolvimento no Brasil**. Campinas: Unicamp, 2006, p. 399-421.

CONSELHO DE INFRAESTRUTURA. **A infraestrutura no Brasil em 2005**. Brasília, fevereiro de 2005.

EASTERLY, W.; IRWIN, T.; SERVÉN, L. Walking up the down escalator: public investiment and fiscal stability. **Washington**: The World Bank. Março 2007. (Policy Research Working Paper n. 4158.)

FUNDAÇÃO GETULIO VARGAS/FEDERAÇÃO DAS INDÚSTRIAS DO ESTADO DE SÃO PAULO. **A construção do desenvolvimento sustentado**: A importância da construção na vida econômica e social do país. São Paulo: União Nacional da Construção, agosto de 2006.

HEMMING, R.; TER-MINASSIAN, T. Making room for public investment. **Finance and Development**, v. 41, n. 4, p. 30-33. IMF and World Bank, December 2004.

IBGE. **Sistema de contas nacionais**: Brasil 2003. Rio de Janeiro: Instituto Brasileiro de Geografia e Estatística, 2004b.

IMF. Fiscal Affairs Department and the Policy Development and Review Department. **Public investment and fiscal policy**. Março 2004.

_____. Fiscal Affairs Department and the Policy Development and Review Department. **Public-private partnerships**. Março 2004b. Mimeografado.

KEYNES, J. M. **Teoria geral do emprego, do juro e do dinheiro**. São Paulo: Abril Cultural, 1983. (Os Economistas)

MARTNER, R.; TROMBEN, V. **Opciones para enfrentar el sesgo anti-inversión pública**. Santiago:, Instituto Latinoamericano e do Caribe de Planificação Econômica e Social (Ilpes), Cepal, janeiro de 2005.

MINSKY, H. **Stabilizing an unstable economy**. New Haven: Yale University Press, 1986.

RIBEIRO, M. P. **Concessões e PPPs**: Melhores práticas de licitações e contratos. São Paulo: Atlas, 2011.

SANT'ANNA, A. A. Debêntures batem recorde, mas emissões são concentradas. **Visão do Desenvolvimento**. Rio de Janeiro, n. 27, BNDES, abril de 2007.

SANTOS, C. H.; PIRES, M. C. **Qual a sensibilidade do investimento privado a aumentos na carga tributária?** Novas estimativas agregadas e desagregação a partir dos dados das contas nacionais referência 2000. Brasília: Ipea, junho 2007. Mimeografado.

SILVA, A. M. A.; CÂNDIDO Jr., J. O. **É o mercado míope em relação à política fiscal brasileira?** Ipea, TDI 1.266, Brasília, 2007.

Aspectos práticos das PPPs em um Brasil com grandes obras

DENISARD C. O. ALVES
RODRIGO DE LOSSO
BRUNO C. GIOVANNETTI

Introdução

O investimento em infraestrutura é parte essencial de uma estratégia para o desenvolvimento sustentável. É consenso entre analistas econômicos e formuladores de políticas públicas que tal investimento é prioridade no Brasil dos dias de hoje.

Os investimentos em infraestrutura no Brasil ganharam uma nova dimensão com o lançamento do Programa de Aceleração do Crescimento (PAC) do Governo Federal. Com o programa, tais investimentos vêm apresentando forte crescimento. Na primeira etapa do PAC, iniciada em 2007, eles totalizaram R$ 754 bilhões. Sob o PAC 2, iniciado em 2011, R$ 955 bilhões foram investidos até agora.[1]

Em 2012, o Governo Federal lançou um pacote de concessões de R$ 133 bilhões, que foi um passo importante para o desenvolvimento da infraestrutura do país. No entanto, tal montante corresponde apenas a uma parcela

---

[1] Dados apresentados pela ministra do Planejamento Miriam Belchior durante o seminário "Investimento Público: Desafios e Oportunidades para o Desenvolvimento Sustentável" realizado no Rio+20, Rio de Janeiro, em 20 de junho de 2012.

do investimento necessário que ainda deve ser feito. Uma conta rápida, mas segura, ilustra esse fato. De acordo com a evidência empírica internacional, uma relação investimento/PIB de 4% é o mínimo necessário para modernizar razoavelmente o país. Isso representa ao redor de R$ 200 bilhões por ano. Assim, os próximos anúncios de concessões, em áreas como portos e aeroportos, deverão ser mais ousados.

Nesse cenário, as Parcerias Público-Privadas (PPPs) ganham importância central no mecanismo de desenvolvimento brasileiro. As PPPs são modalidades específicas de contratos de concessão, instituídas e reguladas pela Lei Federal nº 11.079/04. Trata-se de uma lei de normas gerais, de caráter nacional, editada com fundamento na competência estabelecida no inciso XXVII do artigo 22 da Constituição Brasileira. As PPPs têm como objetivo atrair o setor privado, seja nacional, seja estrangeiro, para investimentos em projetos cujos recursos envolvidos excedem a capacidade financeira do setor público.

O mecanismo das PPPs, no entanto, deve estar plenamente adequado aos desafios da promoção das grandes obras necessárias ao Brasil. Mais do que isso, ele deve refletir de maneira eficiente as características atuais do processo de modernização do país. Este artigo mostra que há importantes passos a serem tomados nesse sentido.

Primeiramente, discutiremos a restrição imposta pelo artigo 7º da Lei Federal nº 11.079/04, que restringe toda verba pública investida na parceria a ser obrigatoriamente precedida da disponibilização do serviço objeto do contrato de parceria público-privada.[2] Trataremos da Medida Provisória nº 575 de agosto de 2012 (MP 575), a qual objetiva relaxar essa restrição. Discutiremos o impacto da MP 575 na modelagem econômico-financeira das PPPs.

A questão da taxa interna de retorno (TIR) como parâmetro para a seleção de investimentos é um ponto controverso. Governantes e entidades procuram fixar a TIR para certos projetos, como têm ocorrido com projetos do Programa de Aceleração do Crescimento (PAC). Discutiremos o uso da TIR como instrumento de seleção de projetos e suas consequências quando os governantes definem o seu valor.

A seguir, enfocaremos a questão que envolve o Fundo Garantidor de Crédito, objeto previsto na Lei nº 11.079/04 em seu artigo 8º. A rentabilidade esperada pelo parceiro privado na PPP depende da existência de um fundo

---

[2] Ou seja, de acordo com artigo 7º em sua forma original, não pode haver nenhuma participação do Estado no investimento em obra anterior ao funcionamento do serviço.

garantidor que atenue os riscos de inadimplência do parceiro público. Um fundo garantidor que não preencha os requisitos adequados para garantir o recebimento dos valores contratados coloca em risco o mecanismo da PPP para o uso dos recursos do setor privado.

Por fim, discutiremos a importância do respeito aos contratos firmados entre o Poder Concedente e o parceiro privado. A distinção entre o ente público e o governo é essencial. O Poder Concedente ou o ente público é permanente, enquanto os governos são transitórios. Um governo que toma posse não pode renegar os contratos assinados pela administração anterior, pois o contrato é assinado pelo representante do Poder Concedente. O simples fato de o contrato firmado ser contestado já introduz um elemento de risco que tende a elevar os custos dos contratos futuros.

1 Os impactos da Medida Provisória nº 575

Com a edição da Medida Provisória nº 575 (MP 575), que altera dispositivos da Lei nº 11.079/04, foi criada a figura do aporte de recursos do Parceiro Público para a construção ou aquisição de bens reversíveis pelo Parceiro Privado. Antes da MP 575, o artigo 7º da Lei das PPPs condicionava a realização de pagamentos pelo Parceiro Público à disponibilização de parcela fruível do serviço objeto do contrato.

A intenção original do artigo 7º era eliminar o risco de desperdício de verba pública. De fato, a restrição total à entrada da verba pública durante a etapa pré-operacional impede a ocorrência de gasto de dinheiro público em projetos que, ao final, por motivos diversos, não passem de fato a operar.

É indubitável que o artigo 7º original cumpre esse importante papel. No entanto, o custo implícito gerado por tal restrição é extremamente alto, principalmente em se tratando de obras de grande vulto. Dois são os motivos principais.

O primeiro e mais óbvio motivo é que o adiamento na entrada de receita para o parceiro privado reduz a rentabilidade do projeto. Em contrapartida, para recolocar a rentabilidade nos níveis de mercado, o Poder Concedente é obrigado a aumentar o valor das contraprestações. Ao final, o custo público do projeto é ampliado, haja vista que a taxa de desconto do Poder Concedente é menor do que a do parceiro privado. Em outras palavras, a postergação de uma contraprestação mais alta não compensa uma contraprestação menor, com aportes ainda nas fases iniciais de projeto.

O segundo motivo se refere à elevada necessidade de endividamento por parte dos parceiros privados quando esses são financeiramente responsáveis por todo o investimento da obra. Em grandes obras, que atingem facilmente o valor de vários bilhões de reais, tal endividamento pode comprometer por completo a capacidade da empresa de diversificar seus investimentos. Isso gera a necessidade de elevar a rentabilidade do parceiro privado, aumentando assim, mais uma vez, o custo público do projeto.

Com a criação da figura do aporte, passaram a ser autorizados pagamentos específicos ao Parceiro Privado para a realização dos investimentos, de forma a reduzir o custo do capital privado, que é intensivo na fase de implantação das obras necessárias à prestação dos serviços objeto da PPP.

Além disso, tais aportes foram objeto de diferimento tributário, o que também gera benefícios em termos de fluxo de caixa do Projeto, tornando mais eficiente a utilização dos recursos públicos destinados à constituição de seus bens reversíveis, em comparação com a utilização dos mesmos recursos para a realização de pagamentos a título de contraprestação à futura Concessionária.

Com efeito, antes da edição da MP 575, qualquer ingresso de recursos públicos relacionado à PPP era tratado como contraprestação da futura Concessionária responsável pelo projeto, mesmo que não representasse um acréscimo patrimonial desta, e sim aplicação de recursos na constituição de ativos que seriam revertidos ao parceiro público ao final do prazo do contrato, sujeitando-se, portanto, a todas as incidências fiscais já no ingresso das receitas.

De acordo com a nova regra, o aporte de recursos pelo poder público para a construção ou aquisição de bens reversíveis pelo parceiro privado não está sujeito à incidência do Imposto de Renda Pessoa Jurídica (IRPJ), Contribuição Social sobre o Lucro Líquido (CSLL), Contribuição para o PIS/PASEP e Contribuição para o Financiamento da Seguridade Social (COFINS) quando do ingresso dos recursos pagos a esse título, cabendo à futura concessionária reconhecer a receita de forma diferida, conforme for sendo reconhecida a depreciação dos ativos constituídos com a utilização do aporte. Ou seja, para o projeto em questão, a utilização da figura do aporte tem a aptidão de reduzir os custos financeiros e melhorar o perfil fiscal do Projeto, razão pela qual mostrou-se interessante a sua implementação.

Para a inteira compreensão dos impactos econômico-financeiros da MP 575, produzimos a seguir um exemplo de uma PPP, modelada com e sem a figura dos aportes. O exemplo é de uma PPP para a construção de uma linha de metrô em uma capital brasileira. As características principais do projeto são apresentadas abaixo, onde todos os valores estão em termos reais (em moeda de hoje):

- Tempo de concessão: 34 anos, em que
  - os 4 primeiros anos serão de obra
  - os 30 anos seguintes serão de operação
- Demanda esperada para o Metrô:
  - demanda no primeiro ano de operação: 470 mil passageiros por dia
  - crescimento anual da demanda: 1% ao ano
- Tarifa recebida pelo parceiro privado por passageiro transportado: R$ 2,00
- Parâmetro de Receita Acessória: 5% da Receita Tarifária
- Contraprestação do Poder Concedente: R$ 70 milhões por ano, a partir do primeiro ano de operação, por 30 anos
- Obra orçada em R$ 3 bilhões, uniformemente distribuídos ao longo dos 4 anos de obra
- Custo operacional:
  - R$ 170 milhões no primeiro ano de operação
  - Crescimento anual do custo operacional: 0,5% ao ano
- Por fim, suponhamos que a obra do Metrô está inserida dentro do PAC Mobilidade e que, deste modo, o Governo Federal injetará a fundo perdido R$ 1,5 bilhão no projeto.

Desconsiderando primeiramente a MP 575, o artigo 7º exigiria que toda a verba da União fosse repassada apenas no primeiro ano de operação, ou seja, nenhuma parcela dessa verba poderia ser usada pelo parceiro privado durante a obra. Nesse caso, a modelagem econômico-financeira, considerando os pressupostos acima apresentados, resultaria em uma Taxa Interna de Retorno (TIR) não alavancada, real e líquida de impostos de 6,90% ao ano. Notemos que, para atingir essa TIR, o Poder Concedente está investindo o montante de 30 contraprestações anuais de R$ 70 milhões. Além disso, o parceiro privado está sendo obrigado a financiar o valor equivalente a todo o montante da obra, ou seja, R$ 3 bilhões.

No entanto, a MP 575 permite que, respeitadas as condições discutidas anteriormente, haja aporte de verba pública durante a obra da PPP. Desse modo, é ilustrativo computar qual seria a contraprestação necessária para a obtenção da mesma TIR de 6,90%, considerando que a verba do governo federal será repassada ao parceiro privado durante a obra. Nesse caso, como já discutido, toda a tributação dos aportes seria feita durante a operação como receita diferida.

Considerando então que a verba federal será repassada ao parceiro privado proporcionalmente à evolução da obra, a modelagem econômico-financeira do projeto mostra que, com uma contraprestação de R$ 50 milhões durante os 30 anos de operação, a mesma TIR não alavancada de 6,90% seria obtida pelo parceiro privado. Dessa forma, sob a MP 575, a economia do Poder Concedente com a obra seria de, ao menos, R$ 20 milhões por ano, montante muito expressivo para um município.

No entanto, dada a menor necessidade de financiamento por parte do parceiro privado, a economia de recursos deve ser, na prática, ainda maior. Primeiramente, como o parceiro privado não onera tanto sua capacidade de endividamento, é aberta a possibilidade de diversificação de seus investimentos. Assim, a rentabilidade cobrada por ele no projeto do metrô pode e deve ser reduzida. Além disso, dado o menor gasto com juros por parte do parceiro privado, a TIR alavancada do projeto é aumentada sob a MP 575. Isso, mais uma vez, torna o projeto mais atrativo.

Posto isso, concluímos que a MP 575 veio adequar o mecanismo das PPPs aos desafios da promoção das grandes obras necessárias ao Brasil. Dado o contexto atual de obras financiadas em parte pelo governo federal, é muito importante que haja flexibilidade de uso desses recursos ao longo das grandes obras de infraestrutura que devem ser feitas nos anos por vir. Como o exemplo acima deixa claro, os cofres públicos dos estados e municípios agradecem.

2 TIR fixada pelo governo?

A TIR é usada como critério de remuneração do investidor. Com frequência, seu significado econômico é apenas parcialmente compreendido. Em verdade, a definição de TIR sintetiza a situação em que o valor presente líquido do projeto é nulo. A TIR seria a taxa que torna esse valor presente líquido nulo. O valor presente líquido nulo é economicamente justo; se fosse positivo, o parceiro privado obteria lucros extraordinários; se fosse negativo, o parceiro privado teria prejuízos e poderia abandonar o projeto.

A taxa interna de desconto do início do projeto, portanto, remunera o parceiro do projeto pelos seus riscos, a saber, risco do negócio em si, riscos de mercado e, evidentemente, o risco regulatório.

Ora, nada garante que esses riscos sejam constantes ao longo do tempo; portanto, a taxa de desconto pode variar para manter o valor presente líquido do projeto nulo em diferentes momentos do tempo. Por isso, manter a TIR inicial do projeto fixa ao longo do tempo pode gerar desequilíbrios a favor ou contra o parceiro privado.

Não obstante, o governo federal tem fixado a TIR dos projetos que usam recursos federais. A tendência dessa medida é a maquiagem de projetos com custos e receitas irrealistas de forma a gerar um fluxo de caixa consistente com os valores desejados pelos fornecedores de recursos públicos. A prefixação da TIR representa uma descrença no mecanismo licitatório e significa uma tentativa de substituir o mecanismo de mercado por uma crença da administração pública de que ela conhece as condições de oferta e procura do mercado de capitais melhor do que os investidores privados. O resultado pode ser projetos que não garantirão os benefícios desejados e que podem levar a PPPs que não cumprirão tudo o que delas se esperava.

Seria mais saudável que os contratos fixassem o critério de valor presente nulo, em vez de usar a TIR como referência. Além de esse critério refletir mais precisamente as forças econômicas do projeto como um todo, bem como a ideia que se entende por remuneração economicamente justa, certamente evitaria várias discussões sobre desequilíbrio econômico de contratos por inadequação da TIR.

3 Fundo garantidor

O Fundo Garantidor de Parcerias Público-Privadas (FGP) vem, em conjunto com a Lei Federal nº 11.079/04 – que estabelece os ditames da modalidade de parcerias público-privadas no Brasil –, como um dos tipos de garantia de cumprimento das obrigações pecuniárias contraídas pela administração pública frente ao parceiro privado quando da celebração de um contrato de PPP.

O Comitê Gestor das PPPs no âmbito da União Federal aprovou, no dia 15 de setembro de 2005, o regulamento do Fundo Garantidor – FG das PPPs. Essas regras gerais são aplicáveis aos Fundos Garantidores das PPPs estaduais e municipais.

Em síntese, o regulamento estabelece bases para solidez do patrimônio transferido ao FG e da garantia a ser emitida aos parceiros privados, reduzindo, assim, as incertezas e riscos concernentes aos compromissos financeiros assumidos pelos governos em contratos de PPP.

Os FGs, para cumprir seus objetivos, devem ter estrutura patrimonial alicerçada em uma gestão sólida, contar com ativos de qualidade, atestados pelo mercado, além de dispor de uma margem de segurança que reduza a possibilidade de um descasamento entre a liquidez do ativo e a da garantia outorgada.

A Lei nº 11.079/04, ao estabelecer um FG, procurava reduzir o nível do risco do parceiro privado. Todavia, constituir esse fundo não tem sido tarefa fácil para os governos estaduais e municipais. Esses governos recorrem às PPPs para conseguir realizar investimentos difíceis de serem feitos seguindo as regras da Lei nº 8.666/93, conhecida como lei das licitações. Na prática, a constituição do fundo exige que recursos muito escassos sejam colocados nesses fundos. Tais recursos são difíceis de serem obtidos pelos estados e ainda mais dificilmente pelos municípios.

O sucesso das PPPs depende em grande medida da existência de um fundo garantidor que atenue os riscos do parceiro privado. Os estados, sobretudo os municípios, não dispõem de ativos com a qualidade e a liquidez exigidas por um fundo garantidor. Somente a União poderia "garantir" esses fundos criados por municípios e estados. A União já conta com um instrumento jurídico para isso. A renegociação das dívidas dos estados e municípios, no passado, criou um sistema que viabilizaria à União dar garantias aos FGs para PPPs dos estados e municípios. Os estados e municípios que renegociaram suas dívidas com a União cumprem os compromissos contratuais.

O mesmo mecanismo poderia ser usado para garantir que governos municipais e estaduais permaneçam adimplentes em relação aos parceiros privados. Para isso, a União avalizaria os FGs das PPPs, com mecanismo de ressarcimento para ela quando tivesse que garantir a adimplência do parceiro público, estado ou município. Isso é semelhante aos contratos de renegociação das dívidas já existentes, em que os pagamentos das parcelas da dívida renegociadas pelos estados e municípios são garantidos pelo governo federal.

4 Garantia de contratos com mudanças dos governantes

Outro aspecto importante para a consolidação definitiva do instrumento da PPP é o respeito aos contratos firmados. Tentativas de cancelar contratos assinados por administrações anteriores têm ocorrido.

Os tribunais têm sustentado o cumprimento dos contratos firmados entre os parceiros públicos e privados, mas a simples contestação dos contratos, ainda que sejam sustentados pelos tribunais, já introduz insegurança e maior risco para o parceiro privado. A legislação deveria ser modificada de forma que alguma penalidade ou custo fosse imposto ao administrador público que entrasse com ação visando à revisão ou quebra de contrato e que tivesse seu pleito negado pelos tribunais. A legislação hoje não prevê sanções aos administradores que criarem obstáculos ao cumprimento de contratos. As ações legais são da competência dos departamentos jurídicos das prefeituras e estados e os custos daí decorrentes são arcados pelo erário – logo, pelos contribuintes. Ou seja, é fácil e sem custos para o administrador público tentar inviabilizar contratos já assinados em administrações anteriores, mas é difícil e oneroso para o parceiro privado defender sua validade.

Essa prática é ainda mais utilizada quando o contrato prevê revisões periódicas das condições contratuais. O que deveria ser um ajuste de contas em busca dos fundamentos contratuais originais passa a ser um jogo de forças para impor a desistência do parceiro privado. Uma alegação comum em casos de revisões é argumentar que a TIR reduziu-se e, por isso, a contraprestação do parceiro público ou tarifa cobrada do público deveria reduzir-se.

Essa discussão não tem uma origem única. Uma parte do problema é, certamente, a incompreensão de alguns aspectos econômicos. O sentido econômico da TIR é um exemplo. Na origem do contrato, o administrador público desejava que o valor presente líquido do projeto para o parceiro privado fosse nulo, por isso fixou a TIR em determinado nível. O custo de capital do parceiro privado muda, logo, deve mudar a taxa de desconto que torna o seu valor presente líquido nulo. Consequentemente, diz-se que a TIR deve mudar, embora contratualmente ela esteja fixada. O cerne da questão é não ter previsto um valor presente líquido nulo, em vez de fixação da TIR.

Outra parte do problema, eventualmente mais relacionada com o reequilíbrio econômico do contrato e não apenas a sua revisão, são deficiências encontradas na matriz de risco. A matriz de risco determina os riscos que devem ser suportados individualmente por cada parceiro e aqueles que devem ser compartilhados. Determinar criteriosamente essa matriz ajuda muito nas revisões e reequilíbrios futuros eventuais do contrato. Entretanto, os contratos são, muitas vezes, obscuros, às vezes omissos com respeito aos riscos que cada parceiro deve assumir e compartilhar.

A consequência direta dessas deficiências dá margens a pressões por parte do parceiro público para inviabilizar o contrato ou, às vezes, tomar decisões de caráter político que acabam por prejudicar o parceiro privado. Por exemplo, é comum que o Poder Concedente adie reajustes tarifários de serviços públicos prestados pelo parceiro privado.

A descrição anterior evidencia aspectos de risco regulatório que o parceiro privado acaba incorporando a seu preço por meio da exigência de uma TIR maior. Não sem razão, verificamos recentemente o governo central tomando medidas para aumentar a TIR que está disposto a pagar. Mais especificamente, taxas que variavam entre 10,8% e 14,6% passaram a variar entre 12% e 17%[3] para concessões rodoviárias. Em um ambiente em que a taxa de juros básica da economia vem caindo, significa que o risco regulatório aumentou.

Com efeito, as mudanças de governantes e constante desrespeito aos contratos de governos anteriores têm sido um importante fator a impedir a redução da TIR de PPPs e concessões. O parceiro privado ou concessionário defronta-se com um elevado grau de incerteza com respeito ao Poder Concedente, elevando a taxa interna de retorno que requer para entrar em um contrato de longo prazo com o parceiro público. Em razão disso, mais importante ainda se torna a existência de um fundo garantidor que garanta um fluxo de caixa previsível para o parceiro privado.

Convém reforçar: embora importante, o FG é apenas uma parte da equação que determina a magnitude da taxa de remuneração do parceiro privado. Outra parte é a disposição do administrador público de cumprir os contratos assinados em gestões passadas. Atitudes popularescas, fundamentadas nas últimas eleições, são um poderoso combustível a elevar a taxa interna de retorno requerida nas PPPs.

---

[3] http://economia.estadao.com.br/noticias/economia+geral,taxa-de-retorno-de-rodovia-sobe-para-atrair-investidor,143114,0.htm

Parceria público-privada: consórcio complexo *Datacenter* BB-Caixa – lições aprendidas

ISAAC PINTO AVERBUCH
VANIALUCIA LINS SOUTO

Introdução

Este texto traz uma análise do primeiro projeto de parceria público-privada do Governo Federal e tem o intuito de contribuir com os debates técnicos em torno do modelo introduzido com a publicação da Lei nº 11.079/04 (Lei das PPPs). A partir das informações que resultaram na realização do leilão de licitação da PPP – Complexo *Datacenter*, faz-se uma análise dessa modalidade de contratação e uma coletânea dos pontos mais relevantes que envolvem aspectos relacionados à decisão de alocação de recursos, à eficiência e à teoria econômica dos contratos.

1 Contextualização

As décadas de 1980 e 1990 foram marcadas por profundas transformações na economia brasileira com a intensificação dos desajustes do setor público. A sucessão de planos de estabilização fracassados, o excessivo endividamento público e a permanente elevação dos juros inibiram decisões de investimento de longo prazo.

A partir da metade dos anos 1990, implementou-se uma política de estabilização bem-sucedida e aprovou-se a Lei de Responsabilidade Fiscal, aspecto central para a adoção da disciplina fiscal. Os programas de desestatização, iniciados à época, transferiram para a iniciativa privada o controle de setores industriais e, por meio de concessões, as explorações de setores de serviços públicos e de infraestrutura.

O governo Lula, em seu período inicial, buscou enfrentar a carência de investimento privado por meio do estímulo às parcerias público-privadas ao sancionar a Lei nº 11.079, de dezembro de 2004 (Lei das PPPs). A introdução desse novo modelo contratual tinha dois objetivos principais: (a) abrir espaço para viabilizar projetos que, apesar de possuírem elevado retorno social e econômico, incapazes de se autossustentar financeiramente e (b) permitir a contratação de serviços prestados direta ou indiretamente ao Estado, cujo prazo de contratação se mostrava insuficiente para amortizar os investimentos necessários à sua execução.

O novo instrumento buscava, ainda, do ponto de vista econômico, maximizar ganhos de eficiência ao transferir ao parceiro privado a obrigação de realizar o investimento e mantê-lo ao longo da vida útil do contrato, restando ao poder público a tarefa de controlar a qualidade dos serviços prestados, posto que o pagamento ao parceiro privado estava condicionado ao seu desempenho.

Outras inovações introduzidas pela lei foram: (i) a possibilidade de inversão de fases no processo de licitação, aspecto que buscou dar celeridade ao processo licitatório, minimizando a possibilidade de impugnações administrativas e judiciais que são prática usual quando a fase de habilitação precede a abertura das propostas de preço; (ii) a faculdade da utilização de arbitragem como forma de resolução de conflitos entre as partes; (iii) a introdução do mecanismo de *step in rights*, que se traduz como o direito do financiador de assumir a concessão em caso de difícil situação econômico-financeira; (iv) a obrigatoriedade de explicitar no contrato os riscos atribuídos a cada parte; (v) a proibição de celebrar contratos que tenham por objeto único a execução de obra, o fornecimento de equipamentos ou mão de obra; (vi) a obrigação de vincular o pagamento à disponibilização do serviço; e (vii) a introdução de mecanismos que garantam o pagamento das obrigações da Administração com a criação de um fundo garantidor privado na esfera federal para esse fim.

Com o intuito de mitigar o risco fiscal proveniente da assunção de obrigações que pudessem comprometer o orçamento público por um longo período de tempo, estabeleceu-se o limite de 1% da Receita Corrente Líquida (RCL) para o somatório de despesas anuais provenientes dos contratos firmados pela União, e limite semelhante foi estabelecido para os outros entes da Federação.

Feitas as considerações iniciais, passa-se a analisar o Projeto do Complexo DATACENTER BB-CAIXA, primeira PPP federal, inaugurada em 20 de março de 2013.

O Projeto Complexo *Datacenter* Consórcio BB-Caixa foi enviado à apreciação do Comitê Gestor das Parcerias Público-Privadas (CGP) em agosto de 2006, sendo sua licitação autorizada em dezembro daquele ano. De acordo com a documentação remetida pelo Banco do Brasil, o projeto tinha como principais objetivos: "(a) simplificar a gestão; (b) agregar a expertise, agilidade e eficiência do parceiro privado; (c) evitar o investimento imediato de vultosos recursos; (d) simplificar, durante toda a vigência do contrato, os processos para adequações que vierem a ser necessárias na infraestrutura predial; (e) reduzir o risco de continuidade, inerente às contratações de serviços realizadas por meio da Lei nº 8.666/93 cujo prazo é de um ano renovável por no máximo quatro exercícios; (f) compartilhar os riscos com o setor privado; (g) garantir a continuidade dos negócios, mesmo em caso de desastres; e (h) reduzir os riscos operacionais e permitir a aderência aos normativos internacionais (Basileia II)".

Por ocasião da primeira licitação, cuja abertura de preços ocorreu em junho de 2007, todas as três propostas qualificadas foram desclassificadas. Uma nova rodada aconteceu em agosto de 2007, e, novamente, nenhum dos proponentes foi selecionado por apresentarem valores de contraprestação superiores ao limite fixado no edital. Assim, o processo licitatório foi terminado em abril de 2008 e o Tribunal de Contas da União (TCU), por meio do Acórdão nº 1.413/08, encerrou o processo e estabeleceu que o Banco do Brasil e a Caixa deviam encaminhar novos documentos caso desejassem dar continuidade à PPP.

A partir daí, o Banco do Brasil e a Caixa Econômica Federal analisaram as premissas financeiras originalmente adotadas, concluindo que elas não eram compatíveis com a realidade do mercado, pois continham uma margem de incerteza relevante e eram baseadas em custos internos, os quais incorporavam riscos de atraso, custos de equipes de fiscalização e despesas com processos licitatórios.

Em função desses aspectos, o Consórcio *Datacenter*, ainda no ano de 2008, reviu a estrutura de custos do projeto e fez as seguintes alterações destacadas na documentação remetida pelo Ministério do Planejamento ao TCU: "(i) eliminação do risco da demanda de TI, tendo em vista que o novo projeto especifica a plena utilização da área de produção a partir do 10º ano de vigência do contrato; (ii) exclusão dos custos de cabeamento interno, investimento relacionado à área de TI; e (iii) ajuste nas especificações técnicas do projeto e atualização de seus custos com base em licitações recentemente realizadas".

O contrato, antes estimado em R$ 1,707 bilhão (preços de maio de 2007) com prazo de 25 anos, passou a ser de R$ 1,012 bilhão (preços de junho de 2009) por um período de 15 anos. Além disso, a contraprestação do Consórcio passou a ser dividida em duas parcelas: a primeira estimada em R$ 295 milhões referente aos custos do investimento inicial, a ser paga na proporção de 80% nos 12 primeiros meses após a aceitação do Complexo, 10% nos 48 meses subsequentes e 10% nos 120 meses restantes. O Quadro 1 mostra o fluxo de ressarcimento das contraprestações relativas ao projeto.

Quadro 1

PPP	1º ano	2º ano	3º ano	4º ano	5º ano	6º ano	7º ano
Ressarcimento	17.474.482	546.077	546.077	546.077	546.077	218.430	218.430
C.P. Mensal	3.687.026	3.768.454	3.848.072	3.929.499	4.010.927	4.090.545	4.170.163
Mensalidade	21.161.509	4.314.531	4.394.149	4.475.576	4.557.004	4.308.975	4.388.593

8º ano	9º ano	10º ano	11º ano	12º ano	13º ano	14º ano	15º ano
218.430	218.430	218.430	218.430	218.430	218.430	218.430	218.430
4.251.590	4.331.208	4.410.826	4.410.826	4.410.826	4.410.826	4.410.826	4.410.826
4.470.021	4.549.639	4.629.257	4.629.257	4.629.257	4.629.257	4.629.257	4.629.257

Fonte: BB – preços de junho de 2009.

As contraprestações mensais apresentadas no quadro referem-se aos serviços de *colocation* que envolvem a disponibilização da infraestrutura física adequada para o armazenamento de equipamentos, servidores e aplicações com toda a segurança física, conectividade, climatização e suprimento ininterrupto de energia elétrica, estabilizada e redundante. Destaque-se ainda que na concorrência anterior a contraprestação era única e refletia tanto a amortização dos investimentos quanto os serviços de *colocation*, perfazendo um total de 300 parcelas. O contrato assinado admitia também que a concessionária edificasse áreas adicionais destinadas à prestação a terceiros de serviços concernentes à tecnologia da informação, tais como: *hotsite, Datacenter, colocation, hosting, cage,* BPO, BTO, *outsourcing*. Entretanto, quando da assinatura do contrato, o vencedor do certame não exerceu essa opção, que seria por sua conta e risco e implicaria a redução da contraprestação mensal a ser paga pelo BB e Caixa em valor correspondente a 7,7606% do resultado contábil positivo, decorrente da exploração de áreas adicionais, relativo ao mês imediatamente anterior. Com o encerramento do contrato, tanto no fim do prazo contratual como por rescisão, todas as benfeitorias edificadas sobre o terreno – úteis, necessárias ou voluptuárias – passarão ao controle do Poder Concedente, de acordo com as condições fixadas no edital.

Os aspectos relatados nos parágrafos anteriores evidenciam algumas características das PPP que revelam o seu aspecto inovador. Primeiramente as concessões administrativas,[1] no nosso entender, não podem ser tratadas como terceirização da prestação de serviços pela administração pública. Corroboramos assim o conceito defendido em Ribeiro e Prado (2007, p. 68-69):

> "É interessante notar que, até o surgimento da Lei nº 11.079/04, para evitar a incidência sobre os contratos de prestação de serviços do prazo máximo previsto na Lei nº 8.666/93 (que é de um ano, renovável por mais quatro exercícios), era comum tentar caracterizar como contratos de locação os contratos com lógica econômica semelhante às concessões de serviço público ou às PPP da Lei nº 11.079/04.

> (...)

---

[1] "(...) define concessão administrativa como um misto de empreitada (porque o serviço, mesmo que prestado a terceiros, é remunerado pela própria Administração, como se deduz do art. 2º, § 3º) e de concessão de serviço público (porque o serviço prestado ou não a terceiros – os usuários, está sujeito a algumas normas da Lei nº 8.987, sejam as relativas aos encargos e prerrogativas do poder concedente, sejam as relativas aos encargos do concessionário)."(DI PIETRO, 2005)

Agora, esses 'malabarismos jurídicos' já não são mais necessários em face da possibilidade de se realizar essa sorte de contratação sob a forma de concessão administrativa. Portanto, a concessão administrativa destina-se a viabilizar a aplicação da estrutura econômica das concessões tradicionais a contratos de prestação de serviço que até então estavam sob a égide da Lei nº 8.666/93."

Ribeiro e Prado (2007, p. 78-81) defendem ainda que, de acordo com a vedação estabelecida no artigo 2º, § 4º, III da Lei das PPPs, está proibida a realização de PPP em que o fornecimento de equipamentos e as obras não estejam vinculados à prestação de serviço. Entendem, também, que a concessão administrativa só deve ser utilizada quando estão presentes as razões econômicas para adotar esse modelo, quais sejam: (i) necessidade de celebração de contratos de longo prazo que permitam a amortização e remuneração do investimento; (ii) possibilidade no caso concreto de adotar indicadores de desempenho objetivos estáveis passíveis de serem aferidos ao longo do contrato, e (iii) probabilidade de se obter ganhos de eficiência ao atribuir responsabilidades estabelecidas no contrato a uma única pessoa, no caso, o concessionário.

Essas características estão presentes na contratação do Complexo *Datacenter* BB-Caixa e são ratificadas nas razões apresentadas ao Tribunal de Contas da União para se adotar o modelo de PPP:

> "(...) É inviável, tecnicamente, alocar um *Datacenter* de tamanha magnitude por apenas cinco anos. Migrar infraestrutura de TI é um processo extremamente crítico e que demanda muito tempo. Partindo do pressuposto da inexistência de *Datacenter* disponível, seria necessário, previamente, licitar a construção de obra pública. Isso inviabilizaria o interesse do Banco/Caixa por frustrar o principal motivador da escolha do *colocation*: eliminação dos esforços internos com a edificação e recorrentes de operação e manutenção da infraestrutura predial.
>
> Assim, a única opção possível para a contratação de um *colocation* por um prazo mais estendido, que pudesse trazer as vantagens almejadas, sem o risco de solução de continuidade a cada mudança da(s) empresa(s) responsável(eis) pela operação/manutenção do Complexo, foi a realização de uma Parceria Público-Privada (PPP), Concessão Administrativa, com base na Lei nº 11.079/04."

É interessante destacar que a exclusão de riscos contratuais relacionados às atividades de TI introduzidas pelo Consórcio BB-Caixa buscou evitar a contratação de serviços cujas especificações estejam sujeitas a grandes alterações ou ainda à celebração de obrigações com setores sujeitos a uma evolução tecnológica muito acelerada, pois a exigência de alterações dessas especificações pode conferir ao parceiro privado direito ao reequilíbrio econômico-financeiro de modo que onere demasiadamente o setor público ou ainda implique atrasos na implementação do contrato.

A adoção do ressarcimento acelerado do investimento adotado no projeto com o objetivo de melhorar a atratividade do negócio é um exemplo de que ainda há, por parte do empresariado, preferências associadas à contratação de obra tradicional realizada no curto prazo cujos riscos são em geral arcados pelo setor público. Reforça essa visão a recente alteração do artigo 5º da Lei nº 11.079/04, consubstanciada na Lei nº 12.766/12, que introduz a possibilidade de aportes ao parceiro privado na fase de investimentos, modificando assim a regra anterior que permitia a transferência de recursos sob a forma de contraprestação apenas no momento da disponibilização do serviço, evento que pressupunha a conclusão dos investimentos e gerava incentivos para que o privado efetuasse os serviços no prazo certo e orçamento adequado, já que os riscos do empreendimento estavam apenas sob sua responsabilidade.

Em que pese o modelo de negócio adotado firmar dois contratos – um de arrendamento, no qual a Sociedade de Propósito Específico (SPE) arca com a obrigação de construir o prédio, instalar equipamentos de TI e telecomunicações; e outro, denominado concessão administrativa, no qual se delega ao privado a monitoração desses equipamentos, a gestão, manutenção e operação de infraestrutura predial do Complexo, bem como a execução e manutenção de interconexões de fibra ótica entre o Complexo e o CPD dos contratantes – conclui-se que, na sua essência econômica, a concessionária atua como administradora do Complexo. Reafirma-se aqui a tese de que os contratos de PPP devem buscar, em última instância, a obtenção de ganhos de gestão e eficiência. Esses ganhos são potencializados quanto maior for a relevância das despesas de operação e manutenção no projeto.

Isso está bem caracterizado pela formação da receita operacional da SPE constituída pela multiplicação dos preços unitários (R$/m²) de cada área do Complexo com a projeção de ocupação dos respectivos espaços ao longo do contrato. Adicionalmente, integram essa estrutura o preço unitário (R$/pares de fibra*km) relativo à manutenção dos cabos de interconexão de fibra ótica, que interligam o Complexo *Datacenter* aos CPD do BB e da Caixa, respectivamente; e a parcela denominada P_{comp} (R$/mês), composta basicamente pelo seu *mark-up* (lucro), conforme destaca a Figura 1. Já os valores dos investimentos não são considerados na composição da receita operacional, mas apenas denominados como "ressarcimento" dessas despesas.

Parcerias Público-Privadas: Experiências, Desafios e Propostas

Figura 1 Composição dos preços da PPP

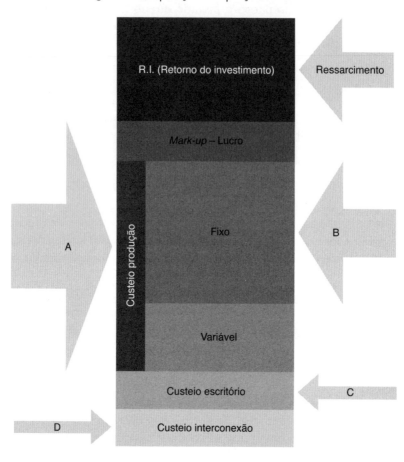

Fonte: Arquivo "20080721 PPP Datacenter V02b.ppt". Fl. 1, Anexo 1, slide 32

De acordo com as regras do edital, o único elemento livre da estrutura de preço da contraprestação mensal é o preço complementar (P_{comp}), em R$/mês, o qual reflete a eficiência e a lucratividade do parceiro privado no contrato de PPP. Foi esse elemento que elegeu a vencedora dentre as duas empresas participantes do leilão de viva voz após mais de 60 rodadas, aspecto que revela a competitividade do certame e que representou uma redução de 17,42% no valor total das contraprestações.

Quadro 2 Valores máximos previstos no edital

Valores máximos do edital (em junho/2009)			
Valor global	Total	Contraprestação	Ressarcimento investimento*
		750.629.332,80	262.117.218,00

Quadro 3 Valores máximos da proposta vencedora

Valores máximos da proposta vencedora (em junho/2009)			
Valor global	Total	Contraprestação	Ressarcimento investimento*
		619.877.521,80	262.117.218,00

As características do contrato fazem com que as atividades delegadas ao setor privado não sejam típicas da indústria de software e informática e se assemelhem ao segmento de construção civil e gestão predial, cuja indústria é incipiente no país, mas possui competitividade. O contrato previa que a SPE fosse constituída com capital mínimo de 2% do valor do contrato e estabelecia também que o endividamento da SPE deveria se dar apenas para cobrir as necessidades de caixa no período da edificação e que esses compromissos fossem amortizados no montante de 80% até o terceiro ano do projeto. Além disso, os recursos deveriam ser captados no mercado de capitais, não se permitindo a conversão dos papéis e debêntures ou ações, já que Caixa e Banco do Brasil tinham a intenção de minimizar o uso do mecanismo de *step in rights* previsto nos contratos de PPP.

Do ponto de vista da assunção dos riscos, em particular do risco de demanda, extremamente relevante em contratos de PPP, observa-se que a área denominada "custeio pleno" vai aumentando progressivamente a cada período, até o limite da área total de produção com a correspondente proporção da parcela PA na contraprestação mensal. Em contrapartida, a área de "custeio reduzido" diminui até chegar a zero no final deste período, extinguindo-se o valor da parcela PB na contraprestação mensal. Além disso, uma possível redução das áreas utilizadas não modifica a contraprestação mensal, conforme estabelece o item 18.1.3.3 do contrato, anexo 10 do edital. Depreende-se, portanto, que o risco de demanda foi atribuído ao Consórcio *Datacenter* e assumido pelo ente público.

A aferição do equilíbrio econômico-financeiro do contrato da PPP estava pautada na equação entre receitas e custos/despesas da SPE, por meio de parâmetros originários da proposta vencedora (Plano de Negócios - PN), de acordo com as condições estabelecidas na simulação empresarial disponibilizada pelo BB-Caixa. Assim, quando da aprovação da proposta vencedora, o reequilíbrio econômico financeiro do contrato só seria permitido na hipótese de modificações das projeções originalmente elaboradas pelas partes e a realidade observada na execução do contrato. Os mecanismos de reequilíbrio previstos contratualmente foram a prorrogação do prazo da concessão ou a sua recomposição por meio de elevação da contraprestação.

Em função do resultado do projeto arquitetônico, o edital estabelecia a possibilidade de correção do valor dos investimentos em até 5% das áreas de produção e escritório para mais ou menos, a partir das dimensões estabelecidas em contrato e, caso houvesse atraso nas obras civis, a empresa contratada tinha de demonstrar que não contribuiu diretamente para o fato e que tomou as providências para evitar sua ocorrência. De acordo com Ribeiro (2011),

> "É importante observar que as discussões sobre o plano de negócios podem ser desdobradas em dois tópicos correlatos: o primeiro, sobre a sua utilização na licitação, como instrumento para selecionar participantes; e o segundo sobre seu uso enquanto anexo do contrato, para mera informação do Poder Concedente, ou como instrumento vinculante para a recomposição do equilíbrio econômico-financeiro do contrato."

Em relação ao primeiro aspecto, o Consórcio BB-Caixa estabeleceu vedação expressa à solicitação de recomposição que tivesse como motivação a redução da Taxa Interna de Retorno (TIR) esperada pela contratada quando da elaboração de sua proposta por ocasião da licitação e informada no plano de negócios. Não permitiu, portanto, distorção na matriz de riscos, já que o concessionário só pode solicitar recomposição do equilíbrio quando o evento for risco atribuído no contrato ao Poder Concedente.

Em relação ao segundo, Ribeiro e Prado (2012)[2] alertam para os problemas decorrentes da exclusão do PN e sua consequente substituição pelo que se denomina fluxo de caixa marginal. Os autores ratificam a necessidade de uma reflexão sobre o tema, já que há também limitações técnicas do uso do fluxo de caixa marginal, pois, caso a concessionária não possua um fluxo de caixa

---

[2] Maurício Portugal Ribeiro e Lucas Navarro Prado, "Alteração de contratos de concessão e PPP por interesse da administração pública: problemas econômicos, limites teóricos e dificuldades reais", atualmente no prelo para publicação na revista luso-brasileira **RCP – Revista de Contratos Públicos**, Editora Fórum, Belo Horizonte. O artigo foi publicado antes disso em versão preliminar para comentários da comunidade acadêmica entre 02.06.2012 e 04.01.2013.

referenciado em custos reais ou não se possa fazer uso dos custos do PN, restam apenas, para efeitos de aplicação da metodologia, números produzidos pelo Poder Concedente à época da licitação, de caráter meramente referenciais, cuja utilização não seria recomendável. Nesse caso, poderia surgir um impasse, pois não haveria custos nos quais as partes pusessem se pautar.

Destacam-se, ainda, os problemas decorrentes da necessidade de fixação de uma taxa de desconto quando da utilização do fluxo de caixa marginal. Caso não haja parâmetros para estabelecer essa referência, tem-se um problema difícil que só incentiva a busca de solução do conflito na esfera judicial.

Em relação a esse ponto, cabe ressaltar que o BB e a Caixa estipularam claramente no contrato a recomposição do equilíbrio econômico-financeiro na hipótese de inclusão de novos investimentos decorrentes do aumento de demanda de energia e demais insumos na área de "produção", seja por meio da antecipação no incremento da área virtual de "custeio pleno" ou pela alteração da densidade de energia. Adotaram tal premissa por entender ser fundamental minimizar os custos de transação do seu contrato por meio da alocação e explicitação devida dos riscos atribuídos a cada parte.

Isso reforça o entendimento de Cotter e Ulen (2010) de que

> "há uma literatura extensa sobre jogos de negociação e a mais robusta conclusão desse experimento é que é mais provável que os negociadores cooperem quando seus direitos são claros. Expresso, em termos formais, isto quer dizer que os jogos de negociação são de mais fácil solução quando os valores da ameaça são de conhecimento público e das partes envolvidas."

Outro ponto que merece ser abordado refere-se ao nível de detalhamento dos custos, em particular os das obras civis exigidos nos contratos de PPP e concessões, que sempre suscitam dúvidas e são pontos de atrito entre os órgãos de controle e a Administração. Nesse sentido, o Tribunal de Contas da União explicitou nos termos do Acórdão TCU – Plenário nº 851/09 que os

> "estudos elaborados com base em critérios técnicos, hão de detalhar, no mínimo: aqueles itens mais relevantes para o empreendimento, sob a ótica do valor, de forma a definir o teto financeiro; as especificações estratégicas para a administração, que mais caracterizam o empreendimento e o serviço a ser prestado e os elementos essenciais para a elaboração das propostas pelos concorrentes."

Enfatizou, também, a sua preferência pela metodologia denominada curva ABC para seleção dos itens mais relevantes financeiramente e evidenciou a necessidade de sua utilização. Reforçou, ainda, que a Administração é obrigada a adotar práticas transparentes e fornecer obrigatoriamente, junto com o edital, todos os elementos e informações necessários para que os licitantes possam elaborar suas propostas de preços com total e completo conhecimento do objeto da licitação.

Houve, ainda, no Acórdão, determinação de que o BB e Caixa utilizassem principalmente os sistemas oficiais Sinapi e Sicro para aferição das estimativas de custos de seus projetos. O Tribunal permitiu também a utilização dos dados relativos a certames similares realizados pelo BB e Caixa cuja eficiência fosse comprovada. Destacou, em sua Decisão, que as especificações técnicas continham elementos suficientes para caracterizar o objeto e o serviço a serem delegados ao privado, de modo a permitir a demonstração da eficiência e economicidade do projeto.

Esses aspectos revelam a ênfase diferenciada do órgão de controle nos processos de concessão por entender que seu objeto tem o foco nos resultados. Isso não significa, no seu entendimento, "que possa haver indefinições nos estudos técnicos ou na proposta elaborada pelo proponente vencedor, não existindo espaço para analisar a viabilidade da concessão apenas pela ótica de sua atratividade ao setor privado".

No que se refere à possibilidade de exploração de receitas adicionais por conta e risco do parceiro privado, previstas no contrato como compartilhadas com BB e Caixa com a possibilidade de a contraprestação mensal devida pelas entidades do Consórcio – BB e Caixa – ser reduzida no percentual de 10% do resultado contábil positivo (lucro) aferido pela SPE decorrente dessa exploração, apurada no mês imediatamente anterior, o TCU determinou a previsão de seu abatimento de forma imediata sem qualquer carência. O Tribunal estabeleceu também a obrigatoriedade de que a apuração dos custos relativos a energia elétrica, água e esgoto e comunicações fosse conduzida de forma individualizada, a fim de retratar o consumo real por cada cliente do Complexo *Datacenter*.

Merecem destaque os aspectos relacionados às justificativas apresentadas pelo BB e Caixa para adotar a PPP como modelo de negócio, pautadas na hipótese de que a concessão traria maior eficiência aos serviços. Os documentos analisados permitiram deduzir, mas não comprovar, segundo o Tribunal, que a motivação para a PPP estava fundamentada na premissa de que o valor líquido acumulado das contraprestações de serviços a serem pagas à Sociedade de Propósito Específico – SPE, constituída para edificar e gerir o empreendimento, seria igual ou inferior ao somatório das despesas estimadas de construção, manutenção/conservação e modernização a serem realizadas diretamente pelo ente público no mesmo prazo de vigência do contrato. Isso evidencia a ausência, na experiência brasileira, de dados que permitam a análise transparente dos ganhos de eficiência em diferentes modalidades de contratação (Lei Federal nº 8.666/93 e Lei Federal nº 8.987/95). Assim, a preferência pela potencial eficiência das PPPs tem caráter subjetivo. Torna-se imprescindível, ao que tudo indica, adotar métodos que permitam tais comparações de modo mais objetivo.

Do ponto de vista da observância dos preceitos de Responsabilidade Fiscal existentes tanto na Lei Complementar nº 101/00 – LRF quanto na Lei nº 11.079/04, a Corte entendeu, no que tange ao impacto das obrigações assumidas nas metas fiscais, que, por BB e Caixa serem as entidades financeiras estatais, estas não estavam abrangidas pelos resultados de metas fiscais, estando fora das estatísticas, apuradas pelo Banco Central, no âmbito da União. De igual modo, esse entendimento estendeu-se ao artigo 10, I, "c" da Lei das PPPs, pois é necessário que a estatal seja dependente para que se enquadre nos limites e nas condições decorrentes da aplicação dos artigos 29, 30 e 32 da LRF.

Em relação à elaboração da estimativa do impacto orçamentário-financeiro nos exercícios em que deve vigorar o contrato, o Consórcio BB-Caixa teve de encaminhar as estimativas do impacto no Programa de Dispêndios Globais (PDG) para todo o período do contrato. Houve ainda a necessidade, em função do disposto no artigo 10, III, da Lei nº 11.079/04, de que os ordenadores de despesas apresentassem declaração de que as obrigações contraídas pela Administração Pública no decorrer do contrato eram compatíveis com a Lei de Diretrizes Orçamentárias (LDO) e estavam previstas na Lei Orçamentária Anual.

Quanto ao limite constante no artigo 22 da Lei das PPPs, que estabelece como limite de contratação de parcerias público-privadas o valor de 1% da receita corrente líquida do exercício para a soma das despesas derivadas do conjunto das parcerias já contratadas no ano anterior e que determina que as despesas anuais dos contratos vigentes nos 10 anos subsequentes não excedam 1% da receita corrente líquida projetada para os respectivos exercícios, o TCU entendeu em que o BB e a Caixa estão abrangidos pelo artigo 22, ou seja, estão inclusos nos dois limites apresentados em que pese serem estatais não dependentes.

O argumento para essa interpretação seria o de que a lei não estabeleceu exceção nessa situação, já que esse era um dos primeiros projetos de PPP as suas despesas não impactariam o limite estabelecido em lei. Assim, a Corte determinou que o *Ministério da Fazenda se pronunciasse formalmente, fundamentado em memória de cálculo, sobre a adequação das projeções de despesas oriundas da contratação do projeto Datacenter aos limites do artigo 22 c/c artigo 14, § 3º, inciso II, da Lei nº 11.079/04, e artigo 8º, § 2º, inciso II, do Decreto nº 5.385/05.*

Quanto ao oferecimento de garantias ao setor privado na hipótese de não pagamento das obrigações do BB e da Caixa, observa-se que o contrato não estabeleceu qualquer mecanismo para mitigar esse risco. Destaca-se assim a credibilidade dessas instituições junto ao mercado, que permite minimizar a importância dessas garantias. Esse é outro ponto extremamente sensível nos contratos de PPP e muito se tem debatido sobre a adoção de mecanismos eficazes que possam mitigar o risco político de modo a permitir a assunção de obrigações pelo setor privado por um prazo tão extenso. As recentes modificações introduzidas na legislação, com a criação da Agência Brasileira Gestora de Fundos Garantidores e Garantias (ABGF) e do Fundo Garantidor de Infraestrutura, o qual sucederá o FGP, bem como a possibilidade de alavancagem dos recursos garantidores de PPP, podem minar a segurança jurídica dessas garantias em virtude da dificuldade de se estabelecer o nível ótimo de alavancagem. Na hipótese de o mercado aceitar garantias flexíveis, há ainda a possibilidade de os agentes elevarem os preços de suas propostas em função da elevação dos riscos.

Por fim, os aspectos destacados no texto revelam, sobretudo, que o desenvolvimento de um projeto bem-sucedido depende primordialmente de vontade política e da qualidade da sua modelagem. Durante todo o processo, as equipes do BB e Caixa dedicaram tempo, recursos humanos e materiais de modo a minimizar as chances de erro. Não restam dúvidas quanto ao sucesso da iniciativa.

BIBLIOGRAFIA

BACHA, E. L.; DE BOLLE, M. B. (org.). **Novos dilemas da política econômica**: ensaios em homenagem a Dionisio Dias Carneiro. Rio de Janeiro: LTC, 2011.

BARBOSA, B. M.; SILVEIRA, A. H. P. Parceria público-privada: compreendendo o modelo brasileiro. **Revista do Serviço Público**. Brasília, v. 56, n. 1, p. 7-21, jan/mar 2005.

COTTER, R.; ULLEN, T. **Direito & economia**. 5. ed. Porto Alegre: Bookman, 2010.

DI PIETRO, M. S. Z. **Parcerias na administração pública**: concessão, permissão, franquia, terceirização, parceria público-privada e outras formas. 5. ed. São Paulo: Atlas, 2005.

MINISTÉRIO DO PLANEJAMENTO, ORÇAMENTO E GESTÃO. **Processo 03100.0008112-2006-19. PPP – Complexo DATACENTER BB e CEF.**

RIBEIRO, M. P. **Concessões e PPPs**: melhores práticas em licitações e contratos. São Paulo: Atlas, 2011.

RIBEIRO, M. P.; PRADO, L. N. **Comentários à lei de PPP**: fundamentos econômicos e jurídicos. 1. ed. São Paulo: Malheiros, 2007.

_____. Alteração de contratos de concessão e PPP por interesse da administração pública: problemas econômicos, limites teóricos e dificuldades reais, 2012 [atualmente no prelo para publicação na revista luso-brasileira **RCP – Revista de Contratos Públicos**. Belo Horizonte: Fórum].

STIGLITZ, J. E. **Economics of the public sector**. 3. ed. Nova York: W. W. Norton & Co., 2000.

TRIBUNAL DE CONTAS DA UNIÃO. **ACÓRDÃO TCU PLENÁRIO**, n. 851, de 29 de abril de 2009, Brasília.

Parceria público-privada Alto Tietê estudo de caso da primeira PPP da Sabesp

GESNER OLIVEIRA
FERNANDO S. MARCATO
PEDRO SCAZUFCA
VIVIAN AMORIM

Introdução

O objetivo deste artigo é relatar a experiência da primeira parceria público-privada (PPP) da Companhia de Saneamento Básico do Estado de São Paulo (Sabesp). A PPP do Sistema Produtor do Alto Tietê (SPAT) culminou com o aumento da vazão da estação de tratamento de água (ETA) do reservatório de Taiaçupeba de 10 m^3/s para 15 m^3/s, garantindo a oferta de água na Região Metropolitana de São Paulo no prazo necessário. O tempo para conclusão das obras, a necessidade de trazer a *expertise* do setor privado e o diferimento do investimento ao longo dos anos justificaram a opção pela PPP.

Atualmente, o SPAT abastece uma população superior a 4 milhões de habitantes, abrangendo os municípios de Suzano, Mogi das Cruzes, Ferraz de Vasconcelos, Poá,

Itaquaquecetuba, Arujá, bairros da região leste da Capital, além de uma parcela do município de Guarulhos.

Este artigo está dividido em cinco seções, além desta introdução. A Seção 1 contém uma breve contextualização da PPP do Alto Tietê. A Seção 2 contém o escopo do projeto. A Seção 3 relata o procedimento de obtenção dos estudos técnicos e o processo de aprovação da PPP. A Seção 4 explica o processo licitatório e a estrutura de remuneração do concessionário. Por fim, a seção final apresenta as conclusões advindas dessa experiência.

1 Contextualização da PPP do Alto Tietê

A Sabesp é uma empresa de economia mista responsável pelo fornecimento de água, coleta e tratamento de esgotos de 363 municípios do Estado de São Paulo. É a quinta maior companhia de saneamento do mundo[1] em número de clientes, fornecendo água para 27,7 milhões de pessoas e coleta de esgoto para 20,6 milhões.[2] A companhia também atua, em parceria com empresas privadas, nos municípios de Mogi-Mirim, Castilho, Andradina e Mairinque, possui parcerias com concessionárias estaduais de saneamento em Alagoas e Espírito Santo e realiza serviços de consultoria no Panamá e em Honduras. Além dos serviços de saneamento básico, a Sabesp está habilitada a atuar nos mercados de drenagem, serviços de limpeza urbana, no manejo de resíduos sólidos e de energia.

Em 2007, a companhia defrontava-se com um cenário em que a capacidade de tratamento de água da Região Metropolitana de São Paulo era de 67,7 m^3/s, e a demanda já alcançava 66,3 m^3/s. A Região Metropolitana de São Paulo (RMSP) apresentava 150 mil habitantes em sistema de rodízio de água e 1,2 milhão em situação crítica, para os quais faltava água nos dias de temperatura elevada.[2]

Naquele ano, como pode ser visto na Figura 1, dos sete sistemas produtores de água da RMSP, apenas o Sistema Produtor do Alto Tietê apresentava capacidade de aumento da produção. A escolha pela modalidade de PPP em relação a outras formas de financiamento e, em particular, à execução das obras via Lei nº 8.666/93 foi fortemente influenciada pelo fator tempo; isto é,

---

[1] Pinsent Masons Water Yearbook (2011-2012).
[2] Sabesp.

pela importância em garantir o incremento tempestivo da oferta de forma a eliminar qualquer possibilidade de falta de água na Região Metropolitana de São Paulo.

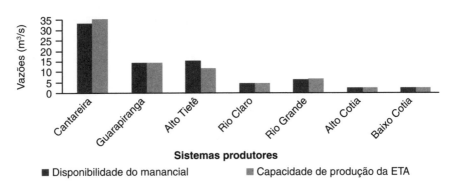

Figura 1 Sistemas produtores de água para RMSP – 2007

Fonte: Sabesp (2007).

Como toda empresa pública, a Sabesp está sujeita aos ditames da Lei nº 8.666/93 e, caso optasse por realizar as obras em um regime de empreitada tradicional, poderia enfrentar um prazo longo para sua conclusão, afetando a oferta de água na RMSP. Dessa forma, a opção pela parceria público-privada decorreu da necessidade de agilizar os investimentos, além da possibilidade de diferi-los ao longo do tempo (reduzindo pressão sobre o caixa da empresa), e da importância de trazer a expertise do setor privado, sobretudo no que concerne ao acesso a novas e melhores tecnologias para a disposição e o tratamento do lodo gerado na ETA (SILVA e CASTRO, 2013).

A importância da execução do projeto por meio de PPP ficou ainda mais evidente quando comparada às experiências anteriores da companhia. Em 1997, o prazo para as obras de ampliação de 5 m³/s para 10 m³/s da ETA de Taiaçupeba era de 660 dias, entretanto, a obra foi concluída em 1668 dias. Em 2002, embora as obras de implantação do interceptor do Rio Pinheiros tivessem prazo de execução de 1200 dias, foram concluídas em 1850 dias (SABESP, 2007).

Além de problemas associados ao modelo de licitação, a estrutura de remuneração do empreiteiro, dentro de um modelo de execução tradicional, diminui os estímulos para a conclusão da obra no prazo adequado. O privado, nesse caso, é remunerado à medida que conclui os marcos determinados no cronograma físico-financeiro. Já em uma PPP, embora atualmente exista o aporte de recursos, a remuneração total está condicionada à disponibilização do serviço objeto do contrato. Consequentemente, há grande incentivo para conclusão da obra por parte da empresa dentro de um prazo curto, no intuito de receber sua remuneração.

Também é importante ressaltar os custos de transação associados à necessidade de realização de várias licitações para a conclusão de projetos efetuados via contratação tradicional do setor público. Nesse sentido, as PPP permitem ganhos de eficiência por demandarem apenas uma licitação. No caso da PPP do Alto Tietê, um único contrato concentra construção, manutenção e prestação de serviços acessórios. Além de representar menores custos de transação, tal característica assegura mais agilidade na conclusão do empreendimento e no fornecimento de toda a infraestrutura necessária para seu bom funcionamento.

2 Escopo do projeto

A Parceria Público-Privada do Sistema Produtor do Alto Tietê consistiu em um contrato de concessão administrativa em que a Sabesp permaneceu como delegatária dos serviços públicos e, consequentemente, da relação direta com o usuário, bem como manteve a operação da estação de tratamento de água. Como pode ser observado na Figura 2, coube ao parceiro privado a realização das obras, manutenções e da prestação de alguns serviços acessórios.

Figura 2 Divisão de tarefas da PPP do Alto Tietê

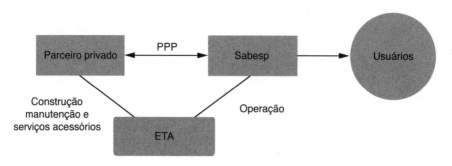

O escopo do projeto compreende os seguintes itens: (i) ampliação da estação de tratamento de água de 10 m³/s para 15 m³/s; (ii) construção de 17,7 km de adutoras; (iii) construção de quatro reservatórios com capacidade de 70.000 m³; (iv) construção e instalação de *booster*, estações elevatórias e obras acessórias; (v) manutenção das barragens; (vi) tratamento e disposição final do lodo; (vii) manutenção civil e eletromecânica; (viii) serviços auxiliares de adução e entrega; e (ix) serviços gerais (Figura 3).

Figura 3 Escopo dos serviços da PPP do Alto Tietê

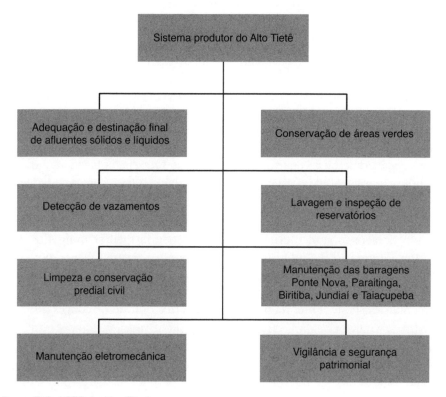

Fonte: Edital PPP do Alto Tietê.

A PPP do Alto Tietê permitiu delegar a construção, manutenção e alguns serviços da ETA para o setor privado. A operação da estação continuou sendo feita pela Sabesp. Por ser sua primeira PPP e pelo fato de a empresa possuir um bom nível de experiência em seu ramo de atuação, não houve a delegação da operação da ETA ao setor privado. Havia grande receio de que a delegação do *core business* pudesse piorar a qualidade na prestação dos serviços públicos.[3]

Essa característica é comum nas PPPs em infraestrutura social, em que se delega ao parceiro privado a construção e a prestação dos serviços de apoio, mas não os serviços principais: em PPPs no setor de educação, no geral, a atividade pedagógica continua sob a responsabilidade do setor público, assim como, na execução de PPPs em saúde, a atividade clínica tende a não ser delegada. No caso específico da Sabesp, tendo em vista a possibilidade de desabastecimento da RMSP, o risco de delegar ao parceiro privado a operação da estação de tratamento de água foi avaliado como muito alto.

O parceiro privado ficou responsável pela obtenção dos recursos financeiros para a execução do projeto, pela cobertura dos seguros e pela licença de instalação das obras. Foi de responsabilidade da Sabesp a liberação das áreas onde a obra foi construída, formalização do termo de permissão de uso de ativos da companhia e obtenção das licenças prévias ambientais. Estas, diferentemente dos projetos que envolvem realização de grandes obras, não constituíram entrave para a realização do empreendimento pelas próprias características peculiares do projeto. Isso porque o escopo principal era a ampliação, e não a construção, da estação de tratamento de água. Ou seja, já havia área disponível para ampliação da obra e, consequentemente, toda a complexidade por trás da obtenção de licenças prévias foi significativamente reduzida.

A matriz de risco alocou os riscos potenciais entre a Sabesp e o parceiro privado de acordo com o critério de quem poderia melhor mitigá-los. Por se tratar de uma PPP administrativa, a companhia permaneceu responsável pela relação direta com os usuários. Também coube à Sabesp gerir o risco de inadimplência do pagamento mensal devido ao concessionário e de passivos ambientais existentes antes da data de eficácia do contrato de concessão.

Entre os riscos delegados ao parceiro privado, convém ressaltar os relacionados com as etapas de construção e prestação de serviços, bem como os de responsabilidade civil. Os riscos de força maior foram compartilhados entre as duas partes.

A realização da PPP do Alto Tietê mobilizou investimentos da ordem de R$ 300 milhões, culminando com o aumento da vazão da estação de tratamento de água do reservatório de Taiaçupeba de 10 m^3/s para 15 m^3/s, garantindo a oferta de água na RMSP e contribuindo com a meta de universalização do saneamento.

---

[3] Esse receio explica por que a Sabesp optou por desenvolver mais a Locação de Ativos.

3 Estudos técnicos e aprovação da PPP

Um dos gargalos destacados no artigo "Propostas para destravar as PPPs" desta obra consiste na morosidade da aprovação dos projetos de PPP decorrente, sobretudo, da dependência da avaliação do projeto por diversas instâncias governamentais que nem sempre têm familiaridade com o objeto do projeto.

Esse ponto representou um entrave para a PPP do Alto Tietê que, embora constituísse um projeto prioritário para assegurar a oferta de água para a Região Metropolitana de São Paulo, teve que passar por um longo processo de aprovação (Figura 4). Em maio de 2005, o Conselho Gestor de Parcerias Público-Privadas autorizou a Sabesp a desenvolver os estudos técnicos com auxílio da iniciativa privada. No entanto, o contrato de concessão administrativa foi assinado apenas em junho de 2008, mais de três anos depois!

Figura 4 Passo a passo para a aprovação da PPP do Alto Tietê

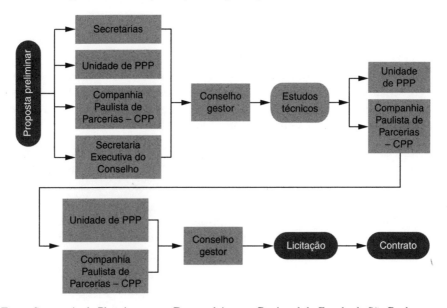

Fonte: Secretaria de Planejamento e Desenvolvimento Regional do Estado de São Paulo.

A Unidade de PPP está vinculada ao gabinete do Secretário de Economia e Planejamento e tem a responsabilidade de assessorar o Conselho Gestor de PPP e avaliar estudos e modelos financeiros. A Companhia Paulista de Parcerias é uma sociedade de economia mista que avalia projetos de PPP, presta garantias e contrata estudos. De acordo com o inciso III do Artigo 4º do Decreto Estadual nº 11.688/04, é de responsabilidade do Conselho Gestor solicitar e definir a forma de contratação de estudos técnicos sobre projetos de PPPs.

Atualmente, no âmbito do governo do Estado de São Paulo, existe uma legislação que regulamenta a participação da iniciativa privada na elaboração de projetos, não apenas no que concerne ao Procedimento de Manifestação de Interesse (PMI), mas no que diz respeito à oportunidade de o setor privado propor projetos, mesmo que esses não tenham sido classificados como prioritários pelo governo — Manifestação de Interesse da Iniciativa Privada (MIP). O Decreto nº 57.289/11, editado pelo governador do Estado de São Paulo, regulamenta tais procedimentos.

No entanto, na época da modelagem da PPP do Alto Tietê, a legislação não especificava os procedimentos e critérios[4] a serem adotados quanto à participação do setor privado na fase de elaboração de projetos. Na ausência de norma legal específica, a Sabesp adotou uma fase preliminar de credenciamento das empresas interessadas na elaboração dos estudos para PPP do Alto Tietê (SILVA e CASTRO, 2013).

Primeiramente, mediante orientação do Conselho Gestor, a companhia tornou pública a intenção de realizar estudos técnicos para execução da PPP, informando prazos e procedimentos. O segundo passo foi autorizar as empresas credenciadas a elaborarem os estudos técnicos por sua conta e risco e, por fim, determinou-se que o estudo técnico aproveitado no todo ou em parte seria objeto de reembolso pelo vencedor da licitação.

Conforme carta de compromisso definida pela Sabesp, os estudos técnicos de viabilidade deveriam conter: (i) os projetos executivos; (ii) o estudo de viabilidade econômico-financeira; (iii) a modelagem do negócio; (iv) os pareceres jurídicos; e (v) os licenciamentos ambientais. Para consolidação dos estudos técnicos, a Sabesp utilizou os pareceres jurídicos apresentados, optando por desenvolver a modelagem final e a consolidação de todos os documentos necessários na fase pré-licitatória. As empresas e os escritórios de advocacia que apresentaram estudos jurídicos receberam uma remuneração de R$ 273.600,00.[5]

---

[4] "Os estudos, as investigações, os levantamentos, os projetos, as obras e as despesas ou os investimentos já efetuados, vinculados à concessão, de utilidade para a licitação, realizados pelo poder concedente ou com a sua autorização, estarão à disposição dos interessados, devendo o vencedor da licitação ressarcir os dispêndios correspondentes, especificados no edital. Artigo 21". Lei nº 8987/95.

[5] Construtora Andrade e Gutierrez S.A., Construções e Comércio Camargo Correa S.A., Souza, Cescon Avedissian, Barrieu e Flesch, Construtora OAS Ltda. e Queiroz Galvão S.A. e Manesco, Ramires, Perez, Azevedo Marques Advocacia.

4 Licitação, prazos e remuneração do concessionário

Houve a inversão de fases do processo licitatório, permitindo que a comprovação inicial da regularidade das proponentes fosse restrita à proposta classificada como vencedora na fase de julgamento. Dessa forma, a primeira fase consistiu na pré-qualificação técnica, a segunda na abertura da proposta comercial e a terceira na análise da habilitação do licitante mais bem classificado. Determinou-se como critério de seleção o consórcio que estabeleceu o menor preço para proporcionar os investimentos em bens de capital, realizar as manutenções e prestar os serviços acessórios necessários. Foram recebidas propostas de quatro consórcios: SPE Tietê (Queiroz Galvão e OAS), PPP Alto Tietê (Camargo Corrêa e Andrade Gutierrez), Águas Alto Tietê (Delta, Tejofran, Trana, Rass e Enorsul) e Águas de São Paulo (Galvão Engenharia e Companhia Águas do Brasil). A proposta mais bem classificada foi a do consórcio Águas de São Paulo.

O contrato de concessão administrativa estabelecido tem duração de 15 anos. A estrutura de remuneração mensal do concessionário está sujeita a indicadores de desempenho e contempla a disponibilização da capacidade instalada na estação de tratamento de água nas duas fases do projeto. A proporção do pagamento atrelado aos indicadores é relativamente baixa quando comparada àquela que remunera os investimentos em bens de capital. Entretanto, é importante para incentivar manutenções adequadas e prestação de serviços de qualidade.

Conclusão

É possível derivar algumas conclusões acerca dessa primeira experiência da Sabesp com uma concessão administrativa:

- A primeira PPP da Sabesp possibilitou o abastecimento de água da Região Metropolitana de São Paulo em um período em que a demanda de água já estava muito próxima da capacidade total de tratamento dos sistemas produtores. A julgar pela evidência histórica de obras convencionais, a Sabesp não teria logrado êxito em aumentar a oferta de água no tempo requerido pelas circunstâncias da época.
- A agregação das obras, manutenções e da prestação de alguns serviços em um único contrato permitiu ganhos de eficiência com redução dos custos de transação.

- A não transferência da operação dos serviços considerados *core* revela, por sua vez, uma opção que precisaria ser avaliada caso a caso. A alternativa escolhida deveria passar por crivo técnico mediante análise transparente de seu custo-benefício. Sabe-se que muitas vezes há uma resistência político-corporativa à transferência da operação.
- Seria desejável desenvolver critérios técnicos para essa escolha, bem como torná-la uma opção não binária na qual diferentes combinações são possíveis, em vez de meramente optar-se pela delegação de toda a operação ou concentração desta exclusivamente nas mãos do parceiro público.
- Diferentemente de projetos que envolvem realização de grandes obras, a obtenção das licenças ambientais não consistiu em um entrave. Primeiro, porque eram de responsabilidade da Sabesp e, segundo, pelo próprio escopo do projeto, que era de ampliação, e não de construção, de uma estação de tratamento de água preexistente.
- A morosidade na aprovação da PPP representou um dos maiores gargalos enfrentados. A aprovação do projeto por várias instâncias implicou que, desde a aprovação da elaboração dos estudos técnicos pelo Conselho Gestor até a assinatura do contrato, transcorressem pouco mais de três anos, tempo incompatível com um projeto claramente urgente e prioritário.
- Alguns dos pontos acima talvez sirvam de referência útil para a nova PPP da Sabesp do Sistema Produtor São Lourenço, explicada no artigo de Silvio Leifert e Valéria Mendes desta obra.

BIBLIOGRAFIA

COMPANHIA DE SANEAMENTO BÁSICO DO ESTADO DE SÃO PAULO. **Edital de concorrência internacional Sabesp CCS 6.651/06**. Setembro de 2007.

CONSELHO GESTOR DO PROGRAMA ESTADUAL DE PARCERIAS PÚBLICO-PRIVADAS DO ESTADO DE SÃO PAULO. **PPP parceria público-privada**. Maio de 2007.

MARCATO, F. **PPP Sabesp**. Sabesp. Maio de 2010.

PRADO, L. N. **Saneamento básico e experiência paulista**: o caso da PPP do Alto Tietê. Sabesp. Outubro de 2008. Disponível em: <http://www.planejamento.gov.br/hotsites/ppp/conteudo/eventos/cursos/arq_down/cdp_10_Saneamento_Basico_e_Experiencia_Paulista.pdf>. Acesso em: 12 jun. 2013.

SILVA, A. C. da C.; CASTRO, H. L. **Workshop parcerias público-privadas em saneamento básico**. Sabesp. Disponível em: <http://www.ppp.es.gov.br/_midias/pdf/21-4b2bcee7cfa6b.pdf>. Acesso em: 12 jun. 2013.

PPP Sistema Produtor São Lourenço – Sabesp

SILVIO LEIFERT
VALÉRIA MENDES

Introdução

A Companhia de Saneamento Básico do Estado de São Paulo (Sabesp) tem, entre vários desafios, a situação de escassez enfrentada em áreas de atuação importantes para sua atividade, como na Região Metropolitana de São Paulo (RMSP), que responde por aproximadamente 70% da receita bruta da empresa, incluindo a receita de construção. Esse fato a obriga a redobrar seus esforços em quatro frentes para garantir a segurança no abastecimento dos clientes: captar água em mananciais mais distantes; aumentar a capacidade de produção; investir em novas tecnologias que permitam a reutilização da água; e sensibilizar a população quanto à necessidade de reduzir o consumo de água.

Partindo dessas premissas, a Sabesp optou, entre as diversas alternativas tradicionais e inovadoras, por investimentos em estudos técnicos que apresentassem as alternativas e as melhores soluções para a questão.

A opção do Empreendimento Sistema Produtor São Lourenço – PPP SPSL – foi uma forma de enfrentar a escassez de água vivenciada na Região Metropolitana de São Paulo.

Inicialmente, contratou-se o estudo de concepção/projeto básico, cuja diretriz se pautou pela busca de uma solução ambientalmente sustentável, economicamente viável e passível de implantação. Essa contratação incluiu a elaboração do Estudo de Impacto Ambiental e seu respectivo Relatório de Impacto Ambiental (EIA-RIMA).

Com o desenvolvimento da concepção e utilizando a Metodologia de Gestão de Empreendimentos Sabesp, foram analisados diversos cenários para implantação do novo Sistema Produtor, ora ficando a cargo da própria Sabesp, ora através de parceria público-privada, obtendo-se assim diferentes curvas de prazo e custos associados.

A opção que se mostrou mais adequada foi a de prosseguir com os estudos de desenvolvimento dos projetos de engenharia e de meio ambiente, tendo em vista a complexidade da solução. Paralelamente, submeteu-se ao governo do Estado de São Paulo a proposta de implantação através de parceria público-privada (PPP).

Em setembro de 2009 foi aprovado pelo Conselho Gestor (CGPPP) o projeto de elaboração dos estudos pertinentes à modelagem da PPP – Sistema Produtor São Lourenço.

Para a realização desses estudos, firmou-se um Protocolo de Intensões com a Companhia Paulista de Desenvolvimento (CPD), no qual essa só seria remunerada no caso de sucesso do projeto.

Na sequência, foram elaboradas as modelagens, que terão as seguintes estratégias indicadas na Figura 1.

A. Modelagem técnica

Tendo em vista o pleno domínio da Sabesp sobre os conhecimentos técnicos, optou-se pelo desenvolvimento dessa fase da modelagem por um grupo de especialistas da própria companhia.

O estudo de concepção/projeto básico apresentou a solução escolhida, permitindo levantar todos os custos para a construção do sistema. Para a montagem das diretrizes de operação e manutenção, foi solicitada a colaboração dos profissionais da operação da Diretoria Metropolitana.

O empreendimento contempla investimentos em novas soluções tecnológicas e foi baseado nos conceitos de sustentabilidade.

Em consequência dessa estratégia, a Sabesp se responsabilizou pela obtenção da Licença Prévia, uma vez que possui *expertise* neste campo, vindo, assim, a mitigar o risco de atraso no empreendimento.

B Modelagem jurídica

Foi seguido o Arcabouço Legal do Estado de São Paulo, tendo como norteador as seguintes leis:

- Lei de Concessões nº 8987/95
- Lei da PPPs nº 11.079/04
- Lei Estadual de PPP nº 11.688/04
- Decreto Estadual nº 48.867/04
- Lei de Licitações nº 8666/93
- Lei do Saneamento Básico nº 11.445/07[1]

É da Sabesp a responsabilidade de fiscalizar o contrato de concessão e calcular mensalmente o valor do Fator de Desempenho. Foram ainda incluídas na elaboração da modelagem as lições aprendidas com a PPP do Alto Tietê, algumas das quais discutidas no artigo anterior deste livro.

Para garantir a competitividade, definiu-se que a licitação seria por meio de uma concorrência internacional. A estratégia do processo licitatório foi então dividi-lo em três etapas: análise da proposta técnica, proposta comercial e habilitação (fase invertida), sendo que o critério de julgamento foi o de menor valor da contraprestação.

C Modelagem econômico-financeira

Foram elaborados vários estudos comparativos para identificar o que seria mais vantajoso para a Sabesp e para o parceiro privado, inclusive um estudo de viabilidade, que demonstrou que o projeto não afetaria de forma significativa os indicadores de endividamento, liquidez e os *covenants*[2] avaliados.

A modelagem econômico-financeira buscou avaliar a viabilidade do empreendimento unicamente a partir da modalidade de PPP, considerando a estrutura jurídica adequada à legislação aplicável, a observação das restrições e

---

[1] Esta última se refere à questão da concessão de água metropolitana.
[2] *Covenants* são compromissos estabelecidos em contratos de dívida por meio dos quais fica estabelecido que determinados atos devem ser cumpridos, ao passo que outros não devem ser executados. Tais compromissos, objetivando proteger o interesse do financiador, envolvem questões como pagamento de dividendos, capital de giro, entre outros.

metas dos entes públicos envolvidos e, finalmente, a atratividade financeira para os potenciais licitantes no âmbito do mercado de atores típicos para projetos equivalentes.

No segundo semestre de 2010, tendo em vista a revisão do Planejamento Estratégico da Sabesp, o projeto foi suspenso, sendo retomado em novembro de 2011.

Em março de 2012 a modelagem foi aprovada pelo Conselho Gestor. No período de junho a julho de 2012, foram realizadas tanto a Audiência Pública como a Consulta Pública, que trouxeram muitas contribuições para a finalização dos documentos (edital e minuta de contrato).

Em novembro de 2012 foi publicada a licitação. Em fevereiro de 2013 foram entregues as propostas e, em maio do mesmo ano, foram divulgadas no Diário Oficial a homologação e a adjudicação da PPP do Sistema Produtor São Lourenço (SPSL).

A figura abaixo ilustra o que foi exposto.

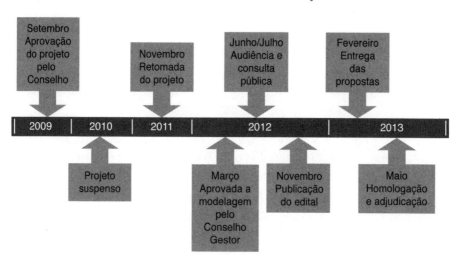

Figura 1 Linha do tempo do processo licitatório da PPP do Sistema Produtor São Lourenço

1 Descrição da parceria público-privada do sistema produtor São Lourenço

Nesta seção será descrito o caso da PPP-SBPL, no qual a Companhia optou por uma Concessão Administrativa, em que a Sabesp permanece como delegatária dos serviços públicos – ou seja, somente a empresa estabelece contato direto com o usuário de seus serviços.

Além disso, a Sabesp optou por ser a responsável pela operação do sistema, enquanto a Sociedade de Propósito Específico (SPE) ficou responsável pela prestação de determinados serviços que serão desenvolvidos adiante.

1.1 Descrição do sistema produtor São Lourenço

Este novo Sistema Produtor vai disponibilizar para a Zona Oeste da RMSP mais 4700 l/s, interligando-se com os Sistemas Produtores do Alto Cotia; Baixo Cotia e Cantareira, permitindo maior flexibilidade na gestão da adução de água tratada.

A água será captada no reservatório de UHE Cachoeira do França; após recalque superior a 300 m, será tratada na Estação de Tratamento de Água (ETA) Vargem Grande e, em seguida, aduzida nos municípios de Cotia, Vargem Grande, Itapevi, Jandira, Carapicuíba, Barueri e, posteriormente, Santana do Parnaíba.

Para a adução e interligação estão previstos mais de 80 km de adutora em aço-carbono com diâmetro variando de 2100 mm a 800 mm. O sistema foi projetado para não operar nos horários de ponta do sistema elétrico.

A Sabesp definiu que o objeto da PPP seria a prestação de serviços precedida de implantação das obras, sendo o escopo assim dividido:

- Setor Público (Sabesp): fornecimento de projeto referencial e diretrizes técnicas, obtenção da licença prévia, desapropriação das áreas de intervenção, obtenção da licença prévia, fiscalização das obras, monitoramento da prestação de serviços, da operação do sistema de captação e produção de água e do pagamento da contraprestação.

- Setor Privado (Concessionário): obtenção de recursos financeiros, elaboração dos projetos executivos, obtenção das licenças de instalação e de operação e demais autorizações, execução das obras e prestação dos serviços previstos.

Foi também elencado o rol de obras, que se compõe de:

- Captação e recalque de água bruta (40.000 CV de potência);
- Adutora de água bruta e estrutura de proteção ($D = 2100$ mm; $L = 50$ km);
- Instalações da ETA e recalque de água tratada (vazão 4,70 m³/s);
- Reservatório de água bruta (60.000 m³) e tratada (20.000 m³);
- Adutora água tratada e interligações (800 mm $\leq D \leq$ 1800 mm, $L \cong 30$ km);
- Reservatório de distribuição (30.000 m³).[3]

1.2 Características da PPP

CAPEX

A resultante dos investimentos estimados pela Sabesp foi de 1,7 bilhão de reais, e o cronograma de implantação das obras foi previsto para quatro anos, além de mais quatro meses para operação assistida.

A Taxa Interna de Retorno (TIR) do projeto era de 7%, a TIR do acionista era de 10,62% e o prazo previsto para essa concessão é de 25 anos. Na elaboração do modelo foi considerado que a demanda é constante, portanto o valor da contraprestação é fixo.

Remuneração: $R = C \times Fd$

em que: C = contraprestação

Fd = Fator de desempenho

Período da amortização: $0,85 \leq Fd \leq 1,0$

Período restante: $0 \leq Fd \leq 1,0$

Valor máximo da contraprestação mensal = R$ 25,1 milhões.

Garantias:

- Privado – 10% CAPEX na implantação

    0,5% Contrato na prestação do serviço

- Público – Recebíveis

---

[3] Ver Anexo ao final deste artigo.

PPP Sistema Produtor São Lourenço – Sabesp

Na matriz de risco foram considerados os riscos: de engenharia, de execução dos serviços, econômico-financeiros, ambientais, responsabilidade civil, jurídicos e de álea extraordinária.

Quadro 1 Riscos de engenharia

Risco	Mecanismo de mitigação ou compartilhamento[2]	Responsabilidade[1] Sabesp	SPE
Cronograma/ Completion Atraso das obras (SPSL e linha de transmissão de energia)	*Performance bond*		x
	Penalidades		
	Completion bond		
Construção/Projeto Variação do custo da obra em decorrência de alteração da previsão orçamentária inicial	Penalidades		x
	Remuneração vinculada ao desempenho		
	Performance bond		
Construção/Projeto Variação do custo da obra em decorrência de características ou eventos não previstos no projeto ou previstos em descompasso com a realidade	Imposição ao privado do ônus de realizar vistoria prévia nos locais de obra, ficando sob sua exclusiva responsabilidade a identificação de possíveis incongruências		x
	Penalidades no caso de atraso das obras		
Construção/Projeto Risco de fundação para as estruturas, estação elevatória, ETA e reservatórios/Risco geológico[3]	Revisão do projeto e reequilíbrio econômico-financeiro	x	x
	Isenção de penalidades referentes ao cronograma original das obras		
Construção/Projeto Não utilização das áreas desapropriadas para a implantação do SPSL	Penalidades		x

241

Quadro 2 Riscos de execução dos serviços[5]

Risco	Mecanismo de mitigação ou compartilhamento[2]	Responsabilidade[1]	
		Sabesp	SPE
Desempenho[4] Não atingimento dos indicadores de desempenho	Remuneração vinculada ao desempenho		x
	Penalidades		
	Performance bond/Caducidade		
Tecnológico[6] Sabesp solicita substituição de determinado bem por outro tecnologicamente mais atualizado	Previsão de atualização tecnológica ordinária e substituição dos equipamentos no Plano de Negócios e no Contrato, bem como atualização tecnológica extraordinária, a pedido da Sabesp. Penalidades, conforme o caso, e reequilíbrio econômico-financeiro		x
Operação do sistema Alteração dos custos de operação/baixa qualidade da água tratada	———		x
Manutenção do SPSL[7] Alteração dos custos de manutenção dos serviços por erro de projeto ou qualquer outra influência direta	Penalidades		x
	Remuneração vinculada ao desempenho		
	Performance bond		
Fornecimento de peças de reposição Ausência de peças adequadas para a manutenção dos equipamentos. Interrupção na prestação do serviço	Fornecimento de peças durante o prazo contratual	x	
	Seguro de responsabilidade civil		
	Penalidades		
	Performance bond		
Fornecimento de energia elétrica Ausência de aquisição de energia elétrica ou aquisição/consumo excessivo	———	x	

Quadro 2 Riscos de execução dos serviços[5] (Continuação)

Risco	Mecanismo de mitigação ou compartilhamento[2]	Responsabilidade[1]	
		Sabesp	SPE
Fornecimento de energia elétrica Interrupção da prestação do serviço por falta de energia (atraso na aquisição ou fornecimento)	Revisão do projeto e reequilíbrio econômico-financeiro	x	
	Aplicação de penalidades para Sabesp		
	Prever no contrato que, em caso de problema do sistema de distribuição de energia da concessionária de energia elétrica ou do Sistema Interligado Nacional (SIN), o risco será compartilhado		
Fornecimento de energia elétrica Ausência de fornecimento de energia elétrica na fase de testes operacionais	Revisão do projeto e reequilíbrio econômico-financeiro	x	
	Aplicação de penalidades para Sabesp		
Captação de água Captação do reservatório Cachoeira do França de vazão superior à conferida pela Outorga. Não captação ou falha na captação de água	Sabesp deve instituir um sistema interno de fiscalização da quantidade da água captada	x	
Segurança patrimonial Furto/roubo de equipamentos, materiais ou demais bens dos empreendimentos	Redução da contraprestação		x
	Penalidades		
	Reposição dos bens extraviados		

Quadro 3 Riscos econômico-financeiros

Risco	Mecanismo de mitigação ou compartilhamento[2]	Responsabilidade[1]	
		Sabesp	SPE
Choque de custos macroeconômicos Variação dos custos da SPE	Regras contratuais claras e definidas		x
	Estabelecimento de índice de reajuste contratual condizente com a variação do setor		
Mudança no Sistema Tributário Alteração de alíquotas de impostos	Reequilíbrio econômico-financeiro para todos os tributos, exceto aqueles incidentes sobre a renda	x	x
Pagamento da contraprestação Atraso ou ausência do pagamento da contraprestação	Penalidades para a Sabesp	x	
	Cessão de recebíveis da Sabesp durante o prazo do contrato		
Demanda dos serviços contratados Alteração no volume de demanda dos serviços contratados	Garantia de contraprestação mínima e redução proporcional da contraprestação no caso de aumento de demanda	x	
Financiamentos Não obtenção do financiamento necessário	Publicação de balanço/auditoria periódica obrigatória		x
	Step-in-rights		
	Prever no Contrato a possibilidade de emissão de empenhos em nome dos financiadores para recebimento da contraprestação devida pela Sabesp		
Financiamentos Inadimplementos quanto às obrigações inerentes ao financiamento	Direito dos financiadores de receber diretamente indenizações eventualmente devidas em razão da rescisão antecipada		x
	Exequibilidade assegurada de mecanismos de garantia (direitos creditórios)		
	Previsão contratual de mecanismos de fiscalização contratual		
Solvência da SPE Incapacidade de honrar compromissos financeiros	*Step-in-rights*		x
	Publicação de balanço/auditoria periódica obrigatória		
	Intervenção		
	Caducidade		

Quadro 4 Riscos ambientais

Risco	Mecanismo de mitigação ou compartilhamento[2]	Responsabilidade[1]	
		Sabesp	SPE
Licenciamento – Obtenção de LI e LO Atraso no início das obras e/ou na disponibilização dos serviços	Penalidades		x
Licenciamento – Obtenção de LP exclusivamente das obras do SPSL[8] Atraso no início das obras e na disponibilização dos serviços	O processo de licenciamento já foi iniciado pela Sabesp	x	
	Reequilíbrio econômico-financeiro e revisão do cronograma		
Passivo ambiental Riscos decorrentes da regularização de eventual passivo ambiental relacionado com a construção do projeto, a prestação do serviço e as áreas utilizadas, cujo fato gerador tenha ocorrido após a assunção dos serviços pelo parceiro privado	SPE assume passivos com fato gerador posterior à assunção dos serviços		x
Passivo ambiental Riscos decorrentes da regularização do passivo ambiental relacionado com a construção do projeto, a prestação do serviço e as áreas utilizadas cujo fato gerador tenha ocorrido anteriormente à assunção dos serviços pelo parceiro privado	Sabesp assume passivos com fato gerador anterior à assunção dos serviços	x	
Lodo Tratamento (inclui a operação de todo o sistema de tratamento de lodo), transporte e destinação adequada do lodo retirado do Sistema	Penalidades		x
	SPE assume passivos		
	Caducidade		
	Faculdade à Sabesp para acompanhamento de todo o processo de tratamento, transporte e destinação do lodo (sem assunção de responsabilidade pela Sabesp)		

Quadro 5 Riscos de responsabilidade civil

Risco	Mecanismo de mitigação ou compartilhamento[2]	Responsabilidade[1] Sabesp	Responsabilidade[1] SPE
Danos materiais e morais a terceiros Danos materiais e morais causados a terceiros decorrentes de ação ou omissão na prestação do serviço	Seguro de responsabilidade civil sem prejuízo da aplicação de multa		x

Quadro 6 Riscos jurídicos

Risco	Mecanismo de mitigação ou compartilhamento[2]	Responsabilidade[1] Sabesp	Responsabilidade[1] SPE
Liberação das áreas das obras Atraso da obra e/ou necessidade de alteração do projeto	Início das obras vinculado à disponibilização das áreas	x	
Encampação Extinção da concessão por interesse público	*Performance bond*	x	
	Regras claras de indenização + lucros cessantes		
Caducidade Extinção da concessão por inadimplemento da concessionária	Multa + perdas e danos para o parceiro público		x
Trabalhista Reclamação trabalhista	Previsão de cláusula de Responsabilidade Trabalhista e de Sucessão Trabalhista		x
	Previsão de glosa no contrato		

Quadro 7 Riscos de álea extraordinária

Risco	Mecanismo de mitigação ou compartilhamento[2]	Responsabilidade[1]	
		Sabesp	SPE
Força maior/caso fortuito Eventos naturais ou humanos alheios à vontade dos Contratantes que impossibilitem ou dificultem a execução do contrato, mas que sejam passíveis de contratação de seguro para cobertura do risco	Seguros/penalidades		x
	Contraprestação vinculada ao desempenho		
Força maior/caso fortuito Eventos naturais ou humanos alheios à vontade dos Contratantes, que impossibilitem ou dificultem a execução do contrato, não passíveis de contratação de seguro específico para sua cobertura	Reequilíbrio econômico-financeiro	x	
Alteração unilateral do contrato; risco regulatório e legislativo Alteração unilateral do contrato promovida diretamente pelo poder concedente. Alterações no arcabouço legislativo ou regulatório do setor que venham a impactar diretamente o contrato	Reequilíbrio econômico-financeiro	x	

Notas da matriz de risco:

1. Para fins da presente matriz, a alocação de riscos obedeceu ao critério segundo o qual o responsável pelo risco é aquele que suporta o ônus e bônus decorrentes da atividade indicada.

2. Para fins da presente matriz, as colunas apresentam mecanismos de mitigação em benefício da Sabesp.

3. Entende-se por risco de fundação geológico o risco assumido quanto à estrutura de sustentação das obras. De fato, a Sabesp não realizou estudos aprofundados do solo no qual será realizado a obra, implicando em grandes

incertezas para o investidor na mensuração do custo a ser incorrido na mesma. Por essa razão, tal risco deverá ser suportado pela Sabesp.

4. Risco alocado ao parceiro privado, pois, caso seu desempenho não seja satisfatório, será penalizado em sua remuneração. A contraprestação mínima garantida pela Sabesp refere-se ao pagamento pelo financiamento da obra. Sendo assim, uma vez finalizada a obra – isto é, uma vez finalizado o serviço de construção da obra/ativo –, o percentual de $x\%$ é garantido, independentemente da performance nos demais serviços.

5. Execução dos serviços: categoria de riscos que contempla a integralidade dos fatores que interferem na prestação de serviços após a efetivação dos investimentos/obras.

6. Para fins da presente matriz, entende-se por risco tecnológico a obrigatoriedade de manter todos os bens relacionados com a concessão em perfeito estado de uso e tecnologicamente atualizados para fins do disposto no Artigo 5º, V da Lei nº 11.079/04, bem como para cumprimento dos índices de desempenho desejados. O risco será compartilhado na medida em que a atualização dos bens e equipamentos para observância dos índices é de responsabilidade do privado. Por outro lado, a eventual substituição dos mesmos por uma nova tecnologia a pedido da Sabesp, não obstante estarem tais bens cumprindo os índices de desempenho do contrato e em plena capacidade técnica, deverá ser suportada pela Sabesp.

7. O Privado será responsável pela manutenção de todo o SPSL, incluindo a parte operada pela Sabesp, como as Estações Elevatórias, ETA e Adutoras de Água Bruta.

8. A Sabesp já protocolou o EIA/RIMA do Projeto, nos termos do projeto referencial. Caso a licença prévia seja expedida pelo órgão competente até o momento da assinatura do contrato de PPP, não haverá o risco apontado. Contudo, caso os projetos básico/executivo desenvolvidos pelo parceiro privado apresentem solução diferente daquela apresentada pela Sabesp, o risco de obtenção de nova licença prévia será de sua responsabilidade.

1.3 Principais serviços e principais indicadores de desempenho

Os indicadores de desempenho abrangem os serviços relacionados com a manutenção e conservação da ETA e suas estruturas, das estações elevatórias e do sistema de água bruta, bem como a operação do sistema de desidratação, secagem e disposição final do lodo do Sistema Produtor São Lourenço.

Considerando que o escopo da PPP trata da manutenção e conservação de um sistema produtor de água tratada completo e autossuficiente, importa para a medição do desempenho a disponibilidade e confiabilidade operacionais dos equipamentos e das unidades de processo.

Para o Sistema São Lourenço, os produtos são basicamente:

- A eficiência global do sistema de equipamentos utilizados na captação, na adutora de água bruta, no bombeamento de água bruta e tratada e no tratamento de água em todas as suas fases e seus processos, culminando com a entrega da água nos reservatórios de adução (fase líquida).
- O lodo tratado e disposto adequadamente ou destinado adequadamente (fase sólida).

Dessa forma, medir-se-á quantitativamente esses produtos cuidando para que os mesmos estejam dentro do padrão de qualidade desejado.

A eficiência global do Sistema engloba serviços de manutenção eletromecânica e civil, serviços de manutenção de estruturas de captações, adutora de água bruta, bombeamentos, tratamento de água e do SADL (Sistema de Adensamento e Desidratação de Lodo), serviços de conservação de áreas verdes, limpeza, conservação predial, lavagem e inspeção de reservatórios, vigilância e segurança patrimonial.

Relação dos principais indicadores:

- Eficiência Global do Sistema (OEE);
- Índice de Confiabilidade Operacional (ICO);
- Índice de Atendimento Emergencial (IAE);
- Manutenção em Áreas Verdes;
- Vigilância e Segurança Patrimonial;
- Limpeza e Conservação Predial (IL);
- Lavagem e inspeção de reservatórios (IIR); e
- Indicador de Disposição Adequada de Lodo (ICDL).

1.4 Lições aprendidas com o caso

Apresentamos, nesta seção, os resultados da PPP do Sistema São Lourenço e suas principais lições.

A incorporação do aprendizado da PPP do Alto Tietê, primeira PPP da Sabesp, aprimorou a gestão desta, além de permitir a mitigação de conflitos entre a contratante e a concessionária. A PPP do Alto Tietê possibilitou o abastecimento de água da Região Metropolitana de São Paulo em um período em que a demanda já estava muito próxima da capacidade total de tratamento dos sistemas produtores.

O apoio da Companhia Paulista de Desenvolvimento com especialistas jurídicos e financeiros foi fundamental para a modelagem e o sucesso do projeto.

A estratégia da Sabesp de desenvolver os estudos de engenharia até o nível executivo, em paralelo ao projeto da PPP, gerou uma série de benefícios, tais como melhor conhecimento das soluções de construção e operação, matriz de risco mais bem estruturada, redação mais adequada para o contrato e mitigação dos riscos geológicos.

A responsabilidade pela obtenção da Licença Prévia (LP) e das áreas ficou a cargo da Sabesp, o que possibilitou mitigar os riscos associados a essas ações, agilizando o processo de licenciamento junto ao órgão ambiental. Atualmente, a Sabesp já dispõe da LP antes mesmo da assinatura do contrato.

A incorporação do EIA-RIMA na documentação da licitação permitiu transferir para o Privado os custos de mitigação tanto ambiental quanto arqueológico.

A solução de engenharia (Projeto Básico/Executivo) é de responsabilidade do Privado; portanto, a eficácia do Sistema Produtor São Lourenço está a ele vinculada.

A vinculação de Penalidades e Marcos Contratuais permite uma melhor gestão do contrato e busca mitigar o risco de atraso na disponibilidade de água para o abastecimento público, previsto para meados de 2018.

O período de consulta pública permitiu enriquecimento do edital e das cláusulas contratuais.

Conclusão

Assim, com a escolha dessa modalidade – Concessão Administrativa –, a Sabesp buscou otimizar as contratações, que passaram de cinco processos (captação de recursos, licitação de projetos/obras e execução de projetos/obras) para um, obtendo, com isso, maior agilidade e rapidez no processo.

Além disso, tal decisão implicou maior segurança para a Sabesp na implantação do empreendimento.

Outro resultado da decisão da empresa foi o compartilhamento dos riscos de implantação.

Com o estabelecimento dessa parceria público-privada, houve possibilidade de incorporação de novas soluções/tecnologias e eficiências desenvolvidas pelos parceiros privados. Ressalte-se também que a PPP conseguiu minimizar o comprometimento do fluxo de caixa durante as obras, a despeito do maior aumento do passivo oneroso da Sabesp.

Destaque-se igualmente o aprimoramento na gestão, o reflexo do fato de a remuneração do concessionário estar condicionada, portanto, a critérios qualitativos como desempenho na prestação dos serviços (*performance*) e a disponibilidade dos ativos (oferta).

O empreendimento aqui exposto tem como finalidade aumentar a oferta média de água tratada para o Sistema Integrado de Abastecimento de Água da Região Metropolitana de São Paulo em 4,7 m³/s. Portanto, a implantação do Sistema Produtor São Lourenço contribuirá para a regularização do abastecimento de água na Região Metropolitana de São Paulo com atendimento da demanda projetada até 2025.

ANEXO

Lista das principais obras do Sistema Produtor São Lourenço

- Captação e Tomada de Água Bruta;
- Estação Elevatória de Água Bruta (EEAB);
- Adutora de Água Bruta – Trecho I (recalque com alta pressão);
- Chaminés de Equilíbrio da Adução de Água Bruta;
- Adutora de Água Bruta – Trecho II (gravidade);
- Reservatório de Compensação de Água Bruta (RCAB);
- Estação de Tratamento de Água (ETA);
- Estação Elevatória de Água Tratada (EEAT);
- Chaminé de Equilíbrio da Adução de Água Tratada;

- Estações Elevatórias Caucaia do Alto e Vargem Grande Paulista;
- Adutora de Água Tratada – Alça Principal – Trecho I;
- Reservatório de Compensação de Água Tratada (RCAT);
- Adutora de Água Tratada – Alça Principal – Trecho II;
- Subadutoras de Água Tratada e Booster, englobando:
    - a Subadutora Atalaia/Cotia;
    - o Booster Cotia-Atalaia;
    - a Subadutora Mirante/Jandira;
    - a Subadutora Jardim Tupã/Barueri;
- Interligações das adutoras e subadutoras com os sistemas produtores Baixo Cotia e Cantareira;
- Subestações de Energia Elétrica da EEAB e EEAT/ETA;
- Melhoria dos Sistemas de Abastecimento de Água e Esgotos Sanitários de Juquitiba;
- Melhoria dos Sistemas de Abastecimento de Água e Esgotos Sanitários de Ibiúna;
- Melhoria dos Sistemas de Abastecimento de Água e Esgotos Sanitários de São Lourenço da Serra; e
- Implantação das necessárias estradas de acesso às unidades do Sistema Produtor São Lourenço.

PARTE III

Financiamento, finanças públicas e riscos

O estado e a iniciativa privada no setor elétrico: uma análise das duas últimas décadas (1992-2012)

ELENA LANDAU
JOÍSA DUTRA
PATRÍCIA SAMPAIO

Introdução

O ano de 1992 marcou a inclusão das duas primeiras estatais federais do setor elétrico no Programa Nacional de Desestatização – PND (Lei nº 8.031/90), concebido para reordenar o posicionamento do Estado na economia, reduzindo a sua função empresária.[1] Faz, portanto, exatos vinte anos que o setor elétrico passa por profundas mudanças na relação entre Estado e mercado, em um movimento que já teve idas e vindas, culminando, em 2012, na edição da Medida Provisória nº 579/12, por meio da qual o Governo Federal propôs a renovação de uma série de concessões que venceriam a partir de 2015.[2]

O presente artigo procura demonstrar que, nos últimos vinte anos, o Estado brasileiro modificou profundamente,

---

[1] Light Serviços de Eletricidade S.A. e Espírito Santo Centrais Elétricas S.A. – Escelsa, que à época eram estatais federais, foram incluídas no PND através do Decreto nº 572, de 22 de junho de 1992.
[2] A MP 579, editada em 11 de setembro de 2012, foi posteriormente convertida na Lei nº 12.783, de 11 de janeiro de 2013.

ao menos em duas oportunidades, a relação entre iniciativa pública e privada no setor de energia elétrica e que a decisão governamental consubstanciada na MP 579/12 representa a perda de uma oportunidade para um debate mais profundo acerca da política para o setor no longo prazo.

Para esse fim, inicialmente retomam-se brevemente alguns antecedentes históricos da participação estatal no setor. Em seguida, passa-se ao processo de desestatização vivenciado nos anos 1990, que, sendo um movimento inacabado, manteve o setor público com uma expressiva participação nessa indústria, especialmente nos segmentos de geração e transmissão.

Adiante, apresenta-se o modelo concebido a partir de 2003 como resposta à crise do racionamento entre 2001 e 2002 e à mudança de orientação política do cenário federal com a eleição presidencial de 2002, que volta a priorizar a presença estatal na atividade econômica e no setor elétrico.

Por fim, o artigo discute que a recente decisão do Governo Federal de renovar diversas concessões, cujos prazos de vigência se encerrariam a partir de 2015, foi uma opção em favor da manutenção da elevada participação estatal no setor como agente econômico e planejador.

Em síntese, almeja-se trazer algumas reflexões advindas dessa opção política pela renovação das concessões, em vez de sua retomada pelo Poder Concedente para posterior licitação.

1 Breves antecedentes históricos

Marcos regulatórios e instituições são, em grande parte, tributários da realidade socioeconômica e da ideologia dominante em cada momento histórico. Dessa forma, retomar brevemente o histórico do desenvolvimento do setor elétrico nacional pode ser de grande valia.

Na esteira de outros setores da economia, o setor de energia elétrica foi objeto de amplo processo de estatização a partir dos anos 1940, sendo marcos deste movimento a criação da Companhia Hidro Elétrica do São Francisco – CHESF em 1945 e, posteriormente, das Centrais Elétricas Brasileiras S.A. – Eletrobras em 1962 (LANDAU e SAMPAIO, 2006), em um cenário que se perpetuou nas duas décadas subsequentes.

Todavia, nos anos 1970 e 1980 observou-se uma paulatina deterioração do setor. Preços artificialmente baixos de energia foram experimentados como consequência da não atualização do valor das tarifas em razão de políticas anti-inflacionárias. Também o modelo do Estado-empresário terminou por se mostrar ineficiente, pela dificuldade de permanente atualização tecnológica e administrativa decorrentes da limitação financeiro-orçamentária, além das condicionantes a que se submete a atuação empresária por parte do Estado, que não opera apenas sob a lógica do mercado.[3] O modelo estatizante, portanto, terminou por dar sinais de esgotamento.[4]

Assim, no início dos anos 1990, a organização do setor elétrico começou a ser redefinida. Atrair capitais privados mostrou-se uma necessidade inadiável e passou-se a perseguir um modelo em que a operação e expansão do sistema ficariam a cargo da iniciativa privada.

Na construção do marco regulatório que propiciaria a estrutura necessária ao incremento da participação privada no setor elétrico, a Lei nº 8.631, de 4 de março de 1993, constituiu um momento essencial ao modificar o critério de remuneração das empresas. Essa lei introduziu o regime de tarifas por incentivo, abandonando o regime do serviço pelo custo, que se caracterizava pela remuneração mínima garantida às concessionárias em favor de um regime de regulação pelo preço. Até esse momento, as concessionárias tinham direito à remuneração legalmente garantida, a qual, se não viesse a ser integralmente atingida, gerava direito a uma compensação futura, que ficava registrada na Conta de Resultados a Compensar (CRC).[5]

No entanto, por motivos diversos – mas especialmente em decorrência do uso do controle de tarifas como instrumento de política anti-inflacionária –, as empresas estatais credoras dessa remuneração mínima acabavam não

---

[3] Tais como a tomada de decisões vocacionadas ao cumprimento da função social que está na origem da criação de empresas estatais; a potencial tensão entre o interesse empresarial dos acionistas minoritários da estatal (no caso das sociedades de economia mista) e as políticas governamentais, tendo o Governo maioria nos órgãos de administração dessas companhias; o risco de escolhas políticas sobreporem-se às técnicas na eleição de membros dos Conselhos de Administração e Diretorias; uma ausência de cultura empresarial, que não é típica da Administração Pública; a conformação dessas entidades a exigências de caráter publicista, como realização de licitações e concurso público.

[4] A década de 1980 assistiu, então, ao esgotamento da capacidade de investimento do governo nos setores de infraestrutura. Especificamente no que tange à energia elétrica, é alarmante constatar que, entre os anos 1950 e 1980, a capacidade de geração expandiu-se a uma taxa média de 9,8% ao ano, incremento esse fortemente baseado nos investimentos estatais. Já entre 1981 e 1993, a taxa foi de apenas 4,1%, menor do que o aumento do consumo, estimado em 5,3% ao ano para o mesmo período. Os dados são apresentados por Pinheiro (2005).

[5] Nesse sentido, o artigo 1º da Lei nº 5.655/71 dispunha que "A remuneração legal do investimento, a ser computada no custo do serviço dos concessionários de serviços públicos de energia elétrica, será de 10% (dez por cento) a 12% (doze por cento), a critério do poder concedente". O mesmo dispositivo determinava ainda que a diferença entre a remuneração resultante da aplicação do percentual aprovado pelo Poder Concedente e a efetivamente verificada pela concessionária no resultado do exercício seria registrada na Conta de Resultados a Compensar, para fins de compensação dos excessos e insuficiências de remuneração da concessionária.

honrando seus compromissos com as empresas fornecedoras de energia, especialmente com a Eletrobras, que se tornou uma espécie de "banco" do setor, pois arcava com o endividamento das demais empresas em decorrência, principalmente, do inadimplemento do pagamento da compra de energia. Por isso, além da mudança no sistema de fixação de tarifas, a Lei nº 8.631/93 autorizou um encontro de contas entre empresas do setor, o qual custou US$ 23 bilhões ao Tesouro Nacional, que assumiu tais dívidas em troca de títulos recebidos pelas empresas credoras (CRC),[6] em um saneamento financeiro que foi essencial para preparar as empresas para a desestatização.

Um novo passo rumo ao novo modelo setorial ocorreu com a promulgação das leis que trouxeram o arcabouço jurídico dos contratos de concessão de serviço público, quais sejam, a Lei nº 8.987, de 13 de fevereiro 1995 (a Lei Geral de Concessões e Permissões de Serviços Públicos), e a Lei nº 9.074, de 7 de julho de 1995. Esta última veio a disciplinar especialmente a transição entre o modelo antigo, calcado em outorgas a empresas estatais, para o regime contratual, que deveria substituí-lo. O processo de privatização facilitou essa transição, pois novos contratos foram assinados pelas empresas vencedoras dos leilões e o Poder Concedente.

No ano seguinte, a Lei nº 9.427, de 26 de dezembro de 1996, criou a Agência Nacional de Energia Elétrica (ANEEL), sob a forma de autarquia em regime especial, dotada, portanto, de autonomia reforçada. A Lei nº 9.648/98, por sua vez, determinou a criação do Operador Nacional do Sistema Elétrico (ONS), responsável pela coordenação e controle da operação da geração e da transmissão no âmbito do Sistema Interligado Nacional.[7] A mesma lei estabeleceu que as operações de compra e venda de energia seriam realizadas por meio do Mercado Atacadista de Energia (MAE).

Em síntese, o novo modelo do setor elétrico, introduzido a partir de 1995, baseou-se em três vertentes principais: (i) desestatização, (ii) desverticalização das atividades; e (iii) introdução de marco regulatório calcado na busca por

---

[6] O artigo 7º da Lei nº 8.631/93 determinou a extinção da Conta de Resultados a Compensar e da Reserva Nacional de Compensação de Remuneração (RENCOR), tendo, todavia, ressalvado o dever de as concessionárias inadimplentes saldarem seus débitos. Este mesmo dispositivo estabeleceu o mecanismo para o encontro de contas do setor. O §7º determinou que a Eletrobras receberia créditos de CRC que pertencessem a concessionárias de energia elétrica para compensação de débitos vencidos relativos a contratos de financiamentos com ela celebrados, os quais, por sua vez, poderiam ser objeto de outras compensações, conforme viesse a permitir o Ministério da Fazenda.
[7] Historicamente, a Eletrobras tinha funções tipicamente estatais de planejamento e regulação do setor. Com a criação da ANEEL e do ONS, essas funções foram retiradas da empresa, visando a sua reestruturação e posterior desestatização.

competição e eficiência. Essa, aliás, não era uma peculiaridade do país nem do setor elétrico; em diversos outros países e setores se observava um movimento semelhante: as chamadas indústrias de rede passavam por um processo de reestruturação que envolvia a separação entre segmentos da cadeia produtiva considerados competitivos – a exemplo da geração de energia elétrica – de outros caracterizados por serem monopólios naturais, dadas as economias de escopo e escala (como transmissão e distribuição de eletricidade), os quais permaneceriam submetidos à regulação. A ideia central consistia em desverticalizar as atividades, concentrando a regulação nos monopólios naturais e incentivando a competição nas etapas da produção em que ela fosse possível.

2 O processo de desestatização do setor elétrico

A partir de 1995, então, é iniciado processo de desestatização do setor, com os leilões de alienação do controle acionário das duas distribuidoras federais. Em 17 de julho de 1995 é assinado o contrato de concessão da Espírito Santo Centrais Elétricas S.A. – Escelsa e, em 4 de junho de 1996, o da Light Serviços de Eletricidade S.A.

A decisão de iniciar a desestatização do setor elétrico pelas empresas de distribuição e não pela geração foi resultado da combinação de vários fatores.

Em primeiro lugar, a regulação de monopólios naturais era mais conhecida e a implementação de um regime de tarifa por incentivo, com introdução de *price cap*, foi entendida como mais fácil de executar do que a introdução de competição no segmento de geração.[8] Como, no momento em que as distribuidoras federais foram introduzidas no PND (1992), ainda não havia um marco regulatório bem definido para o setor,[9] optou-se por permitir a operação privada da distribuição, um monopólio natural, pois nesse segmento se mostrava possível a regulação basicamente através dos próprios contratos de concessão. Assim, em tese, não seria necessário um detalhamento maior da regulação, naquele momento inicial, como teria sido preciso para a desestatização de um segmento potencialmente competitivo, como o de geração.

---

[8] Para desenhar o modelo de competição para o setor foi criado um grupo de trabalho conhecido como Projeto RE-SEB e contratada a consultoria da Coopers & Lybrand. Ver Coopers e Lybrand (1997).
[9] Que, como visto, foi implementado entre 1995 e 1998, dentre outras, pelas Leis nºs 9.074/95, 9.427/96 e 9.648/98.

O segundo motivo era de natureza financeiro-patrimonial: receava-se que, enquanto a distribuição permanecesse estatal, a geração se apresentaria pouco atrativa aos investidores privados, tendo em vista o risco de inadimplemento ou atrasos nos pagamentos característicos das empresas estatais até então. Esperava-se que a transferência das distribuidoras à iniciativa privada por meio de contratos de concessão, ao eliminar o risco de crédito dessas empresas, contribuísse para a valorização dos ativos das geradoras, que seriam a etapa subsequente do processo de desestatização, o qual, como se verá adiante, não chegou a ser completado.

Em linhas gerais, o modelo escolhido para reduzir preços de energia buscava a competição de empresas por seus clientes.[10] Era na concorrência pelo mercado que se esperava o impacto positivo sobre preços de energia, já que, em função de restrições fiscais da época, optou-se pelo leilão com base no maior preço oferecido pelo ativo, o que impediu uma redução de partida nas tarifas de energia.

Destaque-se que a premissa fundamental para a implementação dessa opção residia na completa privatização do segmento de geração no país, tanto das empresas federais integrantes do Sistema Eletrobras como das estaduais.[11]

Todavia, com a crescente resistência política ao processo de privatização, o programa federal de desestatização foi interrompido logo após a licitação das Centrais Geradoras do Sul do Brasil S.A. (Gerasul); dentre as empresas estaduais, apenas a Companhia Energética de São Paulo (CESP) teve grande parte do seu parque gerador vendido.

Vinte anos depois, como será exposto adiante, tem-se um cenário de retorno ao passado: a MP 579/12 volta a um modelo de regulação baseada em custos e sedimenta a manutenção das empresas integrantes do sistema Eletrobras entre os principais agentes do segmento. A elevada participação estatal federal na capacidade instalada de geração do país, e que será mantida com a decisão governamental de renovar as concessões, pode ser percebida ao se analisar a lista dos dez maiores agentes, apresentada no Quadro 1.

---

[10] Para permitir a concorrência na geração, o artigo 11 da Lei nº 9.074/95 introduziu no país a figura do Produtor Independente de Energia (PIE) em substituição aos antigos monopólios estatais e às concessões de serviços públicos. Essa substituição se deu a partir da privatização e consequente assinatura de novos contratos. Como a desestatização não se completou, ainda convivem neste segmento concessões de serviços públicos e PIEs. Ver Borelli (1999).

[11] É preciso esclarecer que, apesar de o fornecimento de energia elétrica ser um serviço público federal, grande parte da atividade de distribuição era realizada por empresas estatais estaduais. Nesses casos, a concessão dessa atividade à iniciativa privada dependia de decisão política dos Estados da federação, por meio dos seus Programas Estaduais de Desestatização, que ocorreram com apoio do BNDES.

Quadro 1 Os 10 agentes de maior capacidade instalada no país (usinas em operação)

Nº	Agentes do setor	Potência instalada (kW)
1º	Companhia Hidro Elétrica do São Francisco – CHESF	10.615.131
2º	Furnas Centrais Elétricas S.A. – FURNAS	9.703.000
3º	Centrais Elétricas do Norte do Brasil S.A. – Eletronorte	9.131.454,10
4º	Companhia Energética de São Paulo – CESP	7.455.300
5º	Tractebel Energia S.A. – TRACTEBEL	7.144.650
6º	Itaipu Binacional – ITAIPU	7.000.000
7º	CEMIG Geração e Transmissão S.A. – CEMIG-GT	6.781.584
8º	Petróleo Brasileiro S.A. – Petrobras	6.288.420,60
9º	Copel Geração e Transmissão S.A. – COPEL-GT	4.781.990
10º	AES Tietê S.A. – AES TIETÊ	2.652.000

Fonte: ANEEL. Disponível em: <http://www.aneel.gov.br/aplicacoes/AgenteGeracao/GraficoDezMaioresPotencia.asp>. Acesso em: dez. 2012.

Veja que, dentre os dez principais agentes econômicos de geração do país, somente dois são privados – a Tractebel e a AES Tietê. Apenas o grupo Eletrobras (excluídas, portanto, as estatais estaduais) tem capacidade instalada de 41.621 MW de geração, correspondente a 35,5% do total nacional.[12] Por outro lado, com a decisão de CESP, CEMIG e COPEL de não renovarem seus contratos pelas razões que serão detalhadas neste artigo, poderá, no futuro, haver uma alteração na dinâmica do mercado de geração.

Na transmissão, a participação do Governo Federal é – e permanecerá – ainda mais significativa, já que todas as concessões foram renovadas: as linhas de transmissão em operação, em alta e extra-alta tensão, do grupo Eletrobras, somam 56.179 quilômetros de extensão, representando 56% do total do país.[13]

---

[12] As companhias CHESF, FURNAS e Eletronorte pertencem ao grupo Eletrobras. Além disso, este volume inclui a metade da potência de Itaipu pertencente ao Brasil.
[13] Segundo dados da Eletrobras, disponíveis em: <http://www.eletrobras.com/elb/data/Pages/LUMISBF7839BFPTBRIE.htm>. Acesso em: 19 dez. 2012.

Para se compreender por que o modelo imaginado inicialmente não foi implementado em sua integralidade, faz-se necessário retornar a um evento traumático consistente no racionamento de energia ocorrido em 2001, suas causas e as mudanças de percurso a partir dele ocasionadas.

3 O racionamento de energia de 2001 e o novo modelo do setor

3.1 O racionamento e o início da reforma

Em 2001, o país vivenciou uma crise de oferta de energia elétrica que levou a um programa de racionamento na maior parte do território nacional. Naquela altura, a adversa hidrologia do período associada a uma matriz essencialmente hidrelétrica forçou a implementação de um radical programa de redução de consumo de energia.

Na ocasião, ficaram evidentes os efeitos da insegurança do marco regulatório, na medida em que os primeiros anos que se seguiram à desestatização foram marcados por embates entre investidores e reguladores na aplicação das regras tarifárias expressas nos contratos de concessão. O modelo regulatório da época, para estimular a expansão do parque gerador, permitia a contratação de energia relacionada com margens de ganho predefinidas[14] – *self-dealing*. Seu objetivo era dar incentivos para que as distribuidoras privadas investissem em geração de energia a partir de um mercado garantido, utilizando os contratos de compra e venda como garantia para novos financiamentos.

No entanto, a magnitude dos atrasos tarifários acumulados, em especial após a desvalorização cambial de janeiro de 1999, reduziu a atratividade e a capacidade de investimentos do setor privado,[15] o que, atrelado a uma situação hidrológica adversa, resultou em um racionamento de energia entre

---

[14] No *self-dealing* era permitida a contratação de energia com valores até 10% superiores ao Valor Normativo de Referência (VNR) definido pela ANEEL. O *self-dealing* foi eliminado posteriormente pela Lei nº 10.848/04, quando o novo modelo passou a priorizar a expansão através de leilões de energia nova.
[15] Com a inesperada desvalorização cambial, os acionistas privados contavam com uma revisão tarifária extraordinária permitida pela legislação (cf. Lei nº 8.987/95 art. 9º), o que acabou não ocorrendo da forma prevista. Isso gerou atraso nas tarifas, insegurança jurídica e criou limitações para que os contratos de compra e venda de energia fossem utilizados como garantia nos financiamentos ao setor. Posteriormente, desequilíbrios passaram a ser computados por meio de uma conta gráfica intitulada Compensação de Variação de Valores da Parcela A – CVA, solução adotada no lugar da revisão tarifária extraordinária, que não ocorreu.

junho de 2001 e fevereiro de 2002. Nem mesmo o Programa Prioritário de Termeletricidade (PPT), inaugurado pelo Governo Federal no ano imediatamente antecedente com o intuito de ampliar e diversificar a matriz energética nacional,[16] conseguiu evitar a crise de desabastecimento, já que os empreendimentos ainda se encontravam em construção.

Com o fracasso da tentativa de privatização de Furnas, ficou perceptível que o programa de privatização das empresas geradoras não se completaria. Ainda assim, o governo não teve a iniciativa de redesenhar o modelo de competição adequado à convivência entre empresas privadas e estatais, que dominavam o mercado, o que, combinado com incertezas regulatórias dos reajustes tarifários, gerou certa paralisia nos investimentos. A crise de oferta de energia evidenciou a fragilidade institucional do setor e demandou forte intervenção do Poder Executivo através da Câmara de Gestão da Crise de Energia Elétrica, que, por intermédio do Acordo Geral do Setor Elétrico, buscou reequilibrar as contas do setor, fortemente abalado pela brusca redução do consumo de energia elétrica determinado pelo racionamento.[17]

A partir deste episódio, diversas mudanças normativas ocorreram com o objetivo de adequar o setor à necessidade de maior segurança na oferta de energia elétrica. Essas modificações, primeiramente introduzidas pela Medida Provisória nº 14, de 21 de dezembro de 2001, foram consolidadas na Lei nº 10.438, de 26 de abril de 2002, destacando-se a criação do PROINFA – Programa de Incentivo às Fontes de Energia Alternativas e a CDE – Conta de Desenvolvimento Energético, que, em conjunto com o PPT, buscavam agregar novas fontes de energia a uma matriz essencialmente hídrica. A mesma lei também ampliou o espectro do programa de universalização.

Com a posse do Presidente Luiz Inácio Lula da Silva, o setor experimentaria novas reformas, voltadas à garantia do suprimento de energia elétrica e à decisão pela manutenção da presença do Estado como agente econômico estratégico no setor. Ilustrativo dessa mudança é que, por meio do artigo 31, §1º, da Lei nº 10.848/04, as grandes geradoras estatais federais foram definitivamente retiradas do Plano Nacional de Desestatização, o que tornou a privatização do setor elétrico brasileiro um projeto inacabado.

---

[16] O Brasil é fortemente dependente da matriz hidráulica na geração de energia elétrica. Segundo o Balanço Energético Nacional 2012 – ano-base 2011, a hidroeletricidade responde por 81,7% da geração de energia elétrica no país. O Programa Prioritário de Termeletricidade foi criado pelo Decreto nº 3.371/2000.

[17] Dados do Tribunal de Contas da União apontam que "o custo total do Programa Emergencial de Redução do Consumo de Energia Elétrica (Percee) foi da ordem de R$ 32 bilhões em valores nominais". Acórdão TCU AC-1196-17/10-P, j. em 26/05/2010, p. 2.

Em decorrência dessa mudança de orientação, tem-se um cenário no qual a maior parte do segmento da distribuição (cerca de 63%)[18] foi desestatizada, mas somente 22% da geração passou à exploração da iniciativa privada (PINHEIRO, 2005). A marcante presença de empresas estatais nos segmentos de geração e transmissão aparece como fator limitador da concorrência, tendo em vista a participação de membros do Governo Federal nos Conselhos de Administração dessas empresas e, por conseguinte, o risco de se misturarem políticas governamentais e empresariais.[19]

Além da decisão por uma maior presença estatal na atividade econômica, a reestruturação do setor compreendeu uma significativa reforma institucional a partir da edição da Medida Provisória nº 144/03 (posteriormente convertida na Lei nº 10.848/04) e da Lei nº 10.847/04, que autorizou a criação da EPE – Empresa de Planejamento Energético. Foi constituído o Comitê de Monitoramento do Setor Elétrico (CMSE) para acompanhar e avaliar permanentemente a continuidade e a segurança do suprimento eletroenergético em todo o território nacional[20] e foi criada a Câmara de Comercialização de Energia Elétrica (CCEE). A Lei nº 10.848/04 ainda reforçou as competências do Conselho Nacional de Política Energética (CNPE) no planejamento do setor elétrico.[21]

---

[18] Permaneceram sob controle do Estado as distribuidoras Eletrobras Amazonas Energia, Eletrobras Distribuição Acre, Eletrobras Distribuição Roraima, Eletrobras Distribuição Rondônia, Eletrobras Distribuição Piauí e Eletrobras Distribuição Alagoas, integrantes do grupo Eletrobras, assim como algumas distribuidoras estaduais, a exemplo de CEMIG, COPEL e CEEE. O percentual de geração privatizado refere-se basicamente à Gerasul (hoje Tractebel), a única geradora do sistema Eletrobras a ser privatizada, e às geradoras privatizadas no âmbito do Programa Estadual de Desestatização de São Paulo.

[19] Esse tema constitui uma contradição quase que inerente às sociedades de economia mista, pois, embora estejam, em tese, sujeitas às mesmas obrigações que as empresas privadas em diversos aspectos (ver, especialmente, art. 173, §1º, II CF/88), podem vocacionar suas decisões para o cumprimento da função social que justifica sua existência. Esta é uma questão extremamente complexa, cujo enfrentamento foge ao escopo do presente artigo. Merece, no entanto, ser ressaltado que, de um lado, é a existência de um interesse social relevante que justifica a criação de uma empresa estatal; de outro, o art. 173 da Constituição Federal aponta para um regime de igualdade entre empresas estatais e privadas no que tange a obrigações civis, comerciais, trabalhistas e tributárias. Além disso, o art. 238 da Lei das Sociedades por Ações (Lei nº 6.404/76) dispõe que "a pessoa jurídica que controla a companhia de economia mista tem os deveres e responsabilidades do acionista controlador (arts. 116 e 117), mas poderá orientar as atividades da companhia de modo a atender ao interesse público que justificou a sua criação".

[20] A criação do CMSE foi autorizada pelo art. 14 da Lei nº 10.848/04 e implementada por meio do Decreto nº 5.175/04. O CMSE tem a seguinte composição: quatro representantes do Ministério de Minas e Energia e os titulares da Agência Nacional de Energia Elétrica (ANEEL), Agência Nacional do Petróleo (ANP), Câmara de Comercialização de Energia Elétrica (CCEE), Empresa de Pesquisa Energética (EPE) e Operador Nacional do Sistema Elétrico (ONS).

[21] O CNPE foi criado pela Lei nº 9.478/97.

Ainda com a preocupação de evitar riscos de subcontratação de energia, a Lei nº 10.848/04 introduziu profunda modificação nas relações entre vendedores e compradores de energia elétrica ao instituir dois distintos ambientes de contratação: o Ambiente de Contratação Regulada (ACR) e o Ambiente de Contratação Livre (ACL). No ACR foram alocadas as distribuidoras, obrigadas a contratar 100% da sua demanda de energia através de leilões de energia existente ou nova.[22] Apenas os grandes consumidores – livres ou especiais[23] – podem optar entre adquirir energia elétrica no ACR ou no ACL, observadas as condições legais de migração dos consumidores livres para o ambiente regulado.

3.2 Compra e venda no ambiente de contratação regulada: os leilões de compra e venda de energia

Como visto, a partir de 2004, a contratação de energia por parte das distribuidoras passou a ocorrer mandatoriamente por meio de leilões promovidos pela ANEEL. Com o duplo objetivo de garantir equilíbrio entre demanda e oferta de energia para os consumidores cativos e priorizar a modicidade tarifária, este novo modelo substituiu o leilão de ativos por maior preço pago pela outorga por leilões de empreendimentos com base no menor preço de energia proposto. Essa mudança foi possível porque as restrições fiscais nessa época eram menores do que na década anterior, tornando os recursos arrecadados na desestatização um objetivo secundário. No entanto, o impacto final sobre tarifas públicas não foi percebido porque, como veremos adiante, encargos e tributos incidentes sobre a tarifa mais do que compensaram um eventual benefício dos leilões.

No ACR, a contratação de energia elétrica é operacionalizada por meio dos leilões promovidos pela ANEEL. Dessa forma, o atendimento às necessidades de consumo de eletricidade no mercado regulado se dá através de um conjunto de contratos firmados como resultados de leilões. Trata-se de um modelo semelhante ao de leilões de comprador único, no qual compete

---

[22] No modelo anterior, havia uma folga para as distribuidoras permanecerem descontratadas, que variou, ao longo do tempo, entre 85% e 95% da sua demanda. Essa folga tinha o objetivo de incentivar a competição e menores preços na disputa dos geradores por seus clientes.

[23] A legislação define como "livres" os consumidores com demanda contratada maior do que 3.000 kW. Existem ainda os consumidores especiais, que são aqueles com demanda contratada superior a 500 kW, os quais tem a prerrogativa de contratar energia de geradores que produzam energia através de fontes consideradas incentivadas, nos termos do art. 26, § 5º, da Lei nº 9427/96. As distribuidoras, por sua vez, estão obrigadas a adquirir, no ambiente regulado, toda a energia necessária ao atendimento de sua demanda, havendo uma parcela de consumidores de energia elétrica cativa das distribuidoras (como, por exemplo, os residenciais).

às distribuidoras estimar e informar ao poder público suas necessidades de demanda de energia para o atendimento do seu mercado nos cinco anos subsequentes. Cada uma das distribuidoras que tenha declarado demanda em um dado leilão assina contratos de compra e venda de energia com os geradores que se sagram vencedores nos leilões. Dessa forma, a demanda declarada seria sempre atendida caso todas as plantas oferecidas tivessem interessados.[24]

A agregação das estimativas das distribuidoras permite ao governo, na condição de leiloeiro, atuar como comprador. Às distribuidoras de energia elétrica é garantido o direito de repassar aos seus usuários, na tarifa, os custos incorridos na aquisição dessa energia. A Lei nº 10.848/04 exige que cada distribuidora contrate 100% (cem por cento) da sua demanda[25], permitindo-lhe, ainda, repassar ao usuário, na tarifa cobrada, até 3% (três por cento) adicionais, a título de sobrecontratação, para garantia do sistema.[26]

Desse modo, acreditava-se ser possível assegurar a expansão do sistema, mediante a alocação de riscos de modo compartilhado entre o conjunto das distribuidoras, viabilizando-se o financiamento dos empreendimentos, via de regra com recursos majoritariamente captados junto ao BNDES. Ou seja, na concepção original do modelo, a expansão seria garantida através de leilões para a contratação de eletricidade a ser gerada por novas usinas.

Todavia, não foi exatamente essa a experiência inicialmente observada. Dificuldades, em grande parte relacionadas ao processo de licenciamento ambiental, provocaram, no início da vigência do novo modelo, uma retração na contratação de novas usinas hidrelétricas, acarretando concentração da expansão em geração termelétrica, com consequente elevação dos preços de comercialização de energia elétrica no ambiente regulado, conforme se percebe pela Figura 1.

---

[24] Existem leilões de energia "velha" e de energia "nova". Nos primeiros, leiloa-se a oferta de energia de empreendimentos que já estão em operação. A contratação da expansão do sistema se dá através dos chamados leilões de energia "nova", nos quais se adquire energia elétrica a ser gerada por novos empreendimentos, isto é, que ainda serão construídos. Há, ainda, leilões voltados à contratação das chamadas fontes alternativas, nos quais são contratados empreendimentos eólicos, de biomassa e pequenas centrais hidrelétricas (PCHs). Por fim, os ajustes nos portfólios de contratos das distribuidoras de eletricidade são viabilizados por leilões realizados no ano anterior ao início do período de suprimento (A-1), com base em energia proveniente de empreendimentos existentes (os "leilões de ajuste"). Os leilões de energia nova são denominados "A-5" ou "A-3", correspondendo à quantidade de anos que deverá mediar entre a realização do leilão e a entrada em operação do empreendimento. Nos primeiros (A-5) são essencialmente viabilizadas usinas hidrelétricas (que demandam mais tempo para serem construídas) e, nos últimos (A-3), basicamente termelétricas.

[25] Regulada pelo art. 2º do Decreto nº 5.163/04.

[26] Conforme o art. 38 do Decreto nº 5.163/04. Este percentual foi elevado para 5% (cinco por cento) pelo Decreto nº 7.954/13.

Essa situação começou a se alterar em 2007, com a realização dos primeiros leilões considerados estratégicos ou estruturantes. Objeto de regulamentação por meio de Resoluções do CNPE[27] e Portarias do Ministério de Minas e Energia (MME), os referidos leilões – em que foram ofertados isoladamente direitos de construção e operação de novos empreendimentos hidrelétricos de grande porte, iniciados com a UHE Santo Antônio – permitiram reverter a tendência de elevação dos preços que se observava para a contratação de energia, como consequência da ênfase em termeletricidade.

Cabe, contudo, atentar para o fato de que o preço observado e comemorado no primeiro desses leilões – o da UHE Santo Antônio – refere-se à comercialização de 70%[28] da energia inicialmente prevista para ser gerada pelo empreendimento, sendo que a eletricidade restante poderia ser direcionada à contratação no ambiente livre. Nesse contexto, não é possível reportar o preço ponderado de contratação da eletricidade a ser gerada pela usina, que poderia ser considerado uma boa referência para o custo de expansão do sistema, porque o valor ao qual é contratada a parcela de energia destinada ao mercado livre não é conhecido.

Além disso, como as condições de financiamento variam a cada projeto, os valores obtidos a cada leilão não são indicativos do custo de expansão do sistema. Observa-se uma queda nos preços exigidos pelos empreendedores ao longo do tempo, o que sugere que a elevação do custo marginal deva ser compensada por outros fatores, como maior subsídio, maior preço exigido na parcela de contratação livre, além de, evidentemente, características particulares de cada projeto estruturante.

Após a UHE Santo Antônio, foram realizados novos leilões para contratação de energia a ser gerada por outros empreendimentos estratégicos ou

---

[27] Dentre as competências do CNPE estabelecidas no art. 2º da Lei nº 9.478/97 encontra-se a de "indicar empreendimentos que devam ter prioridade de licitação e implantação, tendo em vista seu caráter estratégico e de interesse público, de forma que tais projetos venham a assegurar a otimização do binômio modicidade tarifária e confiabilidade do Sistema Elétrico". A Resolução CNPE 04/2007 indicou o Aproveitamento Hidrelétrico de Santo Antônio, localizado no Rio Madeira, no Estado de Rondônia, como tendo caráter estratégico e de interesse público para efeitos de prioridade em sua licitação. Cumpre mencionar que o resultado da licitação do AHE Santo Antônio, considerado positivo, em muito decorreu de ação colaborativa entre vários órgãos da Administração com vistas a conter práticas anticompetitivas no mercado de produção de turbinas. Ver Saraiva (2011).

[28] Esse percentual é específico e determinado para cada leilão. O preço médio desse leilão foi de R$ 103,20/MWh. Fonte: CCEE. *InfoLeilão*. nº 001 – 15º Leilão de Energia Nova (A-5) – 14 de dezembro de 2012. Disponível em: <www.ccee.org.br>. Acesso em: dez. 2012.

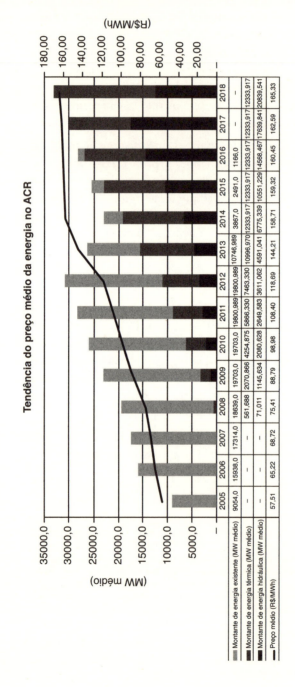

Figura 1 Evolução do preço da energia no ambiente regulado

Fonte: Estudo Comercializadora COMERC.

estruturantes, como Jirau e Belo Monte,[29] ou ainda, integrantes do Programa de Aceleração do Crescimento (PAC) do Governo Federal, a exemplo da Usina Teles Pires. Além disso, a ANEEL segue promovendo os usuais leilões de energia nova, inclusive de fontes alternativas.

Uma avaliação dos leilões realizados permite inferir que, de modo geral, foi possível promover a expansão do sistema, ainda que sem gerar às distribuidoras incentivos a uma gestão mais adequada das necessidades de aquisição de energia, já que lhes é garantido o integral repasse de até 105% da sua demanda[30]: se, de um lado, a contratação de longo prazo viabilizou tal expansão, de outro se pode entender o processo como alocando custos quase que integralmente aos consumidores no ambiente regulado, contribuindo para a elevação nas tarifas, contrariamente ao objetivo do modelo.

Assim, pode-se afirmar que os aumentos do preço do fornecimento da energia percebidos pelos consumidores cativos, que refletem a elevação do preço da energia derivado dos leilões a partir de 2004, foram exacerbados pela escassez de preocupação com mecanismos de eficiência energética e de gerenciamento de demanda. Parte dessa dificuldade é intrínseca a regimes regulatórios nos quais as tarifas são estabelecidas em bases unitárias, a exemplo de mecanismos de preço teto (*price cap*) e de taxa de retorno, nos quais os lucros são função crescente das vendas das companhias. Pode-se argumentar que mesmo uma regulação que fixa teto de receita (*revenue cap*) apresenta dificuldades de induzir esforços de eficiência energética pelas distribuidoras.[31]

3.3 A transmissão

Sobre o segmento de transmissão, por sua vez, cumpre ressaltar que o país possui um sistema considerado complexo, em parte como reflexo da predominância hidráulica da capacidade instalada do parque de geração, que coloca a necessidade de transportar grandes volumes de energia, em muitos casos, por

---

[29] O caráter estratégico de Jirau foi reconhecido pela Resolução CNPE 01/2008 e o de Belo Monte pela Resolução CNPE 05/2009. O preço médio de Jirau foi de R$ 90,77/MWh e o de Belo Monte foi de R$ 89,97/MWh. Fonte: CCEE. InfoLeilão. nº 001, *op. cit.*
[30] Este percentual era de 103% até a edição do Decreto nº 7.945/13.
[31] Ver Crew e Kleindorfer (1996). Cabe ainda destacar o relativo sucesso alcançado na contratação de energia a ser gerada por usinas eólicas. Os resultados observados para esses empreendimentos permitiram inclusive alcançar preços mais competitivos para outras fontes, o que, em muitos casos, suscita demandas pela segmentação dos leilões, de modo a permitir a contratação em leilões segmentados por fontes, o que acabaria por viabilizar preços mais elevados para os potenciais geradores.

grandes distâncias (dado que é comum as usinas de geração estarem localizadas a grandes distâncias dos centros de consumo). Geradores, transmissores, distribuidores, importadores e exportadores de energia elétrica encontram-se interconectados em um único e mesmo sistema, operado centralizadamente; apenas 3,4% da capacidade de geração do país encontram-se fora do Sistema Interligado Nacional (SIN), atendendo aos chamados sistemas isolados.[32]

Ainda que a Lei nº 10.848/04 não tenha exigido a separação estrutural dos segmentos de geração e transmissão, ela impôs a contratação separada da produção e do transporte de eletricidade.

O custeio da transmissão de energia dá-se por meio da cobrança de Tarifa de Uso do Sistema de Transmissão, paga por todos os agentes que se conectam ao SIN; ou seja, pelos usuários do sistema, a exemplo de geradores e distribuidores (que repassam aos consumidores os custos correspondentes) ou mesmo grandes consumidores. As transmissoras, por sua vez, remuneram-se por meio do recebimento de uma receita anual, denominada Receita Anual Permitida (RAP), cujo pagamento é rateado pelos usuários do sistema.

Em 2007, a ANEEL decidiu, por meio da Resolução Normativa nº 270/07, regular a qualidade do serviço de transmissão, tendo estabelecido dois indicadores de qualidade, a "Parcela Variável (PV)", que será deduzida da receita da transmissora em função da não prestação adequada do serviço público de transmissão; e a "Adicional à RAP", correspondente ao "valor a ser adicionado à receita anual da transmissora que apresenta desempenho excelente, com recursos provenientes exclusivamente da Parcela Variável, deduzida das transmissoras".[33]

Merece ser esclarecido que o processo de desestatização do segmento de transmissão foi destinado especialmente a viabilizar a ampliação da rede mediante a promoção de procedimentos licitatórios para construção, operação e manutenção de novas linhas de transmissão. Os empreendimentos que haviam sido construídos e eram operados pelas estatais do setor não tiveram sua exploração transferida para a iniciativa privada, o que explica por que a maior parte dessa atividade segue sendo estatal.[34]

---

[32] Dado disponível em: <http://www.ons.org.br/conheca_sistema/o_que_e_sin.aspx>. Acesso em: dez. 2012.

[33] Conforme <http://www.aneel.gov.br/area.cfm?idArea=704&idPerfil=2&idiomaAtual=0>. Acesso em: dez. 2012.

[34] Como visto, o grupo Eletrobras opera mais de 50% das linhas de transmissão do país, havendo, ainda, a participação das estatais estaduais nessa atividade.

Os leilões de novas linhas de transmissão têm por critério de julgamento a menor Receita Anual Permitida. Trata-se de uma modelagem que obteve grande êxito, tendo resultado em preços progressivamente menores, em grande parte como reflexo da competição (CARLOS e DUTRA, 2010). A expansão da transmissão, contratada através de leilões realizados pela ANEEL, viabilizou a implantação de 38,8 mil km de novas linhas de transmissão com um total de 60,6 mil MVA de potência de transformação.[35]

Entretanto, esse movimento virtuoso inicialmente observado começou a se alterar nos anos recentes. A crise do mercado internacional colocou dificuldades para a atração de investidores externos, dificultando uma maior competição nas licitações. Adicionalmente, o processo de licenciamento ambiental passou a apresentar dificuldades e atrasos também no segmento de transmissão.

O quadro ao final de 2012 era de expressivos atrasos no início da operação comercial dos empreendimentos, com a imputação de "sobrecustos" aos consumidores. Os casos mais graves decorrem de atrasos nas instalações de transmissão, que impedem o transporte de energia proveniente de novas usinas.[36]

4 A renovação das concessões do setor elétrico

Uma vez analisadas as mudanças da regulação setorial implementadas a partir dos anos 1990, passa-se a discutir uma nova inflexão regulatória decorrente da Medida Provisória nº 579, de 11 de setembro de 2012, que possibilitou a renovação de contratos de concessão de geração, transmissão e distribuição que, em princípio, teriam seus respectivos prazos encerrados entre 2015 e 2017. Dada a redução significativa do ritmo de crescimento do PIB e da atividade industrial, a medida teve seu caráter de urgência justificado pelo governo pela necessidade premente de redução dos custos de energia como forma de redução do custo país e, consequentemente, da elevação da competitividade da indústria nacional.

---

[35] "A ANEEL licitou até o primeiro semestre de 2010 aproximadamente 38,8 mil quilômetros de novas linhas de transmissão e um total de 60,6 mil MVA de potência de transformação, ampliando a Rede Básica do Sistema Interligado Nacional – SIN. Estes empreendimentos atraíram investidores nacionais e internacionais, principalmente de países como Espanha, Itália, Colômbia, Portugal e Argentina". Fonte: ANEEL. Dados disponíveis em: <http://www.aneel.gov.br/area.cfm?idArea=54>. Acesso em: dez. 2012.
[36] A razão tem origem na UHE de Santo Antônio, que, pela primeira vez, insulou geradores de riscos decorrentes da incapacidade de injetar energia gerada em decorrência de atrasos em empreendimentos de transmissão. Tal mecanismo foi posteriormente estendido a todos os empreendimentos de geração.

Como é notório, nas últimas décadas, uma elevada parcela das tarifas de energia no Brasil mostra-se composta por encargos e tributos impostos a essa atividade, que respondem por quase metade da conta de luz.[37] Como se vê na Figura 2, sua participação na tarifa final não só é alta mas também crescente nos últimos dez anos. Ao mesmo tempo, a parcela dedicada à remuneração da energia comprada e das distribuidoras de energia apresentou variação menor que a verificada nos índices inflacionários no período.

Figura 2 Evolução das componentes de custos de energia elétrica no período 2001/2011 – Valores ponderados pelo montante de MWh

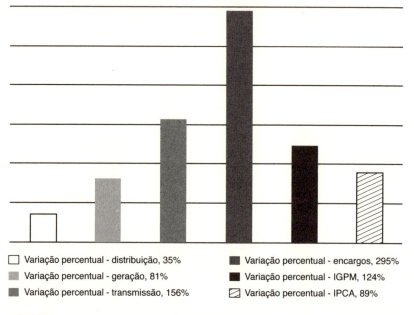

☐ Variação percentual - distribuição, 35%
☐ Variação percentual - geração, 81%
■ Variação percentual - transmissão, 156%
■ Variação percentual - encargos, 295%
■ Variação percentual - IGPM, 124%
▨ Variação percentual - IPCA, 89%

Fonte: ANEEL.

Portanto, para diminuir o custo final deste insumo, o governo optou por reduzir parte desses encargos (ROSENBLATT e LINO, 2011) e aproveitar a aproximação do vencimento dos contratos de certas concessões para modificar substancialmente a forma de remuneração da energia nelas comercializada. O

---

[37] De acordo com o Instituto Acende Brasil, os tributos e encargos do setor elétrico brasileiro chegam a representar cerca de 46% da conta de luz. Fonte: Instituto Acende Brasil. Disponível em: <http://www.acendebrasil.com.br/site/paginas/Impostos_Encargos.asp>. Acesso em: fev. 2012.

objetivo final explícito do governo era atingir uma queda de 20% nas tarifas em média,[38] sendo cerca de 7% decorrentes da redução de encargos e os restantes 13% de mudanças no cálculo das tarifas de geração e transmissão. Segundo a Medida Provisória, a queda no preço da energia seria resultado da cessação da remuneração dos ativos dessas antigas concessões, considerados pelo governo, em grande parte, já amortizados e, no que tange aos não amortizados, com sua indenização antecipada pelo governo no momento da renovação.[39]

Para que se possa compreender a magnitude do impacto dessa decisão, dados divulgados pelo Ministério de Minas e Energia apontam que podiam ser renovados, com base na Medida Provisória, "20 contratos de concessão de geração, com prazos de vencimento entre 2015 e 2017, totalizando 22 mil megawatts, equivalentes a cerca de 20% do parque gerador". No segmento da transmissão, a medida abrangia "nove contratos, com prazos de vencimento em 2015, totalizando 85 mil quilômetros, representando 67% da Rede Básica do Sistema Interligado Nacional (SIN)". Já com relação à distribuição, poderiam ser renovados "44 contratos, com prazos de vencimentos entre 2015 e 2016, representando 35% do mercado consumidor".[40]

Assim, uma primeira conclusão é que, ao evitar a licitação de tais concessões, processo capaz de garantir resultados melhores e mais transparentes e de introduzir a possibilidade de renovar tais contratos, restou evidenciada clara a opção governamental pela manutenção da elevada participação direta do Estado como agente econômico no setor elétrico.

A renovação proposta pelo governo impôs rígidas condições às empresas que desejassem a ela aderir, conforme se passa a detalhar no próximo tópico.

4.1 Contexto jurídico da renovação das concessões

Antes de entrar no mérito da oferta de renovação das concessões efetuada pelo Governo Federal por meio da Medida Provisória em tela, é necessário

---

[38] O Ministério de Minas e Energia noticiou a intenção de reduzir o preço da energia elétrica em 20,2% em média. Disponível em: <http://www.mme.gov.br/mme/menu/concessoes.html>. Acesso em: dez. 2012.
[39] Conforme se detalhará adiante, restrições impostas pela Medida Provisória no que tange à base de ativos que seriam indenizados, assim como o critério escolhido para cálculo dessa indenização de bens reversíveis, estão no centro de várias críticas ao texto normativo.
[40] Fonte: MME. Dados disponíveis em: <http://www.mme.gov.br/mme/menu/concessoes.html>. Acesso em: dez. 2012.

esclarecer que nos contratos firmados entre a Administração Pública e particulares existe uma exigência legal de que haja prazo determinado.[41]

Contratações sucessivas e ilimitadas ofenderiam os princípios da impessoalidade e eficiência da Administração Pública (artigo 37, *caput*, CF/88), que são concretizados mediante exigência, igualmente de matriz constitucional, de que os contratos administrativos sejam precedidos de procedimento licitatório (artigo 37, XXI e 175 da CF/88).

Nesse sentido, a Lei nº 8.987/95 estabeleceu serem as cláusulas de prazo e de condições de prorrogação elementos essenciais aos contratos de concessão firmados com o poder público, conforme, inclusive, exige o artigo 175, parágrafo único, da CF/88. Igualmente ficou estabelecido que seriam consideradas extintas as concessões que, outorgadas já sob a vigência da Constituição Federal de 1988, não tivessem sido precedidas de licitação.[42]

De acordo com a mesma lei, foi determinado que seriam respeitadas as outorgas expedidas antes da sua edição pelo prazo que lhes fosse fixado.[43] Em seguida, na esteira da exigência da Constituição de 1988, foi estabelecida a regra geral de que, uma vez vencida a concessão, o serviço seria prestado diretamente pelo poder concedente ou delegado a terceiros mediante a celebração de um novo contrato, o que pressupõe, nos termos da Constituição Federal, prévio procedimento licitatório.[44] A Lei preocupou-se também em regularizar a situação das concessões que estavam sendo prestadas em caráter precário, com prazos vencidos e vigorando por prazo indeterminado, orientando-as no sentido da realização de procedimentos licitatórios e determinando ainda que em nenhuma hipótese esse prazo suplantaria 31 de dezembro de 2010.[45]

---

[41] Lei nº 8.666. "Art. 57. (...) § 3º. É vedado o contrato com prazo de vigência indeterminado".

[42] Nesse sentido, o art. 43 da Lei nº 8.987/95 determinou: "Ficam extintas todas as concessões de serviços públicos outorgadas sem licitação na vigência da Constituição de 1988" e, ainda, que "Ficam também extintas todas as concessões outorgadas sem licitação anteriormente à Constituição de 1988, cujas obras ou serviços não tenham sido iniciados ou que se encontrem paralisados quando da entrada em vigor desta Lei".

[43] "Art. 42. As concessões de serviço público outorgadas anteriormente à entrada em vigor desta lei consideram-se válidas pelo prazo fixado no contrato ou no ato de outorga, observado o disposto no art. 43 desta Lei".

[44] "Art. 42. (...) § 1º Vencido o prazo mencionado no contrato ou ato de outorga, o serviço poderá ser prestado por órgão ou entidade do poder concedente, ou delegado a terceiros, mediante novo contrato".

[45] "Art. 42. (...) § 2º As concessões em caráter precário, as que estiverem com prazo vencido e as que estiverem em vigor por prazo indeterminado, inclusive por força de legislação anterior, permanecerão válidas pelo prazo necessário à realização dos levantamentos e avaliações indispensáveis à organização das licitações que precederão a outorga das concessões que as substituirão, prazo esse que não será inferior a 24 (vinte e quatro) meses. § 3º (...)".

Com relação às concessões do setor de energia elétrica que se encontravam vencidas ou sem contrato válido em vigor, o artigo 19 da Lei nº 9.074/95[46] autorizou a sua prorrogação, por até 20 anos, obedecidas determinadas exigências legais (artigo 25). Como a data dessas prorrogações foi estabelecida como a de promulgação da lei,[47] muitas das concessões atualmente em vigor no setor elétrico têm seu prazo de expiração estabelecido no ano de 2015.

O vencimento dessas concessões necessita ser analisado em conjunto com outra questão, consistente nos montantes de energia que se encontravam contratados por meio de leilões ocorridos a partir de 2005, cujos prazos de suprimento igualmente começariam a findar a partir de 2012.[48] Dessa forma, a incerteza sobre o futuro das concessões, especialmente as de geração, poderia se refletir em incertezas sobre a possibilidade de oferta ou não desses montantes de energia em leilões. Este tema, como se verá, foi disciplinado pela Medida Provisória, a qual determinou que, em caso de renovação de concessões, toda a energia desses empreendimentos deverá ser destinada ao ACR, sendo o preço definido pelo governo com base em custos de operação e manutenção acrescidos de pequeno percentual a título de remuneração pela administração dos ativos.

---

[46] "Art. 19. A União poderá, visando garantir a qualidade do atendimento aos consumidores a custos adequados, prorrogar, pelo prazo de até vinte anos, as concessões de geração de energia elétrica, alcançadas pelo art. 42 da Lei nº 8.987, de 1995, desde que requerida a prorrogação, pelo concessionário, permissionário ou titular de manifesto ou de declaração de usina termelétrica, observado o disposto no art. 25 desta Lei. § 1º (...) § 4º Em caso de não apresentação do requerimento, no prazo fixado nos §§ 1º e 2º deste artigo, ou havendo pronunciamento do poder concedente contrário ao pleito, as concessões, manifestos ou declarações de usina termelétrica serão revertidas para a União, no vencimento do prazo da concessão, e licitadas".

[47] Muitos contratos de concessão de geração foram assinados no ano de 2004 para que sua regularização permitisse a participação das concessionárias nos primeiros leilões de energia existente que ocorreram neste ano, mas tiveram seu termo inicial contado a partir de 1995.

[48] Como apontou o TCU, "o vencimento dos contratos de comercialização da chamada 'energia velha', leiloada em 2005 e 2006 sob a denominação 'energia existente', em um montante de 9400 MW, conjugado com a possibilidade de destinação de parte dessa energia para o mercado livre, pode acarretar impactos sobre a segurança do abastecimento e a modicidade tarifária dos consumidores cativos. Esses contratos de comercialização, efetivados a partir de 2005, com prazos médios de oito anos, vencem a partir de 2012". Adiante o TCU apontava que, "do ponto de vista econômico, a indefinição das reais ações a serem adotadas com o vencimento das concessões gera importantes impactos nas decisões de investimento das empresas, pois a incerteza sobre seus retornos financeiros torna os empreendedores mais cautelosos. Além disso, poderá, igualmente, afetar a dinâmica de crescimento do setor, já que as decisões de investir em energia nova, ou seja, construção de novas usinas hidrelétricas, serão influenciadas pela alternativa de aquisição das usinas velhas cujas concessões não sejam prorrogadas" (Acórdão 1196/2010 – Plenário, itens 412 e 419).

4.2 A medida provisória nº 579/2012

Existia, portanto, até o segundo semestre de 2012, um conjunto de concessões cujos prazos de vigência, em princípio, não poderiam mais ser prorrogados. A partir de 2015, o serviço concedido e os ativos a ele afetados reverteriam ao poder concedente, que deveria voltar a prestar o serviço diretamente ou, então, promover licitação para nova contratação, como prevê o artigo 42 da Lei de Concessões (LANDAU, 2012).

É nesse contexto que foi editada a Medida Provisória nº 579/12, necessária para autorizar nova prorrogação dos seus prazos de vigência, tendo exigido, como contraprestação, medidas relacionadas à redução do custo da energia.

Na busca por modicidade tarifária, essa norma estabeleceu que a redução nos preços de eletricidade seria alcançada primordialmente por meio da (i) renovação de um conjunto de concessões de geração, transmissão e distribuição, com sua antecipação já para o início de 2013 e nova forma de fixação do preço da energia; (ii) extinção ou redução de um conjunto de encargos até então incidentes sobre o consumo de eletricidade;[49] e (iii) alocação da energia a ser produzida pelos ativos de geração objeto da renovação unicamente ao ambiente regulado.

Em linhas gerais, a proposta do governo consistiu em oferecer a prorrogação dos contratos a vencer entre 2015 e 2017, em troca da qual as empresas se comprometeriam a alocar toda a energia a ser gerada ao Ambiente Regulado de Contratação (ACR) através de um regime de cotas a serem definidas pela ANEEL. No novo sistema, a remuneração da geração de eletricidade passa a ser regulada por tarifas que compensam apenas custos de operação e manutenção, acrescidos de 10% a título de administração dos ativos pela concessionária.[50]

---

[49] A MP determinou que as concessionárias de distribuição e, por conseguinte, os usuários do serviço não mais custearão a Reserva Global de Reversão (RGR) e a Conta de Consumo de Combustíveis Fósseis (CCC). A RGR consistia de um encargo setorial criado pela Lei nº 5655/71, originalmente visando angariar fundos necessários à indenização de bens reversíveis. Com o passar do tempo, seus valores puderam ser destinados a outros fins, como eletrificação rural. Por sua vez, a CCC constitui um encargo voltado a financiar a equalização de custos de eletricidade nos sistemas isolados, relativamente ao Sistema Interligado Nacional (SIN). Houve, ainda, redução do valor a ser cobrado a título de Conta de Desenvolvimento Energético (CDE), que, dentre outras finalidades é utilizada para financiar a universalização do acesso à eletricidade.

[50] As tarifas iniciais de energia a serem praticadas para cada usina hidrelétrica objeto de renovação da concessão foram estabelecidas pela Portaria MME 578, de 31 de outubro de 2012.

Com essa modelagem, as usinas que optaram por renovar suas concessões não mais participarão de leilões para contratação de energia existente. Significa dizer que o aceite da renovação nos termos propostos implica renunciar à comercialização de energia até o prazo final do contrato, alocando-a compulsoriamente ao ambiente regulado. Além disso, o ônus de buscar energia para recompor os contratos que tinham sido legitimamente celebrados pelas geradoras anteriormente à Medida Provisória caberá às próprias concessionárias, o que tende a agravar sua situação financeira.[51]

Em contrapartida, tem-se garantido um prazo de 30 anos para os novos contratos. O governo supunha que a oferta desse prazo seria suficientemente atrativa para as empresas, a ponto de compensar a considerável perda de receitas prevista por conta dessa recontratação; entretanto, algumas concessionárias optaram por permanecer com contratos vigentes, ainda que por pouco tempo, considerando a possibilidade de participar de novas licitações no futuro.[52]

Portanto, por meio da Medida Provisória, o Governo Federal propôs uma profunda mudança na relação entre concessionárias e poder concedente; ou seja, um novo "negócio" ou repactuação das concessões. Não se tratou de mera prorrogação de prazo de concessões já existentes nem de sua simples renovação nas mesmas bases. Essa nova proposta era possível, pois, como visto, no entendimento do governo, as concessionárias abrangidas pela medida provisória não tinham direito adquirido a, mediante prorrogação, seguir explorando o serviço de energia elétrica, cuja titularidade é, por força da Constituição Federal, da União[53] após o termo final de seus contratos.

Fato é que, com a proposta, verificou-se uma mudança de orientação de um modelo de regulação por incentivos para o retorno a um modelo regulatório com base em custos. O regulador, por sua vez, volta a exercer maior monitoramento da concessionária em detrimento de um programa de maior incentivo

---

[51] Pois há uma expectativa de que o preço pelo qual as concessionárias terão de adquirir energia no mercado livre para adimplir os contratos em vigor será mais caro do que o preço que advirá da compensação de O&M acrescida da taxa de remuneração estabelecida pelo Governo Federal.
[52] Segundo a Consultoria Economática, as 34 empresas do setor elétrico listadas em Bolsa perderam, nos quatro meses após o anúncio da redução das tarifas de energia implementada por meio da MP 579/12, R$ 37,23 bilhões em valor de mercado, recuando de R$ 206,4 bilhões para R$ 169,17 bilhões, entre 6 de setembro de 2012 e 10 de janeiro de 2013, o que representou uma queda de 18,03%. Fonte: Revista Exame, "Setor elétrico perde R$ 37,2 bi em valor de mercado". Disponível em: <http://exame.abril.com.br/mercados/analises-de-acoes/noticias/setor-eletrico-perde-r-37-2-bi-em-valor-de-mercado>. Acesso em: 11 abr. 2013.
[53] Constituição Federal. Art. 21, XII, b.

à eficiência. Trata-se, assim, de uma espécie de retorno ao modelo anterior à Lei nº 8.631 que, em 1993, determinou a extinção do regime de remuneração garantida (*cost plus*) no setor elétrico brasileiro.[54]

Com relação às concessões de transmissão, também foram previstos novos valores a serem praticados com o estabelecimento de novas Receitas Anuais Permitidas (RAPs) para as concessionárias que aderissem à proposta de renovação, a serem definidas pelo poder concedente.[55]

Adicionalmente, a MP 579/12 previu o uso dos valores arrecadados a título de Reserva Global de Reversão, fundo sob administração da Eletrobras, para fins de indenização dos ativos ainda não amortizados ou depreciados às empresas cujas concessões viessem a ser renovadas. Assim, ao mesmo tempo em que eliminou esse encargo das contas de luz pagas pelos usuários, previu-se a antecipação da indenização dos investimentos não amortizados, de modo a não mais gerarem impacto sobre a tarifa.

Merece destaque o fato de que se tratava de indenizar na geração apenas ativos que constavam do plano básico das usinas. Além disso, em um primeiro momento, o modelo havia determinado o não reconhecimento de direito à indenização para qualquer ativo de transmissão já instalado em maio de 2000. A Medida Provisória nº 591/12 corrigiu esse equívoco, mas apenas para a transmissão, deixando uma desconfiança quanto ao futuro da indenização dos ativos de geração.

Além da limitação do espectro de bens reversíveis para efeitos de indenização, a medida provisória determinou que o seu valor seria baseado no critério de Valor Novo de Reposição (VNR) e não no valor contábil do que efetivamente havia sido despendido pelo agente econômico em investimentos na concessão, conforme aprovado pela agência reguladora.

Por se tratar de uma proposta, na concepção do governo a indenização oferecida não precisaria refletir o conceito de reversão. No entanto, essa postura gerou incerteza regulatória. Além de ser uma opção criticável – haja vista que os investimentos foram efetivamente realizados pelas concessionárias, com

---

[54] Veja-se que, com o novo modelo, mesmo eventuais repotenciações ou melhorias de usinas passam a depender de autorização prévia do regulador, o que reflete novamente um retorno ao sistema da regulação de custos e não de regulação por incentivos. A interferência do poder concedente nas decisões das concessionárias passa, assim, a ser muito mais intensa e diuturna.

[55] A Portaria MME 579, de 31 de outubro de 2012, estabeleceu as RAPs para os empreendimentos de transmissão objeto de renovação.

aprovação da ANEEL, e deveriam, portanto, ser indenizados no que tange à parcela não depreciada ou amortizada –, formaram-se expectativas de que o VNR viesse a ser utilizado como mecanismo de cálculo de indenizações também nos casos de reversão dos ativos quando do término de vigência dos contratos de concessão que não tivessem sido objeto de renovação nos termos da MP 579/12.

A combinação dos fatores apontados – perda de receitas, intervenção do regulador nas decisões das empresas, transformação das concessionárias em meras prestadoras de serviços com remuneração baseada em custos de operação e margens reguladas, além da mudança no critério de cálculo de indenização dos bens objeto de reversão – mostrou-se não atrativa para parte expressiva dos investidores, o que veio a se refletir na decisão de alguns agentes de geração de não renovar os contratos de concessão de vários de seus empreendimentos, como as estatais estaduais COPEL, CEMIG e CESP.[56] O Quadro 2 apresenta o resultado da renovação de concessões no segmento de geração em face da adesão aos termos da proposta da MP 579/2012.

Por fim, no tocante à governança do processo regulatório, cabe destacar que os agentes econômicos foram levados a tomar decisões de extrema relevância em um ambiente de elevada incerteza. Isso é evidenciado pelo fato de que a redação da medida provisória, no momento da assinatura dos contratos que formalizaram a renovação das concessões, ainda podia vir a ser substancialmente alterada pelo Congresso Nacional, sendo indicativo dessa possibilidade o fato de que o Projeto de Lei de Conversão da Medida Provisória (PLV) recebeu 431 emendas na Câmara dos Deputados.[57] Esse fato é agravado considerando-se a relevância do tema e que estava na pauta do setor elétrico

---

[56] No caso da Eletrobras, alguns acionistas privados se manifestaram publicamente contra a adesão à proposta, apontando fragilidade na argumentação em favor da renovação. Veja-se, a título exemplificativo, a matéria intitulada "Minoritários da Eletrobras reagem", publicada no jornal *Valor Econômico*, em 26.11.2012.

[57] A Medida Provisória nº 579 foi editada em 11.09.2012 e regulamentada apenas três dias depois. Assim, em 14.09.2012, o Decreto nº 7805/12 determinou que as concessionárias cujos prazos de concessão estivessem a menos de 60 meses de seu termo final teriam apenas um mês para decidirem se adeririam ou não à proposta governamental, devendo manifestar sua intenção até 15.10.2012. O artigo 3º do Decreto estabeleceu ainda que, até 01.11.2012, o poder concedente convocaria as concessionárias que tivessem manifestado interesse para assinar o instrumento contratual formalizador da renovação, cuja data-limite foi fixada pelo Ministério de Minas e Energia em 04.12.2012. Todavia, no dia 04 de dezembro ainda tramitava no Congresso Nacional o Projeto de Lei de Conversão (PLV) da MP 579/12, que somente foi votado pela Câmara dos Deputados em 18/12/2012, mesma data em que o Senado Federal veio a aprovar o texto sem modificações adicionais.

pelo menos desde 2007.[58] Ademais, seus reflexos em muito transcendiam o setor, estendendo-se a diversos outros segmentos de infraestrutura.

Quadro 2   Renovação de concessões de geração de eletricidade (MP 579/2012)

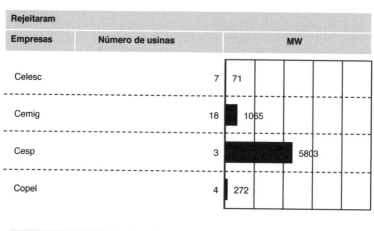

Fonte: ANEEL e *Valor Econômico*, de 5.12.2012.

---

[58] O tema também foi objeto de preocupação do Tribunal de Contas da União, expressado mais de dois anos antes da edição da MP. Em maio de 2010, após detalhado processo de auditoria sobre segurança energética, o TCU determinou ao MME que informasse, "no prazo de 90 dias: (...) 9.1.1.3 as ações que estão sendo adotadas, e respectivo cronograma até conclusão, em preparação para o vindouro vencimento (a partir de 2015) das concessões de geração, distribuição e transmissão, particularmente quanto ao desenvolvimento de estudos pertinentes sob o enfoque jurídico, econômico-financeiro, risco de descontinuidade, necessidade de repotenciação de usinas hidrelétricas, entre outros" (Acórdão 1196/10 – TCU – Plenário, j. em 26.05.2010).

4.3 As incertezas trazidas pela MP 579/12

Conforme indicado, a Medida Provisória nº 579/12 pretendeu introduzir modicidade tarifária no setor elétrico como motor do desenvolvimento industrial e socioeconômico, elevando a capacidade competitiva do país. No entanto, a forma como o processo foi conduzido e as escolhas feitas poderão comprometer o objetivo pretendido.

Em primeiro lugar, em sentido contrário à transparência, previsibilidade e consensualidade que devem marcar a relação entre Estado e sociedade nas administrações públicas contemporâneas, a decisão do Governo Federal de implementar a renovação das concessões por meio de medida provisória e decreto, exigindo a assinatura dos contratos que formalizariam a renovação das concessões antes mesmo do término da tramitação do PLV no Congresso Nacional, constituiu um inegável retrocesso. Também incorporou ao setor um risco regulatório de que novas mudanças desta importância e magnitude possam ser introduzidas sem a devida publicidade. Sem dúvida, o governo subestimou o impacto de intervenções de tal relevância não só sobre a decisão de investir como sobre a elevação no custo de capital.

De fato, a Medida Provisória foi concebida no interior do governo sem a participação dos *stakeholders*, cujos graus de surpresa e desconhecimento do pacote podem ser inferidos, por exemplo, do fato de as ações das companhias terem perdido muito do seu valor nas semanas subsequentes ao anúncio da medida.[59] A perda de valor das ações, assim como a revisão dos valores dos ativos lançados nos balanços das empresas, compromete sensivelmente o seu poder de alavancagem, tanto pela perda de capital como pela menor possibilidade de geração de dívidas. Mais uma vez, houve uma imperfeita avaliação do impacto negativo que tais medidas – e a forma como foram implementadas – poderiam trazer sobre a capacidade de investimentos das empresas.

Com relação às exigências feitas pelo poder concedente como condição para a renovação das concessões, a forma como o governo determinou que fosse realizada a indenização pelos ativos não amortizados igualmente gerou receio aos investidores. Primeiramente porque houve, com relação às geradoras, desconsideração, para efeitos de indenização, de valores que haviam sido reconhecidos

---

[59] Um indicador dessa reação pode ser o valor da ação da Eletrobras ON, que era comercializada ao valor de R$ 12,40 em 14.09.2012 (dois dias após a publicação da MP 579/12) e, em 27.12.2012, era cotada a R$ 6,39. Dados disponíveis em: <http://www.eletrobras.com/elb/main.asp?View={A2EC2813-0E43-473D-97CB-E451F93A3CE0}>. Acesso em: 27 dez. 2012.

pela ANEEL em sede de revisão tarifária periódica. Quanto às transmissoras, até as vésperas da data fatal de assinatura dos contratos de renovação (quando foi editada a MP 591/12), tinha sido imposta uma presunção absoluta de que os ativos investidos antes de 2000 já teriam sido integralmente amortizados.

Em segundo lugar, porque introduziu no ordenamento jurídico o conceito de Valor Novo de Reposição não para cálculo tarifário, como faz a ANEEL para transmissão e distribuição, mas para efeitos da indenização cabível em razão da reversão de bens afetados à concessão. A reversão deve levar em conta valores de investimentos efetivamente realizados na sua época, devidamente corrigidos de modo a se verificar se foram ou não devidamente amortizados. Embora a MP 579/12 se refira apenas à indenização de ativos para efeitos de renovação das concessões e tenha sido argumentado que essa indenização seria parte da oferta realizada pelo poder concedente no contexto da renovação das concessões, semeou-se a desconfiança de que essa será a nova regra geral de indenização de ativos no momento da reversão,[60] inclusive para aqueles agentes que preferiram devolver as concessões ao advento do termo contratual.

Outro ponto a ser destacado é que, ao alocar energia do mercado livre para o mercado cativo, é possível que os benefícios de redução de tarifas pretendidos pelo governo não consigam atingir a indústria na magnitude esperada, pois esta tem grande parte de sua demanda contratada no ambiente livre. A redução da oferta ocasionada pelos MWs retirados do ACL em prol do ACR pode acarretar elevação nos preços do ambiente livre de contratação.

Do ponto de vista de estruturação de mercados, especialmente com relação à distribuição, merece ser comentado que, caso as concessões revertessem ao poder concedente no advento do termo contratual, seria possível reorganizar esse segmento no que tange a pequenas distribuidoras locais que, muitas vezes por questões históricas, foram outorgadas e até o presente momento não foram objeto de consolidação. Com a retomada dessas concessões, o poder concedente teria a oportunidade de redesenhar os limites das concessões de distribuição a serem relicitadas, extinguindo aquelas que, em razão do seu isolamento e pequena dimensão, impedem o aproveitamento de economias de escala conducentes à modicidade tarifária.

Do prisma jurídico, também incertezas foram introduzidas. Por muito tempo as discussões giraram em torno da forma de melhor embasar juridicamente

---

[60] Apesar de previsto no artigo 36 da Lei de Concessões, o conceito de reversão nunca foi regulamentado. A falta de regulamentação poderá implicar judicialização no advento do termo das concessões que não foram renovadas pela MP 579/12.

a renovação dessas concessões. Em se admitindo que a Medida Provisória nº 579/12 cria uma espécie de "novação" na relação contratual entre poder concedente e concessionárias, fica no ar a dúvida se esta repactuação poderia ter sido empreendida por força de Medida Provisória, instituto com força material de lei, ou se tal medida violaria o princípio constitucional licitatório do artigo 175. A Constituição estabelece a regra geral da licitação, deixando a cargo da lei disciplinar as regras dos contratos de concessão e condições para a sua prorrogação.[61] Não parece ter sido intenção do constituinte que normas promulgadas *ad doc* – ainda que com força material de lei, como são as medidas provisórias – viessem a permitir a extensão de prazos contratuais para além daqueles inicialmente pactuados (incluindo, logicamente, eventual possibilidade de prorrogação que tivesse sido inicialmente prevista de acordo com a previsão da Lei nº 8.987/95, o edital e a minuta de contrato dele constante) e com mudanças substanciais do objeto originalmente pactuado.

As ponderações anteriores têm o objetivo de trazer uma reflexão sobre o fato de que, em razão da ausência de maior debate público acerca da decisão quanto à renovação das concessões e suas exigências, perdeu-se a chance de uma mais ampla análise entre custos e benefícios da opção governamental pela renovação das concessões em detrimento da possibilidade de retomá-las e relicitá-las. Uma decisão política de tamanha envergadura e com potencial efeito sobre tantos agentes econômicos e usuários merecia ter sido objeto de um profundo estudo de impacto regulatório prévio a sua adoção, com suas premissas, opções regulatórias e a motivação da decisão ao final adotada sendo objeto de discussão pública.

Conclusão

Confiabilidade na oferta, universalização de acesso e modicidade tarifária no fornecimento de energia elétrica são objetivos a serem constantemente perseguidos pelo marco regulatório e pelas autoridades competentes.

O presente artigo pretendeu demonstrar que, no contexto do Plano de Reforma do Estado dos anos 1990, houve uma decisão pela desestatização do

---

[61] Nesse sentido: Constituição Federal "Art. 175. Incumbe ao Poder Público, na forma da lei, diretamente ou sob regime de concessão ou permissão, sempre através de licitação, a prestação de serviços públicos. Parágrafo único. A lei disporá sobre: I - o regime das empresas concessionárias e permissionárias de serviços públicos, o caráter especial de seu contrato e de sua prorrogação, bem como as condições de caducidade, fiscalização e rescisão da concessão ou permissão; II – (...)".

setor elétrico e da competição como mecanismo indutor de eficiência. A partir da criação de um mercado de compra e venda de energia elétrica atrelado à regulação econômica da transmissão e da distribuição como monopólios naturais, almejava-se a redução de preços e a expansão da oferta de modo equilibrado.

Todavia, o projeto dos anos 1990 não foi integralmente implementado. Incertezas de ordem jurídica, que inibiram necessários investimentos, e uma situação climática adversa levaram o país a um cenário de racionamento que inviabilizou a desestatização da maior parcela dos ativos afetados à geração e à transmissão.

Entre 2003 e 2004, foi aprovado o novo modelo para o setor elétrico, com a criação dos ambientes de contratação livre e regulada e a submissão da compra e venda de energia, neste último, a um sistema de leilões que deveria introduzir modicidade tarifária. Houve a retirada das empresas integrantes do grupo Eletrobras do Programa Nacional de Desestatização, de modo que uma elevada parcela da geração e da transmissão permanecem estatais. O Governo Federal passou a ter um papel mais ativo na conformação do setor por meio do Conselho Nacional de Política Energética do Comitê de Monitoramento do Setor Elétrico e da Empresa de Pesquisa Energética, bem como de mudanças na governança do Operador Nacional do Sistema e da Câmara de Comercialização de Energia Elétrica.

O novo modelo, juntamente com o programa de expansão da termeletricidade e a licitação de novas linhas de transmissão, logrou evitar problemas severos de suprimento até o momento, ainda que, nos últimos anos, essa realidade também possa ser tributada a um crescimento da economia do país inferior ao de outros países, como o dos demais integrantes do BRICS, o que teria reduzido a pressão por maior expansão da oferta.[62]

A recente decisão de renovação das concessões de geração, transmissão e distribuição a vencerem a partir de 2015, grande parte delas estatais, aponta no sentido da manutenção de elevada parcela da geração e da transmissão sob controle do Estado.

---

[62] Em novembro de 2012, a Organização para Cooperação e Desenvolvimento Econômico (OCDE) estimou que o crescimento do PIB do Brasil em 2012 seria de 1,5%, enquanto a China cresceria 7,5%; a Índia, 4,5%; a Rússia 3,4%; e a África do Sul, 2,6%. Fonte OCDE. *Real Gross Domestic Product forecast*. Disponível em: <http://www.oecd-ilibrary.org/economics/real-gross-domestic-product-forecasts_gdp-kusd-gr-table-en>. Acesso em: 28 dez. 2012. Em dezembro de 2012, o Banco Central do Brasil divulgou a revisão do crescimento do PIB do país em 2012 para apenas 1%. Fonte: Banco Central do Brasil. *Projeção para o PIB dos próximos quatro trimestres e revisão de 2012*. Disponível em: <http://www.bcb.gov.br/htms/relinf/port/2012/12/ri201212b1p.pdf>. Acesso em: 28 dez. 2012.

A literatura econômica destaca os efeitos positivos de boas práticas de governança regulatória sobre os incentivos dos agentes a investir. Esse aspecto assume maior relevância no caso das indústrias de rede, caracterizadas por grandes volumes de investimento em ativos específicos com longos prazos de maturação em ambiente de contratos incompletos. Nesse contexto, cabe atentar para a forma do processo, contrariamente ao verificado na renovação de concessões.

A Medida Provisória deixa a desejar na condução dos aspectos político, jurídico, regulatório e econômico- financeiro.

Político, por ter o Congresso Nacional ficado à margem do processo decisório, já que a decisão foi implementada por meio de Medida Provisória, regulamentada e com a exigência de assinatura dos instrumentos contratuais antes da votação do projeto de conversão dessa norma pelo Legislativo.

Jurídico porque abandonou o princípio geral da licitação em prol de uma repactuação, descuidando dos princípios da impessoalidade e publicidade.

Do ponto de vista regulatório, pecou não só por reintroduzir um sistema de tarifação pelo custo, que já havia sido eliminado do nosso arcabouço jurídico, e aumentar o dirigismo estatal inibindo as decisões empresariais como também, principalmente, por ter impedido um debate público e transparente sobre os prós e contras das opções de licitação e prorrogação para os distintos segmentos do setor elétrico.

Além disso, introduziu novos riscos regulatórios ao explicitar uma forte ingerência política nas decisões das sociedades de economia mista, impondo expressivas perdas aos acionistas minoritários das empresas estatais, o que pode levar a uma menor propensão do investidor privado em aportar recursos nessas entidades no futuro.

Do prisma econômico-financeiro, a Medida Provisória tende a reduzir a capacidade de alavancagem e investimento das empresas, tornando praticamente inevitável uma participação maior do Tesouro por meio da capitalização do sistema Eletrobras.

Nesse contexto, algumas questões merecem ser colocadas. Que mensagem passa ao mercado uma decisão de prorrogarem-se concessões, em vez de licitá-las, por meio de uma Medida Provisória cujos efeitos são implementados antes mesmo da sua conversão em lei pelo Congresso Nacional? Será essa decisão de renovação – nas mesmas ou em outras bases – passível de aplicação futuramente a outros agentes, quando seus contratos estiverem próximos ao vencimento? Será uma decisão dessa natureza passível de ser replicada para outros setores regulados de infraestrutura? Corre-se o risco de estar sinalizando que – por vias transversas e de forma contrária ao que pretendiam o constituinte e o legislador – estariam sendo criadas, na prática, concessões que se eternizam e nunca serão relicitadas?[63]

A resposta a esses questionamentos parece de grande relevância para eventuais esforços prospectivos acerca do futuro da relação entre Estado e iniciativa privada no setor elétrico.

BIBLIOGRAFIA

BORELLI, A. B. **A perspectiva da inserção do produtor independente de energia**. Dissertação de mestrado apresentada à Universidade de São Paulo – USP, 1999.

CARLOS, A. P.; DUTRA, J. **Strategic behavior of winning bids in the brazilian electricity transmission auctions**. Presented at XXX Brazilian Econometric Society Congress, 2008. In: CARLOS, A. P. Essays on infrastructure in Brazil, Tese de Doutoramento, EPGE/FGV, 2010.

COOPERS & LYBRAND et al. **Projeto de reestruturação do setor elétrico brasileiro**. Rio de Janeiro: MME/SEN/ELETROBRAS, jun 1997.

CREW, M. A.; KLEINDORFER, P. Incentive regulation in the United Kingdom and in the United States: some lessons, **Journal of Regulatory Economics**, v. 9, n.3, 1996, p. 211-25.

EMPRESA DE PESQUISA ENERGÉTICA – EPE. **Balanço Energético Nacional**. Brasília: EPE, 2012, p. 33.

LANDAU, E. Concessões de energia elétrica: prorrogar ou licitar? In: _____. **Regulação jurídica do setor elétrico**. Rio de Janeiro: Lumen Juris, 2012, tomo II, p. 111 a 132.

LANDAU, E.; SAMPAIO, P. R. P. O setor elétrico em uma visão introdutória. In: LANDAU, E. (coord.). **Regulação jurídica do setor de energia elétrica**. Rio de Janeiro: Lumen Juris, 2006.

PINHEIRO, A. C. Reforma regulatória na infraestrutura brasileira: em que pé estamos. In: SALGADO, L. H.; MOTTA, R. S. da. **Marcos regulatórios no Brasil**: o que foi feito e o que falta fazer. Rio de Janeiro: IPEA, 2005, p. 45.

SARAIVA, J. C. D. Governança regulatória em leilões de usinas estratégicas: o caso do leilão da UHE Santo Antônio. In: LANDAU, E. (coord.). **Regulação jurídica do setor elétrico**. Rio de Janeiro: Lumen Juris, 2011, tomo II.

ROSENBLATT, J.; LINO, P. Evolução dos encargos setoriais. In: Landau, E. (coord.). **Regulação jurídica do setor elétrico**. Rio de Janeiro: Lumen Juris, 2011, p. 325 e ss.

---

[63] Possivelmente este último questionamento não é um problema jurídico com relação às concessões federais, já que o próprio artigo 175 da Constituição autoriza a prestação direta dos serviços públicos pelo ente estatal que seja o seu titular. O mesmo, todavia, não se pode dizer das demais.

Extinção de contratos de PPP e concessão: breves reflexões sobre o cálculo de indenizações considerando os parâmetros gerais da lei federal nº 8.987/95

LUCAS NAVARRO PRADO

Introdução

O tema da extinção dos contratos de concessão e de Parceria Público-Privada (PPP) tem recebido usualmente tratamento secundário. Verifica-se, assim, um equívoco histórico, facilmente comprovado quando se analisa os respectivos contratos. Basta avaliar as cláusulas contratuais que regem o assunto para perceber a pouca reflexão que costuma envolver a elaboração dessas regras.

São diversos os temas que merecem reflexão por ocasião da extinção de um contrato de concessão.[1] O presente artigo trata de apenas um desses temas: indenizações devidas ao concessionário ao cabo da concessão, particularmente no que toca à metodologia de cálculo.

Em nossa experiência profissional, tivemos a oportunidade de analisar dezenas de contratos de concessão, contextualizados em marcos legais diversos. Embora estabeleçam regras sobre o tema das indenizações, tais contratos costumam fazê-lo de forma superficial, frequentemente repetindo o princípio previsto na Lei Federal nº 8.987/95: obrigação de indenizar os "ativos não depreciados ou não amortizados no período da concessão".

Não se costuma encontrar, no entanto, o detalhamento metodológico necessário para apurar uma eventual indenização devida ao concessionário por ocasião da extinção da concessão. A tendência, nesse contexto, é que as partes recorram à arbitragem ou ao Judiciário a fim de solucionar os conflitos por ocasião do encerramento contratual, oriundos, em grande medida, da falta de cláusulas contratuais adequadas.

O presente artigo apresenta breves reflexões sobre o tema dos critérios de cálculo de indenizações por ocasião da extinção de contratos de concessão. Trata-se de um objeto de estudo ainda em amadurecimento. As reflexões abaixo devem ser vistas, nesse sentido, como provocações para um debate multidisciplinar sobre o tema, que, da nossa perspectiva, ainda parece dar os primeiros passos no Brasil.

1 Indenizações: a regra geral da lei federal nº 8.987/95

A Lei Federal nº 8.987/95 assegurou aos concessionários de serviços públicos de forma geral o direito à indenização pelos "investimentos vinculados a bens reversíveis, ainda não amortizados ou depreciados, que tenham sido realizados com o objetivo de garantir a continuidade e atualidade do serviço concedido" (cf.: art. 36).

---

[1] Entre os diversos temas que extrapolam a questão das indenizações, poderíamos apontar: (i) tratamento dos eventuais passivos, particularmente daqueles de natureza tributária, trabalhista e ambiental e seu possível impacto sobre o novo concessionário; (ii) como mitigar as chances de descontinuidade dos serviços por ocasião da transferência da operação de uma concessionária para outra, com mudança do pessoal responsável, rotinas de trabalho, processos, controles etc.; e (iii) como manter o concessionário comprometido com um nível mínimo de qualidade da prestação de serviços e da manutenção da infraestrutura nos últimos anos da concessão.

A definição traz uma série de desafios:

- identificação dos bens reversíveis;
- identificação dos "investimentos realizados com o objetivo de garantir a continuidade e a atualidade do serviço concedido";
- compreensão sobre o que seja "amortização" ou "depreciação", dado que não há uma definição legal ou regulamentar sobre esses conceitos específica para as concessões, e tampouco os contratos costumam explicitar o que se deva compreender a seu respeito.

Muitos dos contratos de concessão, sobretudo os mais antigos, não previram procedimentos para verificar e manter atualizados os registros sobre bens reversíveis, muito menos para checar sua relação com "a continuidade e a atualidade do serviço concedido".

Até poucos anos atrás, era comum que as concessionárias realizassem o planejamento e executassem os investimentos sem maiores interferências ou mesmo um acompanhamento mais próximo pelo Poder Concedente, sobretudo nos casos em que as concessionárias estavam sujeitas ao controle societário da Administração Pública, ainda que de outra esfera federativa. Esse foi o caso típico, por exemplo, dos contratos celebrados entre municípios e as companhias estaduais de saneamento na década de 1970, por época do PLANASA – Plano Nacional de Saneamento.[2]

Atualmente, nos contratos sujeitos a entidades reguladoras independentes, têm se tornado comum previsões contratuais que atribuem a tais agências a responsabilidade por fiscalizar os bens reversíveis, tanto sob a perspectiva de sua identificação quanto no que toca à verificação da qualidade de sua manutenção, para que estejam em condições adequadas de reversão ao patrimônio público por ocasião da extinção do contrato de concessão.

Além disso, muitos contratos já preveem que apenas poderão ser considerados bens reversíveis sujeitos a indenização aqueles que tiverem sido adquiridos ou construídos com anuência expressa do Poder Concedente e/ou da respectiva agência reguladora, o que delimita a discussão sobre o investimento ter sido feito para garantir a "atualidade e a continuidade" do serviço concedido.

---

[2] Essa situação já não é mais admitida pelo nosso ordenamento jurídico, que, por força da Lei Federal nº 11.445/07, impôs a segregação das atividades de planejamento, regulação e execução das atividades de saneamento básico sob a responsabilidade de entidades distintas.

Nos setores ou nos contratos não sujeitos a regulação independente, é importante que o próprio contrato preveja um procedimento específico para identificação e manutenção atualizada dos registros sobre bens reversíveis. Obviamente, isso precisa vir acompanhado da efetiva criação de uma estrutura institucional para implantar o que tiver sido previsto contratualmente; por exemplo, a indicação de um órgão ou de pessoas específicas no âmbito da entidade contratante que possam se dedicar a essa atividade.

De qualquer forma, na grande maioria das concessões, os ativos mais relevantes em termos de valor são a própria infraestrutura civil e os bens e equipamentos a ela incorporados, sobre os quais não costuma haver maiores discussões quanto a sua reversibilidade. Por exemplo, em contratos no setor de saneamento, não haverá dúvidas sobre a reversibilidade de uma estação de tratamento de água (ETA) e dos respectivos equipamentos a ela incorporados ou das adutoras específicas que atendem essa ETA. A discussão tende a ocorrer, com mais probabilidade, com relação a veículos e outros bens móveis, que poderiam ser retirados pela concessionária e vendidos no mercado. É justamente sobre tais bens que o contrato de concessão deve evitar omissões, para permitir identificar se devem ou não reverter ao Poder Concedente ao final da concessão. Além disso, para todos os bens reversíveis deveria haver uma preocupação sobre as condições técnico-operacionais que devem apresentar por ocasião da reversão.

Além dos problemas de se identificar os "bens reversíveis" e de se estabelecerem as condições técnico-operacionais por ocasião de sua reversão, o contrato deve lidar também com o desafio de estabelecer de forma clara e detalhada o critério de cálculo de eventual indenização.

2 Possíveis critérios de cálculo de indenização ao cabo de contrato de concessão

Há ao menos três critérios gerais:

1. Financeiro: em que se utiliza a metodologia de fluxo de caixa descontado.
2. Contábil: em que se utiliza o valor registrado na contabilidade da concessionária.
3. Patrimonial: em que se utiliza o valor de reposição do ativo.

Cabe ao contrato de concessão definir qual critério de cálculo deverá ser aplicado e os eventuais ajustes que se façam necessários.

2.1 Critério financeiro: fluxo de caixa descontado

O critério financeiro reflete a aplicação da metodologia de fluxo de caixa descontado e, nesse contexto, implica a assunção de diversas premissas acerca dos custos de investimento, custos operacionais, tributos, depreciação fiscal, receitas, proporção entre capital próprio e capital de terceiros e, particularmente, de uma taxa de desconto capaz de remunerar adequadamente o capital investido.

O conceito por trás da aplicação do critério financeiro é o de que o capital investido deve ser remunerado a uma taxa que, ao mesmo tempo, seja suficiente para atrair o investimento privado (próprio e de terceiros) e não gere um lucro extraordinário (monopolístico) para a concessionária e seus acionistas. Por isso, por época da elaboração do estudo econômico-financeiro que dá suporte à licitação da concessão ou PPP, sob a perspectiva da Administração Pública, a modelagem é feita de forma que a taxa interna de retorno do projeto (TIRp) seja equivalente ao custo médio ponderado de capital (WACC – *Weighted Average Cost of Capital*).[3]

A aplicação de um critério financeiro pressupõe, nesse contexto, a existência de um caso-base em que estejam preestabelecidos os custos/despesas, as receitas e a taxa de desconto a serem considerados no fluxo de caixa. A partir desse caso-base, é possível modelar a concessão para que todos os investimentos sejam amortizados financeiramente durante a vigência contratual ou, alternativamente, prever o pagamento de uma indenização ao final. O mais comum tem sido modelar o projeto com o a intenção de não deixar indenizações para o final da concessão.[4]

Essas premissas podem ser atualizadas de tempos em tempos, por ocasião das revisões contratuais – todas elas ou apenas algumas, conforme vier a ser disposto no contrato.

Nesse ponto, é possível que o contrato tome a proposta da licitante vencedora como caso-base, autorizando sua atualização para reequilibrar os efeitos

---

[3] Trata-se de metodologia amplamente difundida, cuja explicação mais detalhada poderá ser encontrada em praticamente qualquer livro moderno sobre finanças corporativas.
[4] Existe uma lógica financeira também que favorece esse entendimento. Dado o valor do dinheiro no tempo, a previsão de indenização ao final de um longo período (muitas vezes superior a 25 anos) tem pouco valor no presente e, por isso, acaba interferindo também pouco no resultado da modelagem (que tem em vista os valores presentes das receitas e dos custos/despesas), particularmente quando as taxas de desconto aplicadas são elevadas.

de determinados eventos, cujo risco tenha sido expressamente atribuído à entidade pública contratante; ou seja, mantêm-se todas as demais variáveis constantes, alterando-se apenas aquela diretamente afetada pelo evento que justifica a recomposição do equilíbrio econômico-financeiro da concessão.

Alternativamente, também é possível ao contrato estabelecer que, de tempos em tempos, seja completamente atualizado o caso-base, reavaliando-se todas as suas premissas, inclusive a taxa de desconto/remuneração do capital investido.[5] Obviamente, este último modelo implica particular preocupação quanto a quem ficaria responsável por essa revisão, devendo-se assegurar que seja realizada por uma agência efetivamente independente e que se paute estritamente por critérios técnicos. Dada a dificuldade de assegurar isso na prática, muitos investidores privados ficam mais confortáveis com o primeiro modelo apresentado, pois preferem o risco de que sua proposta se mostre equivocada no médio e no longo prazo ao risco de que um terceiro venha a atualizar o caso-base por critérios não técnicos.

Destaque-se que, ao se adotar o critério financeiro, torna-se possível modelar o projeto de forma que não exista indenização devida à concessionária no final da concessão,[6] ainda que existam novos investimentos ao longo da vigência contratual. Nesse caso, usualmente, é preciso que as receitas tarifárias e de contraprestações públicas remunerem não apenas o investimento já realizado, mas também o investimento futuro a ser executado durante a vigência contratual.[7]

O critério financeiro nos parece o mais eficiente, de forma geral, pois as decisões dos investidores são pautadas pela sua expectativa de resultado financeiro do negócio. O problema é que o critério financeiro tende a ser mais facilmente adotado nas novas concessões, em que se pode estabelecer, desde o início de sua vigência, um mecanismo de acompanhamento e atualização do

---

[5] Esses modelos gerais refletem as opções regulatórias de cada setor e contrato. Não é o objetivo deste artigo analisar os diferentes modelos regulatórios possíveis, particularmente aqueles baseados nas metodologias de "regulação por taxa de retorno" ou "regulação por preço-teto". Todavia, cumpre ter clareza de que o tema das indenizações ao final dos contratos de concessão está profundamente relacionado com as regras que norteiam o sistema de regulação e de manutenção do equilíbrio econômico-financeiro do contrato de concessão.

[6] No critério patrimonial, por exemplo, sempre existirá alguma indenização residual, pois não é factível que todos os ativos da concessão cheguem ao final de sua vida útil ao mesmo tempo.

[7] Os preços cobrados dos usuários (tarifas ou contraprestações públicas) precisam refletir os investimentos futuros e não apenas os já executados, sob pena de os investimentos realizados no final da concessão não serem integralmente amortizados financeiramente. A alternativa é elevar acentuadamente as tarifas e contraprestações públicas nos últimos anos da concessão para permitir a amortização financeira acelerada da concessão e, no limite, prever até mesmo um pagamento final específico pela Administração Pública para os investimentos realizados no último ano da concessão.

caso-base da concessão que permita apurar, em qualquer momento, eventual montante a ser indenizado ao concessionário por conta da extinção da concessão. Nas concessões mais antigas, em que esse acompanhamento nunca foi realizado ou ao menos não com esse tipo de preocupação, a adoção de um critério financeiro coloca as parte diante do desafio de acordar sobre os parâmetros a serem utilizados no fluxo de caixa.

Ressalve-se que a adoção de um critério financeiro não deve significar a anulação da alocação de riscos previstos contratualmente e tampouco uma garantia de retorno para o concessionário. Mesmo na hipótese em que o caso-base seja integralmente atualizado (e não apenas a variável causadora da recomposição de equilíbrio econômico-financeiro), de tempos em tempos, essa atualização é feita tomando em consideração custos eficientes de investimento e operacionais (e não aqueles efetivamente incorridos pela concessionária, que podem ser ineficientes). Em outras palavras, quando o concessionário enfrenta um aumento de custos ou perda de receitas em decorrência de riscos a ele imputados contratualmente ou por conta de sua própria ineficiência, então o concessionário não tem direito à recomposição da taxa interna de retorno do caso-base (o que seria equivalente ao reequilíbrio econômico-financeiro da concessão).

Destaque-se, por fim, que diversos contratos de concessão, particularmente no âmbito do Governo Federal, vêm adotando o modelo de "fluxo de caixa marginal", que utiliza o critério financeiro para lidar com os eventos causadores de desequilíbrio econômico-financeiro da concessão. Nesses casos, cada evento de desequilíbrio econômico-financeiro é equacionado em um fluxo de caixa específico, não havendo um caso-base único e consolidado, considerando todos os investimentos da concessão. Os eventuais valores a serem indenizados, nesse contexto, devem levar em conta os diversos fluxos de caixa, com investimentos específicos considerados em cada um deles. Esse é o caso, por exemplo, das recentes concessões dos aeroportos de Guarulhos, Campinas e Brasília.

2.2 Critério contábil: valor registrado na contabilidade da empresa

A identificação de valores a serem indenizados ao concessionário considerando os registros contábeis apresenta alguns desafios, entre eles o fato de que as demonstrações financeiras, mesmo que auditadas por uma empresa de auditoria independente, são elaboradas unilateralmente pela concessionária, não havendo aprovação implícita ou explícita do Poder Concedente quanto aos registros contábeis publicados.

Nesse contexto, caso o contrato viesse a adotar o critério contábil como parâmetro, seria preciso criar, paralelamente, um mecanismo de acompanhamento pela Administração Pública contratante que lhe permitisse a eventual contestação dos valores apontados pela concessionária.

Porém, o principal problema com a adoção do critério contábil, em nossa opinião, é de outra natureza. Trata-se das diferenças entre a amortização/depreciação contábil e a amortização financeira, que podem levar a ganhos ou perdas extraordinárias por parte das concessionárias.

Quando se consideram as demonstrações financeiras preparadas segundo as regras fiscais atualmente vigentes, os ativos são depreciados conforme sua vida útil, assim determinado em norma específica (por exemplo, obras civis se depreciam na taxa de 4% ao ano, ou a qualquer outra taxa estabelecida em lei ou pelas autoridades governamentais competentes, inclusive a depreciação acelerada em relação ao que seria sua vida útil). Além disso, não existe atualização monetária das demonstrações financeiras.

Nesse contexto, existe um descolamento entre o critério financeiro e o critério contábil. A depreciação contábil ocorrerá independentemente das receitas e dos demais custos da concessionária. Já a amortização financeira pressupõe que os investimentos tenham sido remunerados a uma dada taxa durante o período da concessão. É possível que, ao final da concessão, o investimento tenha sido completamente depreciado do ponto de vista fiscal, mas que, do ponto de vista financeiro, não tenha sido amortizado. De igual modo, em tese, é possível que o investimento tenha sido completamente amortizado financeiramente, mas que ainda exista, ao final da concessão, o registro de ativo a ser depreciado fiscalmente.

O descolamento entre os critérios financeiro e contábil também se verifica mesmo na hipótese de as demonstrações financeiras serem preparadas pelos critérios societários (e não fiscais).[8] A amortização do ativo registrado na contabilidade ocorrerá conforme a percepção das receitas da concessionária, não sendo necessário, para a amortização contábil, que as receitas sejam suficientes para pagar a remuneração sobre o investimento, em face da dilação temporal entre o momento de desembolso e da recuperação dos recursos financeiros pelo investidor.

---

[8] Essencialmente, em atendimento à Lei Federal nº 6.404/76 e às normas do Comitê de Pronunciamento Contábeis, que têm buscado introduzir no Brasil o padrão IFRS.

Lembre-se de que, do ponto de vista financeiro, é como se o projeto estivesse repagando uma dívida. As receitas precisam pagar o principal (o custo direto do investimento) e os juros (sua remuneração). Sob a perspectiva contábil, no entanto, basta que as receitas sejam suficientes para o repagamento do custo do investimento,[9] sendo indiferente o retorno sobre o investimento para efeito da amortização contábil; aliás, no caso de demonstrações financeiras elaboradas no padrão fiscal-tributário, a depreciação ocorrerá até mesmo independentemente da percepção de receitas, conforme o padrão da norma fiscal-tributária.

O critério contábil, portanto, não reflete a dilação temporal entre o momento do desembolso e o momento de recuperação do investimento. Desconsidera, assim, que o investidor abre mão de liquidez, da possibilidade de gastar seus recursos financeiros agora, com a expectativa de ser remunerado pelo período em que deixa de ter livre disponibilidade sobre seus recursos. Além disso, o critério contábil não reflete o risco incorrido pelo investidor, enquanto o critério financeiro capta melhor esse aspecto mediante a taxa de desconto/capitalização dos recursos financeiros envolvidos.

2.3 Critério patrimonial: valor de reposição do ativo

O critério patrimonial reflete o valor de reposição do ativo, proporcionalizado por sua vida útil restante. Existem, nesse contexto, duas fontes de discussão: (i) qual é a vida útil do ativo e (ii) qual é o valor de reposição do ativo.

Recentemente, tem-se discutido bastante a Medida Provisória nº 579/12,[10] que adotou o critério de valor de reposição do ativo para apurar eventuais indenizações devidas aos concessionários por ocasião da extinção de contratos de concessão no setor elétrico.

A partir das discussões em torno da MP 579/12, podemos destacar alguns pontos polêmicos na aplicação desse tipo de critério:

- O projeto de engenharia inicial não leva em conta os reinvestimentos realizados ao longo da concessão nem outros investimentos necessários para a operação, tais como aqueles voltados ao atendimento das exigências socioambientais. O critério de reposição do valor do ativo deve considerar, no

---

[9] Em tese, no padrão IFRS, é possível capitalizar o custo do investimento no período pré-operacional. A discussão sobre esse aspecto, no entanto, extrapola os limites do presente artigo.

[10] Por ocasião da elaboração do presente artigo, a MP 579/12 acabava de ser aprovada pelo Congresso Nacional, aguardando a sanção da Presidência da República.

entanto, não apenas o investimento para a disponibilização original do ativo, mas também os reinvestimentos no próprio ativo, bem com os investimentos para atender medidas mitigatórias e de compensação socioambiental.

- Por conta dos ganhos de produtividade e avanços tecnológicos, o custo de reposição pode ser bastante inferior ao que tenha sido efetivamente incorrido pelo concessionário no passado. Essa diferença de custos – original e de reposição – não se relaciona à (in)eficiência do concessionário na época da execução dos investimento e, portanto, não deve ser imposta ao concessionário como perda por ocasião da extinção da concessão. Nesse contexto, o valor de reposição deveria ser ajustado para evitar que os ganhos de produtividade e avanços tecnológicos, que reduzem o custo de reposição, acabem por reduzir artificialmente o valor da eventual indenização a que o concessionário teria direito.

Assim como o critério contábil, o critério patrimonial também não reflete a dilação temporal entre o momento do desembolso e o momento de recuperação do investimento; não considera, assim, que o investidor abre mão de liquidez, da possibilidade de gastar seus recursos financeiros agora, com a expectativa de ser remunerado pelo período em que deixa de ter livre disponibilidade sobre seus recursos. Tampouco o critério patrimonial leva em conta o risco incorrido pelo investidor.

Destaque-se, por fim, que a adoção do critério patrimonial quase que, inevitavelmente, leva ao pagamento de indenização ao final da concessão, pois a grande maioria dos contratos implica reinvestimentos ao longo de sua vigência, de maneira que a vida útil de determinados ativos da concessão acaba ultrapassando a própria vigência contratual.

3 Escolhendo entre os critérios financeiro, contábil e patrimonial

Entendemos que, para as concessões novas, faz mais sentido adotar o critério financeiro, pois reflete melhor as preocupações dos investidores quando decidem aplicar seus recursos no financiamento de ativos de infraestrutura. Todavia, isso implica a adoção de um caso-base, que precisa ser acompanhado e atualizado ao longo de toda a concessão mediante critérios claros e objetivos sobre as condições e as situações que levarão a essa atualização do caso-base (hipóteses e metodologia de recomposição do equilíbrio econômico-financeiro, bem como o modelo de regulação contratual – taxa de retorno ou preço-teto, por exemplo).

Nos casos de concessão em andamento, é preciso checar cada contrato a fim de identificar a opção por um ou outro critério e os eventuais ajustes determinados contratualmente.

Para as concessões antigas em que o contrato tenha sido omisso a esse respeito, parece-nos que o critério financeiro continua a ser o mais adequado, ainda que implique elaborar, *a posteriori*, um caso-base para apurar, pela metodologia de fluxo de caixa descontado, o eventual valor de indenização.

É preciso reconhecer que a aplicação do critério financeiro, nesses casos, apresenta dificuldades práticas relevantes, particularmente o desafio de definir os parâmetros (custos, receitas e taxa de desconto) a serem utilizados no fluxo de caixa. Tais dificuldades práticas não devem levar ao abandono do critério financeiro em favor do critério contábil ou patrimonial, porque apenas estaríamos mudando o foco das discussões sem melhorar as chances de consenso entre as partes. Infelizmente, nesses casos, acreditamos que a solução definitiva acabará sendo dada por meio de arbitragem ou recurso ao Judiciário.

Conclusão

Temos um desafio importante no Brasil para os próximos contratos de concessão e PPP: a estipulação de critérios claros e suficientemente detalhados de cálculo de indenizações ao final de contratos de concessão.

A ausência de tais critérios tem causado grandes divergências entre as partes por ocasião da extinção de contratos de concessão, como se vê particularmente nas experiências recentes do setor elétrico e do setor de saneamento básico.

Pensamos que o critério financeiro se mostra mais adequado, porque, diferentemente dos critérios contábil ou patrimonial, reflete a dilação temporal entre o momento do desembolso e o momento de recuperação do investimento, levando em consideração, assim, que o investidor abre mão de liquidez, da possibilidade de gastar seus recursos financeiros agora, com a expectativa de ser remunerado pelo período em que deixa de ter livre disponibilidade sobre seus recursos. Além disso, o critério financeiro também reflete em alguma medida o risco incorrido pelo investidor, o que não é captado pelos critérios contábil e patrimonial.

BIBLIOGRAFIA

AMARAL, A. C. C. do. **Concessão de serviço público**. São Paulo: Malheiros, 2002.

AGUILLAR, F. H. **Serviços públicos**: doutrina, jurisprudência e legislação. São Paulo: Saraiva, 2011.

CARVALHO FILHO, J. S. **Manual de direito administrativo**, 25. ed. São Paulo: Atlas, 2012.

COSTA, C. M. P. Análise das providências pré e pós-extinção de contratos de concessão de serviços públicos. In: **Fórum de Contratação e Gestão Pública**, v. 6, n. 63, p. 55-60, mar. 2007.

DI PIETRO, M. S. Z. Direito administrativo, 22. ed. São Paulo: Atlas, 2009.

_____. **Parcerias na administração pública**: concessão, permissão, franquia, terceirização, parceria público-privada e outras formas. São Paulo: Atlas, 2012.

ENEI, J. V. L. O novo regime da intervenção e extinção da concessão de serviço público. In: **Justiça & Cidadania**, n. 148, p. 58-60, dez. 2012.

FIGUEIREDO, L. V. A concessão de serviço público: questões tópicas e formas de extinção. In: **Boletim de Direito Administrativo**, v. 17, n. 1, p. 1-5, jan. 2001.

_____. **Extinção dos contratos administrativos**. 3. ed. São Paulo: Malheiros, 2002.

GRAU, E. R. Extinção da concessão de rodovias e bens públicos. In: **O Estado de São Paulo**, n. 43416, p. A2, 30 ago. 2012.

JUSTEN FILHO, M. **Teoria geral das concessões de serviço público**. São Paulo: Dialética, 2009.

_____. **Curso de direito administrativo**, 8. ed. São Paulo: Fórum, 2012.

MEIRELLES, H. L. Direito administrativo brasileiro, 36. ed. São Paulo: Malheiros, 2010.

MELLO, C. A. B. de. **Curso de direito administrativo**, 28. ed. São Paulo: Malheiros, 2011.

_____. **Pareceres de direito administrativo**. São Paulo: Malheiros, 2011.

MUKAI, T. Concessões, permissões e privatizações de serviços públicos: comentários às Leis n°s 8.987, de 13 de fevereiro de 1995 (com as alterações das Leis n°s 9.648/98, 11.196/05 e 11.445/07), e 9.074, de 7 de julho de 1995, das concessões do setor elétrico (com as alterações das Leis n°s 9.648/98, 10.684/03, 10.848/04 e 11.292/06). São Paulo: Saraiva, 2007.

RIBEIRO, M. P. Erros e acertos no uso do plano de negócios e da metodologia do fluxo de caixa marginal. SlideShare, Portugal Ribeiro & Navarro Prado Advogados, em 17.02.2013. Disponível em: <http://goo.gl/sPof6C>

_____. **Concessões e PPPs**: melhores práticas em licitações e contratos, 1. ed. São Paulo: Atlas, 2011.

RIBEIRO, M. P.; PRADO, L. N. **Comentários à lei de PPP, parceria público-privada**: fundamentos econômico-jurídicos, 1. ed. São Paulo: Malheiros, 2010.

ROSA, M. F. Considerações sobre a extinção de concessão pela ocorrência da falência. In: **Revista Zênite**: IDAF informativo de direito, v. 10, n. 113, p. 454-462, dez. 2010.

SUNDFELD, C. A. A Encampação na concessão: procedimento e indenização. In: **Direito administrativo contemporâneo**: estudos em memória ao professor Manoel de Oliveira Franco Sobrinho. Belo Horizonte: Fórum, 2004, p. 27-53.

O paradoxo do investimento público no Brasil

MANSUETO ALMEIDA

Introdução

Aqueles acostumados a acompanhar os gastos de investimento no Brasil sempre se deparam com um fato corriqueiro: o baixo nível de execução do investimento público (liquidado e pago) apesar da disponibilidade de recursos para investimento. Por exemplo, em 2011, a dotação autorizada para investimento do orçamento geral da União foi de R$ 107,4 bilhões. Desse total, ao longo daquele ano, o investimento executado (investimento pago) pelo Governo Federal foi de menos de R$ 50 bilhões, ou seja, menos de 50% dos valores autorizados pela Lei Orçamentária Anual (LOA) de 2011.

Infelizmente, mais do que exceção, o comportamento da execução do investimento público em 2011 se repete nos demais anos. Desde 2004, por exemplo, em nenhum ano fiscal o Governo Federal conseguiu executar metade dos recursos para investimentos previstos na LOA, apesar de o investimento público sempre aparecer como um gasto prioritário nos discursos oficiais. Do ponto de vista da LOA, parece que há "excesso" de recursos disponíveis para investimento. Mas, se isso é verdade, por que o Estado brasileiro tem sérios problemas para investir mais do que 1% do PIB? Mesmo em 2010, o último ano do governo do presidente Lula, e o ano de maior execução do investimento público desde o início do século atual, o investimento do Governo

Federal (sem considerar as estatais) não passou de 1,2% do PIB, valor semelhante ao do ano de 2002. Dado esse cenário, pergunta-se – o que atrapalha o investimento público no Brasil?

Uma das causas mais divulgadas dentro e fora do governo para as nossas restrições ao investimento são dificuldades com a burocracia decorrente das amarras excessivas da Lei nº 8.666/93, a morosidade dos estudos de impacto ambiental, o atraso na liberação de licenças ambientais por parte do IBAMA, a atuação do Ministério Público questionando as licenças ambientais etc. Ao que parece, muito se fala das "amarras institucionais" ao investimento público e pouco da questão relativa à gestão pública. É verdade que as maiores restrições ao investimento público, no Brasil, são de ordem regulatória em vez de problemas de gestão do próprio governo ou de limitação de recursos orçamentários?

Este artigo procura responder a essas questões por meio da análise do comportamento do investimento público federal no período recente. Com base na avaliação do Plano Plurianual (PPA) de 2008 e na execução dos gastos do Governo Federal por meio do Sistema Integrado de Administração Financeira do Governo Federal, o SIAFI, este artigo visa decifrar o "paradoxo do investimento público", ou seja, o aparente excesso de recursos orçamentários alocados anualmente para a construção de novas estradas, novas pistas de pouso nos aeroportos, novas obras de saneamento etc. que não sai do papel.

Além desta introdução, este artigo está dividido em quatro seções. A Seção 1 mostra o comportamento do investimento público do Governo Federal, destacando os valores que foram autorizados, empenhados e efetivamente executados: investimento pago, que é a metodologia utilizada na apuração do resultado primário do Governo Federal.

A Seção 2 analisa o padrão da execução do investimento público, mostrando que o suposto "excesso de recursos para investimento" nem sempre é real. Várias obras públicas têm seus recursos aprovados contingenciados e, no caso de alguns ministérios, o orçamento aprovado e o saldo de recursos não executados de anos anteriores (restos a pagar) são desproporcionais ao histórico do investimento nesses ministérios. Nesses casos, a não execução do investimento público representa, na verdade, o aumento exagerado do orçamento de projetos de investimento de alguns ministérios que parece estar ligado ao jogo político por trás da formação das coalizões.

A Seção 3 investiga – baseado em um diagnóstico do PPA de 2008 –, quais são os motivos identificados pelos próprios gestores dos programas de investimento dos ministérios que explicariam a baixa execução do investimento público em relação aos valores programados naquele ano. Como se poderá constatar, o problema da execução do investimento público tem várias causas e não apenas o problema regulatório.

A última seção traz algumas conclusões e alerta que o recente crescimento do investimento público, em 2012, puxado pelo programa Minha Casa Minha Vida, é diferente dos demais projetos de investimento, já que, para esse programa, a contrapartida do Governo Federal é a concessão de subsídios para as famílias de baixa renda. Adicionalmente, mostra-se que, tanto em 2009 quanto em 2012, anos de baixo crescimento do PIB, o Governo Federal não conseguiu acelerar a execução do investimento público para fazer política anticíclica, apesar do forte crescimento da despesa não financeira dele nesses dois anos.

1 Investimento público: orçamento *versus* execução

Em um período mais longo, de 1995 a 2011, é possível fazer uma estimativa para os valores executados do investimento por um conceito mais restrito (sem incluir inversões financeiras). Como se observa na Figura 1, no período recente, o valor do investimento público federal apenas recupera o nível do final da década de 1990. A conclusão inequívoca é de que o investimento público praticamente não aumentou, apesar do crescimento da carga tributária no período em quase dez pontos do PIB.

No caso da execução do investimento público, todos os anos os valores executados são relativamente pequenos diante do orçamento aprovado devido a três motivos. *Primeiro*, é comum aprovar um orçamento para investimento público muito acima da real capacidade de execução do Governo Federal para poder acomodar as emendas de deputados e senadores. Como se observa no Quadro 1, de 2004 a 2011, o ano de maior execução do orçamento do investimento público (% da dotação inicial autorizada) não passou de 48,3%, mesmo incluindo nessa conta o pagamento de investimento de anos anteriores (restos a pagar). Assim, como a baixa execução do investimento público aprovado é algo recorrente, pode-se inferir que todos os anos esse suposto "erro" de excesso de recursos para investimento é intencional e faz parte do jogo político que será abordado mais adiante.

Figura 1 Investimento público no período de 1995 a 2011 (% do PIB)

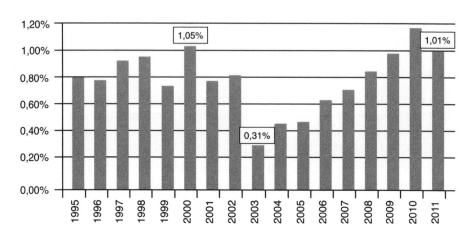

Fonte: Elaboração do autor com base no Relatório Resumido da Execução Orçamentária (1995-2000) e SIGA Brasil (2001-2011).
OBS.: 1) Até 2000, o valor pago é calculado pela despesa liquidada e Restos a Pagar (RAP) não processados pagos baseado nos relatórios resumidos da execução orçamentária do Governo Federal; 2) Investimento federal do orçamento fiscal e da seguridade social. Não inclui o investimento das estatais.

Quadro 1 Execução do investimento público do Governo Federal no período de 2004 a 2011 (em R$ bilhões correntes)

Ano	Dotação inicial	Execução	%
2004	45,62	11,99	26,3%
2005	55,12	13,70	24,8%
2006	52,00	18,16	34,9%
2007	59,78	22,88	38,3%
2008	74,86	29,53	39,4%
2009	89,58	36,68	40,9%
2010	99,20	47,92	48,3%
2011	107,40	46,52	43,3%

Fonte: SIAFI. GND-4 e GND-5 menos empréstimos.
Execução = restos a pagar pagos + orçamento do ano pago.

A *segunda* característica que explica o baixo investimento público é o contingenciamento recorrente do orçamento aprovado. Vale lembrar que 90% das despesas primárias são obrigatórias (CONGRESSO NACIONAL, 2012) e, assim, a "tesoura do contingenciamento" recai nas despesas discricionárias, entre as quais se destacam as despesas de investimento. Todos os anos, sob a alegação de que o legislativo superestimou a arrecadação federal esperada para o ano fiscal,[1] o orçamento do investimento público é contingenciado nos primeiros meses do ano. A sua liberação vai depender do comportamento da arrecadação federal, que tem sido a variável principal para o alcance da meta do primário.

Em anos de boa arrecadação – que têm sido o padrão na economia brasileira –, o orçamento contingenciado do investimento começa a ser liberado antes do meio do ano. As liberações adicionais de julho a outubro são pequenas e não parecem importantes para explicar a execução do investimento.

Figura 2 Saldo do orçamento do investimento público contingenciado mensal no período de jan./2006 a maio/2012 (em R$ bilhões)

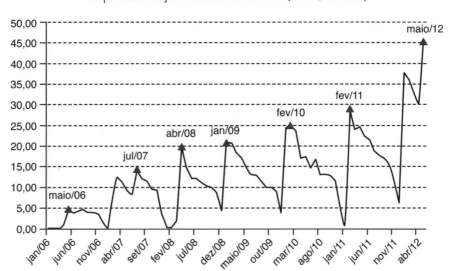

Fonte: Elaboração do autor com base no SIAFI.
OBS.: 1) Saldo contingenciado = crédito bloqueado para controle interno + crédito contingenciado + crédito contido pela SOF; 2) Os meses identificados no gráfico são aqueles de maior saldo do crédito de investimento contingenciado no ano.

---

[1] Apesar do contingenciamento do investimento ser algo corriqueiro na gestão fiscal do Governo Federal, sua legitimidade é baseada na frustração esperada da receita, algo que, na prática, é mais exceção do que regra. Normalmente, o Governo Federal subestima sua arrecadação. Ver Almeida; Rebouças; Manoel, 2012.

No caso de 2006, pode-se observar na Figura 2 que o contingenciamento do orçamento do investimento foi pequeno, apenas 9% ou R$ 4,7 bilhões de uma dotação inicial de R$ 52 bilhões. Esse percentual do contingenciamento da dotação inicial do investimento é diferente da média para os anos seguintes, que corresponde a 25% (média 2007-2011). Em 2010 – o ano de maior execução do investimento público recente como proporção do PIB –, apesar de o contingenciamento ter sido elevado (R$ 24,9 bilhões até fevereiro daquele ano), quase metade desse valor (R$ 12 bilhões) foi liberado até agosto.

O que surpreende no comportamento desses contingenciamentos e liberações do orçamento do investimento são os dois últimos anos (2011 e 2012). No caso de 2011, o primeiro ano do governo da presidenta Dilma, o padrão de liberações do empenho do investimento foi semelhante ao de 2010, mas o investimento não cresceu. Isso sugere que houve dificuldades na execução do investimento decorrente de problemas de gestão da máquina pública em virtude das trocas de ministros, em especial a troca no Ministério dos Transportes.

No caso de 2012, o Governo Federal voltou a elevar o contingenciamento do orçamento do investimento (42,8% ou R$ 45,3 bilhões de R$ 105,7 bilhões) e, ao contrário dos outros anos, o pico desse contingenciamento foi o mês de maio, diferente dos últimos três anos, quando esse pico ocorria em janeiro ou fevereiro e orçamento do investimento do ano passava a ser liberado já em março. Isso não ocorreu em 2012, o que pode significar duas coisas. Primeiro, se a execução do investimento dependesse integralmente do orçamento do ano, talvez, o governo teria dificuldades para investir em 2012. Segundo, é possível que, ao contrário do ocorrido em 2006, o fluxo de liberações do crédito contingenciado do investimento tenha perdido importância, dado o elevado volume do saldo dos restos a pagar inscritos na conta de investimento (dinheiro disponível para investimento de orçamentos de anos anteriores).

É justamente a importância crescente de restos a pagar na execução do investimento público que seria a *terceira* característica para explicar a discrepância entre os valores executados e os valores autorizados para investimento do orçamento do ano. Apesar de as liberações no segundo semestre do ano não serem importantes para a execução do investimento do período, nota-se que passou a ser comum uma forte liberação do orçamento do investimento e o correspondente empenho nos meses de novembro e dezembro. Esse padrão de liberação/empenho é um dos fatores por trás dos valores elevados de restos a pagar inscritos para investimento no início de cada ano; o que diminuiu a importância do orçamento do ano para explicar o comportamento do investimento público. Por exemplo, quase a totalidade dos R$ 24,7 bilhões empenhados nos últimos dois meses de 2011 para obras de investimento serão restos a pagar executados apenas em anos posteriores.

Figura 3 Crescimento do saldo dos valores empenhados para investimento em novembro e dezembro de 2006 a 2011 (em R$ bilhões correntes)

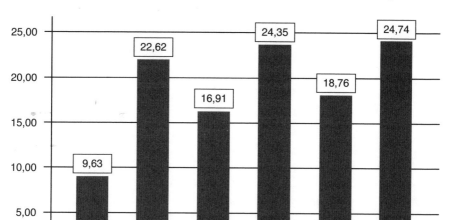

* Fonte: SIAFI.

Na verdade, o Sistema de Administração Financeira, o SIAFI, tem uma rotina automática de empenho de todo o orçamento do investimento no final do ano, podendo parte deste "empenho automático" ser confirmado ou cancelado. Como o saldo de restos a pagar para investimento não para de crescer, a praxe tem sido confirmar os empenhos do final do ano.

Os dados do Quadro 2 deixam claros dois pontos interessantes. O primeiro é que o saldo dos restos a pagar inscritos como investimentos tem como fonte de origem não apenas o orçamento para investimento do ano que deixa de ser executado, mas também o volume crescente de restos a pagar que são reinscritos, ou seja, aqueles de anos anteriores novamente inscritos em restos a pagar. Por exemplo, em 2012, o saldo de restos a pagar para investimento no início do ano totalizava R$ 59 bilhões, sendo 35% desse valor (R$ 20,7 bilhões) oriundo de orçamentos anteriores a 2011. Um segundo ponto interessante extraído do Quadro 2 refere-se ao baixo nível de cancelamento dos restos a pagar. Da série mostrada a seguir, o ano de maior cancelamento de restos a pagar foi 2011, quando R$ 6,5 bilhões inscritos como restos a pagar foram cancelados.

Quadro 2 Inscrição e cancelamento de restos a pagar para investimento
(em R$ bilhões correntes)

Ano	RP processados	RP não processados	RP reinscritos	TOTAL (1)	RP cancelados (2)	(2) / (1) %
2007	2,65	14,20	1,84	18,69	−1,38	7,4%
2008	3,71	25,10	3,51	32,32	−0,72	2,2%
2009	4,49	26,73	9,40	40,63	−2,90	7,1%
2010	5,48	32,48	14,84	52,80	−2,54	4,8%
2011	8,98	30,68	19,75	59,41	−6,49	10,9%
2012	6,15	32,32	20,71	59,18	-	-

Fonte: SIAFI.

O problema com esse procedimento de liberação de empenho, criação de restos a pagar e baixo cancelamento no ano seguinte é que esses empenhos de orçamentos antigos tornaram-se uma espécie de "bola de neve", e os pagamentos de restos a pagar do investimento passaram a ser mais importantes do que a execução do orçamento do investimento público aprovado no ano, como se observou a partir de 2008, e que deverá se repetir novamente de forma até mais intensiva em 2012 (CONGRESSO NACIONAL, 2012).

Há duas formas de olhar o comportamento dos restos a pagar ligados à conta de investimento. Primeiro, poder-se-ia argumentar que os restos a pagar facilitam o investimento, uma vez que permitem ao governo iniciar o ano com esses recursos financeiros já empenhados. Mas essa explicação não leva em conta que o atraso no empenho do orçamento do ano decorre de contingenciamentos planejados pelo próprio Governo Federal, que deixa o orçamento do investimento sair propositalmente "inchado" do Congresso Nacional.

Como já alertado acima, de 2007 a 2011, em média, 25% do orçamento do ano para investimento foi contingenciado. Em 2012, essa contingência alcançou 43% do orçamento previsto até meados de maio. O mais provável é que, do ponto de vista econômico, o contingenciamento do investimento tenha se tornado disfuncional, sendo causa e consequência do acúmulo de restos a pagar. Por exemplo, as liberações de empenho no final do ano (autorização para investimento com a disponibilização de recursos) não permitem que os recursos sejam executados em tempo hábil e, assim, se transformam em restos a pagar. Nesse caso, o contingenciamento seria a causa da discrepância entre os valores empenhados e os valores pagos do investimento público (restos a pagar). Mas o pagamento de restos a pagar levará a novos contingenciamentos

O paradoxo do investimento público no Brasil

Figura 4 Execução do orçamento do investimento – restos a pagar *versus* orçamento do ano no período de 2003 a 2011 (em R$ bilhões de 2011)

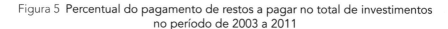

Fonte: SIAFI.

Figura 5 Percentual do pagamento de restos a pagar no total de investimentos no período de 2003 a 2011

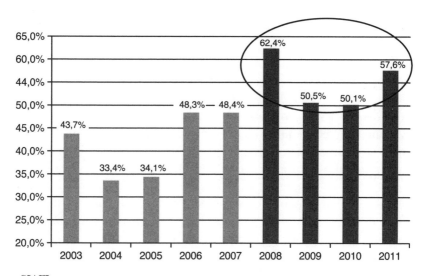

Fonte: SIAFI.

no orçamento do ano fiscal do ano corrente, que se transformarão em novos restos a pagar em anos posteriores. Assim, os restos a pagar seriam a consequência da não execução dos orçamentos antigos.

Segundo, o crescente saldo de restos a pagar pode ser usado como instrumento de negociação entre a base de apoio parlamentar e o executivo, deslocando o espaço de negociação e de formação da fidelidade de base partidária da discussão do orçamento para o "varejo das votações" importantes para o executivo. No entanto, criar fidelidade partidária via execução de restos a pagar pode ter o efeito adverso de dificultar o cancelamento dos mesmos, criando o efeito bola de neve a que nos referimos anteriormente, já que, a cada ano, uma parcela crescente do orçamento do ano passaria a ser contingenciada para "criar espaço" fiscal para a execução de restos a pagar.

Em resumo, os dados fiscais mostram que não houve crescimento da execução da despesa de investimento nesta década em relação ao final da década de 1990, quando o Brasil passou sistematicamente a gerar superávit primário. Além disso, mostrou-se que o orçamento do investimento é caracterizado pela aprovação de um orçamento muito além da real capacidade do governo de executá-lo; o acúmulo sucessivo de restos a pagar e o *crowding-out* da execução do orçamento do ano pela execução dos restos a pagar.

Um ponto adicional que será identificado na próxima seção é determinar se há uma diferença no padrão de inscrição e na execução de restos a pagar por órgão superior. O normal é que haja um acúmulo maior de restos a pagar naqueles ministérios, cuja execução do investimento seja tradicionalmente maior. Todavia, este nem sempre é o caso.

2 Investimento público e restos a pagar

Um dos pontos destacados pela literatura da ciência política é que o investimento é uma parcela pequena da execução do investimento total, e a execução de emendas é uma parte pequena do orçamento do investimento. De fato, olhando-se apenas para as despesas não financeiras do Governo Federal, a participação do investimento público (excluindo as estatais) não passa de 8% do total da despesa primária federal. Como apenas uma parcela desse investimento representa emendas de parlamentares, o "custo de criar a base de coalizão" via execução de emendas parece ser baixo. No entanto, essa afirmação precisa ser mais bem qualificada quando se olha, por exemplo, a dinâmica de inscrição de restos a pagar por ministério.

Conforme abordado anteriormente, o total de restos a pagar inscritos na rubrica de investimento público, em 2012, foi de R$ 59 bilhões. Desse total, praticamente 90% (R$ 52,7 bilhões) são restos a pagar de apenas dez ministérios. Mas a característica interessante apresentada no Quadro 3 é a relação entre restos a pagar inscritos em 2012 e o investimento executado em 2011. Por exemplo, apesar de o Ministério dos Transportes ter R$ 10,6 bilhões de empenhos nesse ano decorrente de orçamentos anteriores a 2012 (saldo de restos a pagar), esse valor é inferior ao investimento do ministério em 2011 (R$ 12,9 bilhões).

Quadro 3 Restos a pagar inscritos em 2012 *versus* investimentos executados em 2011 (em R$ bilhões)

	Ministério	Restos a pagar 2012 (a)	Investimento em 2011 (b)	(a)/(b)
1	Cidades	10,93	3,49	3,13
2	Transportes	10,60	12,97	0,82
3	Saúde	8,08	2,54	3,18
4	Educação	6,47	6,14	1,05
5	Integração Nacional	5,64	2,71	2,08
6	Defesa	3,57	7,15	0,50
7	Turismo	3,35	0,56	5,96
8	Esporte	1,45	0,28	5,19
9	Agricultura, Pecuária e Abastecimento	1,37	1,96	0,70
10	Ciência, Tecnologia e Inovação	1,24	0,80	1,55
	TOTAL	**52,69**	**38,61**	**1,36**

Fonte: SIAFI.

O mesmo não é válido para os Ministérios das Cidades, da Saúde, do Turismo, do Esporte e da Integração Nacional. Nesses cinco casos, o volume empenhado como restos a apagar é muito superior aos valores executados de investimento no ano de 2011, o que sugere algo "anormal" como, por exemplo, maior dificuldade do governo em cancelar restos a pagar especificamente desses ministérios. O caso do Ministério das Cidades é emblemático. Esse ministério teve o maior volume inscrito de restos a pagar (R$ 10,9 bilhões), que representa mais de três vezes o total investido no ano de 2011.

Uma investigação mais cuidadosa dos dados no SIAFI a fim de descobrir a modalidade de aplicação (investimento feito diretamente pelo Governo Federal ou indiretamente via transferências para estados e municípios) mostrou que os ministérios com a maior relação entre restos a pagar inscritos (2012) e investimento executado (2011), conforme o Quadro 3, são justamente aqueles nos quais o investimento se dá, preponderantemente, via transferências voluntárias para estados e municípios.

No caso do Ministério das Cidades, por exemplo, 81,8% da execução do investimento público em 2011 ocorreu via transferências para estados e municípios. Por outro lado, apesar do elevado volume de restos a pagar inscritos no Ministério da Defesa (R$ 3,57 bilhões em 2012), esse valor é baixo diante do valor executado no ano de 2011 e, adicionalmente, 99,8% da execução do investimento desse ministério se dá diretamente pelo Governo Federal.

Em outras palavras, do ponto de vista político, os Ministérios das Cidades, da Saúde, da Integração Nacional, do Turismo e do Esporte são muito mais interessantes do que o Ministério da Defesa ou da Ciência, Tecnologia e Inovação. Nos cinco ministérios destacados no Quadro 4, o investimento pode ser levado para as bases eleitorais dos congressistas via emendas parlamentares, algo que não é possível para os Ministérios da Defesa ou da Ciência, Tecnologia e Inovação.

Não é possível avançar nas conclusões baseadas apenas nos quadros aqui apresentados. No entanto, esses dados permitem levantar algumas hipóteses a serem investigadas. *Primeiro*, não parece ser coincidência que, proporcionalmente (em relação aos valores efetivamente executados no ano anterior), o maior volume inscrito de restos a pagar ocorra naqueles ministérios nos quais o investimento público federal ocorre via transferências voluntárias para estados e municípios.

Segundo, apesar de ser verdade que o investimento público executado representa menos de 8% da despesa primária total, e que as emendas parlamentares representam uma parcela ainda menor da despesa primária total, os dados fornecidos sugerem que a dinâmica dos restos a pagar do investimento é mais importante para alguns ministérios do que os dados agregados sugerem. Nos cinco ministérios destacados no Quadro 4 (Cidades, Saúde, Integração Nacional, Turismo e Esporte) é possível que o volume desproporcional de restos a pagar – mais de duas vezes o investimento do ano anterior –, esteja relacionado ao jogo de emendas. No caso desses ministérios, deputados e senadores se interessam em fazer um maior número de emendas e, por sua vez,

Quadro 4 RAP inscrito/investimento *versus* execução do investimento federal via estados e municípios

	Ministério	RAP inscrito (2012) / investimento (2011)	% de Execução via Estados e Municípios (2011)
1	Cidades	3,1	81,8%
2	Transportes	0,8	14,4%
3	Saúde	3,2	70,6%
4	Educação	1,1	55,0%
5	Integração Nacional	2,1	55,3%
6	Defesa	0,5	0,2%
7	Turismo	6,0	100,0%
8	Esporte	5,2	82,8%
9	Agricultura, Pecuária e Abastecimento	0,7	38,3%
10	Ciência, Tecnologia e Inovação	1,6	9,2%

Fonte: SIAFI.

também é do interesse do Governo Federal aprovar essas emendas e negociá-las caso a caso antes de votações importantes. Assim, o excesso de restos a pagar inscritos em alguns ministérios poderia refletir muito mais um "jogo político" do que uma real intenção de investimento.

Em resumo, até o momento, é possível destacar dois pontos nessa discussão do investimento público. Primeiro, aprovam-se todos os anos valores para investimento muito acima da real capacidade de execução do Governo Federal direta ou indiretamente via transferências voluntárias para estados e municípios. Segundo, apesar do elevado saldo inscrito de restos a pagar para investimento, R$ 59 bilhões, em 2011 e 2012 (que equivale a recursos de anos anteriores já empenhados para investimento) esse volume elevado não possibilitou o aumento correspondente no total da execução do investimento por dois motivos: (i) o saldo não executado de anos anteriores "come" o espaço fiscal para execução do orçamento do ano; e (ii) pelo menos metade dos valores empenhados de orçamentos de anos anteriores (R$ 29,5 bilhões em 2012 ou 50% dos valores inscritos em restos a pagar para investimento) são recursos de apenas cinco ministérios (Cidades, Saúde, Integração Nacional, Esporte e Turismo), muito acima da capacidade de investimento desses órgãos. Esses valores podem ser fruto do excesso de aprovação de emendas naqueles ministérios em que essas aprovações e sua execução estão ligadas ao jogo político de formação da base de apoio do executivo por trás de votações importantes.

O que este artigo destacou até o momento foi o descompasso entre os valores aprovados para investimento do orçamento fiscal e da seguridade social e os valores executados (pagos do orçamento do ano e pagos via restos a pagar). Mas não se abordou ainda o porquê da dificuldade de investimento de algumas obras prioritárias de ministérios como o da defesa ou dos transportes, por exemplo, nos quais o saldo inscrito em restos a pagar não é anormal em relação ao histórico de investimento desses ministérios. As próximas seções investigam por que ocorrem atrasos em alguns programas, mesmo quando estes são considerados prioritários pelo Governo Federal.

3 Avaliação das restrições ao investimento público no Brasil em 2008

Com já destacado nas seções anteriores, ao se analisar os valores aprovados no orçamento do ano e o saldo de recursos empenhados em anos anteriores para investimento (restos a pagar), tem-se a impressão de que há excesso de recursos para investimento. No entanto, mesmo quando se retira a parcela de recursos do orçamento correspondente ao excesso de empenhos nos Ministérios das Cidades, da Saúde, da Integração Nacional, do Esporte e do Turismo, o investimento público fica muito aquém do que poderia se esperar.

Como é de conhecimento público, todos os governos têm de elaborar para um período de quatro anos o Plano Plurianual de Investimento (PPA) e todos os investimentos públicos que entram no Projeto de Lei Orçamentária Anual têm que estar previstos nesse PPA. O PPA inclui também as ações de financiamento com recursos orçamentários da União como, por exemplo, o Programa de Financiamento às Exportações (PROEX) e o Programa de Fortalecimento da Agricultura Familiar (PRONAF).

Cada programa do PPA tem um gerente, que é o gestor público de cada ministério, responsável por acompanhar o funcionamento do programa e ver se as metas financeiras e físicas estabelecidas estão sendo cumpridas. Todos os anos, os gerentes de cada programa são obrigados a fazer uma avaliação deles, mostrando se as metas físicas e financeiras foram cumpridas e identificando as dificuldades envolvidas na execução das ações programadas.

Essa avaliação anual do PPA está disponível para técnicos do governo por meio do Sistema de Informações Gerenciais e de Planejamento (SIGPlan). No caso específico da avaliação do PPA de 2008, o SIGPlan fez uma pergunta (questão 6), que não foi repetida nas avaliações posteriores, formulada da seguinte forma: "Assinale as restrições que interferiram no desempenho das ações de maior impacto, e, consequentemente, no alcance do objetivo do programa. Comente sobre as restrições e providências adotadas". As alternativas para os gerentes dos programas marcarem e comentarem foram: "(a) Orçamentárias; (b) Financeiras; (c) Judiciais; (d) Administrativas; (e) Ambientais; (f) Gerenciais; (g) Políticas; (h) Institucionais; (i) Tecnológicas; (j) Licitações; (k) Auditoria; (l) Outras; e (m) não houve restrições". (Ver no Anexo A a descrição completa dessas alternativas.)

Baseado nas respostas a essa questão, é possível entender, na opinião dos próprios gerentes dos programas, quais foram as principais restrições à execução do investimento público nos programas sob sua responsabilidade com base nessa avaliação do PPA de 2008. Há diversas maneiras de se fazer essa avaliação. Como o interesse desta nota é ver as maiores restrições ao investimento público, optou-se por investigar apenas os programas que tiveram uma execução do investimento muito baixa: o investimento executado ficou abaixo de 55% do que havia sido programado para 2008.

No total, esses programas de baixa execução tinham programado investir em 2008 o equivalente a R$ 25,19 bilhões, mas só conseguiram investir R$ 11,08 bilhões ou 44% do programado.[2]

Quando se perguntou aos gestores dos 38 programas de menor execução em 2008 listados no Quadro 5 quais foram os principais problemas na execução das ações de investimento, os mais citados foram aqueles de natureza administrativa, orçamentária, financeira e gerencial (Quadro 6).

---

[2] É preciso ter cuidado ao analisar o Quadro 7 para não se cometer algumas injustiças. Por exemplo, embora o Ministério do Meio Ambiente apareça como aquele com o maior número de programas de baixa execução, os valores de todos esses programas do MMA são pequenos (R$ 520 milhões) diante, por exemplo, de apenas um dos programas do Ministério das Minas e Energia (*Brasil com Todo Gás* = R$ 4,9 bilhões) ou do programa Desenvolvimento da Infraestrutura Aeroportuária do Ministério da Defesa (R$ 2,5 bilhões).

Quadro 5 Programas do setor público de menor execução em 2008 (em R$ milhões)

Ministério	Previsto (a) R$	Realizado (b) R$	(b)/(a) %	Previsto-realizado (R$)
Integração				
Drenagem urbana e controle de erosão marítima e fluvial	365,76	171,63	46,92	194,1
Prevenção e preparação para desastres	616,51	318,77	51,70	297,7
Desenvolvimento macrorregional sustentável	167,38	91,67	54,77	75,7
Cidades				
Qualidade e produtividade do habitat – PBQP-H	1,80	0,06	3,11	1,7
Mobilidade urbana	459,82	116,57	25,35	343,3
Reabilitação de áreas urbanas centrais	33,92	13,16	38,81	20,8
Segurança e educação de trânsito: direito e responsabilidade de todos	310,11	122,97	39,66	187,1
Meio Ambiente				
Combate à desertificação	8,88	1,48	16,68	7,4
Áreas protegidas do Brasil	3,43	0,90	26,29	2,5
Comunidades tradicionais	85,18	25,90	30,40	59,3
Conservação, manejo e uso sustentável da agrobiodiversidade	31,57	10,09	31,96	21,5
Zoneamento ecológico-econômico	33,82	11,21	33,14	22,6
Nacional de florestas	64,15	23,13	36,06	41,0

(Continua)

Quadro 5 **Programas do setor público de menor execução em 2008 (em R$ milhões) (Continuação)**

Ministério	Previsto (a) R$	Realizado (b) R$	(b)/(a) %	Previsto-realizado (R$)
Conservação e recuperação dos biomas brasileiros	101,04	47,09	46,60	54,0
Educação ambiental para sociedades sustentáveis	14,93	7,24	48,49	7,7
Qualidade ambiental	41,63	20,76	49,86	20,9
Resíduos sólidos urbanos	136,25	73,62	54,03	62,6
Minas e Energia				
Energia alternativa renovável	11,79	2,65	22,45	9,1
Luz para todos	488,03	220,39	45,16	267,6
Brasil com todo gás	4.959,13	2.629,23	53,02	2.329,9
Desenvolvimento Agrário				
Educação do campo (PRONERA)	71,50	31,67	44,29	39,8
Assentamentos para trabalhadores rurais	1.502,51	787,80	52,43	714,7
Agricultura familiar (PRONAF)	2.561,49	1.345,18	52,52	1.216,3
Indústria e Comércio				
Competitividade das cadeias produtivas	24,26	3,13	12,90	21,1
Interiorização do desenvolvimento da área da SUFRAMA	148,77	23,79	15,99	125,0
Desenvolvimento do comércio exterior e da cultura exportadora	2.344,98	995,43	42,45	1.349,5
Artesanato brasileiro	4,84	2,08	42,87	2,8

(Continua)

Quadro 5 **Programas do setor público de menor execução em 2008 (em R$ milhões)**
(Continuação)

Ministério	Previsto (a) R$	Realizado (b) R$	(b)/(a) %	Previsto-realizado (R$)
Desenvolvimento de microempresas e empresas de pequeno e médio porte	63,22	34,06	53,88	29,2
Trabalho e Emprego				
Crédito orientado ao desenvolvimento e geração de emprego e renda	4,84	0,78	16,20	4,1
Qualificação social e profissional	446,22	141,26	31,66	305,0
Democratização das relações de trabalho	3,36	1,81	53,81	1,6
Transportes				
Corredor Mercosul	10,61	1,11	10,45	9,5
Vetor logístico nordeste meridional	904,52	445,61	49,26	458,9
Agricultura				
Abastecimento agroalimentar	5.608,79	2.267,98	40,44	3.340,8
Segurança da sanidade na agropecuária	254,51	134,03	52,66	120,5
Desenvolvimento da agroenergia	581,18	310,78	53,47	270,4
Defesa				
Desenvolvimento da infraestrutura aeroportuária	2.550,04	598,07	23,45	1.952,0
Assistência e cooperação das Forças Armadas à sociedade	108,49	45,52	41,96	63,0
TOTAL	**25.129,24**	**11.078,61**	**44,09%**	**14.050,6**

Fonte: SIGPlan – avaliação 2008.

O paradoxo do investimento público no Brasil

Quadro 6 Principais restrições ao investimento segundo os gestores dos programas – SIGPlan (Avaliação 2008)

Ranking	Restrições	Número de vezes citados
1	Administrativas	21
2	Orçamentárias	20
3	Financeiras	12
4	Gerenciais	11
5	Políticas	8
6	Licitações	8
7	Tecnológicas	7
8	Auditorias	7
9	Judiciais	5
10	Outras	5
11	Ambientais	4
12	Institucionais	4

Fonte: Elaboração do autor com base no SIGPlan, avaliação 2008.

OBS.: Cada gestor público pode citar mais de um problema. Por isso, a soma das linhas ultrapassa o número 38, correspondente ao número de programas analisados.

A questão ambiental é citada como uma restrição ao investimento apenas pelos gestores de quatro programas: (i) programa de assentamento para trabalhadores rurais do Ministério de Desenvolvimento Agrário (MDA), (ii) o vetor logístico do Nordeste Meridional do Ministério do Transporte; e (iii) os dois programas do Ministério da Defesa: Desenvolvimento da Infraestrutura Aeroportuária e Assistência e Cooperação das Forças Armadas à Sociedade. Assim, pelo menos do ponto de vista dos gestores públicos e da avaliação dos 36 programas de menor execução em 2008, a questão ambiental não apareceu como um problema significativo.

Embora a questão ambiental tenha sido pouco citada como uma restrição ao investimento, talvez os valores que não foram executados em decorrência de problemas ambientais nos quatro programas mencionados sejam valores muito superiores em importância aos demais programas. Mas isso novamente não é verdade. Quando se olha para a última coluna do Quadro 5, que mostra a diferença entre os valores do investimento previsto e realizado, tem-se que a questão ambiental atrapalhou a execução de, no máximo, R$ 3,19 bilhões

(22,7%) do total de R$ 14,05 bilhões programados, mas não executados. Todavia, mesmo essa conta está superestimada, já que a questão ambiental nesses quatro programas não foi o único fator que restringiu a execução do investimento público programado.

No caso do programa de assentamentos para trabalhadores rurais do MDA, além da questão ambiental, o gestor identificou problemas financeiros, judiciais, administrativos, tecnológicos e problemas com auditorias. No programa vetor logístico do Nordeste Meridional do Ministério dos Transportes, o gestor identificou também problemas administrativos e com licitações como causa da baixa execução. Por fim, no caso dos dois programas do Ministério da Defesa, o programa de "Desenvolvimento da infraestrutura aeroportuária" teve problemas judiciais, administrativos e com auditoria do TCU. Ou seja, além de ser citada poucas vezes, a questão ambiental nunca aparece sozinha. Além disso, a partir da leitura dos relatórios, os gestores desses quatro programas não identificam a questão ambiental como um fator mais importante do que os demais problemas identificados.

É importante enfatizar aqui uma hipótese. Os longos prazos para conseguir licenças ambientais no Brasil podem atrasar o início de grandes obras públicas, mas, uma vez iniciadas, a velocidade de execução do investimento parece ser determinada pelos fatores identificados no Quadro 2 muito mais do que por entraves da legislação ambiental, que funcionariam como uma espécie de *setup cost* para o início das grandes obras de investimento.

Se a questão ambiental parece estar definitivamente descartada como o grande vilão para explicar a baixa execução do investimento público em 2008, também causa surpresa que os principais gargalos ao investimento sejam problemas administrativos, orçamentários, financeiros e gerenciais; o diagnóstico típico daqueles que defendem "choque de gestão" e melhor execução financeira para aumentar o investimento público.

No caso orçamentário e financeiro, em especial, causa surpresa que apareçam como problemas, pois este artigo já destacou que os valores autorizados para investimento são muito maiores que os valores executados (pagos). Pela análise das repostas dos gestores dos programas, a questão orçamentária era um grave problema na execução de 20 dos 36 programas aqui identificados. O problema parece ser a questão do contingenciamento já explicado neste artigo, pois os recursos são liberados apenas no segundo semestre do ano, em especial, em novembro e dezembro.[3]

---

[3] Chega a ser impressionante que em um país como o Brasil, com uma carga tributária de 35% do PIB, haja contingenciamento orçamentário que atrapalhe a execução do investimento. A questão do orçamento foi particularmente importante para os seguintes ministérios: Ministério das Cidades, Ministério da Indústria e Comércio (MDIC), Ministério do Trabalho, e Ministério do Meio Ambiente.

No entanto, o contingenciamento não afeta igualmente os diversos ministérios porque o elevado saldo de restos a pagar disponível para investimento diminui, em alguns casos, a dependência de algumas obras do orçamento aprovado do ano. Assim, a pergunta pertinente é se a questão orçamentária é de fato um problema generalizado ou se está mais restrita a alguns programas.

3.1 Restrições ao investimento dos grandes programas

A lista dos 38 programas de menor execução (Quadro 5) envolve programas com um orçamento de menos de R$ 5 milhões como também outros com orçamento autorizado superior a R$ 1 bilhão. Assim, talvez fosse interessante focar a análise apenas naqueles programas de maior orçamento, aqueles com investimentos programados, em 2008, superiores a R$ 1 bilhão, para tentar entender melhor as restrições ao investimento. Esses programas foram os seguintes:

Quadro 7 Principais programas com baixa execução em 2008 (em R$ milhões)

Número	Programa	Previsto (a) R$	Realizado (b) R$	(b)/(a) %	Previsto - Realizado (R$)
0352	Abastecimento Agroalimentar	5.608,80	2.268,00	40,4	3.340,8
1045	Brasil com Todo Gás	4.959,10	2.629,20	53,0	2.329,9
0631	Desenvolvimento da Infraestrutura Aeroportuária	2.550,00	598,10	23,5	1.952,0
0412	Desenvolvimento do Comércio Exterior e da Cultura Exportadora	2.345,00	995,40	42,5	1.349,5
0351	Agricultura Familiar – PRONAF	2.561,50	1.345,20	52,5	1.216,3
0135	Assentamentos para Trabalhadores Rurais	1.502,50	787,80	52,4	714,7
	TOTAL	**19.526,90**	**8.623,70**	**44%**	**10.903,2**

Fonte: SIGPlan, 2008. Programas com orçamento para investimento superior a R$ 1 bilhão em 2008.

Como se observa no Quadro 7, apenas seis programas responderam por 71% do investimento programado para todos os 38 programas do Quadro 5. Da mesma forma que se fez anteriormente, é possível identificar para esses programas as principais restrições ao investimento. De acordo com o Quadro 8, para esse grupo de grandes programas, as principais restrições ao investimento identificadas pelos gestores foram administrativas, licitações e auditorias.

Quadro 8 Problemas do investimento dos grandes programas em 2008

	0352 Abastecimento agroalimentar	1045 Brasil com todo gás	0631 Desenvolvimento da infraestrutura aeroportuária	0412 Desenv. do com. exterior e da cultura exportadora	0351 Agricultura familiar (PRONAF)	0135 Assentamentos p/ trabalhadores rurais	Frequência
Orçamentários				X			1
Financeiros	X					X	2
Judiciais		X	X			X	3
Administrativos	X		X		X	X	4
Ambientais			X			X	2
Gerenciais	X				X		2
Políticos							0
Institucionais					X		1
Tecnológicos					X	X	2
Licitações	X	X	X		X		4
Auditorias		X	X		X	X	4
Outros							0
Sem restrições							0

Fonte: SIGPlan.

Quando se compara o Quadro 6 dos grandes programas com o Quadro 8 para todos os programas, algumas das restrições ao investimento mudam. A questão ambiental continua sem importância, o problema orçamentário perde importância, mas os problemas de licitação e de auditoria passam a ter importância entre as barreiras ao investimento público. Assim, a questão orçamentária (contingenciamento) parece ser um problema que afeta os programas menores, mas não é um fator limitativo ao investimento dos grandes programas, que parecem dispor de recursos mais do que suficientes para investir. Sendo esse o caso, o que se pode dizer então dos problemas administrativos, das licitações e das auditorias? Vejamos alguns exemplos.

O programa "Abastecimento Agroalimentar" (programa 0352) do Ministério da Agricultura de apoio à comercialização passa pela formação de estoques públicos e pela consolidação e expansão dos instrumentos de sustentação de preços. Os problemas administrativos identificados neste programa são, entre outros: insuficiência de recursos humanos, notadamente com perfil e qualificação, no âmbito da Conab, vinculada a um Plano de Cargos e Salários (PCCS) defasado; e dificuldade para celebrar parcerias com órgãos governamentais e instituições de pesquisas, com referência à vistoria dos estoques privados e realização de estudos de perdas em armazenagem.

No caso do programa "Desenvolvimento de Infraestrutura Aeroportuária" (0631), o gestor identifica como problema administrativo as exigências formais, técnicas e de controle. Mas os maiores problemas na visão do próprio gestor do programa foram os procedimentos de licitação e auditoria, que fizeram com que o TCU paralisasse as obras no Aeroporto de Guarulhos, Macapá, Vitória e Goiânia em 2008.

No caso do programa de "Agricultura Familiar", além dos problemas relativos à falta de recursos humanos, os gestores apontam a dificuldade na formalização de convênios em decorrência das mudanças na legislação do Governo Federal para a celebração de convênios com o Decreto nº 6.170/07, Portaria Interministerial nº 127 e, principalmente, a implantação do novo portal de convênios do Governo Federal, o SICONV, em setembro/outubro de 2008.[4]

---

[4] "Convênios são acordos, ajustes ou qualquer outro instrumento que discipline a transferência de recursos financeiros de dotações consignadas nos Orçamentos Fiscais e da Seguridade Social da União e tenha como partícipe, de um lado, órgão ou entidade da administração pública federal direta ou indireta, e, de outro lado, órgão ou entidade da administração pública estadual, distrital ou municipal, direta ou indireta, ou ainda, entidades privadas sem fins lucrativos, visando à execução de programa de governo, envolvendo a realização de projeto, atividade, serviço, aquisição de bens ou evento de interesse recíproco, em regime de mútua cooperação." Decreto nº 6.170, de 25 de julho de 2007.

Nesse mesmo ano, vários programas que precisaram assinar convênios para a sua implantação apontaram o SICONV e a falta de treinamento dos parceiros nos estados e municípios como a causa da baixa execução do investimento.

O programa de Assentamento para Trabalhadores Rurais (0135) identifica vários problemas administrativos, entre os quais: o baixo desempenho na contratação de estudos e serviços; capacitação técnica insuficiente na análise e elaboração de projetos técnicos, convênios, contratos e em geoprocessamento; apoio institucional, logístico e de assessoria jurídica deficitária; desarticulação entre o serviço ambiental, de desenvolvimento e a cartografia, gerando dificuldades na troca e no controle de dados; e baixa interação entre o Instituto Nacional de Colonização e Reforma Agrária (Incra) e os órgão licenciadores. Para completar, esse programa é mais um daqueles com problemas com auditoria do TCU e, nesse caso, esse problema estava ligado à questão ambiental.

Em resumo, baseado na análise dos programas de maior orçamento (acima de R$ 1 bilhão), a prática de contingenciamento do orçamento não parece ser importante. Nesses casos, os problemas que se destacam são muito mais aqueles ligados ao processo de licitação e às questões administrativas (falta de pessoal qualificado, entraves burocráticos, insuficiência de infraestrutura física e de equipamentos etc.), problemas esses tipicamente ligados à eficiência da máquina pública. Um processo de licitação mal planejado, por exemplo, facilita as contestações judiciais, e a falta de pessoal qualificado aumenta a possibilidade de licitações mal desenhadas. O resultado de tudo isso leva a maiores contestações dos órgãos de controle como o TCU, que é o outro fator (auditorias) identificado como obstáculo por quatro dos seis programas de maior orçamento e de baixa execução (inferior a 55% do valor programado).

Conclusão

Uma rápida análise feita ao longo desta nota sobre os problemas que afetam o investimento público nos permite destacar seis pontos importantes. *Primeiro*, há um grande descompasso entre os valores aprovados para investimento do orçamento da União e o valor efetivamente pago. Na média dos últimos anos (2004-2011), menos de 50% dos valores autorizados para investimento foram efetivamente aplicados. Adicionalmente, mostrou-se também que, desde 2008, mais da metade dos valores executados (pagos) do investimento público do orçamento fiscal e da seguridade social são de orçamentos de anos anteriores (restos a pagar).

Em princípio, a existência de restos a pagar (recursos financeiros empenhados em anos anteriores) até facilitaria o aumento do investimento público. No entanto, o saldo de restos a pagar, em 2011 e 2012, por exemplo, tornou-se maior que o total de investimento público do Governo Federal ao longo do ano. Em 2011, o investimento público do Governo Federal (sem considerar as estatais) foi próximo de R$ 48 bilhões para um saldo de restos a pagar de R$ 59 bilhões para investimento. Isso significa que o pagamento do investimento do orçamento do ano passou a concorrer com o pagamento do investimento de orçamentos aprovados em anos anteriores e que o saldo aprovado para investimento todos os anos está muito acima da real capacidade financeira e gerencial do governo federal.

Segundo, mostrou-se, ao longo deste artigo, a forte concentração relativa de restos a pagar em apenas poucos ministérios, em especial nos Ministérios das Cidades, da Saúde, da Integração Nacional, do Esporte e do Turismo. Nesses ministérios, o valor inscrito de restos a pagar em 2012, por exemplo, foi mais de duas vezes superior ao valor investido por eles em 2011. São aqueles nos quais a execução do investimento público se dá preponderantemente por meio de transferências voluntárias para estados e municípios e são os que recebem um grande número de emendas parlamentares.

É possível que o valor elevado de restos a pagar desses ministérios decorra do jogo político para garantir um *pool* grande de projetos de investimento (muitos dos quais decorrentes de emendas parlamentares) para que o Governo Federal tenha maior poder de barganha para negociar com deputados e senadores antes de votações importantes e garantir a formação de uma maioria parlamentar. Neste caso, é possível que o empenho e/ou pagamento de determinados projetos de investimentos desses ministérios seja a moeda de troca para que congressistas "votem com o governo". Assim, parte dos valores inscritos em restos a pagar representa muito mais uma margem de garantia na formação da base de coalizão do que recursos efetivamente disponíveis para o crescimento do investimento público.

Terceiro, com base em uma avaliação dos programas de investimento do Governo Federal em 2008, mostrou-se que, ao contrário do senso comum, a questão ambiental não parece ser o principal gargalo do aumento do investimento público. Isso vale seja para todos os programas de investimento que tiveram baixa execução em 2008, seja para os seis maiores programas desse grupo. No entanto, é possível que a questão ambiental seja mais importante na fase anterior ao início da execução de uma obra pública. Por exemplo, as exigências para uma obra conseguir a licença ambiental podem atrasar o início da obra, mas uma vez iniciada, os problemas de execução estariam mais ligados a questões administrativas, gerenciais, orçamentárias e financeiras ou a questões administrativas, de licitação e auditorias (controle) para os grandes projetos.

Quarto, conforme discutido neste artigo, os problemas relacionados a questões administrativas estão entre os principais identificados na execução do investimento nas avaliações do PPA. Assim, há espaço para melhorar a execução do investimento público por meio da melhoria na gestão da máquina pública, inclusive com o treinamento de funcionários públicos, contratação de novos funcionários quando necessário[5] e melhor coordenação e controle entre órgãos do governo.

Quinto, o contingenciamento do orçamento parece ser um problema para a execução do investimento público de vários programas. Mas esse problema parece não atingir aqueles programas maiores, que são afetados mais por questões ligadas à lei de licitações e à atuação do TCU (auditoria), além das questões administrativas. De qualquer forma, essa é outra área em que o governo pode melhorar o seu planejamento, pois não faz sentido, em um país com uma carga tributária de 35% do PIB, sobrar dinheiro para investimento. O Governo Federal precisa ser mais criterioso e cuidadoso no uso do instrumento de contingenciamento orçamentário, que perdeu a funcionalidade e passou a ser causa e consequência do elevado saldo de restos a pagar.

Sexto, normalmente, a questão de execução do investimento público está ligada não a um ou dois problemas, mas a um conjunto de problemas. Assim, de nada adianta querer flexibilizar as exigências de licitação da Lei nº 8.666/93, como feito recentemente com o Regime Diferenciado de Contratação (Lei nº 12.462/11), sem que antes ou simultaneamente haja um esforço maior para melhorar a organização da máquina pública, em especial a coordenação nos convênios do Governo Federal com estados e municípios. É impressionante, na avaliação dos programas do PPA de 2008, por exemplo, a quantidade de reclamações dos gestores públicos às mudanças efetuadas pelo governo por ocasião da implantação do novo portal de convênios (SICONV) entre setembro e outubro de 2008. O fato de mudanças meramente administrativas como essa afetarem a execução do investimento mostra que é preciso coordenar melhor as mudanças operacionais da máquina pública.

---

[5] O Ministério do Meio Ambiente, por exemplo, foi um dos ministérios que mais teve problemas na execução dos seus programas em 2008 por deficiências de equipe e a grande troca de pessoal em decorrência das mudanças de ministros.

Por fim, cabem aqui dois alertas. O primeiro está relacionado ao fato de o Brasil ter perdido a capacidade de fazer política anticíclica pelo aumento do investimento público. No ano de 2012, um dos grandes debates no Brasil girou em torno da capacidade de o Governo Federal de ajudar a reativar a economia por meio do gasto público, em especial pelo crescimento do investimento público. De acordo com os dados oficiais divulgados pela Secretaria de Tesouro Nacional, até dezembro de 2012, o crescimento da despesa primária de janeiro a novembro de 2012 foi R$ 80,1 bilhões. Desse total, apenas R$ 10,2 bilhões corresponderam ao crescimento do investimento público, incluindo nesse número os valores de subsídios do programa Minha Casa Minha Vida (MCMV), que cresceram nesse período em R$ 5,4 bilhões.

No entanto, até 2011, os subsídios ao programa MCMV eram considerados despesas de custeio, tal como ainda ocorre para os subsídios do Programa de Sustentação do Investimento (PSI) do BNDES e para os subsídios ao crédito agrícola. Essa classificação como despesa de custeio faz mais sentido porque a dinâmica de funcionamento do MCMV é diferente da dos demais programas de investimento. Por exemplo, no MCMV, a Caixa Econômica Federal financia a construção de imóveis segundo as especificações do Governo Federal. Quando os imóveis ficam prontos e são vendidos para as famílias de baixa renda, o Governo Federal paga parte dos apartamentos adquiridos por essas famílias, que compram o apartamento por um valor menor que o custo da sua construção. Ou seja, isso é uma típica despesa de subsídio.

Quando se retiram os subsídios da estatística de investimento público, o crescimento do investimento público de janeiro a novembro de 2012 em comparação com o mesmo período de 2011 foi de R$ 4,7 bilhões, apenas 6% do aumento da despesa primária no período de R$ 80,1 bilhões. Em percentual do PIB, de janeiro a novembro de 2012, a despesa primária do Governo Federal passou de 17,07% para 18,02%, enquanto o investimento público (sem o MCMV) passou de 1,03% para 1,08%. Assim, em 2012, o Governo Federal não conseguiu utilizar a aceleração da execução do investimento público para fazer uma política anticíclica, algo que já havia ficado claro em 2009, quando a economia brasileira teve crescimento negativo do PIB.

Em 2009, o investimento público cresceu apenas R$ 5,9 bilhões para um crescimento da despesa primária de R$ 74,3 bilhões. Em relação ao PIB, a despesa primária do Governo Federal passou de 16,42% em 2008 para 17,66% em 2009, crescimento de 1,2 pontos do PIB em apenas um ano. Nesse mesmo período, o investimento público passou de 0,93% para 1,05% do PIB. O problema com esse padrão de crescimento da despesa pública não financeira é que o Governo Federal não consegue reverter o seu crescimento em anos posteriores, o que significa que o setor público (despesa primária como % do PIB) sai maior de períodos de baixo crescimento. Em 2010, por exemplo, apesar do crescimento real de 7,5% no PIB, a despesa primária recuou apenas em 0,2 pontos. Assim, no acumulado de 2009 e 2010, a despesa primária do Governo Federal cresceu 1 ponto do PIB. Algo semelhante, mas não necessariamente da mesma magnitude, deve acontecer no biênio 2012-2013, ou seja, o crescimento da despesa primária em 2012 não será revertido em 2013.

O segundo alerta se refere à concentração do investimento público em poucos ministérios e a mudança na sua composição em 2012. Desde 2005, o investimento público cresceu mais intensivamente em três ministérios: (i) Ministério dos Transportes; (ii) Ministério da Defesa e (iii) Ministério da Educação. Esses três ministérios responderam por 63% do crescimento nominal das despesas de investimento de 2005 a 2011 (Anexo B). Em geral, o ministério com maior execução do investimento público é o dos Transportes, seguido pelo da Defesa. Mas, em 2011 e 2012, com a troca de ministro dos Transportes e os problemas no Departamento Nacional de Infraestrutura de Transportes (DNIT), esse ministério apresentou forte retração do investimento.

Como se observa no Quadro 9, o crescimento do investimento público, de janeiro a novembro de 2012 sem o MCMV, está concentrado em apenas três ministérios: da Educação, da Saúde e da Defesa. No caso do Ministério dos Transportes, no acumulado do ano até novembro, houve uma queda na execução (pagamento) de R$ 2 bilhões em comparação com 2011. Esses dados mostram que, apesar de o crescimento do investimento em educação e saúde ser positivo, ele não reduz de imediato o custo Brasil. O seu impacto será sentido ao longo do tempo e exigirá ainda um crescimento das despesas de custeio.

Quadro 9 Investimento público sem o MCMV no período de jan-nov 2011 e 2012 (em R$ milhões correntes)

	2011	2012	Variação
Câmara dos Deputados	54,99	45,34	(9,66)
Senado Federal	25,75	14,48	(11,26)
Tribunal de Contas da União	47,42	27,23	(20,20)

(Continua)

Quadro 9 Investimento público sem o MCMV no período de jan-nov 2011 e 2012 (em R$ milhões correntes) (Continuação)

	2011	2012	Variação
Supremo Tribunal Federal	22,85	20,99	(1,86)
Superior Tribunal de Justiça	3,81	23,99	20,19
Justiça Federal	537,93	641,74	103,81
Justiça Militar	4,36	8,17	3,81
Justiça Eleitoral	266,38	245,98	(20,40)
Justiça do Trabalho	193,06	228,58	35,52
Justiça do Trabalho do Distrito Federal e dos Territórios	31,10	61,01	29,91
Conselho Nacional de Justiça	66,25	71,07	4,82
Presidência da República	1.257,55	1.028,38	(229,16)
Ministério do Planejamento, Orçamento e Gestão	249,58	92,13	(157,46)
Ministério da Agricultura, Pecuária e Abastecimento	959,45	621,38	(338,07)
Ministério da Ciência, Tecnologia e Inovação	795,26	956,42	161,16
Ministério da Fazenda	992,55	1.072,32	79,76
Ministério da Educação	5.659,45	9.161,50	3.502,05
Ministério do Desenvolvimento, Indústria e Comércio Exterior	23,62	65,13	41,51
Ministério da Justiça	526,22	565,11	38,89
Ministério de Minas e Energia	39,39	44,56	5,17
Ministério da Previdência Social	166,55	95,98	(70,57)
Ministério Público da União	152,04	248,07	96,04
Ministério das Relações Exteriores	19,79	40,64	20,86
Ministério da Saúde	2.024,24	3.186,71	1.162,47
Ministério do Trabalho e Emprego	28,70	27,80	(0,89)

(Continua)

Quadro 9 Investimento público sem o MCMV no período de jan-nov 2011 e 2012 (em R$ milhões correntes) (Continuação)

	2011	2012	Variação
Ministério dos Transportes	11.232,17	9.123,64	(2.198,54)
Ministério das Comunicações	364,26	59,73	(304,54)
Ministério da Cultura	90,19	148,67	58,48
Ministério do Meio Ambiente	51,08	45,73	(5,36)
Ministério do Desenvolvimento Agrário	951,36	910,73	(40,64)
Ministério do Esporte	130,43	324,73	194,31
Ministério da Defesa	6.096,50	7.155,20	1.058,70
Ministério da Integração Nacional	2.709,01	2.781,68	72,67
Ministério do Turismo	422,07	789,24	367,17
Ministério do Desenvolvimento Social e Combate à Fome	206,88	582,63	375,75
Ministério das Cidades	2.382,20	3.085,46	703,26
Ministério da Pesca e Aquicultura	73,83	53,29	(20,54)
Conselho Nacional do Ministério Público	1,12	6,18	5,06
TOTAL	**38.859,40**	**43.661,58**	**4.802,18**

Fonte: Tesouro Nacional.

No caso do Ministério da Defesa, os projetos que se destacam são aqueles ligados às subfunções de defesa aérea e defesa naval, em especial, os projetos de construção de submarinos e os de compra de helicópteros, aeronaves e peças de reposição para aeronaves. Apesar de esses programas serem positivos do ponto de vista da soberania de um país, eles não ajudam na redução do custo Brasil, como ocorreria de um *boom* do investimento do Ministério dos Transportes.

Assim, uma rápida análise dos dados de investimento público para 2012 mostra que o crescimento foi pequeno diante do total do crescimento da despesa primária e que sua composição mudou. Em 2012, o investimento do orçamento fiscal e da seguridade social concentrou-se em atividades como saúde e educação, que são importantes para o bem-estar da população e para o crescimento de longo prazo, mas que não reduzem o custo Brasil no curto e médio prazos. Adicionalmente, o crescimento do investimento ligado ao Ministério da Defesa não está ligado aos fatores que melhoram o crescimento de longo prazo e nem à redução do custo Brasil.

O tipo de investimento público que seria mais importante para a saída da crise e que reduziria de imediato o custo Brasil seria o investimento do Ministério dos Transportes, mas, neste caso, a execução do investimento estava com uma queda nominal de mais de R$ 2 bilhões até novembro de 2012. Portanto, a recuperação esperada do investimento público ainda não ocorreu e, dada a queda já verificada do superávit primário do Governo Federal de 2,57% do PIB (valor acumulado em 12 meses), em novembro de 2011, para 1,39% do PIB, em novembro de 2012, não há espaço fiscal para aumentar fortemente o investimento público com recursos do orçamento da União.

Adicionalmente, os problemas de execução da máquina pública identificados na avaliação do PPA de 2008 e comentados neste artigo não parecem que foram solucionados, como mostra a forte queda no investimento do Ministério dos Transportes em 2012. A falta de capacidade gerencial do Governo Federal de liderar o investimento em infraestrutura seria um motivo adicional para que se faça uso do setor privado por meio de novas concessões para aumentar o investimento em infraestrutura. Essa parece ser a solução mais imediata para o crescimento do investimento.

ANEXOS

Anexo A Questão 6 da Avaliação do PPA – SIGPlan (2008)

Questão 6 – Assinale as restrições que interferiram no desempenho das ações de maior impacto e, consequentemente, no alcance do objetivo do programa. Comente sobre as restrições e providências adotadas. O SIGPlan informará sobre restrições que porventura tenham sido incluídas no módulo de monitoramento no ano de 2008.

a. Orçamentárias (Atraso na aprovação da LOA; competição de recursos por parte de vários órgãos que executam uma mesma política; contingenciamento orçamentário; demora na tramitação de crédito adicional; insuficiência de recursos alocados na Lei Orçamentária; outros);

b. Financeiras (não houve disponibilização de recursos financeiros; problemas financeiros de outros entes envolvidos na execução; problemas relativos ao fluxo de liberação dos recursos; recursos financeiros comprometidos com Restos a Pagar; outros);

c. Judiciais (ações judiciais; legislação eleitoral; outros);

d. Administrativas (atividades dependentes de articulação com outras unidades administrativas; atraso na prestação de contas; captação de recursos humanos; dificuldade para celebrar contrato/convênio; entraves nos procedimentos burocráticos; insuficiência de recursos humanos; insuficiência/inadequação de infraestrutura física e de equipamentos);

e. Ambientais (desconhecimento da política ambiental; objeção do Ministério Público ou organizações ambientais; obtenção de licença; outros);

f. Gerenciais (dificuldade de controle sobre execução da contratada; inexistência de instrumento e de procedimentos técnico-operacionais de monitoramento; insuficiência de recursos humanos em cargos gerenciais; mudança na equipe gerencial; outros);

g. Políticas (alteração/adequação de legislação regulamentadora; conflitos decorrentes de outras políticas setoriais; desinteresse político de outro ente em aderir à determinada política; inexistência de legislação regulamentadora; outros);

h. Institucionais (ausência de planejamento de priorização; dificuldade na comunicação com público externo; dificuldade no relacionamento interinstitucional; inadequação organizacional; problema na coordenação da gestão da informação; outros);

i. Tecnológicas (ausência de integração entre sistemas; obsolescência e/ou escassez de equipamento/ferramentas tecnológicas; outros);

j. Licitações (apresentação de recurso ou impugnação do certame; atraso na entrega de documentação; ausência de licitantes; procedimento licitatório burocrático; processo licitatório condicionado a limites orçamentários; outros);

k. Auditoria (recomendações e instruções da auditoria interna; recomendações e instruções da CGU; recomendações e instruções do TCU);

l. Outras;

m. Não houve restrições.

O paradoxo do investimento público no Brasil

Anexo B Investimento público do orçamento fiscal e da seguridade social no período de 2005-2011 (R$ mil correntes)

	2005	2006	2007	2008	2009	2010	2011
Câmara dos Deputados	-	-	26.232,80	16.885,49	29.238,37	41.028,96	57.892,55
Senado Federal	-	-	30.912,90	34.937,58	15.274,30	16.493,40	27.822,67
Tribunal de Contas da União	-	-	7.718,80	33.315,62	19.493,90	50.021,32	52.337,69
Supremo Tribunal Federal	-	-	45.559,30	61.397,97	61.388,60	14.710,87	24.409,37
Superior Tribunal de Justiça	-	-	7.170,30	17.027,45	14.405,95	23.034,60	5.156,03
Justiça Federal	-	-	281.801,40	380.116,44	389.768,56	491.305,52	578.220,60
Justiça Militar	-	-	3.266,90	3.454,54	8.449,26	8.631,89	5.539,67
Justiça Eleitoral	-	-	135.996,70	272.829,31	237.909,78	483.571,33	328.039,66
Justiça do Trabalho	-	-	146.999,00	184.625,81	189.497,53	182.015,98	252.875,22
Justiça do Trabalho do Distrito Federal e dos Territórios	-	-	29.693,80	54.406,14	31.920,13	47.125,44	38.447,74
Conselho Nacional de Justiça	-	-	-	-	-	43.863,17	75.067,75
Gabinete da Presidência da República	82.103,94	81.611,97	394.912,80	675.417,26	1.231.014,49	1.276.823,80	1.437.187,94
Ministério do Planejamento, Orçamento e Gestão	18.108,81	34.619,19	143.377,60	19.734,89	55.326,09	326.320,27	288.559,79
Ministério da Agricultura, Pecuária e Abastecimento	130.447,96	232.418,75	385.434,50	494.418,55	689.680,03	639.005,23	1.080.441,16
Ministério da Ciência, Tecnologia e Inovação	302.130,65	564.572,03	798.624,30	741.579,24	1.072.380,35	940.078,05	884.521,59
Ministério da Fazenda	218.087,91	182.653,43	293.801,10	442.058,71	128.045,62	287.634,02	1.097.640,24
Ministério da Educação	503.935,56	84.172,06	1.476.426,60	2.404.517,22	3.078.408,40	6.079.907,60	6.806.548,34

(Continua)

331

(Continuação)

	2005	2006	2007	2008	2009	2010	2011
Ministério do Desenvolvimento, Indústria e Comércio	121.223,86	68.223,22	215.850,00	53.364,35	33.653,62	40.273,96	44.370,68
Ministério da Justiça	440.418,22	365.985,25	917.283,80	873.297,80	673.778,29	609.876,19	752.212,34
Ministério de Minas e Energia	20.419,39	17.336,19	29.769,40	30.188,59	37.313,65	43.521,85	44.716,37
Ministério da Previdência Social	29.971,79	73.241,07	98.177,40	74.035,61	132.401,12	361.580,05	182.887,51
Ministério Público da União	0	-	173.750,60	189.084,65	141.865,94	143.447,78	160.958,13
Ministério das Relações Exteriores	63.801,62	24.762,17	28.401,20	41.715,44	42.928,62	106.481,69	30.000,52
Ministério da Saúde	1.075.219,53	1.626.045,31	1.433.182,10	1.280.366,33	1.724.251,52	2.307.757,19	2.576.756,04
Ministério do Trabalho e Emprego	22.136,53	15.552,22	63.192,00	31.454,78	23.071,43	33.445,46	33.961,14
Ministério dos Transportes	2.811.998,02	3.926.973,25	5.560.004,60	6.008.256,61	8.993.876,92	12.808.618,11	12.977.674,39
Ministério das Comunicações	24.704,98	30.399,32	105.186,30	350.212,63	26.720,62	36.796,10	434.116,00
Ministério da Cultura	62.864,40	56.019,33	90.013,20	107.897,63	77.799,60	108.474,55	108.311,96
Ministério do Meio Ambiente	32.783,51	50.716,15	51.862,60	37.510,09	46.990,66	109.059,84	162.829,71
Ministério do Desenvolvimento Agrário	1.060.390,79	1.201.047,71	1.831.992,00	1.231.380,74	1.293.233,77	1.102.815,44	1.376.771,61
Ministério do Esporte	84.195,85	208.624,75	507.842,00	219.060,51	197.609,88	294.958,26	288.336,15
Ministério da Defesa	1.399.434,95	1.644.503,21	2.915.394,30	3.951.911,99	4.691.355,67	7.965.426,84	7.962.188,73
Ministério da Integração Nacional	602.476,74	881.024,62	1.282.342,80	2.095.274,27	3.530.671,74	4.782.124,76	2.731.633,70
Ministério do Turismo	156.410,42	332.714,11	824.058,30	851.537,33	474.085,25	700.674,03	591.591,70
Ministério do Desenv. Social e Combate à Fome	115.494,64	94.295,44	139.605,80	140.804,43	167.794,74	247.041,66	420.406,29
Ministério das Cidades	643.300,81	1.050.313,97	1.632.833,60	4.864.580,70	4.575.131,34	4.245.316,97	3.495.546,82
Ministério da Pesca e Aquicultura	-	-	-	-	-	106.038,81	82.887,57
Conselho Nacional do Ministério Público	-	-	-	-	-	1.206,95	1.427,62
TOTAL	10.024.065,88	13.639.830,72	22.110.677,66	28.270.664,68	34.138.744,73	47.108.517,91	47.502.303,98

Fonte: Tesouro Nacional.

BIBLIOGRAFIA

ALMEIDA, M.; REBOUÇAS, H.; MANOEL, A. "Os impasses do contingenciamento". **Valor Econômico**, 02 de março de 2012.

CONGRESSO NACIONAL. **Nota Técnica Conjunta nº 8**: subsídios à apreciação do Projeto de Lei Orçamentária para 2013. Consultoria de Orçamentos, Fiscalização e Controle do Senado Federal e Consultoria de Orçamento e Fiscalização Financeira da Câmara dos Deputados. Brasília, 2012. Mimeografado.

SISTEMA DE INFORMAÇÕES GERENCIAS E DE PLANEJAMENTO. **Avaliação do PPA exercício de 2009**: ano-base 2008. Ministério do Planejamento.

SISTEMA INTEGRADO DE ADMINISTRAÇÃO FINANCEIRA DO GOVERNO FEDERAL (SIAFI).

TESOURO NACIONAL. Resultado do Tesouro Nacional. Brasília, 2008. Vários números.

Robustez fiscal e qualidade do gasto como ferramentas para o crescimento

JOAQUIM VIEIRA FERREIRA LEVY

Introdução

Não há dúvida de que o Brasil precisa aumentar seus investimentos, especialmente de infraestrutura, para garantir um crescimento econômico perto de 4% ao ano.[1] No entanto, tem havido persistente dificuldade de o investimento público acelerar, não obstante a folga fiscal dos últimos anos, e relativa cautela do setor privado a partir de 2010. O investimento da União como proporção do PIB se mantém em níveis apenas ligeiramente superiores aos de 2000-2002, após a contração em 2003-2004. Essa timidez se deu apesar de, a partir de 2005, as metas fiscais tratarem de maneira favorável investimentos que passassem por uma avaliação mínima de custo-benefício, incorporando-os ao Projeto Piloto de Investimento (PPI).[2]

---

[1] Ver Honorato e Barros (2009) e Giambiagi e Castelar (2012). Observe-se que o investimento em máquinas e equipamentos não é tão baixo, cf. PUGA, F.; BORÇA Jr., G. Bens de capital devem manter peso na taxa de investimento. **Visão do Desenvolvimento** (BNDES), nº 95, 20 junho 2011.

[2] A justificativa conceitual do PPI era de que o gasto com um projeto não criaria risco à solvência do setor público se o aumento do PIB potencial e da base fiscal esperados pela sua implementação superasse esse gasto, cf. CASA CIVIL; MPOG; MF. Projeto Piloto de Investimentos. **Relatório de Progresso**, n. 1, 2005. http://www3.tesouro.gov.br/ppp/downloads/projeto_piloto.pdf.; "Relatório Anual PPI-2005", MPOG (2005) http://www.planejamento.gov.br/secretarias/upload/Arquivos/spi/programas_projeto/PPI/060100_PRP_PPI_relAnual.pdf.; "Relatório Anual PPI-2006", MPOG (2007), http://www.planejamento.gov.br/secretarias/upload/Arquivos/spi/PPA/publicacoes_antigas/PPI/PPI_rel_anual_2006.pdf

Apesar do afrouxamento dessas exigências com o Programa de Aceleração do Crescimento (PAC), lançado em 2007, após algum aumento nos anos seguintes, o investimento federal caiu nos dois últimos anos, inclusive quando medido como proporção da despesa total da União. Assim, o investimento em infraestrutura, incluindo pelo setor privado, mantém-se no Brasil inferior ao realizado na maior parte dos países em desenvolvimento, representando 2% do PIB, contra 10% na média dos países emergentes e por volta de 5% do PIB na América Latina (LANZANA, 2011). Há, portanto, que superar os persistentes desafios na formulação, execução e supervisão de projetos, criando-se ainda condições para a maior participação do setor privado na construção e operação da infraestrutura. Para isso, o compromisso com a solvência fiscal deve ser mantido, reforçado pela adequada alocação do risco entre os setores público e privado e pela melhora da qualidade do gasto público.

Figura 1

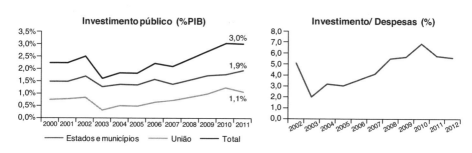

Fonte: Ministério da Fazenda.

Uma estratégia clara e transparente para a política fiscal e de investimento é indispensável, especialmente quando a sociedade é bombardeada com cifras. São vultosos os recursos ditos necessários para satisfazer as mais diversas demandas de investimento, como a do saneamento (R$ 400 bilhões), do transporte (de R$ 300 bilhões a R$ 1 trilhão) e da energia.[3] O significado dessas cifras se perde na medida em que o governo se debate em problemas relativos aos custos das obras, empresas contratadas e outras dificuldades estruturais, além da opacidade sobre a execução dos projetos para os quais as verbas foram liberadas, em alguns casos há quase uma década. Pouco se sabe, por

---

[3] A PNAD 2011 indica que a proporção de domicílios com rede coletora de esgoto subiu de 59,1% para 62,6% entre 2009 e 2011 – o que exigiria pelo menos uma década para chegar a 80%, se mantido o ritmo.

exemplo, sobre o que aconteceu com o crédito de R$ 3 bilhões liberado para o saneamento em 2003, no primeiro movimento para estimular o investimento em infraestrutura, ainda sob o programa do FMI; ou sobre a situação da duplicação da BR-101 no trecho Palhoça (SC)-Osório (RS), também iniciada em 2003 e com gastos orçados em R$ 4 bilhões.

A perplexidade diante da demanda aparente e das realizações aumenta ao se perceberem possíveis limites enfrentados pelo setor privado. A incongruência entre os valores gigantescos acenados como necessários e o ritmo em que os investimentos acontecem sobressai quando as oportunidades para o setor privado participar parecem exíguas ou com pouco controle do resultado pelo parceiro privado, gerando incerteza, independentemente do montante de conforto encontrado nas condições de financiamento pelo setor público. O investimento privado se retrai quando, mesmo para projetos idiossincráticos, como a compra de uma máquina, a incerteza macroeconômica (inflação, câmbio, cumprimento de metas fiscais) se junta à institucional (tributação, licenças) e de logística (disponibilidade de infraestrutura), dificultando o cálculo do seu real custo e das condições de retorno. A consequência podem ser investimentos menores e margens maiores. Essas margens provavelmente seriam mais a tradução da ineficiência do ambiente para negócios do que manifestações de cupidez do empresário. Um risco para o crescimento econômico se daria, portanto, se, ao invés de enfrentar essas dificuldades pelo compromisso de consolidação do setor público e aumento da eficiência, a opção fosse acomodá-las via protecionismo e medidas de apoio setorial com desdobramentos às vezes bizantinos, ou ainda mediante tentativas institucionais de compressão daquelas margens.

A solidez fiscal é crucial para o Brasil aproveitar o que o atual ambiente global lhe traz de favorável. Economias como a nossa sobrevivem melhor que economias pequenas e abertas em um mundo de persistente baixo crescimento, onde não se pode contar com a demanda externa. Acumulamos reservas internacionais importantes e temos várias vantagens fáceis de serem identificadas. Entre outras, somos menos sujeitos que a Índia a choques de energia, o preço das nossas matérias-primas não é tão volátil como o do cobre chileno e nosso sistema financeiro é menos alavancado ou exposto ao exterior do que o da Austrália. Com isso, devemos estar menos vulneráveis a turbulências nos mercados financeiros internacionais ou à baixa demanda mundial, na medida em que a solvência do governo não for questionada. Mas é preciso ter cautela porque, apesar dos progressos dos últimos anos, inclusive na queda de juros domésticos, o prêmio de risco da dívida pública brasileira estacionou.

De fato, ao se comparar o retorno exigido das NTN-B com prazo médio de 10 anos com aquele de papéis equivalentes dos EUA, verifica-se que esse diferencial não se alterou substancialmente nos últimos cinco anos, mantendo-se entre 3% e 4%, indicando certo resguardo dos investidores.

Figura 2 Diferencial de juros Brasil-EUA (NTN-B 10y - tip 10y)

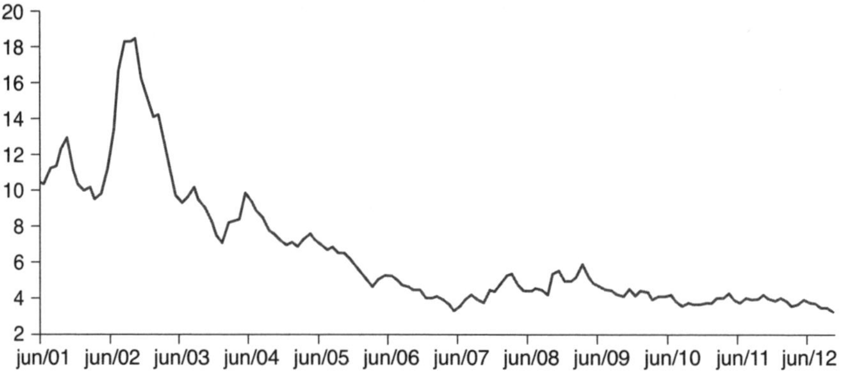

Fonte: Bradesco.

As dificuldades acima não minimizam os avanços que têm sido alcançados pelo Brasil, especialmente no que tange à redução da pobreza e inclusão de vastos segmentos da população na economia de mercado, na educação e no cuidado da saúde. Elas apontam mais para certas questões estruturais e para o risco de se perder a clareza dos objetivos e meios de condução da economia, quando o mundo "desenvolvido" vive um momento de crise, em que algumas convicções parecem abaladas. O presente texto foca, portanto, na política fiscal, inclusive no seu papel na origem do atual cenário econômico mundial, e na gestão de risco e qualidade do gasto do setor público para se superarem alguns dos desafios mencionados acima e dar sólida base ao investimento com participação do setor privado. Ao focar no fiscal, o texto toma como hipótese que o quadro regulatório continuará a evoluir de forma a prover os outros ingredientes necessários para a expansão da participação do setor privado na infraestrutura, não elaborando sobre esse aspecto das políticas públicas.

1 A crise mundial tem origem fiscal

A crise mundial deve à opção fiscal do governo Bush, protegida pelo álibi da sabedoria dos mercados que se autorregulariam. Financiar desequilíbrios para não enfrentá-los não é novidade: o relaxamento fiscal conduzido pelo governo Bush e o fomento ao endividamento têm muitos paralelos através dos séculos. Não há novidade em o governo incentivar a tomada de risco pelas instituições financeiras diante do enfraquecimento da economia, assoprando que elas estariam garantidas, caso as coisas "dessem errado". Nem em preferir não tentar corrigir os desequilíbrios flagrados porque a intervenção poderia ter consequências piores do que o problema, como fazia o presidente do banco central americano (FED), Alan Greenspan, ao defender que era mais fácil lidar com as consequências do estouro de uma bolha financeira do que tentar evitá-la.[4] Assim, pela época em que Ben Bernanke assumiu a presidência do FED e os juros voltaram à média histórica, o endividamento estava em nível tal que a estrutura financeira americana entrou em colapso, auxiliado pela ambivalência do Tesouro.[5]

O *mea culpa* de Greenspan[6] não é um atestado de óbito do mercado de capitais, mas o epílogo de uma acomodação fiscal e regulatória perniciosa. Afinal, entre o que se deteriorou nos EUA nos anos 2000 está não apenas o aumento da intervenção política nas agências reguladoras ou tintas ideológicas em várias posições adotadas, mas principalmente a atitude de acomodação do déficit público, promovida para justificar a redução de impostos.[7]

---

[4] Ver Greenspan (2002). Não obstante a resistência de instituições como o Bank of International Settlements (BIS) e a percepção do risco dos desequilíbrios por parte de economistas como Ben Bernanke, foi ela que pautou a economia americana até meados da década. Entre muitas manifestações promovidas pelo então economista chefe do BIS, William White, estão artigos como "Monetary policy and asset price bubbles: calibrating the monetary policy trade-offs", de Andrew Filardo, publicado no *Working Papers* em junho de 2004, e "Is price stability enough", do próprio White, publicado no *BIS Working Papers* em abril de 2006.

[5] A taxa de desconto do FED subiu de 2,25% em janeiro de 2005 para 4,50% em janeiro de 2006, atingindo 5,25% em junho de 2006. Essa subida foi demais para instituições alavancadas 25 vezes ou mais. Por outro lado, a decisão de não salvar o Lehman Brothers quando a marcação a mercado afugentou o financiamento privado, e na esteira de meses de desconforto no mercado financeiro europeu e americano, precipitou a quebra de confiança no mercado financeiro a nível global.

[6] Em outubro de 2008, Greenspan explicou ao Congresso americano que "aqueles, inclusive eu, que acreditavam no interesse das instituições financeiras de proteger seus acionistas estão em estado de choque", em vista da deriva de riscos associada à grande alavancagem do setor financeiro.

[7] Além de variados episódios das escolhas controvertidas de diretores de agências, o governo americano publicou, em janeiro de 2007, um decreto estabelecendo que toda agência reguladora deveria ter um "political appointee" como "regulatory policy officer" – isto é, uma pessoa nomeada pelo Presidente da República, sem vínculo com a administração, para rever os cálculos de "custo/benefício" de qualquer proposta e, principalmente, fazer a triagem de quais propostas poderiam ser inseridas no plano anual de trabalho da agência. Essas medidas foram canceladas em 2009.

O mesmo presidente do FED, que relaxou a política monetária no pós-2001 e lidou com os riscos financeiros crescentes mais pela retórica ("exuberância irracional") do que pelo fortalecimento da supervisão bancária, endossou o voluntarismo do corte de mais de US$ 1,5 trilhão em impostos promovido no começo do governo Bush. Corte que não foi revertido quando o governo entrou em guerra ou aumentou o gasto público com programas de saúde com apelo eleitoral para os idosos.

A deterioração fiscal dos EUA começou com a resposta dada ao fraco desempenho da economia americana no começo dos anos 2000, que contrastava com a era Clinton. Além do relaxamento fiscal, foram adotadas políticas setoriais e sociais truncadas, visando proteger setores como a siderurgia e fomentar o endividamento das famílias e o apetite do mercado financeiro, incluindo aquele das instituições semipúblicas (como Fannie Mae), levando a distorções crescentes. Nem a maior economia do mundo sobreviveu muito tempo nesse regime. Os modelos quantitativos, derivativos financeiros e a própria desregulamentação do setor bancário foram acessórios ao fenômeno principal; já a crise veio de uma bolha de endividamento, que pode ocorrer em mercados menos sofisticados (MISHKIN, 2011).

A experiência americana não deveria ser surpresa no Brasil e deve ser levada em conta ao se calibrar a resposta à crise mundial e à urgência de desenvolvimento em casa. No caso do Brasil, além de não se desperdiçar os ganhos da responsabilidade fiscal, deve-se estar atento para se evitar vulnerabilidades a mudanças da alocação da poupança mundial que tendem a ocorrer na esteira de ajustes nas grandes economias. Vale lembrar que boa parte da crise soberana na Europa se explica pelo deslocamento da carteira de investimentos global como consequência dos déficits e aumento da oferta de dívida pública nas economias centrais após 2008. Essa pressão da dívida pública dos países maiores deslocou a demanda por ativos de países mais fracos, incluindo da zona do Euro, criando-lhes uma crise de liquidez que deixou às claras seus riscos de insolvência, antes contemporizados. A situação tem paralelos com a vivida pelo Brasil na virada dos anos 1980, quando a ênfase no crescimento e a expansão do crédito nos anos anteriores nos deixaram sem defesas contra a mudança da demanda mundial por risco na esteira do ajuste nos juros efetuado pelo FED na época Volcker. Ainda que hoje o Brasil esteja muito menos vulnerável do que naquela época, até porque nossa produção de petróleo e as reservas internacionais são significativas, não se pode descartar que uma virada econômica nos EUA mude subitamente as perspectivas de crescimento e dos juros de longo prazo a nível global. Assim, parece razoável evitar políticas de descasamento de taxas e acúmulo de riscos que criem, por exemplo, a possibilidade de episódios como o colapso do BNH, que contribuiu para a favelização do Brasil, ao exigir 25 anos até que o mercado de crédito imobiliário começasse a se recuperar.

2 Transparência fiscal e trajetória da dívida bruta

Clareza nos objetivos fiscais é essencial para estimular o investimento e, nesse sentido, pode-se avaliar se a política fiscal recente tem ido nessa direção e quais opções poderiam reforçar a sinalização pró-investimento. Primeiramente, deve-se avaliar se o melhor uso do espaço fiscal do Brasil difere atualmente daquele feito em 2009. Se naquela ocasião foi adequado usar o espaço fiscal que havia sido acumulado nos anos anteriores para executar uma política anticíclica, erodir a solidez fiscal em um cenário de persistente baixo crescimento mundial pode ser uma estratégia mais arriscada.[8] Em 2009, o Brasil encontrou-se em uma situação única na sua história: o país não havia gasto os benefícios do *boom* das exportações; a vigorosa resposta monetária e fiscal das economias desenvolvidas à crise financeira evitou a atração maciça de capital para o "centro" e a persistência do crescimento da China sustentou o preço das matérias-primas. Assim, na esteira de vários anos de sólido superávit primário e acumulação de reservas internacionais, foi possível, pela primeira vez, o Brasil seguir uma política anticíclica sem que a solvência fiscal ou externa fosse questionada. Tal resposta a uma situação de curto prazo se distinguiria do uso agressivo de recursos fiscais para enfrentar de maneira tópica problemas estruturais. Usar ferramentas fiscais para aumentar a competitividade de alguns setores da economia ou no combate à inflação pode criar custos permanentes para ganhos fugazes. A subida dos custos do trabalho, por exemplo, pode em pouco tempo consumir o ganho de uma exoneração fiscal e, sendo a inflação o fenômeno de variação de preços, a quantidade de subsídios teria que aumentar seguidamente para que os preços parassem de subir, mesmo considerando a adaptação das expectativas.

---

[8] Durante a Grande Depressão, a política fiscal do Brasil foi conservadora, mesmo considerando a queima dos estoques de café para sustentação do seu preço.

O baixo crescimento em 2011-2012 motivou uma série de desonerações fiscais cujo impacto nas contas públicas vem crescendo, mas cujo efeito no PIB tem sido alvo de alguma controvérsia. A arrecadação das receitas administradas pela RFB em janeiro-outubro de 2012 apresentou uma variação real (ou seja, descontado o IPCA) de +0,18% em comparação ao mesmo período de 2011, indicando forte desaceleração em relação à tendência histórica.[9] A queda do IPI-Automóveis (−R$ 2,5 bilhões/−45,19%), por exemplo, resultou de várias medidas de desoneração, que se traduziram em aumento de apenas 5,4% no volume de vendas. Pode-se arguir que as várias desonerações e incentivos correspondem a menos de 0,3% do PIB, não se constituindo em grande risco fiscal. Mas elas não focaram o investimento, como teria sido uma redução do PIS/COFINS no saneamento, e foram contemporâneas a artifícios contábeis para tentar cumprir a meta do superávit fiscal em 2012. Mais que o montante absoluto, o que teria causado desconforto com medidas percebidas como tomadas um pouco ao sabor das circunstâncias seria a incerteza de que elas teriam gerado na medida em que fragilizariam marcos institucionais. A possível ambiguidade da meta fiscal pelo Governo Federal, em particular, se deu ao fim do ciclo de relaxamento monetário. As exonerações, além disso, implicaram em um aumento nominal abaixo de 4% nas transferências constitucionais no período janeiro-outubro 2012 contra 2011, pressionando as contas fiscais dos estados.

O menor dinamismo das transferências federais tem motivado a União a facilitar o endividamento dos estados e municípios. A relação dívida financeira/receita líquida real dos estados apresentou melhoras nos últimos dez anos, especialmente na medida em que o câmbio apreciou e o PIB cresceu. Ainda assim, essa relação estava em 150% ao final de 2011, com os estados do Sudeste apresentando uma relação próxima a 200%, não obstante o forte crescimento da receita em 2010-2011. Somando R$ 0,5 trilhão, a dívida financeira consolidada dos Estados ainda é substancial se comparada ao PIB nominal de 2011, de R$ 4,1 trilhões. Neste cenário, a expansão em quase

---

[9] Essa queda foi puxada no caso do Imposto de Renda de Pessoas Jurídicas pela não repetição de receitas extraordinárias observadas em 2011, assim como a menor lucratividade das empresas, e pelas desonerações do Imposto sobre Produtos Industrializados e da contribuição patronal. Apesar de a receita previdenciária ter tido um crescimento de 6,7%, compatível com o forte desempenho do emprego, verifica-se que o IPI não vinculado teve queda de 15,8%, compensado em parte pelo aumento das alíquotas de importação e IPI vinculado de uns tantos produtos, enquanto a receita da CIDE-combustíveis foi cortada em dois terços e o IRPJ teve queda de 4%. Também significativa foi a queda no IPI-Outros (−R$ 1,9 bilhão/−11,04%), devida à redução de 3,24% na produção industrial em 2012 e à desoneração de produtos da linha branca e do setor de móveis, ao custo de R$ 0,6 bilhão.

R$ 60 bilhões da dívida autorizada pelo Ministério da Fazenda em 2011-2012 (R$ 16 bilhões em 2011 e R$ 42 bilhões em 2012), acompanhada de mais de R$ 20 bilhões em linhas de financiamento do BNDES, poderá dificultar a manutenção da trajetória de queda daquela relação, especialmente se a arrecadação, inclusive do ICMS, se mostrar pouco dinâmica nos próximos anos. Dada a estreita margem de manobra dos estados, essa política de incentivo ao endividamento não é imune a riscos e poderia fragilizar a percepção da solidez fiscal do país e o pacto federativo.

Quadro 1 Arrecadação das receitas administradas pela RFB, no período de janeiro a outubro de 2012-2011 (a preços de outubro/12 - IPCA) (R$ milhões)

Receitas	Jan-Out/12 (A)	Jan-Out/11 (B)	Diferenças (A)-(B)	(A)/(B) %
Receita previdenciária	243.398	228.157	15.241	6,68
COFINS/PIS-PASEP	184.185	177.365	6.820	3,85
I. importação/IPI – vinculado	39.898	34.828	5.070	14,56
IRRF – rendimentos do trabalho	62.149	60.249	1.900	3,15
IRPF	21.189	20.713	476	2,30
IRRF – outros rendimentos	6.801	6.510	291	4,47
IRRF – rendimentos de residentes no exterior	11.314	11.575	(261)	(2,25)
IRRF – rendimento de capital	25.401	26.519	(1.118)	(4,22)
IOF	26.128	28.104	(1.976)	(7,03)
IPI (exceto vinculado)	25.146	29.849	(4.703)	(15,76)
CIDE – combustíveis	2.807	8.441	(5.634)	(66,75)
IRPJ/CSLL	147.330	153.535	(6.205)	(4,04)
Demais receitas administradas	29.548	37.950	(8.402)	(22,14)
Receita administrada pela RFB	825.293	823.794	1.500	0,18

Fonte: Receita Federal do Brasil.

Em face das iniciativas fiscais para estimular o crescimento doméstico, focar na redução da dívida bruta do setor público aumentaria a consistência da política econômica, dando-lhe mais transparência. A dívida bruta como proporção do PIB é bem maior no Brasil do que na maioria dos nossos pares entre emergentes, incluindo Rússia e China (empata com a Índia). Estabelecer um objetivo de trazê-la para abaixo de 50% do PIB nos próximos anos daria grande clareza à política fiscal, ajudando a reduzir o prêmio de risco e facilitando a derivação das metas de fluxo fiscal. Focar na trajetória da dívida é melhor do que fragilizar indicadores como o superávit primário, no afã de mantê-lo em níveis equivalentes aos do passado. Não há vantagem em o governo se agarrar a métricas convencionais, deteriorando seu valor informacional, se o objetivo dessas métricas e da própria Lei de Responsabilidade Fiscal (LRF), que lhes proporciona o marco fundamental, é valorizar a transparência. A LRF é compatível com organizar-se a estratégia fiscal do país a partir de uma trajetória para a dívida bruta/PIB e o governo pode vantajosamente explicitar o cálculo da meta de superávit primário (sem deduções) a partir da trajetória de queda para essa relação no médio prazo, baseada em hipóteses de crescimento do PIB e juros, estes bem menos voláteis hoje em dia.

A mudança de foco da dívida líquida para dívida bruta é oportuna e uma trajetória de queda para esta dívida como proporção do PIB melhoraria o *rating* soberano, estimulando o crédito e o investimento. O conceito de dívida líquida foi importante durante o período de reconhecimento dos passivos herdados de outras eras ("esqueletos") e sua absorção pela União nos anos 1990, às vezes incorporando ativos de baixo risco. Assim, na medida em que o aumento da dívida refletia uma restruturação fiscal e não sua deterioração, a inovação metodológica se justificava. Em anos recentes, a situação se alterou e o principal fator de divergência entre dívida bruta e líquida passou a ser a ampliação das reservas internacionais (R$ 0,8 trilhão) e do crédito aos bancos públicos (R$ 0,4 trilhão desde 2006). Esses ativos, mesmo os que são líquidos – isto é, as reservas internacionais –, não devem ser liquidados a não ser em uma grave emergência; além disso, a taxa de retorno deles, incluindo os empréstimos aos bancos públicos, é mais baixa que o custo de captação da União, o que distorce a dinâmica da dívida líquida. Assim, a adoção de uma trajetória para a dívida bruta em relação ao PIB poderia dar conforto a decisões estratégicas do governo, permitindo, por exemplo, determinar de forma transparente o espaço compatível para aportes de capital a instituições financeiras públicas, exonerações de impostos e outras medidas fiscais julgadas necessárias, inclusive a concessão de garantias pela União, como proposto pela MP 564, ajustando as metas fiscais de fluxo, mas garantindo a trajetória da dívida/PIB projetada.[10] Com isso, as metas de resultado primário e nominal teriam menos riscos de virar relíquias incompreensíveis devido à exclusão de várias despesas e os resultados fiscais, avaliados quadrimestralmente como previsto pela Lei de Responsabilidade Fiscal (LRF), demonstrariam efetivamente a consistência da estratégia fiscal do governo. A visibilidade de médio prazo proporcionada por essa abordagem seria valiosa para a melhora da nota da dívida soberana (*rating*), na medida em que as metas fossem cumpridas, permitindo alcançar-se uma nota A ou mesmo A+, com inúmeros benefícios ao investimento.

A expansão segura das Parcerias Público-Privadas (PPP) também seria favorecida pelo foco na trajetória da dívida bruta do setor público. Uma das grandes diferenças da Lei das PPPs do Brasil e várias experiências internacionais, especialmente na Europa, é a contabilidade adotada para os compromissos assumidos pelo governo. Enquanto em muitos países as PPPs foram uma maneira de financiar o investimento sem impacto imediato evidente nas contas públicas (*off balance sheet*), no Brasil houve o cuidado de explicitar esse impacto.[11] Em particular, a lei federal previa que as garantias dadas pelo governo seriam respaldadas por ativos financeiros identificados em um fundo garantidor e não apenas pelo aumento do passivo geral da União.[12] Essa prática era coerente com o foco na dívida líquida, visto que a segregação de ativos como garantia evita riscos à dívida pública. É, sem dúvida, mais eficaz do que a simples inscrição da garantia na dívida do governo – ou na lista dos passivos contingentes prevista pela LRF. Porém, com a menor ênfase, mais recentemente, no uso do fundo de garantia lastreado por ativos identificáveis e a flexibilização do limite de comprometimento dos governos estaduais e municipais com contrapartes de PPPs como proporção da sua receita corrente líquida (que passou de 1% em 2004 para 5% em 2012), a transparência e a consistência fiscal das PPPs apontam para nova abordagem. Nesse sentido, refletir os compromissos futuros das PPPs na dívida bruta provavelmente seja o caminho mais simples e transparente para evitar os

---

[10] A MP 564 de abril de 2012 não só criou uma nova empresa pública voltada a gerir as garantias dadas pela União e autorizada a ter quadro próprio e ser patrocinadora de planos de previdência para seus futuros funcionários, mas autorizou o governo a emitir mais de R$ 10 bilhões em dívida ("fora de mercado") para lastrear fundos de garantia antes lastreados por ações de empresas públicas, liberando estes ativos para a capitalização de e outras empresas, sem necessariamente um impacto formal no superávit primário. A devida contabilização de garantias dadas pela União deverá também fazer parte do cálculo da trajetória da dívida bruta.

[11] Lei nº 11.079 de 2004 e suas alterações.

[12] Essa previsão foi sendo modificada: a MP 513 de 2010 eliminou a vedação de concessão de garantia cujo valor presente líquido superasse o ativo total do Fundo Garantidor das PPPs (FGP), enquanto a MP 575 de agosto de 2012 estabeleceu que o FGP poderia prestar garantia mediante contratação de instrumentos disponíveis em mercado (p. ex.: proporcionado por bancos públicos).

problemas que as PPPs enfrentaram em vários países, em que o pagamento das contrapartes acabou criando pressões não esperadas no orçamento público. A questão é particularmente importante no caso dos entes subnacionais, em vista dos aumentos autorizados do seu endividamento, e deve ser tratada incluindo esses compromissos no cálculo da trajetória da dívida bruta consolidada do setor público não financeiro como proporção do PIB.

Dinâmica da dívida bruta e espaço fiscal 1/

Após um pico em 2002, por conta da forte presença de papéis indexados ao dólar, a relação dívida bruta do setor público consolidado/PIB do Brasil vem declinando gradualmente, tendo passado para menos de 70% em anos recentes. Não obstante a melhora, refletida inclusive no *rating* soberano do país, essa relação ainda é bem mais alta no Brasil do que na maior parte dos países emergentes.

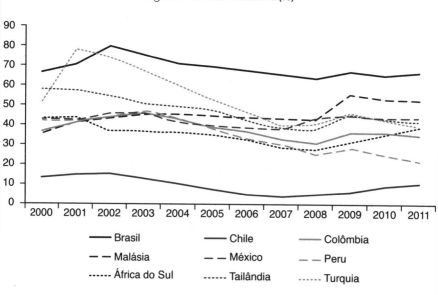

Figura 3 Dívida bruta/PIB(%)

Fonte: FMI.

A redução dessa relação abaixo de 50% facilitaria a promoção da dívida soberana pelas agências classificadoras de risco para A simples, podendo chegar ao fim de alguns anos a AA, se a economia continuar crescendo de maneira balanceada e o sistema financeiro se mantiver robusto. Este cenário seria muito favorável ao aumento do investimento privado doméstico e estrangeiro e à dinamização do mercado de capitais doméstico, tanto de renda fixa quanto de renda variável. A robustez fiscal continuaria ainda a ajudar a diminuir o custo de financiamento da dívida, o qual ainda se mantém bem acima de 10% nominais, não obstante a Selic ter chegado a 7,25% (a Selic descontada do deflator do PIB caiu de 6% em 2007 para aproximadamente 2% em 2012, para uma meta de inflação de 4,5%).

Considerando um crescimento do PIB de 4%, inflação próxima de 5%, uma Selic "neutra" próxima a 8% e a composição provável da dívida pública no que concerne papéis prefixados, verifica-se que a dívida bruta/PIB cairia abaixo de 45% no final do próximo mandato presidencial (2018), se fosse mantido o superávit primário de 3,1% do PIB, equivalente ao que vinha sendo perseguido pelo governo até recentemente (ausentes truques fiscais). Por outro lado, bastaria um superávit primário de 2,1% do PIB para a dívida cair abaixo de 50% do PIB em 2018, indicando que, se o crescimento econômico se mantiver dinâmico, o governo poderia reduzir em até 1% a meta do superávit primário que vinha anunciando. Esse espaço poderia ser usado explicitamente para desonerações tributárias, injeções de recursos em instituições financeiras ou outras políticas que o governo considerasse prioritárias.

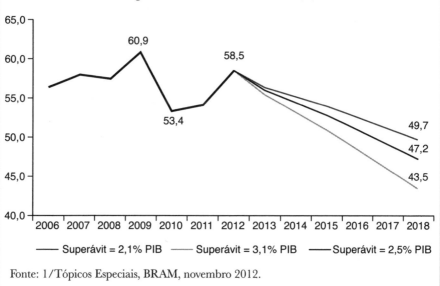

Figura 4 Brasil – Dívida bruta/PIB(%)

Fonte: I/Tópicos Especiais, BRAM, novembro 2012.

3 Política fiscal, alocação de riscos e mercado financeiro

O nexo responsabilidade fiscal-poupança nacional mantém-se muito relevante. A confiança na política fiscal e monetária é um dos maiores indutores do aumento do horizonte de aplicação da poupança privada: ao se reduzir o risco agregado, os poupadores naturalmente procuraram papéis com mais risco individual. A responsabilidade fiscal e relativa estabilidade de preços nos últimos anos já levaram a um aumento espontâneo da demanda por instrumentos financeiros de maior prazo como as debêntures e, via fundos de investimento, as letras financeiras. Continuar nesse caminho pode ser muito produtivo porque a captura da poupança das famílias será facilitada nos próximos anos pela evolução da demografia e o aumento de renda disponível.[13] Essa evolução já explica em grande medida a expansão, por exemplo, dos planos de investimentos com benefícios livres – os VGBLs e PGBLs – que formam a base de planos abertos de aposentadoria, cujos ativos já superam R$ 300 bilhões, ou quase 10% do PIB, e estão entre os instrumentos de poupança que mais crescem no Brasil. Portanto, se a dívida pública bruta cair, como discutido acima, os juros neutros poderão mais facilmente se manter baixos e as famílias voluntariamente poderão direcionar sua poupança para o financiamento do investimento de longo prazo. O desenvolvimento de novos produtos, alguns incentivados, como as debêntures regidas pela Lei 12.431, acrescentam novas possibilidades para responder a esse quadro de maior demanda por papéis de risco. Nesse cenário, instrumentos de poupança com gestão profissional, como fundos mútuos, que permitam a utilização ampla e sistemática do mercado de capitais, terão papel cada vez mais importante, modulando e diversificando o risco de acordo com diferentes perfis dos poupadores.

O mercado de capitais pode oferecer extraordinárias possibilidades para o financiamento dos investimentos se certas condições forem atendidas. O espaço para financiamento privado, quando há previsibilidade, é ilustrado pelo sucesso dos fundos de ações que investem em empresas brasileiras de infraestrutura. O valor de mercado das empresas listadas nesse universo já é de aproximadamente US$ 300 bilhões e os fundos que investem nesse tipo de ativo tiveram excelentes resultados por conta da confiança no quadro regulatório que regeu essas empresas nos últimos 15 anos. Assim, pode haver apetite por ativos com risco, inclusive de mercado, se não houver sobressaltos

---

[13] Referência ao bônus demográfico IBGE e outros. Conforme Giambiagi e Barros, Org. (2009).

no marco das concessões e se houver elementos que convalidem a confiança no ambiente macroeconômico. Nesse sentido, além da melhora das notas de risco da dívida soberana do país, a decisão de se tornar membro da OCDE[14] também abriria a porta para a parcela mais estável do estoque de poupança dos países desenvolvidos, que está à procura de oportunidades de investimentos, notadamente na renda fixa de longo prazo emitida pelo setor privado. Esse estoque é muito maior do que aquele que alimenta os atuais investimentos estrangeiros de carteira no Brasil, que ainda representam menos de 1% dos ativos financeiros globais, indicando a natureza marginal da maioria das alocações em ativos brasileiros pelos fundos de pensão, seguradoras e outros investidores institucionais dos países já membros da OCDE.

Alguns cuidados são essenciais para cativar a poupança necessária para o financiamento da infraestrutura. Ainda do ponto de vista macroeconômico, é preciso evitar, por exemplo, a armadilha que o Brasil enfrentou 50 anos atrás. Uma das tragédias do período pós-Juscelino foi a aparente incompreensão dos gestores da economia nos primeiros anos da década de 1960 de que o que faltava ao Brasil não era demanda, mas poupança (SCHIMDT, 2002). A tentativa de aumentar a demanda naquele momento resultou principalmente em maior inflação, que comeu lucros, inviabilizou os mecanismos de investimento e fragilizou o governo. Ironicamente, com a criação de mecanismos de poupança voluntária e forçada nos anos seguintes, o país encontrou recursos para financiar o investimento que permitiu o "milagre" brasileiro. E só após a consolidação desses instrumentos e com o aumento de liquidez internacional, nos anos 1970, que o país começou a contar de forma mais significativa com a poupança externa. Ou seja, tentar substituir a poupança pública e instrumentos estáveis de poupança privada, inclusive a acumulação de lucros, por incentivos à demanda, inclusive ao crédito, ou por controles quantitativos diversos não se mostrou a melhor estratégia. Do ponto de vista de expectativas, é importante evitar choques para os poupadores ou a tentativa de usar a poupança financeira privada para alcançar múltiplos objetivos de política. Há hoje, por exemplo, mecanismos melhores para aumentar a efetividade do combate à inflação e incentivar o alongamento da dívida pública do que mirar nas margens das empresas ou forçar o rápido aumento do risco dos ativos financeiros da classe média. A redução da inércia inflacionária mediante

---

[14] O Brasil mantém uma cooperação intensa com a OCDE há mais de dez anos e a instituição já manifestou inúmeras vezes seu interesse de ter o país como membro com um programa de ingresso flexível e adaptado às características e prioridades brasileiras, o que tem sido objeto de avaliação principalmente dos responsáveis pela diplomacia nacional.

maior uso de ajustes de tarifas de serviços baseados nas expectativas inflacionárias em vez da inflação passada seria um deles, para o qual o mercado de capitais pode contribuir sem onerar os poupadores.[15]

Outro fator relevante para o sucesso do investimento em infraestrutura e das parcerias com o setor privado é a clareza na alocação do risco dos projetos entre os setores público e privado. Adequar o nível de responsabilidade do setor privado em investimentos exige discernimento e mesmo a disposição de que alguns projetos, inclusive aqueles promovidos pelo setor privado, não venham a ser realizados. Ainda que frustrante, uma negativa da "prova dos noves" da viabilidade de alguns projetos em geral tem valor para a sociedade, evitando a deriva fiscal e servindo para aprimorar os marcos regulatórios, além de incentivar tecnologias e abordagens alternativas.[16] A exigência de contratação de seguros de performance junto ao setor privado, apesar de às vezes esfriar o entusiasmo de alguns potenciais investidores, tem ajudado a melhorar a qualidade dos projetos e o planejamento de sua execução, aumentando a produtividade do país.[17] Deixar com o setor privado a responsabilidade/oportunidade de ofertar esse seguro – se necessário, com subsídio aos prêmios – contribui muito para a eficiência do investimento, inclusive diminuindo atrasos na construção. Além disso, reduzem-se os riscos fiscais típicos de quando os riscos de construção são jogados sem limites, direta ou indiretamente, nas contas do setor público. Esses princípios podem nortear com vantagem a operação da recém-autorizada Agência Brasileira de Garantias (ABGF) que será constituída a partir da junção de recursos de vários fundos garantidores, especialmente dado que ela poderá se alavancar, tornando "mais fácil" a assunção de riscos pela União. Essas medidas complementariam o registro das contrapartidas de PPP na dívida bruta do setor público, reforçando a visibilidade do equilíbrio fiscal.

---

[15] Pode-se reduzir a indexação das tarifas dos serviços públicos, por exemplo, usando a inflação esperada em vez da passada para ajustar as tarifas. A inflação implícita nas taxas das NTN-B indexadas ao IPCA seria um bom indicador para a inflação esperada, fortalecendo o valor das expectativas de inflação agregadas pelo mercado, alinhando incentivos públicos e privados a favor da estabilidade de preços. A atratividade dos investimentos não seria prejudicada, porque eventuais diferenças entre inflação prevista e realizada poderiam ser compensadas nas revisões tarifárias, em que há uma reavaliação completa das condições econômicas das empresas, corrigindo desvios persistentes nos valores dos reajustes.

[16] Um exemplo bem vívido dessa situação foi o da exigência de contratos de compra de energia para o financiamento das termoelétricas nos fins da década de 1990. A maior parte dos candidatos não conseguiu apresentar esses contratos (PPP), não podendo construir as térmicas. Apesar de o atraso daí resultante talvez ter contribuído para a falta de energia elétrica em 2001, ele permitiu que se evitasse a construção de muitas térmicas inviáveis e estimulou a reforma do marco regulatório com a criação do mecanismo de compra de capacidade plenamente inserido no marco dos leilões de energia.

[17] Essa possibilidade se tornou particularmente eficaz após a abertura do mercado de resseguros pela Lei Complementar nº 126, que permite a diversificação de grandes riscos no mercado internacional.

4 A nova fronteira fiscal: a qualidade e monitoramento do gasto público

A qualidade do gasto nas chamadas "ações finalísticas da União", isto é, nos serviços oferecidos à sociedade permanece um desafio, cujo enfrentamento ajudaria a aumentar a confiança dos investidores. Vencer esse desafio ajudaria o país a crescer de maneira equilibrada e, dada a mesma carga fiscal (ou sua redução, aumentando a renda disponível do setor privado), proporcionar mais recursos para o investimento público. Na área da saúde, por exemplo, apesar de a expansão dos planos privados ter diminuído a pressão sobre o sistema público, são poucas as notícias de melhora significativa e sustentada de indicadores de qualidade e resultado do SUS.[18] Em muitos outros setores, a elaboração e divulgação de indicadores de resultados das políticas públicas, inclusive de transferência de renda, também ainda são inadequadas. Além disso, apesar do sucesso dos planos plurianuais (PPAs) em disciplinar a política fiscal, o investimento público ainda carece de melhor planejamento e priorização, que facilite sua execução e a análise de seus resultados.[19] O descompasso entre possibilidades, despesas e resultados ainda é sentido, apesar dos aprimoramentos trazidos pelo PAC ou o Minha Casa Minha Vida (MCMV), e leva a atrasos de execução e frustração daqueles que dependem desses investimentos para realizar os seus.

Não obstante as características inovadoras do PAC, ainda há o que melhorar em termos de informação e meios de monitoramento pela sociedade. O PAC é um exercício de gestão pública de grande envergadura e vem atraindo as mais variadas ações, até pelo seu apelo de comunicação social.[20] A sua abrangência, no entanto, milita contra a clareza e profundidade das informações divulgadas pelo governo. Os balanços periódicos do PAC oferecem instantâneos do progresso das iniciativas, mas, além de cobrir uma grande diversidade de ações, a apresentação mesclada de gastos de estatais

---

[18] Registre-se o recente Índice de Desempenho do SUS (IDSUS), mas ele dá apenas informações atuais do acesso e efetividade do sistema. Também assinale-se o aumento paulatino do número de intervenções complexas na rede do SUS e a expansão do fornecimento de medicamentos.

[19] Exemplo típico é a multiplicidade de iniciativas para escoar a safra da região central do país – mesmo quando os recursos públicos eram escassos, iniciou-se uma rodovia até Santarém, diversos projetos para a ligação com o Pacífico, assim como ligações ferroviárias com a região Sudeste, com pouca ênfase em, por exemplo, reforçar as rodovias que já se conectavam com a Ferrovia Norte-Sul, cujo custo financeiro e impacto ambiental eram provavelmente os menores entre as opções disponíveis.

[20] O PAC se traduz em múltiplas declinações, como o "PAC da saúde" tendo entre seus objetivos a diversificação da produção farmacêutica no Brasil; recentemente, o IPEA sugeriu que o PAC incluísse ações que promovessem a melhora das condições de trabalho na construção civil.

(R$ 92 bilhões até junho de 2012), do setor privado (R$ 70 bilhões), do orçamento da União (R$ 48 bilhões, incluindo subsídio para MCMV) e do financiamento habitacional (R$ 109 bilhões) cria cifras que nem sempre são fáceis de interpretar.[21] Em parte por causa disso, essas cifras e os indicadores de conclusão de projetos divulgados, apesar de sua provável relevância como ferramenta de controle para seus operadores, acabam tendo pouco impacto no setor privado, inclusive entre analistas financeiros. Isto é uma pena pela perda da capacidade de formação de expectativas.

A apresentação dos gastos públicos à sociedade também ganharia se fosse dada maior atenção à relação entre custos e benefícios dos projetos e programas. No que tange aos investimentos, não há uma, por exemplo, análise governamental sistemática dos benefícios trazidos pelos mais de R$ 14 bilhões aplicados pelo Ministério dos Transportes em 2011 e outros tantos bilhões em 2010. Apenas sabe-se que a Confederação Nacional de Transporte (CNT) identifica que 37% da malha federal estariam em condições ótimas ou boas em 2012, contra 33,1% em 2009 e 25,8% em 2007 (nas rodovias privatizadas essa proporção se manteve entre 75% e 80% em todo o período). Considerações análogas sobre o uso dos empréstimos e recursos do Orçamento Geral da União (OGU) para o saneamento e outros investimentos públicos indicam a necessidade de se priorizar a medição da qualidade e efetividade do gasto, como vem sendo sugerido pela OCDE há quase dez anos.[22] A divulgação dessas métricas pode ser um poderoso instrumento na formação de expectativa dos investidores nessas e em outras áreas, assim como hoje a divulgação de indicadores de qualidade sobre o resultado fiscal e a inflação facilitam a avaliação do quadro macro e a tomada de decisão pelo setor privado.

Novos mecanismos e sistemas de TI para monitorar e avaliar o gasto público ajudariam a melhorar a alocação de recursos e salvaguardar a integridade na administração pública, aumentando a confiança dos investidores. Recentemente, a OCDE sugeriu quatro ações relativas à integridade da administração pública, com potencial positivo na avaliação do ambiente de negócios no Brasil: integrar a gestão de riscos como elemento-chave da responsabilidade gerencial dos órgãos; garantir maior capacidade para que as instituições de fomento à integridade desempenhem suas funções; aprimorar os esforços de avaliação das medidas de apoio à integridade; e desenvolver um

---

[21] Por exemplo, http://www.pac.gov.br/sobreo-pac/divulgacao-do-balanco ou http://www.brasil.gov.br/pac/pac-2/pac-2-relatorio-5.
[22] Ver Blöndal et al. Este é um dos primeiros exemplos, confirmado por avaliações sucessivas da OCDE.

compromisso coletivo de reforma do sistema de integridade (OCDE, 2011). Tais ações certamente responderiam aos desejos de boa parte dos eleitores e empresários, indo bem além de medidas pontuais, ainda que vigorosas e importantes para modificar práticas identificadas como problemáticas no setor público. Uma iniciativa dessas, para dar certo, teria que estar no núcleo da estratégia do governo, permitindo que ele se dotasse de sistemas de controle informático que acompanhem e avaliem os gastos da sua concepção à sua conclusão, identificando responsáveis e objetivos a cada etapa. A passagem do atual sistema-chave do governo, focado essencialmente no controle financeiro, o SIAFI, para uma ferramenta tipo ERP (*enterprise resource planning*), com controle gerencial das ações do seu começo até a medição de resultados, seria um projeto ambicioso, mas que poderia reduzir o desperdício e desvios de recursos, proporcionando valiosos indicativos de qualidade e efetividade do gasto. Sistemas assim, já cogitados pelos estados, e que poderiam ir além daqueles usados pelo PAC, podem liberar recursos humanos de auditoria para focar na avaliação da qualidade do gasto, em vez da simples verificação de conformidade das ações, que passaria a ser controlada a cada etapa do projeto. Esse reforço no controle da execução de projetos e avaliação de resultados liberaria recursos para o investimento público e estimularia o investidor privado.

A parceria com financiadores de projetos também pode ajudar no controle dos riscos fiscais do investimento em infraestrutura. O objetivo dos projetos de infraestrutura é em geral estimular a atividade econômica ao seu redor ou como caudal. Como um dos principais papéis do setor financeiro é o de disseminação de informações, sua participação na estruturação e financiamento dos projetos de infraestrutura facilita a geração de conhecimento e incentiva a atração de outros investimentos, que fortalecem o projeto original. Assim, especialmente em um ambiente em que os mercados de capitais oferecem taxas de juros baixas e recursos abundantes, o governo pode ganhar ao estimular não apenas a participação do setor privado na operação de ativos de infraestrutura (p. ex.: via concessões ou PPPs), mas também ao criar condições para sua participação na estruturação e financiamento desses investimentos (p. ex.: via instrumentos de renda fixa no mercado de capitais). Tal escolha, acompanhada da clara alocação de risco entre setor público e privado, tenderia a aumentar a qualidade dos projetos e da sua execução, evitando armadilhas fiscais, além de diminuir o fardo sobre o BNDES e a pressão fiscal daí criada.

Iniciativas de melhora da qualidade do gasto federal poderiam se valer ainda da experiência de gestão pública acumulada pelos governos estaduais nos últimos anos. A ênfase na qualidade da gestão marcou diversas administrações estaduais a partir do final dos anos 1990, primeiro em São Paulo, alcançando depois os outros estados da Região Sudeste, o Nordeste (Sergipe e Pernambuco), o Norte (Amazonas) e o Sul (Santa Catarina), com variado, mas sempre significativo, grau de sucesso. Uma abordagem que estimule a emulação institucional das melhores práticas desenvolvidas nos estados pode ajudar o Governo Federal a melhorar seu desempenho em muitas áreas, reforçar o pacto federativo e estimular a competição construtiva entre estados.[23] Essa visão já é presente, por exemplo, no princípio da Lei das PPPs, que reconhece o valor de projetos oferecidos pelo setor privado, aproveitando de maneira institucional seu conhecimento e sensibilidade.

Conclusão

O texto sugere que nem a economia americana aguentou oito anos de gestão fiscal inadequada, como ocorreu na última década, tendo alguns incentivos criados à epoca contribuído para a atual crise. Assim, *a responsabilidade fiscal continua essencial para o crescimento, especialmente no Brasil, e seria fortalecida aqui pela adoção de uma meta para a trajetória da dívida bruta do setor público como proporção do PIB* que servisse para a derivação explícita das metas de superávit primário.

A queda de impostos é bem-vinda, se não puser a solidez fiscal em cheque, principalmente se for generalizada ou voltada mais para o médio prazo e focando setores básicos (p. ex.: *eliminação do PIS/COFINS sobre as atividades de saneamento* e nos produtos e serviços investidos no setor por dez anos).

Mantida a responsabilidade fiscal, o governo ganharia em priorizar a melhora do gasto público e a comunicação dos seus resultados. *Complementar o SIAFI com um sistema de informação para gestão que acompanhe o gasto desde sua origem*, explicando seus objetivos, interações e agentes responsáveis (como nos *ERP – enterprise resource planning*) poderia ainda trazer eficiência na verificação da conformidade legal desse gasto e foco na mensuração da efetividade da despesa pública, especialmente no alcance de metas finalísticas e seus resultados. Essas informações podem contribuir para a melhor definição de trajetórias de

---

[23] Na Saúde, a União aproveitou o modelo das Unidades de Pronto Atendimento (UPA) desenvolvido no Rio de Janeiro, mas os exemplos desse tipo são poucos.

longo prazo do gasto, permitindo alcançar objetivos estratégicos de produção de bens públicos dentro de um quadro de disciplina fiscal que fomente a confiança na solvência do setor público. Esse é um processo longo, que tomaria mais que um mandato, indicando o interesse de se acelerar seu começo. Também seria importante criar alternativas para uma *divulgação mais técnica da evolução dos programas de investimento (p. ex.: O PAC)*, sem extinguir a comunicação social. Todas essas melhoras teriam efeitos sobre as expectativas e estimulariam o investimento privado de forma parecida aos efeitos na economia da divulgação sistemática de indicadores macroeconômicos. O Governo Federal também poderia usar de maneira mais expressiva as *experiências de gestão desenvolvidas por diversos estados* nos últimos anos. Além de enriquecer seu repertório, a União fortaleceria o pacto federativo.

A participação do setor privado no investimento de infraestrutura continua sendo uma forma de aliviar a pressão fiscal e acelerar a conclusão de projetos. O sucesso dessa estratégia sempre depende da *sinalização das expectativas de lucro e regras de repartição de risco com o setor privado*. Sendo adequada, ela pode evitar cheques em branco contra o governo e atrair o sistema financeiro, catalisando outros investimentos que tenderiam a aumentar o retorno dos grandes projetos e alavancando o *poder transformador do mercado de capitais,* inclusive pela expansão do mercado de instrumentos de renda fixa emitidos pelo setor privado. Com isso se poderá melhor canalizar a poupança privada e fruir dos benefícios de uma queda sustentada dos juros decorrente da melhora fiscal. Além disso, *iniciativas que diminuam a indexação da economia* sem impor surpresas aos poupadores tenderiam a aumentar o poder da política monetária e o *apetite por papéis de longo prazo*; uma forma de diminuir a indexação é o uso da inflação implícita nas NTBs para ajuste de tarifas de serviços públicos.

Uma estratégia para encapsular ações como as alinhavadas anteriormente poderia incluir ainda uma *reavaliação do interesse do Brasil se unir à OCDE*, obviamente em condições adequadas ao país. Tal orientação poderia abrir novos reservatórios de poupança de longo prazo e custos reduzidos, facilitando a gestão fiscal e o investimento privado.

BIBLIOGRAFIA

BLÖNDAL et al. Budgeting in Brazil. **OECD Journal of Budgeting**. v. 3, n.1, 2003.

GIAMBIAGI, F.; CASTELAR, A. (ed.). **Além da euforia**. Rio de Janeiro: Elsevier, 2012.

GREENSPAN, A. Opening remarks. **Rethinking Stabilization Policy**. Kansas City, 2002. (Simpósio patrocinado pelo Federal Reserve Bank of Kansas City.)

HONORATO, F.; BARROS, O. de. Os determinantes de longo prazo das contas externas brasileiras. In: GIAMBIAGI, F.; BARROS, O. de (ed.). **O Brasil pós-crise**: agenda para a próxima década. Rio de Janeiro: Elsevier, 2009.

LANZANA, A.; LOPES, L. M. Desafios da infraestrutura e expansão dos investimentos: 2011/2014. **Informações Fipe**, n. 372, set. 2011.

MISHKIN, F. How should central banks respond to asset-prices bubbles. **Reserve Bank of Australia Bulletin**. June 2011.

OCDE. **Avaliação da integridade no Brasil da OCDE**: a gestão de riscos para uma administração pública mais transparente e ética, 2011.

SCHMIDT, A. F. **Antologia política**. Rio de Janeiro: UniverCidade Editora, 2002.

Financiamento de longo prazo e mercado de capitais em investimentos de infraestrutura: novas concessões e parcerias público-privadas

LUIZ CHRYSOSTOMO DE OLIVEIRA FILHO

> "(...) adressing the need for adequate long-term finance requires a sense of urgency. The solutions are not simple: they are complex, multifaceted, and multidimensional" (Group of Thirty. **Long-Term Finance and Economic Growth**. Washington, 2013.)

Introdução

Uma das mais importantes questões recentes no mundo das finanças globais é definir como desenhar corretamente a estrutura de *funding* dos investimentos de longo prazo. A discussão se tornou premente, em especial, para nações recém-desenvolvidas e economias emergentes, seja pela crescente demanda de investimentos em infraestrutura – como transportes, energia, saneamento –, seja pelas mudanças na regulação bancária pós-crise de 2008, seja pelas restrições fiscais do setor público.

O Brasil não foge à regra. Com um mercado de capitais com volumes ainda restritos, um baixo nível de poupança interna, forte presença estatal no *funding* de longo prazo e um sistema bancário concentrado (com passivos predominantemente de curto prazo), a disponibilidade de recursos de longo prazo e os instrumentos daí decorrentes mostram o lado desafiador do financiamento dos investimentos.

Este artigo, dividido em cinco seções, aborda o tema com o objetivo não apenas de mostrar a urgência de soluções na mobilização de capitais, aqui e no exterior, como de apontar para caminhos, ora em curso, ora em estudos, que facilitarão uma mudança na alocação de recursos em prol de estruturas que alavanquem investimentos de longa maturação. O tratamento das parcerias público-privadas e de seu correspondente mecanismo de financiamento privado é parte necessária dessa investigação. Na Seção 1 aborda-se a visão de como esse tema está presente no debate internacional. Com base em um recente artigo do Grupo dos Trinta, examina-se a questão das fontes de financiamento de longo prazo e sugerem-se mecanismos globais de ajustes para dar conta da demanda de capitais. Na Seção 2, trata-se da experiência recente do financiamento de projetos no Brasil e o papel do setor público. Na Seção 3, elencam-se os esforços no mercado de capitais local, incluindo-se o papel dos reguladores na promoção de incentivos via a Lei nº 12.431/11 e dos autorreguladores, como a Associação Brasileira das Entidades dos Mercados Financeiro e de Capitais (Anbima), na criação do Novo Mercado de Renda Fixa. Na Seção 4, destacam-se as participações de velhos e novos atores no processo de financiamento, tanto os de mercado de capitais como as empresas de infraestrutura listadas em bolsa (detalha-se no texto o segmento de concessões rodoviárias), como os investidores privados de *private equity*. A última seção conclui e sugere focos de atenção para determinados mecanismos privados de financiamento.

1 Os desafios globais para o estabelecimento de *funding* de longo prazo

Após a crise financeira de 2008, a preocupação com a disponibilidade de recursos de longo prazo para financiar a crescente demanda global de recursos para investimentos em infraestrutura básica, logística, transporte, energia, educação e saúde se agravou. Recentemente, em um estudo coordenado pelo Grupo dos Trinta,[1] são analisadas as consequências das mudanças regulatórias

---

[1] *Long Term Finance and Economic Growth - Working Group on Long Term Finance - Group of Thirty.*

em curso sobre o sistema financeiro, a partir das novas regras de Basileia III. Considerando a demanda por investimentos de longo prazo em 2020 de US$ 18,8 trilhões em cinco economias maduras e quatro economias emergentes,[2] que juntas representam 60% do PIB mundial, o estudo aponta para um descompasso crescente entre a oferta e a demanda por esses recursos, indicando a possibilidade de uma elevação global dos custos de financiamento.

Se, por um lado, o sistema financeiro internacional precisa corrigir os rumos do passado, ampliando o papel da supervisão e adequando os controles de riscos, por outro, as reformas precisam levar em conta que o cenário que se apresenta ainda contempla mercados de capitais pouco desenvolvidos (com exceção de algumas poucas economias maduras), decréscimo na demanda por produtos de ações e, em especial, domínio de empréstimos lastreados em *funding* de curto prazo. Empréstimos bancários de longa maturação, operações *cross borders* e transações envolvendo diretamente estruturas de *project finance* elevam a necessidade de capital das instituições financeiras, exigindo maiores esforços de acionistas na alocação de capital, além de ampliar os riscos de refinanciamento.

Se formos observar a composição do financiamento de investimentos com características de longo prazo diante da amostra de países considerada, vemos que a composição entre financiamento interno (geração própria de caixa e lucros retidos) e financiamento externo (*bonds*, ações e empréstimos) difere de acordo com o setor. Entretanto, a necessidade de recursos de terceiros é crucial para o equilíbrio e a viabilidade dos projetos. Na Figura 1, percebe-se ainda a importância dos empréstimos bancários e do *funding* público, em detrimento dos recursos de mercados de capitais.

Com exceção dos Estados Unidos, considerando o ano de 2011, no qual o mercado de capitais e de securitizações é mais desenvolvido e responde por 81% do *funding* total, em países como o Reino Unido, a França e a Alemanha a participação dos empréstimos bancários varia entre 59% e 71%. Na China, os bancos entram com uma participação de 75% (GROUP OF THIRTY, 2013, p. 29). Vale ressaltar que uma parte substancial desses empréstimos destina-se ao setor imobiliário, tanto residencial como comercial. Essa forte dependência do crédito bancário é inapropriada para definir uma estrutura adequada de capitais, em especial nas situações descritas, em que a maturidade dos investimentos é longa e com riscos diferenciados.

---

[2] Brasil, China, França, Alemanha, Índia, Japão, México, Reino Unido e Estados Unidos.

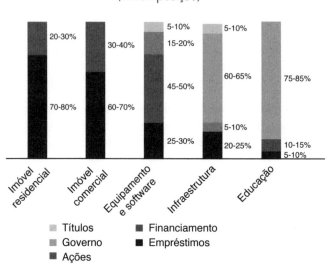

Figura 1 Financiamento por tipo de investimentos em 2010 (% composição)

Fonte: Mckinsey Global Institute, amostra de países: Estados Unidos, Reino Unido, Alemanha, França, Brasil, China e Índia.

A Figura 2 mostra, na média, que os empréstimos comerciais possuem prazos inferiores a três anos em países emergentes e pouco mais de quatro em economias maduras. Mais apropriado seria fundear esses recursos em captações de mercado em que a emissão de *bonds*, certificados de dívidas ou debêntures atinja prazos médios entre 6 e 8 anos. Na Figura 3, é possível ainda detalhar a proporção de empréstimos de prazos inferiores a um ano (em especial no Brasil, com 49% do total), *vis-à-vis* aqueles com prazos superiores a cinco anos em países como Alemanha, França e Reino Unido.

Apesar da constatação de que o problema transcende economias com baixo nível de poupança interna, o relatório alerta que existem diferenças que podem, quando conjugadas, perturbar um fluxo futuro de recursos de longo prazo consistente com financiamentos de projetos de longa maturação. Na Europa, por exemplo, somada as questões regulatórias bancárias e a consequente desalavancagem dos bancos e das empresas, o problema também é impactado pela mudança no padrão de alocação dos grandes fundos de pensão e das seguradoras. Tais investidores institucionais vêm enfrentando desafios como o envelhecimento natural das populações e as mudanças dos planos de previdência para contribuição definida. Neste exemplo específico, como

Figura 2 Média anual de maturidade por instrumento financeiro no período de 2010 a 2012

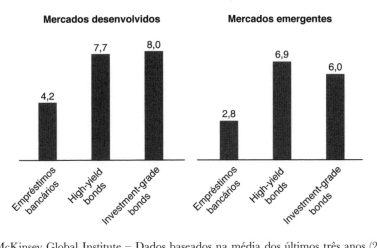

Fonte: McKinsey Global Institute – Dados baseados na média dos últimos três anos (2010 a 2012). Mercados desenvolvidos: Estados Unidos, Reino Unido, Alemanha, França. Mercados emergentes: Brasil, China, Índia.

Figura 3 Empréstimos bancários: composições das maturidades no período de 2010 a 2012 (%)

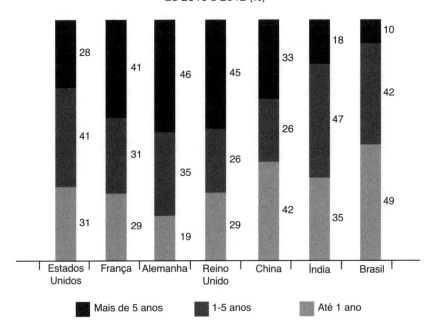

Fonte: McKinsey Global Institute – Dados baseados na média dos últimos três anos (2010 a 2012).

descrito na Figura 4, retratando a realidade europeia, os novos planos, comparados com os de benefício definidos, possuem uma participação menor na proporção de ações, ampliando seus investimentos em renda fixa e em outros ativos alternativos. O prazo de maturação para esses investimentos e o apetite para riscos mais prolongados vêm se tornando um desafio para os gestores adequarem seus passivos a novas realidades globais.

Figura 4

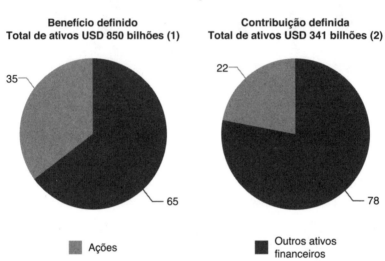

Fonte: McKinsey Global Institute (2011).

(1): Alocação baseada em uma amostra dos seguintes planos: ABP, Alecta, ATP, FRR, PFZW, Royal Dutch Shell, Universities Superannuation, Varma.

(2): Alocação baseada em uma amostra dos seguintes planos: Barclays Bank UK, Bayerische Versorgungskammer, British, Coal Pension Schemes, BT Group, Llmarinen, PFA Pension, Royal Bank of Scotland Group, Royal Mail.

Obviamente, quando consideramos o impacto global, isso certamente tende a influir no fluxo de recursos externos ou na migração de capitais, o que pode significar uma restrição de poupança externa para nações emergentes. Nas próprias nações maduras, os ajustes fiscais são fontes adicionais de pressão e limitação dos investimentos públicos. A restauração dos equilíbrios fiscais faz com que os governos tenham que se ater a cortes de custeio, aumentos de superávits primários e redução da dívida bruta. Tais ajustes vão requerer acesso contínuo a capitais privados para o giro e o financiamento da dívida pública, o que, de certa forma, é mais um fator para competição com fontes de financiamento privado e elevação dos custos envolvidos. Sendo assim, um possível aumento de fluxo de recursos de nações desenvolvidas, seja na forma de dívida (bancária ou de mercado de capitais de dívida) seja na forma de investimentos em ações (investimentos diretos ou de portfólio), deve se mostrar parcialmente limitado nos próximos anos.

A Figura 5 ilustra de uma forma agregada, para um período amplo de 1995 a 2010, as diferenças e as dependências da relação entre capital próprio e capital de terceiros quando comparamos nações emergentes e nações desenvolvidas. Países como China, México e especialmente Brasil e Índia dependem, primordialmente, de recursos de terceiros para a realização de seus investimentos (aqui incluídos investimentos além de infraestrutura e não apenas na modalidade de *project finance*). Enquanto países como Estados Unidos, Reino Unido e Alemanha contaram com mais de 50% de recursos próprios para realizar seus investimentos, os países emergentes contaram com menos de 25%, configurando um elevado grau de dependência de fontes alternativas de *funding*. Nos anos recentes, conforme análise do McKinsey Global Institute (p. 22-23, 2013), essa relação *debt/equity* pode ter se estreitado ainda mais. Em projetos recentes de infraestrutura de transporte observados nos Estados Unidos na modalidade de *project finance*, o que era possível ser desenhado em uma relação 85:15 passou para 60:40, ampliando mais o esforço inicial do empreendedor, além dos maiores custos dos empréstimos e dos prazos reduzidos. Em países emergentes, certamente, essa contabilidade poderá ficar ainda mais estreita.

Figura 5 Relação entre capitais de terceiros e capital próprio nos investimentos das empresas no período de 1995 a 2010 (em %)

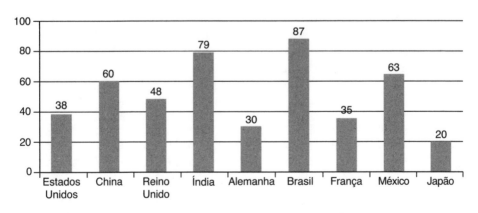

Fonte: McKinsey Corporate Performance Analysis Tool, McKinsey Global Analysis.

Dentre as 15 sugestões propostas pelo trabalho desenvolvido pelo Grupo dos Trinta, vale destacar para a realidade brasileira, entre outras, as seguintes recomendações: (i) aprimorar o uso de fontes e estruturas privadas de investimento, em especial no setor de infraestrutura, via o uso intensivo de parcerias público-privadas, com aprofundamento regulatório, transparência, definição clara de projetos executivos e clareza em processos de renegociação de contratos; (ii) estimular fortemente o uso de recursos não bancários via o fomento do mercado de capitais de dívida corporativa, securitizações de ativos e promoção da liquidez do mercado secundário desses novos valores mobiliários; e, por fim, (iii) promover a melhoria na infraestrutura dos mercados de capitais com ampliação de regras prudenciais, maior governança, sistemas de informação gerenciais e autorregulação dos agentes envolvidos.

2 A experiência brasileira recente no financiamento de projetos

A experiência brasileira em financiamento de projetos é relativamente recente, volátil e com forte dependência de *funding* público, em especial do BNDES. Apesar dos avanços em termos de estruturas financeiras capazes de atender a demanda de recursos para vários tipos de operações de longo prazo, o desenvolvimento desse mercado ainda é insuficiente no Brasil, em particular pelas características do passivo dos financiadores privados. As tentativas recentes do governo em disponibilizar a liberação de R$ 15 bilhões de reais dos depósitos compulsórios com lastro nos depósitos à vista das instituições financeiras, aliada à isenção para os bancos do pagamento do Imposto sobre Operações Financeiras (IOF) – quando o crédito com recursos próprios for direcionado para o financiamento de projetos de infraestrutura, bens de capital, inovação e tecnologia – são insuficientes. Apesar de serem considerados movimentos positivos, o volume é reduzido e poucos bancos de fato possuem capacidade e disponibilidade de acesso a esses recursos (só os de base elevada de depósitos à vista), além do corrente descasamento de prazos entre ativos e passivos.

Para que as parcerias público-privadas deslanchem é necessário o desenho de uma base mais estável de recursos, seja para dar conta do *funding* de longo prazo em si, como as garantias do próprio projeto, seja no financiamento do capital ao empreendedor. Focando no segmento de concessões de transportes em seus primeiros anos de operação, o Quadro 1 mostra que, entre a primeira concessão promulgada (Ponte S/A – janeiro de 1996) logo após a aprovação das

Leis nº 8.987, de 13.2.1995 e nº 9.071, de 7.7.1995 e os cinco primeiros anos seguintes, a participação do BNDES se situou em média em torno de um terço dos recursos iniciais. As demais fontes vieram da geração de caixa do projeto, da capitalização dos empreendedores, de recursos pontuais do IFC, de bancos e de mercado de capitais. Em um momento de elevada taxa interna de juros e prazos curtos de passivos bancários, poucas fontes estavam disponíveis para alavancar, de forma satisfatória, os investimentos de longo ciclo. Não fosse o BNDES, poucas operações poderiam ter saído do papel no estágio original, apesar de parte das garantias estar ancorada na parcela do capital dos empreendedores.

Quadro 1 Operações contratadas pelo BNDES

Concessionária	UF	Investimento total (R$ milhões)	Participação do BNDES (R$ milhões)	%	Data do contrato
Ponte S/A	Fed.	67	36	54	jan/96
Nova Dutra	Fed.	535	171	32	ago/97
Concer	Fed.	221	129	58	out/99
CRT	Fed.	67	30	44	out/96
Via Lagos	RJ	105	26	25	abr/99
Centro Vias	SP	252	91	36	ago/00
Renovias	SP	250	91	36	mar/99
Autovias	SP	321	101	31	out/00
Linha Azul	SC	23	15	65	abr/95
AutoBan	SP	901	220	24	jul/00
Consórcio Univias	RS	-	37	-	nov/98
Via Oeste	SP	539	160	30	out/99
Tebe	SP	44	14	32	mar/00
Rodosol	ES	134	55	41	set/99
Linha Amarela	RJ	341	11	3	out/99
Total		3800	1187	31	

Fonte: Bonomi; Malvessi (2002).

Pelos dados da Anbima, baseados nas informações disponibilizadas pelas instituições participantes do *Ranking* Anbima de Financiamentos de Projetos (Quadro 2), é possível observar o crescimento do segmento nos últimos três anos. A maior concentração tanto em volume de recursos como em número de projetos está nos segmentos de Energia, Petróleo e Gás, e Transporte e Logística, sendo que, em 2012, como em 2009, os projetos de energia se destacaram. Em 2012, só o financiamento da Usina de Belo Monte respondeu por R$ 22,5 bilhões do total de R$ 41,8 bilhões alavancados em dívida, ou seja, 54% do total considerado. Os projetos, em sua maioria, vêm sendo estruturados na proporção 30:70.

Quadro 2

Ano	Capital próprio dos projetos	Dívida dos projetos	Investimentos dos projetos (total)	Número de projetos	Relação dívida/ investimentos
2005	1,1	4,3	5,4	17	0,80
2006	2,4	3,2	4,6	32	0,70
2007	4,4	11,8	16,2	36	0,72
2008	2,7	7,2	9,9	35	0,73
2009	23,2	34,3	57,5	59	0,60
2010	5,7	13,5	19,2	42	0,70
2011	8,3	19,9	28,2	74	0,71
2012	17,1	41,8	58,9	51	0,71

Fonte: Anbima – Informações baseadas em operações recebidas por parte das instituições participantes do Ranking Anbima de financiamento de projetos.

O que surpreende mais recentemente é que, apesar do aumento do volume e do número de projetos em um cenário de crescente participação do crédito privado bancário, o BNDES vem aumentando sua participação relativamente. No ano de 2012, segundo a mesma fonte de dados (Figura 6), os empréstimos diretos do BNDES representam 47,9% do total, enquanto os repasses chegaram a 27,8%. Bancos e mercado de capitais somam meros 23% do total financiado. Tamanha desproporção, *vis-à-vis* a necessidade futura de recursos de longo prazo, tem sido motivo de grande preocupação até pelos riscos fiscais que o Tesouro vem assumindo na alavancagem do próprio BNDES.

Figura 6 Composição do *funding* nos financiamentos de projetos em 2012

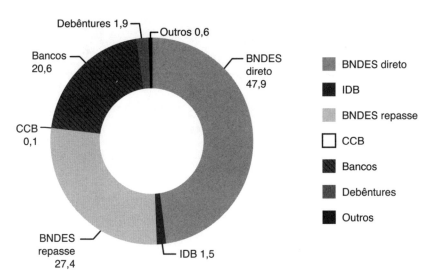

Fonte: Anbima.

Utilizando a mesma base de dados para os investimentos destinados a concessões, nota-se uma concentração similar nos setores de Energia e Transporte e Logística, sendo que este último vem assumindo, desde 2009, a dianteira em termos de montante investido (Figura 7). Dado o atraso das obras e as indefinições de projetos e licitações, é esperado que, assim que normalizado o processo, o setor de Transporte e Logística (em todos os seus modais) assuma uma parcela crescente de demanda de capitais privados e públicos. O setor elétrico, combinando o número crescente de projetos de energia alternativa e renováveis, somado aos grandes complexos hidrelétricos e de transmissão, deve permanecer como a outra grande fonte demandadora de recursos de longo prazo.

3 A lei nº 12.431/11 e as opções no mercado de capitais no Brasil

As opções de captação de recursos de longo prazo para financiar projetos de infraestrutura e parcerias público-privadas no mercado local de capitais ganharam um importante reforço com a aprovação pelo Congresso da Lei nº 12.431/11 e da Resolução CMN nº 3.947/11, criando as chamadas debêntures incentivadas.

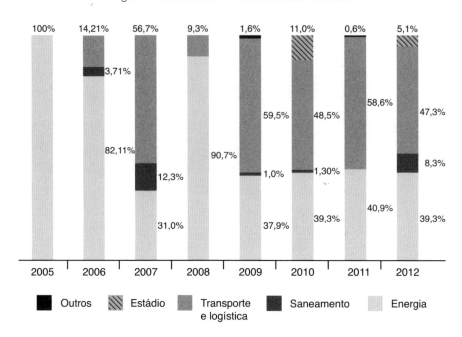

Figura 7 Concessões – investimentos setoriais

Fonte: Anbima.

Obs.: Definição dos valores para concessões:

- Para concessões como a construção de um ativo que posteriormente vai ser explorado, o valor será de acordo com o valor de investimento estimado no Edital de Licitação, por exemplo: hidrelétrica.
- Para concessões com o investimento contínuo, será considerado, antecipadamente, o valor do investimento equivalente aos primeiros cinco anos posteriores à data de assinatura do contrato de concessão, p. ex.: estradas.

O mercado local de títulos de renda fixa, apesar da recuperação pós-crise de 2008, ainda é tímido, concentrado e de prazo curto. Entre 2009 e 2012 foram registradas 129 emissões públicas na Comissão de Valores Mobiliários (CVM), totalizando R$ 199 bilhões, sendo que aproximadamente 65% foram "encarteiradas" pelas instituições responsáveis pela estruturação e distribuição dos títulos. Apenas 35% foram realmente para mercado (Figura 8). Esse mesmo montante, além disso, representou apenas um terço do total dos desembolsos do BNDES, em um período de marcada atuação de política de crédito anticíclico da instituição. Apesar de algumas melhorias no quadro macroeconômico pós-crise e da redução das taxas de juros, a extensão dos prazos pouco evoluiu para configurar um cenário mais estável no financiamento de longo prazo. O prazo médio em 2012 atingiu seis anos nas operações públicas registradas na CVM (Figura 9).

Figura 8 Emissão total de debêntures (R$ bilhões)

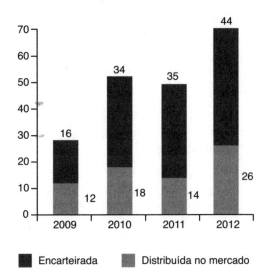

Fonte: SND e BTG PACTUAL.

Figura 9 Emissão pública de debêntures – prazos médios (em anos)

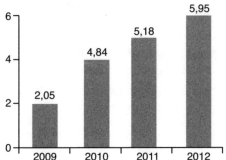

Fonte: SND e BTG PACTUAL.

3.1 Características gerais dos instrumentos incentivados na lei nº 12.431/11

As debêntures incentivadas para financiar investimentos, em especial projetos de infraestrutura, Opex/Capex de mais longo prazo, Pesquisa e Desenvolvimento, Inovação e Infrassocial receberam um tratamento especial do ponto de vista fiscal. Elas isentam de imposto de renda os não residentes e as pessoas físicas nos rendimentos de títulos e valores mobiliários de longo prazo. Para tal, esses títulos (emitidos por empresas ou Sociedades de Propósito Específico — SPE — até dezembro de 2015) devem obedecer a algumas características específicas como:

(i) serem remunerados por taxa de juros prefixada, vinculada a índice de preços ou taxa referência (TR), vedada a pactuação total ou parcial de taxa de juros pós-fixada e, cumulativamente;

(ii) prazo médio superior a quatro anos;

(iii) vedação para a recompra de papel pelo emissor nos dois primeiros anos após a emissão e a liquidação antecipada por meio de resgate ou pré-pagamento;

(iv) inexistência de compromisso de revenda assumido pelo comprador;

(v) prazo de pagamento periódico de rendimentos, se existentes, com intervalos de, no mínimo, 180 dias;

(vi) comprovação de negociação em mercados regulamentados de valores mobiliários e definição de procedimentos simplificados que demonstrem alocação dos recursos nos objetivos definidos.

Além disso, com a aprovação no Congresso, os novos incentivos incorporaram mudanças como:

- as debêntures poderão ser usadas como reembolso de gastos, despesas ou dívidas contraídas até dois anos antes da emissão;

- Certificados de Recebíveis Imobiliários (CRI) de longo prazo também contarão com benefício fiscal;

- redução de percentual mínimo investido por fundos em debêntures de infraestrutura para obter o benefício fiscal de 98% para 67% nos dois primeiros anos e 85% nos demais;

- o investidor não perde o benefício fiscal se o emissor das debêntures não cumprir os requisitos da lei. A empresa está sujeita a multa de 20% sobre o valor que não foi investido no projeto.

A lei também permite que sejam viabilizadas novas formas de captações externas. Da maneira tradicional, como descrito, dado o incentivo para não residentes, é fácil a solução. As outras duas formas mais simples possibilitam encarar a debênture como um investimento direto ou como uma alternativa a um bônus externo. No primeiro caso, uma filial de uma multinacional no Brasil emite debêntures de acordo com os requisitos da lei. Em seguida, a matriz no exterior adquire papéis como se fosse um investidor externo. No segundo caso, a empresa no Brasil emite as debêntures incentivadas. Em paralelo, a subsidiária da empresa no exterior emite um bônus, sendo este bônus adquirido por um investidor estrangeiro. Com esses recursos externos captados na subsidiária, a mesma adquire da empresa no Brasil as debêntures. Obviamente essa e outras estruturas deverão passar pelo crivo regulatório e tributário normal, mas são elementos adicionais de *funding* de longo prazo.

Por último, vale mencionar os esforços do próprio BNDES para estimular a adoção desses títulos incentivados. Preocupado com a carência de recursos *vis-à-vis* o vulto de recursos necessários sem que ele possa atender isoladamente a plenitude dessa demanda, o banco introduziu algumas flexibilizações em suas políticas operacionais. Em primeiro lugar, passou a permitir a compra entre 15% e 30% das debêntures lançadas, alternado um limite que flutuava entre 5% e 20%. Segundo, passou a permitir que o emissor das debêntures compartilhe as mesmas garantias oferecidas para a operação de crédito que a empresa venha a ter com o banco. Por último, permitiu a inclusão de uma cláusula de vencimento antecipado cruzado entre o contrato de financiamento para a SPE e a sua emissão de debêntures. Essas alternativas visaram dar ainda mais demonstrações de segurança para o potencial investidor.

Vale acrescentar que as debêntures ou os títulos incentivados devem ter previamente a aprovação dos seus projetos nos ministérios competentes para serem elegíveis aos benefícios. Para uma primeira visão do processo, o Anexo no final deste artigo elenca aqueles que já foram contemplados no momento da promulgação da nova estrutura até o primeiro trimestre de 2013.

3.2 A lei nº 12.431/11, fundos de investimentos e o novo mercado de renda fixa

A nova lei, em seu artigo terceiro, abriu espaço para a criação de fundos de investimentos em infraestrutura. Dado o universo dessa indústria em termos de regulação, autorregulação e volume sobre administração, acredita-se que esse possa ser um dos maiores atrativos futuros na mobilização de capitais privados para investimentos. Apesar de a regulamentação estar em curso, sendo necessário compatibilizar prazos, critérios de liquidez e precificação dos ativos aceitos, as condições deverão evoluir para a criação de novos instrumentos no mercado de capitais a partir de gestores privados, complementando e ampliando a base da demanda pelos títulos incentivados emitidos. Além disso, os fundos poderão, no futuro, contribuir para ampliar a liquidez desses títulos no mercado secundário, fator importante para disseminar transparência e aumento de volumes nas operações.

Uma das possibilidades também aceita como veículo de investimento refere-se aos fundos de direitos creditórios ou FIDCS, sejam eles adquiridos diretamente por investidores qualificados ou sejam suas cotas negociadas por meio dos próprios fundos de investimentos de infraestrutura acima descritos (cotas de FIDCS são aceitas como ativos desses fundos). Tal modalidade de fundo de investimentos, além de autorregulada pela Anbima, é regulada tanto pela CVM como pelo Conselho Monetário Nacional. Criados em 2001, quase 700 fundos foram registrados até o presente momento, com 368 atualmente em funcionamento, totalizando R$ 75 bilhões de patrimônio. Os FIDCS possuem base consolidada de investidores locais e estrangeiros.

Os FIDCS de infraestrutura são instrumentos de securitização análogos aos CRIs, sendo sua base de ativos constituída de forma pulverizada e com grande nível de controles internos de informação. Atualmente existem somente 13 FIDCS de infraestrutura em funcionamento, com um patrimônio líquido (PL) de R$ 3,5 bilhões, representando menos de 5% do segmento, alguns dos quais criados com prazo de 10 anos, como o caso do FIDC CESP IV, iniciado em 2007 com PL de aproximadamente R$ 1,2 bilhão (o maior da indústria em infraestrutura, seguido pelo da Cedae no Rio de Janeiro), cujo lastro é o Contrato de Comercialização de Energia Elétrica no Ambiente Regulado (CCEAR). Adicionalmente ao exposto, podemos listar algumas características e benefícios dos FIDCS de infraestrutura:

1. Eficácia no financiamento de pequenas e médias empresas pertencentes à cadeia do setor de infraestrutura.

2. Cotas transacionadas em ambientes de negociação reguladas no Cetip ou na Bovespa.

3. Os investidores não se deparam, na maior parte das vezes, com o risco de crédito do cedente, mas sim de grandes empresas ou um risco pulverizado.

4. A securitização consiste no agrupamento de diversos direitos creditórios que podem ser performados ou a performar. Tais direitos não são uniformes e são convertidos em títulos padronizados e negociáveis no mercado de capitais através da cessão de direitos aos instrumentos de securitização.

5. Aproximam-se de estruturas de *Project Finance* sem a necessidade de intermediação bancária exclusiva. Além do exposto no tópico 3, tal instrumento adiciona o conforto da cessão definitiva (*true sale*). Dessa forma, os ativos transferidos estão fora do alcance dos credores do cedente, mesmo em caso de falência.

6. Dado o longo prazo das operações, os investidores podem se proteger, adicionalmente, com estruturas nas quais são emitidas cotas subordinadas, seguros, cessões de direitos acima do montante necessário, aumentos de *spread* e reservas de liquidez.

Por fim, vale mencionar o papel do Novo Mercado de Renda Fixa (NMRF). Criado em 2011, formalmente autorregulado pela Anbima por meio de um código de melhores práticas específico, o NMRF vem se somar ao esforço dos agentes de mercado e do governo para estimular o maior desenvolvimento na emissão de títulos corporativos privados no mercado de capitais.[3] Com uma pauta que privilegia a ampliação do mercado secundário desses títulos por meio de discussões envolvendo alterações tributárias (imposto de renda e IOF), tesourarias dos grandes bancos (revisão de compulsório sobre depósitos à vista e a prazo; descontos de Basileia e Operações Compromissadas realizadas com o Banco Central) e o próprio BNDES (política de aquisição de ativos, compartilhamento de garantias, alavancagem com créditos concedidos, criação de fundos de liquidez e uso da carteira com empréstimos de ativos, entre outras iniciativas), o NMRF serve certamente como complemento e estímulo às emissões das debêntures incentivadas pela Lei nº 12.431/11. Quanto maior a adoção de prazos longos, indexadores prefixados ou de inflação e mercado secundário ativo, maiores as chances de essa combinação resultar em maior captação para títulos longos. O aprofundamento do NMRF implica na ampliação das chances da Lei nº 12.431/11 de se tornar um efetivo mecanismo de financiamento para projetos de longa maturação.

---

[3] Código Anbima de Regulação e Melhores Práticas para o Novo Mercado de Renda Fixa.

3.3 Os primeiros resultados

Até março de 2013, foram realizadas dez emissões pela Lei nº 12.431/11, totalizando R$ 4,2 bilhões, sendo seis de acordo com o artigo. 2º (infraestrutura) e quatro de acordo com o artigo 1º (CAPEX), conforme ilustrado no quadro-resumo a seguir, em que estão descritos prazos, indexadores, remunerações e critérios de distribuição.

Quadro 3 Títulos privados de renda fixa (Lei nº 12.431/11). Ofertas realizadas até o 1º trimestre de 2013

Emissões de ativos incentivados - Lei nº 12.431/11

Código do ativo	Empresa	Prazo (anos)	Volume isento (R$MM) Emitidos	Volume isento (R$MM) Mercado	Remuneração	ICVM
Art. 2º (infraestrutura)						
ANHB24	CCR AutoBan S.A.	5	135	135	IPCA + 2,71	400
CART12	Concessionária Auto Raposo Tavares S.A.	12	380	372	IPCA + 5,8	400
FERR18	ALL - América Latina Logística Malha Norte S.A.	8	160	160	Prefixado 10,1%	476
LTMC12	Linhas de Transmissão Montes Claros S.A.	17	25	25	IPCA + 8,75%	476
SAES12	Santo Antonio Energia S.A.	9	420	420	IPCA + 6,2%	476
IEMD12	Interligação Elétrica do Madeira S.A.	13	350	135	IPCA + 5,5%	476
Subtotal				1247		
Art. 1º (CAPEX)						
BEEF13	Minerva S.A.	10	450	450	Prefixado 16,95%	476

(Continua)

Quadro 3 Títulos privados de renda fixa (Lei nº 12.431/11). Ofertas realizadas até o 1º trimestre de 2013 (continuação)

Código do ativo	Empresa	Prazo (anos)	Volume isento (R$MM)		Remuneração	ICVM
OGXP11	OGX Petróleo e Gás S.A.	10	2.100	2.025	Prefixado 10,5%	476
RCNE22	Rio Canoas Energia S.A.	12	75	75	IPCA + 7,89%	476
BRML13	BR Mall Participações S.A.	11	420	364	Prefixado 13,49%	476
Subtotal				2914		
Total				4161		

Fonte: Anbima e anúncios de encerramento.

No Novo Mercado de Renda Fixa, as ofertas totalizaram R$ 3,1 bilhões, em que apenas três companhias reuniram as condições para serem registradas (Quadro 4). Apesar de resultados tímidos, as expectativas de que esse ambiente se altere têm crescido entre os agentes privados e o governo. Vale continuar um esforço de aprofundamento e aprimoramento do regulador e dos entes privados. O potencial de recursos desses é, de todos, o mais representativo para os próximos. Em um segmento em que o total da indústria de fundos acumula ativos superiores a R$ 2,0 trilhões, as debêntures representam menos de 5% desse total.

4 Velhos e novos atores: o mercado acionário e o mercado de *private equity* nos investimentos de infraestrutura

4.1 Empresas de concessões rodoviárias e logística listadas em bolsa: uma alternativa viável

No Brasil, a participação de empresas listadas de Infraestrutura e Concessões é uma realidade antiga, sendo que as primeiras estiveram cotadas desde os fins do século XIX, no final ainda do Brasil Império.

Quadro 4 Títulos privados de renda fixa no novo mercado de renda fixa – Ofertas realizadas até o 1º trimestre de 2013

Debêntures registradas no NMRF da Anbima

Emissão	Código do ativo	Séries Total	Séries NMRF	Volume (R$MM) Total	NMRF	Prazo	Remuneração	Distribuição	Status
3ª CEMIG Geração e Transmissão	CMTR23	3	2a	1.350	870,00	7 anos	IPCA	ICVM 400	Registrada
	CMTR33		3a			10 anos	IPCA		
	BNDP16		1a			4 anos	Prefixada		
6ª BNDESPAR	BNDP26	3	2a	2.000	2.000,00	4 anos	TJ3	ICVM400	Registrada
	BNDP36		3a			7 anos	IPCA		
2ª Algar	ALGA22	2	2a	293,99	232,60	7 anos	IPCA	ICVM400	Registrada
		3	2a			6 anos	IPCA		
3º CEMIG Distribuição			3a	1.600		8 anos	IPCA	ICVM400	Registrada*
2ª Eletrobras		3	Todas	2.000				ICVM400	Em análise
3ª TAESA		2	2a e 3a	1.600				ICVM 400	Perdeu selo**
Total NMRF					**3.102,60**				

*Selo sujeito à observação do critério de pulverização.
**O ativo segue as características do NMRF, mas não atingiu a pulverização mínima exigida na distribuição.
Fonte: Anbima e anúncios de encerramento.

Tradicionalmente, o mercado acionário de capitais sempre esteve presente na alavancagem de recursos privados nos mais diversos setores como Energia – talvez um dos mais antigos –, mas também, nos últimos anos, nos segmentos de Portos, Saneamento, Transportes e Logística. No Brasil, mesmo com um número ainda reduzido de companhias listadas em bolsa, a capitalização de mercado de empresas de infraestrutura é significativa.

Dada a demanda por recursos, a experiência recente no Brasil de empresas nos segmentos de concessões rodoviárias e logística na bolsa vale ser detalhada. A primeira empresa brasileira que estreou no Novo Mercado da Bovespa foi a CCR em fevereiro de 2002, justamente a mesma que participou dos primeiros bem-sucedidos leilões das rodovias paulistas no final dos anos 1990. Seguidas por outras empresas do segmento como a OHL (hoje, após a mudança de controle, renomeada Arteris) em 2005 e a Ecorodovias em 2010. No segmento de transporte ferroviário, a ALL Logística consolidou sua posição como a maior empresa privada do ramo, vindo abrir seu capital em meados de 2004. Tais empresas, signatárias de elevados níveis de governança corporativa, vêm conseguindo acesso crescente no mercado de capitais local, tanto em distribuições públicas de ações como de dívida, em especial após a realização da abertura de capital.

Nas Figuras 10 e 11 e no Quadro 5 é possível verificar que, em um período inferior a 12 anos, foram captados no mercado de capitais em distribuições públicas dessas quatro empresas (CCR, Arteris, Ecorodovias e ALL Logística) recursos na forma de ações (ofertas públicas iniciais, *follow on*, operações primárias e secundárias) e títulos de dívida no Brasil que montaram R$ 22,4 bilhões, 20% em ações ou R$ 4,5 bilhões, sendo R$ 3 bilhões em oferta primária e os restantes 80% em debêntures e outros títulos de dívida. O acesso a esses recursos exclui outras captações adicionais na forma de *private placement*, fundos de *private equity*, créditos bancários tradicionais ou emissões externas de *bonds*. O importante é que, com a listagem dessas empresas em bolsa, a disponibilidade de oferta de *funding* se ampliou, tornando as companhias menos dependentes do crédito bancário público ou privado.

O fato que tais companhias ou outras que porventura venham a acessar esse mercado tenham essa perspectiva modifica o quadro de expansão do investimento privado nesses setores. O histórico de atratividade dessas empresas no mercado é também um fato a se levar em conta. Desde a abertura de capital da CCR, suas ações decuplicaram em valor, sendo que, só nos últimos três anos, as concessionárias listadas mais do que duplicaram seu valor, índices substancialmente superiores ao índice composto Ibovespa.

Figura 10 Captações de debêntures (R$ milhões)

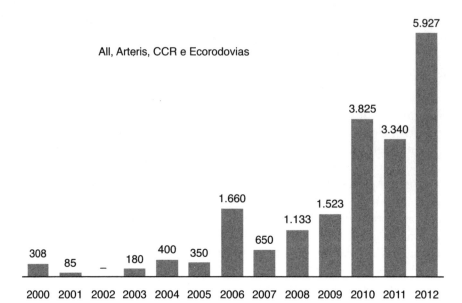

Fonte: CVM.

Figura 11 Captações de debêntures no período de 2000 a 2012 (R$ milhões)

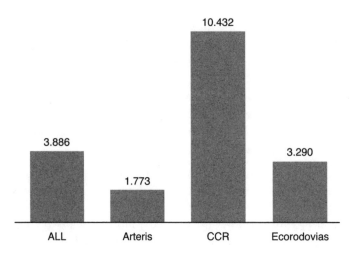

Fonte: CVM.

Quadro 5 Captações em ações no período de 2002 a 2010

Tipo de captação	Empresa	Data	Total (R$ mil)	Primário (F$MM)	Secundária (R$MM)
IPO	CCR	fev/02	R$ 305.300	R$ 305.300	R$ –
FO	CCR	abr/04	R$ 330.000	R$ 330.000	R$ –
IPO	ALL	jun/04	R$ 534.750	R$ 267.375	R$ 267.375
FO	ALL	mar/05	R$ 573.398	R$ –	R$ 573.398
IPO	OHL Brasil (Arteris)	jul/05	R$ 431.304	R$ 135.000	R$ 296.304
FO	CCR	out/09	R$ 1.098.900	R$ 1.098.900	R$ –
IPO	Ecorodovias	mar/10	R$ 1.189.590	R$ 874.000	R$ 315.590

Fonte: CVM/Prospectos.

Apesar dos níveis elevados de investimentos dessas empresas nos últimos anos e das incertezas regulatórias nos programas futuros de concessão (em alguns casos, até em renegociações de programas passados), seus índices de alavancagem permanecem sob controle, indicando a possibilidade de expansões futuras via endividamento. As margens brutas setoriais permanecem atrativas, em torno de 50%, e as líquidas em torno de 15% (Figuras 12 e 13). Projetos futuros, se bem modelados e com níveis corretos de custo e prazo de financiamento, tendem a atrair mais recursos de investidores em ações, como também de dívida no mercado de capitais.

4.2 Os fundos de investimento em participações na infraestrutura

No Brasil, o segmento de *private equity* vem ganhando importância nos últimos dez anos. A regulamentação dos Fundos de Investimentos em Participação com o lançamento da Instrução 391/CVM em 2003 solidificou a indústria e abriu espaço para investimentos em novos setores, incluindo os de infraestrutura. Dados recém-compilados pela base de dados Anbima/ABVCAP[4] para

---

[4] Código ABVCAP/Anbima de Regulação e Melhores Práticas para o Mercado de FIP e FIEE.

Figura 12 Margem líquida/Ebitda

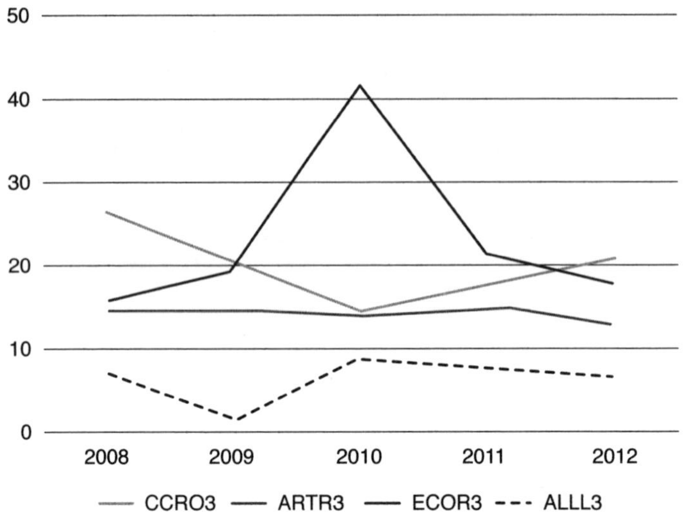

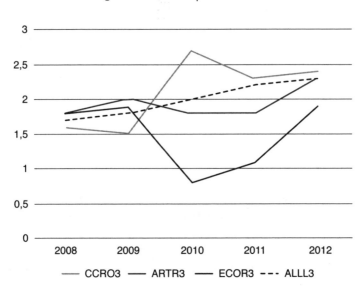

Fonte: Economática.

Figura 13 Dívida líquida/Ebitda

Fonte: Economática.

os anos 2011 a 2012, ilustrados na Figura 14 abaixo, ressaltam a relevância dos investimentos em infraestrutura em termos de capital comprometido ou efetivamente investido. Esses recursos, somados aos dados de investimentos em energia, transporte e logística, perfazem mais de um terço da indústria. Pela mesma base de informações, metade dos recursos comprometidos e investidos de R$ 83 bilhões no país já é de capital estrangeiro.

Hoje já existem no país mais de 500 veículos de investimentos cadastrados, com mais de 200 gestores especializados. Esses dados colocam o Brasil entre os mais importantes destinos dos países emergentes e como o principal ator da América Latina no segmento.[5]

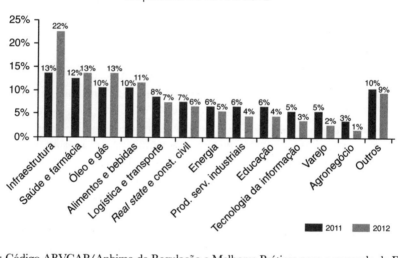

Figura 14 Fundos de investimentos em participações por setor no período de 2011 a 2012

Fonte: Código ABVCAP/Anbima de Regulação e Melhores Práticas para o mercado de FIP e FIEE – base de dados.

A captação desses recursos, no caso brasileiro, vem recebendo o reforço de instituições públicas com a complementação de políticas de investimento do BNDES e da Caixa Econômica Federal, essa em especial como gestora dos Fundos de Investimento em Infraestrutura (FI-FGTS). A preocupação do governo em suprir *funding* de longo prazo vem acelerando tais opções, ainda que de forma muitas vezes questionável pelo foco adotado, pela escolha de

---

[5] Três quartos dos recursos captados nos anos 2011 a 2012. Fonte: EMPEA Industry Statistics.

projetos e pela transparência dos investimentos.[6] A combinação desse montante de recursos de capital de risco (*equity*) com outras formas de investimento direto alavanca outras parcelas de recursos dos projetos. Hoje, uma parte importante desses recursos entra nos primeiros fluxos de CAPEX dos projetos, etapa crucial e normalmente de difícil financiamento, via os mecanismos tradicionais de crédito. Quanto menor a participação "pura" das estruturas de *project finance*, maior a demanda por desembolsos diretos de investimentos via *equity* para garantir o financiamento bancário ou de mercado de capitais (redução do risco primário).

O segundo fator virtuoso de um aumento da parcela de capital de risco em projetos dessa natureza é o estímulo que tais investidores acrescentam em termos de governança e controle, além do interesse dos mesmos no acesso ao mercado de capitais para fins de *way out* futuro do investimento inicial.

Conclusão

O artigo aborda sucintamente a necessidade do estabelecimento de *funding* de longo prazo, tanto no Brasil como a nível internacional, no intuito de garantir condições duradouras e estáveis para os investimentos de infraestrutura. Parte dessa solução passa pela combinação de investimentos de origem pública com parcerias privadas. Concessões de serviços públicos e parcerias público-privadas necessitam de prazos adequados de financiamento, dado o montante dos investimentos e a longevidade de maturação dos investimentos. Poucos países possuem estruturas maduras de *project finance*, mercados bancários com crédito de longa maturação e mercados de capitais desenvolvidos. A crise de 2008 e as reformas regulatórias advindas desta tornaram ainda mais custosas as estruturas de *funding* de longa maturação, em especial pela necessidade de requerimento e comprometimento de capital das instituições financeiras.

O Brasil, apesar de poder contar com financiamentos de bancos públicos lastreados parcialmente em poupança compulsória, em especial o BNDES, e possuir um sistema financeiro privado sólido e pouco alavancado, não garantiu ainda condições suficientes para dar conta da demanda potencial de financiamentos para investimentos em infraestrutura nos próximos anos. Distintamente de outros países, o país não possui uma cultura bancária

---

[6] Para uma discussão mais aprofundada sobre o papel dos bancos públicos ver Pinheiro; Oliveira Filho (2007).

estabelecida de financiamento de projetos nem um mercado de capitais ou de securitizações suficiente para suprir tal lacuna. Entretanto, o arcabouço regulatório e autorregulatório atual de instrumentos financeiros sinaliza um cenário mais promissor.

Para garantir um encaminhamento mais eficiente em termos de volumes e *pricing*, que atraia a vinda de novos investidores de *equity* e a dívida para os mercados de capitais (público ou privado), estruturas de securitização e crédito bancário de maior maturidade (local ou estrangeiro) são necessários para atacar o conjunto inicial de pontos abaixo:

1. **Do lado do setor público**: redução do risco político ao estabelecer fontes sólidas de recursos em Edital para fazer frente às obrigações pecuniárias do parceiro público; adequação clara à Lei de Responsabilidade Fiscal diante do orçamento dos investimentos; Constituição de Fundos Garantidores ou outras garantias com base em ativos líquidos e de fácil execução; inclusão de cláusulas de *cross default* entre financiamentos tomados, em especial para estados e municípios, e obrigações de contraprestação de PPPs; regras transparentes que garantam o equilíbrio financeiro dos projetos e das concessões, bem como o processo de renovação; adequação nas licitações de projetos bem definidos com cronogramas e projeções de demanda e investimentos realistas; clareza na legislação sobre o chamado *step-in-right* para os financiadores dos projetos; liberalização de amarras regulatórias para que as instituições financeiras atuem ativamente como *market makers* de valores mobiliários de dívida corporativa.

2. **Do lado do setor privado**: maior capacitação na avaliação de projetos em concessões públicas por parte das instituições financiadoras, em especial nas áreas de crédito; desenvolvimento de um mercado segurador mais abrangente e atuante desde o início dos processos licitatórios e não somente no momento da apresentação das propostas – a mensuração correta de riscos com o desenho de seguros apropriados reduz o risco e o custo financeiro final; separação e definição do que é o risco de engenharia dos riscos da operação, permitindo clareza no desenvolvimento de securitizações para o mercado de capitais; desenvolvimento e estímulo do mercado secundário de valores mobiliários para dívidas privadas com maior atuação das tesourarias das instituições financeiras; desenho de produtos financeiros (fundos de investimentos) lastreados em títulos privados de longa maturação.

É sabido que esses processos não são triviais e necessitam de um grande arranjo institucional, de tal forma que o setor público reduza as chamadas incertezas jurisdicionais. A governança não cabe unicamente ao setor privado, mas necessita de um forte alinhamento de objetivos com os governos em todas as esferas. Vale ressaltar que nenhum mecanismo privado de financiamento de longo prazo, conforme descrito nas seções anteriores, será desenvolvido sem uma perspectiva saudável do equilíbrio financeiro do setor público. Desajustes fiscais contínuos são percebidos, no curto prazo, como falta de poupança pública, baixa capacidade financeira dos estados e, portanto, riscos de comprometimento de contrapartidas. No longo prazo, os desajustes são vistos como riscos de insolvência, custos financeiros elevados e incapacidade de execução dos compromissos. Alavancar as PPPs e as concessões de uma forma geral, no mercado de capitais e nos demais agentes privados, requer uma economia estável e o mínimo de organização dos agentes públicos. O Brasil desenvolveu, nos últimos anos, uma história capaz de dar conta desse desafio. A institucionalidade de seu mercado financeiro e a solidez de suas instituições responderão aos estímulos e às recomendações listadas. Cabe aos governos, sem ideologias e com competência, abrir o caminho para destravar esse grande volume privado de recursos, encapsulados hoje em ativos de curto prazo.

Anexo

Projetos autorizados - Artigo 2º da Lei nº 12.431/11

Data da portaria	Empresa	Ministério
22.03.2012	Concessionária Rodovias do Tietê S.A.	Ministério dos Transportes
26.06.2012	Linhas de Transmissão Montes Claros S.A.	Ministério das Minas e Energia
03.07.2012	Empresa de Transmissão Timóteo-Mesquita S.A.	Ministério das Minas e Energia
03.07.2012	Norte Energia S.A. (UHE de Belo Monte)	Ministério das Minas e Energia
15.08.2012	Concessionária Rota das Bandeiras S.A.	Ministério dos Transportes
24.08.2012	Supervia Concessionária de Transporte Ferroviário S.A.	Ministério dos Transportes

(Continua)

Projetos autorizados - Artigo 2º da Lei nº 12.431/11 (Continuação)

Data da portaria	Empresa	Ministério
24.08.2012	ALL Malha Norte S.A.	Ministério dos Transportes
13.09.2012	AutoBan S.A.	Ministério dos Transportes
17.09.2012	Transporte Energia	Ministério das Minas e Energia
03.10.2012	Santo Antônio Energia S.A.	Ministério das Minas e Energia
03.10.2012	Ferreira Gomes S.A.	Ministério das Minas e Energia
26.10.2012	Concessionária Auto Raposo Tavares S.A.	Ministério dos Transportes
31.10.2012	Geração Céu Azul S.A. (UHE Baixo Iguaçu)	Ministério das Minas e Energia
20.12.2012	Eólica Cerro Chato IV S.A.	Ministério das Minas e Energia
20.12.2012	Eólica Cerro Chato IV S.A.	Ministério das Minas e Energia
20.12.2012	Eólica Cerro Chato IV S.A.	Ministério das Minas e Energia
20.12.2012	Eólica Ibirapuã S.A.	Ministério das Minas e Energia
10.01.2013	Eólica Geribatu I S.A.	Ministério das Minas e Energia
10.01.2013	Eólica Geribatu II S.A.	Ministério das Minas e Energia
10.01.2013	Eólica Geribatu III S.A.	Ministério das Minas e Energia
01.02.2013	Eólica Geribatu IV S.A.	Ministério das Minas e Energia
17.01.2013	Eólica Geribatu V S.A.	Ministério das Minas e Energia
17.01.2013	Energia Sustentável do Brasil S.A.	Ministério das Minas e Energia
04.02.2013	Eólica Geribatu VI S.A.	Ministério das Minas e Energia
04.02.2013	Eólica Geribatu VII S.A.	Ministério das Minas e Energia
04.02.2013	Eólica Geribatu VIII S.A.	Ministério das Minas e Energia
04.02.2013	Eólica Geribatu IX S.A.	Ministério das Minas e Energia
04.02.2013	Eólica Geribatu X S.A.	Ministério das Minas e Energia
05.03.2013	Interligação Elétrica do Madeira S.A.	Ministério das Minas e Energia
25.03.2013	Concessionária Ecovias dos Imigrantes S.A.	Ministério dos Transportes

BIBLIOGRAFIA

BONOMI, C. A.; MALVESSI, O. **Project finance no Brasil**: Fundamentos e estudo de casos. São Paulo: Atlas, 2002.

BREALEY, R. A.; MYERS, S. C. **Principles of corporate finance**. Nova York: McGraw-Hill, Inc., 1991.

COPELAND, T. E.; WESTON, J. F. **Financial theory and corporate policy**. Boston: Addison-Wesley Publishing Company, 1988.

GROUP OF THIRTY. **Long-term finance and economic growth**: working group on long-term finance. Washington, 2013.

MCKINSEY GLOBAL INSTITUTE **The emerging equity gap**: growth and stability in the new investor landscape. Dezembro, 2011.

_____. **Infrastructure productivity**: How to save $1trillion a year? 2013.

PINHEIRO, A. C.; OLIVEIRA FILHO, L. C. **Mercado de capitais e bancos públicos**: Análise e experiências comparadas. Rio de Janeiro: Contra Capa, 2007.

Contratação de serviço de consultoria

VERA MONTEIRO

Este texto apresenta uma proposta de alteração da Lei nº 8.666/93 (Lei de Licitações) para viabilizar a contratação de serviços de consultoria, auditoria, elaboração de pareceres técnicos e trabalhos predominantemente intelectuais à Administração.

A proposta pretende dar à Administração a possibilidade de escolher o prestador dos citados serviços por meio de procedimento licitatório que se inicie com pedido de apresentação de propostas a convidados identificados em uma *short list* e que pode ser decidido pela avaliação do melhor custo-benefício oferecido ao contratante. A legislação vigente não autoriza tal procedimento.

A nova regra, se adotada, poderá ser utilizada sempre que estiverem envolvidos serviços predominantemente intelectuais e o vínculo de confiança na relação entre a Administração e o contratado for determinante para a execução dos serviços. Seu objetivo imediato é superar um dos gargalos na implantação de infraestrutura no país: a contratação de consultoria econômica, financeira e jurídica para a estruturação de projetos de concessão e revisão dos marcos legais setoriais. A participação de consultorias multidisciplinares, com alta qualificação técnica, tem se mostrado relevante para a concretização, com sucesso, de investimentos públicos e privados em infraestrutura por meio de contratos de longo prazo, em especial os de concessão.

A legislação brasileira sobre contratações administrativas prevê dois tipos de procedimento para realizar qualquer contratação pública: a *contratação mediante licitação pública*, que é a regra geral, cuja raiz está no artigo 37, XXI da Constituição Federal; e a *contratação direta, sem licitação*, que constitui a exceção, prevista nos artigos 24 e 25 da Lei de Licitações. Em se tratando de contratação direta, cabe a sua realização *mediante processo de dispensa* (art. 24) ou de *inexigibilidade de licitação* (art. 25), conforme o caso.

A contratação direta por *dispensa de licitação* (art. 24) é possível apenas nas hipóteses específicas previstas em lei. A dispensa difere da inexigibilidade de licitação, cuja característica é a inviabilidade de disputa. Nas hipóteses de dispensa, o que ocorre é que a disputa, *em tese*, até seria viável, mas a lei permitiu que fosse dispensada porque fez uma opção por privilegiar determinado objetivo em lugar de assegurar a competição privada por negócios com o Estado. Nas hipóteses de dispensa, os objetivos eleitos foram avaliados pelo legislador como de tão significativa e elevada importância que ele decidiu permitir que fossem perseguidos diretamente, sem abertura de processo licitatório.

Já a contratação direta por *inexigibilidade de licitação* (art. 25) tem cabimento quando é inviável a competição entre os interessados em contratar. As razões da inviabilidade são variadas, entre as quais se destacam a existência de um único prestador de serviço ou a necessidade administrativa de *serviços técnicos* e de natureza *singular* prestados por profissionais notoriamente especializados.

A Lei nº 8.666/93 qualifica como *serviço técnico* as "assessorias ou consultorias técnicas e auditorias financeiras ou tributárias" (art. 13, III). Mas o traço da *singularidade*, aferível caso a caso para o enquadramento da hipótese de inexigibilidade de licitação, tem sido alvo de disputa. De um lado, estão os órgãos de controle, que desafiam a autorização para contratação direta de tais serviços e questionam, administrativa e judicialmente, as contratações feitas sem licitação. De outro, está a Administração e os contratados, receosos com a falta de segurança provocada pela divergência.

É fato que o Supremo Tribunal Federal (STF) em algumas oportunidades ressaltou, ao tratar de questão similar, a inexistência do dever de licitar quando presentes os requisitos da relevância do trabalho contratado, da confiança entre a Administração e o contratado e da notória especialização do prestador de serviço.[1] Mas o tema ainda está longe de consenso, tanto na esfera judicial quanto administrativa. Apesar de o STF ter indicado, em alguns casos,

---

[1] Recurso Ordinário em Habeas Corpus 72.830-8/RO, rel. Min. Carlos Velloso, 2ª Turma, j. 24/10/1995; Recurso Extraordinário 466.705-3/SP, rel. Min. Sepúlveda Pertence, 1ª Turma, j. 14/03/2006, Ação Penal 348-5/SC, rel. Min. Eros Grau, Tribunal Pleno, j. 15/12/2006; e no Habeas Corpus 86.198-9/PR, rel. Min. Sepúlveda Pertence, 1ª Turma, j. 17/04/2007.

a legalidade da contratação de consultoria sem licitação quando presentes os requisitos anteriormente indicados, o alto risco de judicialização da contratação direta é um entrave a ser superado.

Se a letra do artigo 25, combinada com o artigo 13, da Lei nº 8.666/93 não tem sido suficiente para embasar a contratação direta, a proposta é inserir um dispositivo que promova segurança para a Administração e o prestador do serviço. Uma alternativa seria inserir mais um inciso no artigo 24 e qualificar a contratação do serviço de consultoria como nova hipótese de dispensa de licitação. Apesar de viável juridicamente, a solução incomoda pela falta de parâmetros para fundamentar a escolha. Os órgãos de controle têm razão quando dizem que os serviços aqui tratados fazem parte de um mercado competitivo, tornando-se conveniente a competição para justificar a contratação. Por isso, ainda que a lei permita a contratação direta, é útil a proposta que aqui se faz de realização de procedimento competitivo prévio à contratação de tais serviços, a ser decidido com base em critérios que permitam a avaliação do melhor custo-benefício à Administração.

A proposta não é substituir a hipótese de inexigibilidade pela obrigatoriedade de licitação na modalidade de concorrência que, mesmo se processada pelo critério da técnica e preço, não permite à Administração escolher o universo de participantes. A proposta é institucionalizar o procedimento que o Banco Mundial utiliza em tais casos, conhecido como "carta-convite", que é o mecanismo pelo qual consultores escolhidos em razão de sua experiência e relação de confiança com o órgão licitante são convidados a apresentar seu preço e sua forma de enfrentamento do problema e, afinal, escolhidos pelo critério do melhor custo-benefício ao contratante. É a mesma lógica da licitação na modalidade de convite da Lei nº 8.666/93, com as seguintes peculiaridades: o valor estimado da contratação não estaria limitado a R$ 80.000,00 (art. 23, II) e a seleção seria feita, preferencialmente, pelo critério da técnica e preço, de modo a prestigiar o melhor custo-benefício para a Administração.

A carta-convite do Banco Mundial assemelha-se à "consulta" da ANATEL. Criada pelo artigo 58 da Lei nº 9.472/97, e regulamentada pelos artigos 14 a 16 de seu Regulamento de Contratações, a consulta é procedimento licitatório próprio para a contratação de serviços de consultoria no âmbito da Agência. Reconhece que o serviço é licitável, como querem os órgãos de controle, sem, contudo, impor a regra do menor preço e abrir a disputa a qualquer um.

A solução delega a uma comissão de especialistas a tarefa de realizar uma escolha assumidamente subjetiva. É semelhante, nesse aspecto, à licitação por concurso (art. 51, § 5º). É natural que a Administração, considerando suficientes os elementos técnicos que houver definido, exerça ela própria a competência de eleger o adequado prestador dos serviços.

No mais, a proposta segue o conceito mais amplo adotado no Regime Diferenciado de Contratações Públicas – RDC (Lei nº 12.462/11, art. 9º, § 2º, III; e art. 20, § 1º) para cabimento da licitação do tipo técnica e preço, quando comparado ao regime da Lei nº 8.666/93 (art. 46).

A seguir, a proposta de alteração da Lei nº 8.666/93.

ANTEPROJETO DE LEI

Lei nº   , de

Altera a Lei nº 8.666, de 21 de junho de 1993.

O Presidente da República. Faço saber que o Congresso Nacional decreta e eu sanciono a seguinte Lei:

Art. 1º. A Lei nº 8.666/93, de 21 de junho de 1993, passa a vigorar com as seguintes alterações:

"Art. 13. ....

§ 1º. Ressalvados os casos de inexigibilidade de licitação, os contratos para a prestação de serviços técnicos profissionais especializados deverão, preferencialmente, ser celebrados mediante a realização de concurso com estipulação prévia de prêmio ou remuneração, ou mediante a realização do convite de que trata o § 10 do art. 22." (NR)

"Art. 22. ....

§ 10. O convite também poderá ser utilizado para a contratação de serviços de consultoria, de auditoria, de elaboração de pareceres técnicos e de trabalhos predominantemente intelectuais à Administração, qualquer que seja o seu valor, aplicando-se as seguintes regras:

I - serão convidados ao menos 3 (três) pessoas, físicas ou jurídicas, de elevada qualificação, para apresentarem propostas;

II - na fase preparatória a autoridade competente aprovará a lista de pessoas a serem chamadas a apresentar propostas, bem como a composição da comissão que as avaliará e os critérios de aceitação e julgamento das propostas;

II - a comissão será constituída de pelo menos três pessoas de elevado padrão profissional e moral, servidores ou não, devendo sua indicação ser justificada nos autos, apontando-se sua qualificação;

III - os convidados, cuja escolha deverá ser amplamente justificada nos autos, inclusive com os elementos indicativos de sua habilitação jurídica, qualificações técnica e econômico-financeira e regularidade fiscal, cuja verificação deverá ser feita na fase preparatória, como requisito de inclusão na lista de convidados, serão convocados por qualquer meio seguro, tais como correio e telecomunicação, sempre com comprovante de recebimento;

IV - a convocação deve conter definição clara e completa do objeto, dos critérios de aceitação e de julgamento das propostas, das sanções pelo inadimplemento, das cláusulas do contrato, bem como a indicação do dia, hora e local para entrega das propostas;

V - a convocação fixará prazo razoável e suficiente para os interessados formularem suas propostas, que não será inferior a cinco dias úteis;

VI - uma cópia da convocação será publicada na página eletrônica do órgão licitante, para conhecimento geral;

VII - o recebimento e abertura dos envelopes serão feitos em sessão pública, na data designada na convocação;

VIII - a comissão decidirá com independência e imparcialidade, devendo seus membros proferir votos individuais fundamentados por escrito;

IX - contra a decisão da comissão que indicar o vencedor e a ordem de classificação dos demais convidados, caberá recurso, com efeito suspensivo, em três dias úteis contados da intimação da decisão, concedendo-se aos demais igual prazo para contrarrazões;

X - não se aplica o disposto nos parágrafos 3º, 6º e 7º deste artigo ao convite para a contratação dos serviços tratados no presente parágrafo."

"Art. 23. ....

III – Para a contratação de serviços de consultoria, de auditoria, de elaboração de pareceres técnicos e de trabalhos predominantemente intelectuais poderá se aplicar a modalidade convite, nos termos do § 10 do art. 22 desta Lei."

Art. 2º. Esta Lei entra em vigor na data de sua publicação.

Sobre os autores

Armando Castelar Pinheiro é coordenador de Economia Aplicada do Instituto Brasileiro de Economia/Fundação Getulio Vargas (IBRE/FGV) e professor do Instituto de Economia da Universidade Federal do Rio de Janeiro (UFRJ). Trabalhou como analista da Gávea Investimentos, pesquisador do Instituto de Pesquisa Econômica Aplicada (IPEA) e chefe do Departamento Econômico do Banco Nacional de Desenvolvimento Econômico e Social (BNDES). Castelar é doutor em Economia pela University of California, Berkeley, mestre em Estatística (Instituto de Matemática Pura e Aplicada – IMPA) e Administração de Empresas (COPPEAD) e engenheiro eletrônico pelo Instituto Tecnológico de Aeronáutica (ITA). É membro do Conselho Superior de Economia da Federação das Indústrias do Estado de São Paulo (FIESP) e escreve colunas mensais para os jornais *Valor Econômico* e *Correio Braziliense*.

Bruno Cara Giovannetti é professor doutor do Departamento de Economia da FEA-USP. Possui Ph.D. em Economia pela Columbia University, mestrado em Economia pela Universidade de São Paulo e graduação em Administração de Empresas pela Fundação Getulio Vargas (FGV). Suas áreas de pesquisa são Economia Financeira (*Asset Pricing*) e Econometria Aplicada. Atualmente é secretário executivo adjunto da Sociedade Brasileira de Econometria (SBE), biênio 2012-2013.

Bruno Ramos Pereira é bacharel em Direito pela Pontifícia Universidade Católica de São Paulo (PUC-SP), em 2003, e mestre em Direito Constitucional pela Universidade de São Paulo (USP), em 2009. Foi coordenador da Escola de Formação da Sociedade Brasileira de Direito Público (SBDP), em 2005. Atuou como pesquisador do GVlaw, Programa de Educação Continuada e Especialização da Escola de Direito de São Paulo da

Fundação Getulio Vargas (2006-2008). Atuou como assessor de diretoria da Sabesp (Companhia de Saneamento Básico do Estado de São Paulo), onde colaborava com as atividades da Superintendência Jurídica. Atualmente, é advogado no escritório de advocacia Barbosa e Spalding Advogados. Atua também como consultor em projetos de infraestrutura junto à Fundação Instituto de Pesquisas Contábeis, Atuariais e Financeiras (FIPECAFI). É coordenador do portal PPP Brasil (www.pppbrasil.com.br).

César Mattos é mestre em Economia pela Pontifícia Universidade Católica do Rio de Janeiro (PUC-Rio) e doutor em Economia pela Universidade de Brasília (UnB). Foi secretário adjunto de Assuntos Internacionais no Ministério da Fazenda e conselheiro do Conselho Administrativo de Defesa Econômica (CADE). É consultor legislativo da Câmara dos Deputados na área de economia.

Cláudio R. Frischtak é presidente da Inter.B - Consultoria Internacional de Negócios, diretor de país do International Growth Center (London School of Economics e Oxford University). Foi ainda principal economista da área de indústria e energia do Banco Mundial (1984-1991) e professor adjunto na Georgetown University (1987-1990), tendo feito sua pós-graduação na Universidade de Campinas (1976-1978) e na Stanford University (1980-1984). Com mais de 100 publicações (dentre livros editados, artigos acadêmicos e relatórios de pesquisa), é membro do *Think Tank-20* do Brookings Institution e de conselhos de diversas instituições.

Denisard Cneio de Oliveira Alves é professor titular da Universidade de São Paulo (USP). Graduado pela Faculdade de Economia, Administração e Contabilidade da Universidade de São Paulo (FEA-USP), concluiu o mestrado e o doutorado em Economia, ambos pela Yale University. Denisard foi research associate da Brooking Institution em Washington, EUA, visiting fellow na Yale University, visiting professor na University of Notre Dame, no Colorado College e no Department of Economics and Business. Atuou na Secretaria de Finanças da Prefeitura de São Paulo, foi vice-presidente do Banco do Estado de São Paulo e chefe do Departamento de Economia (FEA-USP). Tem realizado diversas consultorias de parcerias público-privadas nos segmentos de resíduos sólidos e transportes em vários municípios pelo país. É autor de diversas publicações.

Edmar Bacha é diretor do Instituto de Estudos de Política Econômica - Casa das Garças (IEPE/CdG), no Rio de Janeiro. Em 1993-1994 foi membro da equipe econômica do governo, responsável pelo Plano Real. Consultor sênior do Banco Itaú BBA entre 1996 e 2010. Foi presidente do BNDES, do IBGE e da ANBID, e professor de Economia na PUC-Rio, Escola de Pós-Graduação em Economia (EPGE/FGV), UnB, UFRJ, Columbia, Yale, Berkeley e Stanford. É bacharel em Economia pela Universidade Federal de Minas Gerais (UFMG) e doutor em Economia pela Yale University.

Elena Landau é economista e advogada formada, em ambos os cursos de graduação, pela Pontifícia Universidade Católica do Rio de Janeiro (PUC-Rio), onde também recebeu o título de mestre em Economia. Foi professora do Departamento de Economia dessa instituição e da Faculdade de Direito da FGV/RJ. Foi assessora econômica da presidência do Partido da Social Democracia Brasileira (PSDB), diretora do BNDES, consultora e diretora jurídica da Associação Brasileira de Companhias de Energia Elétrica (ABCE). Foi organizadora e autora dos Tomos I e II do livro *Regulação Jurídica do Setor Elétrico*, autora de diversos artigos nas áreas de direito e economia, com destaque para os temas Privatização, Energia Elétrica e Organização do Futebol no Brasil. Atualmente, é sócia do escritório de advocacia Sergio Bermudes.

Fernando S. Marcato é mestre em Direito Público Comparado pela Université Paris-1 Panthéon-Sorbonne. Foi advogado associado de grandes bancas de advocacia nacional e internacional. Foi secretário executivo de Novos Negócios da Sabesp. Especialista em estudos multidisciplinares e estruturação de projetos de infraestrutura. Atualmente é professor da Direito GV e sócio da GO Associados.

Geraldo Biasoto Jr. é professor de Economia da Universidade de Campinas (Unicamp) e economista e doutor em Economia pela mesma universidade. Exerceu diversos cargos públicos, entre eles: secretário de Finanças de Campinas, coordenador de Política Fiscal da Secretaria de Política Econômica do Ministério da Fazenda, secretário de Gestão de Investimentos do Ministério da Saúde, vice-presidente da Empresa Municipal de Urbanismo de São Paulo (EMURB/SP) e diretor executivo da Fundação do Desenvolvimento Administrativo (FUNDAP). Escreveu diversos livros e artigos sobre a economia do setor público, relações federativas e as formas de articulação entre o setor público e o privado.

Gesner Oliveira é doutor pela University of California (Berkeley) e professor de Economia da FGV/SP desde 1990. Foi professor visitante da Columbia University, nos EUA, em 2006. Foi presidente da Sabesp no período de 2006 a 2010 e presidente do CADE entre 1996 e 2000. Secretário de Acompanhamento Econômico em 1995 no Ministério da Fazenda e secretário adjunto de Política Econômica entre 1993 e 1994. Atualmente é sócio da GO Associados Consultoria, que atua nas áreas de infraestrutura, parcerias nas áreas de infraestrutura, sustentabilidade e soluções ambientais, estudos econômicos, regulação em infraestrutura, avaliação e reequilíbrio econômico financeiro, defesa da concorrência, defesa comercial e comércio exterior.

Isaac Pinto Averbuch é engenheiro eletricista e advogado, com pós-graduação em Economia. Especialista em Políticas Públicas e Gestão Governamental desde 1996, profissionalmente trabalhou com planejamento energético por cerca de sete anos (na Companhia Hidrelétrica de São Francisco – CHESF) e com defesa da concorrência por quatro anos (no Ministério da Justiça). Foi chefe da Assessoria de Gestão na Cia. Energética de Pernambuco (CELPE, 1990-1994), diretor da Agência Nacional de Energia Elétrica (ANEEL, 2002-2006) e diretor da Unidade de Parcerias Público-Privadas do Ministério do Planejamento (2007-2012). Foi professor de Economia da Universidade Federal do Rio de Janeiro (1999-2002). Desde setembro de 2012 é interventor na Companhia de Energia Elétrica do Estado do Tocantins.

João Manoel Pinho de Mello possui graduação em Administração Pública pela FGV/SP (1996), mestrado em Economia pela Pontifícia Universidade Católica do Rio de Janeiro (PUC-Rio), em 2000, e doutorado em Economia pela Stanford University (2005). É professor-associado do Departamento de Economia da PUC-Rio. Foi secretário adjunto da Sociedade Brasileira de Econometria. É membro afiliado da Academia Brasileira de Ciências e coordenador da América Latina da Crime and Policy Network (AL CAPONE) e da Latin American and Caribbean Economic Association (LACEA). É bolsista de produtividade do Conselho Nacional de Desenvolvimento Científico e Tecnológico (CNPq), nível 2 e pesquisador nas áreas de microeconomia bancária, organização industrial e antitruste, economia do crime e economia política.

Joaquim Miranda Sarmento possui doutorado em Finanças (Tilburg University), é mestre em Finanças e licenciado em Gestão. Professor assistente de Finanças no Instituto Superior de Economia e Gestão (ISEG) e docente convidado na Católica Lisbon School. Trabalhou dez anos no Ministério das Finanças, nas áreas do Orçamento e dos Impostos, tendo sido também consultor da Unidade Técnica de Apoio Orçamental (UTAO). Atualmente é consultor econômico do Presidente da República de Portugal. Publicou vários artigos sobre PPPs e Finanças Públicas em revistas internacionais e nacionais, assim como um livro sobre PPP publicado pela Fundação Francisco Manuel dos Santos.

Joaquim Vieira Ferreira Levy, formado pela UFRJ, iniciou sua carreira como engenheiro naval em 1984. Obteve mestrado em Economia pela Escola de Pós-Graduação em Economia da Fundação Getulio Vargas (EPGE/FGV) em 1987 e foi professor do curso de Macroeconomia nesta escola em 1990, enquanto cursava a University of Chicago, onde obteve seu doutorado em Economia em 1993. Nos anos seguintes, integrou os quadros do Fundo Monetário Internacional, ocupando cargos nos Departamentos do Hemisfério Ocidental, Europeu I e de Pesquisa. Em 1999-2000 foi economista visitante no Banco Central Europeu. Voltando ao Brasil, foi secretário adjunto de Política Econômica do Ministério da Fazenda e economista-chefe do Ministério do Planejamento, Orçamento e Gestão no governo FHC. Foi secretário do Tesouro Nacional de 2003 a 2006. A seguir, foi vice-presidente de Finanças e Administração do BID em Washington. Em 2007, foi nomeado secretário de Fazenda do Estado do Rio de Janeiro, aí permanecendo até a obtenção do *investment grade* pelo estado em 2010. Desde junho de 2010, trabalha na gestora Bradesco Asset Management-BRAM, da qual se tornou CEO em 2012.

Joísa Campanher Dutra Saraiva é doutora em Economia pela Escola de Pós-Graduação em Economia da Fundação Getulio Vargas do Rio de Janeiro (EPGE/FGV-RJ) em 2001. Foi diretora da Agência Nacional de Energia Elétrica (2005 a 2009). Em 2010 foi *Visiting Scholar* na Harvard Kennedy School, na Harvard University. É professora da Fundação Getulio Vargas do Rio de Janeiro. Coordena o Centro de Regulação da FGV desde 2010.

José Roberto R. Afonso é economista e contabilista. Mestre pela Universidade Federal do Rio de Janeiro (UFRJ) e doutor pela Universidade de Campinas (Unicamp). Especialista em Finanças Públicas e Federalismo. Assessor técnico do Senado Federal e consultor, inclusive de organismos internacionais. Ex-superintendente da área fiscal do BNDES.

Lucas Navarro Prado é sócio de Portugal Ribeiro & Navarro Prado Advogados, consultor do Banco Mundial para PPPs e professor do Instituto Brasiliense de Direito Público (IDP). Graduado em Direito pela USP e pós-graduado em Finanças Corporativas pela FIA-USP, é coautor dos livros

Comentários à Lei de PPP e *Regime Diferenciado de Contratação*. Foi superintendente jurídico da Sabesp (2009-2010), membro da Unidade de PPP do Governo Federal (2005-2007), conselheiro de Administração da CEG Rio de Janeiro (2006-2007) e da SESAMM - Serviços de Saneamento de Mogi Mirim (2009-2010).

Luiz Chrysostomo de Oliveira Filho é sócio da Neo Investimentos e diretor do Instituto de Estudos de Política Econômica – Casa das Garças (IEPE/CdG). Presidente do Conselho de Ética da Associação Brasileira das Entidades dos Mercados Financeiro e de Capitais (ANBIMA) e ex-diretor da Associação Nacional dos Bancos de Investimento (ANBID). Membro do Conselho de Administração de várias empresas e organizador e coautor de artigos e livros sobre Mercado de Capitais e Finanças Corporativas. Foi diretor-geral dos Bancos de Investimentos do JPMorgan e Chase Manhattan, onde era membro do Comitê Executivo para o Brasil e para a América Latina. Foi sócio do Banco Patrimônio de Investimentos e chefiou o Gabinete de Desestatização do BNDES. É mestre e bacharel em Ciências Econômicas pela Pontifícia Universidade Católica do Rio de Janeiro (PUC-Rio), com especialização em Administração pela Wharton School, EUA. Lecionou nos Departamentos de Economia da PUC-Rio e da Universidade Federal Fluminense (UFF).

Mansueto Almeida é técnico de planejamento e pesquisa do IPEA desde 1997. Trabalhou no Ministério da Fazenda (1995-1997) e no Senado Federal (2004-2006). Em 2010, foi pesquisador visitante da University of Manchester no Reino Unido. Bacharel em Economia pela Universidade Federal do Ceará (UFC), mestre em Economia pelo Instituto de Pesquisa Econômica da Faculdade de Economia, Administração e Contabilidade da Universidade de São Paulo (FEA-USP), cursou os créditos de doutorado em políticas públicas e desenvolvimento no Massachusetts Institute of Technology (MIT).

Pablo Salgado possui graduação pela Universidade Federal do Rio de Janeiro (UFRJ), mestrado em Matemática Aplicada pelo Instituto de Matemática Pura e Aplicada (IMPA) e doutorado em Economia pela Pontifícia Universidade Católica do Rio de Janeiro (PUC-Rio). No doutorado, realizou pesquisa nas áreas de contratos e finanças corporativas. Atualmente trabalha no Banco Itaú-BBA na área de estratégia de renda fixa.

Patrícia Regina Pinheiro Sampaio é professora da Escola de Direito da Fundação Getulio Vargas e pesquisadora do Centro de Pesquisa em Direito e

Economia - CPDE/FGV Direito. Doutora e mestre pela Faculdade de Direito da Universidade de São Paulo (USP).

Pedro Scazufca é mestre em Economia pelo Instituto de Pesquisas Econômicas da Faculdade de Economia e Administração da Universidade de São Paulo (USP). Assessor da Presidência da Sabesp (2007-2008) e assistente executivo da Presidência da Sabesp desde 2008. Professor convidado em cursos da Fundação Getulio Vargas. Dez anos de experiência em consultoria com ênfase em avaliação econômico-financeira de projetos, assuntos regulatórios, defesa da concorrência. Atualmente é também sócio da GO Associados, Consultoria, que atua nas áreas de infraestrutura, defesa da concorrência, estudos econômicos, sustentabilidade e soluções ambientais, entre outras.

Ricardo Ferreira Reis é professor e diretor adjunto da Escola de Administração e Economia da Católica Lisbon School. Doutor pela University of Pennsylvania, na Wharton School, em Business Science and Applied Economics e licenciado em Economia pela Faculdade de Economia da Universidade do Porto, em Portugal.

Reis é atualmente professor das áreas de contabilidade e finanças na Católica Lisbon School, onde leciona disciplinas de Contabilidade Financeira, Controle de Gestão, Avaliação de Desempenho, Finanças Pessoais e outras nos cursos de Licenciatura, Mestrado e MBA, bem como para executivos. É convidado com frequência para lecionar na Wharton School, onde esteve entre 2009 e 2011. Antes foi *Faculty Fellow* no MIT-Sloan, em Boston. Suas áreas de pesquisa centram-se em Teoria de Agência, com particular incidência sobre o relacionamento do Estado com entidades e empresas privadas, sendo membro acadêmico do painel consultivo da Organização para a Cooperação e Desenvolvimento Econômico (OCDE) para Budgeting and Public Spending. O Prof. Reis é diretor adjunto da universidade Católica Lisbon School para as Relações Internacionais.

Rodrigo De Losso da Silveira Bueno é especialista em cálculo de valor econômico, econometria financeira, com trabalhos na área de custo de capital próprio e de terceiros, regulação econômica e previsão financeira. Doutor em Ciências Econômicas pela The University of Chicago. Professor do Departamento de Economia da Universidade de São Paulo (USP) e ex-professor do Departamento de Contabilidade, Finanças e Controle da Fundação Getulio Vargas (FGV), de 2005 a 2009. Autor de livros e diversos artigos acadêmicos publicados no Brasil e no exterior.

Silvio Leifert é superintendente de Gestão de Empreendimentos na Companhia de Saneamento Básico do Estado de São Paulo (Sabesp). Engenheiro civil pela Escola de Engenharia da Universidade do Minho (EEUM) e concluiu um MBA em Gestão de Projetos pela Poli/USP. Foi gerente de empreendimentos especiais da Sabesp quando implantou a 2ª Etapa da Estação de Tratamento da ETA Guaraú e a 1ª Etapa da Estação de Tratamento de Água da ETA Taiaçupeba. Foi superintendente do Programa Metropolitano de Água de 1996 a 1999 (R$ 700 milhões) e da 2ª Etapa Projeto Tietê de 2000 a 2003 (US$ 40 milhões). Atualmente é responsável pelo desenvolvimento e implantação das Metodologias de Gestão de Empreendimentos e de Programas da Sabesp, pelos Projetos Especiais: Sistemas Produtores de Água, Tratamento de Água, Tratamento de Esgotos, Concepção da Etapa IV do Programa Projeto Tietê, e pela Participação Público-Privada do Sistema Produtor São Lourenço.

Tomas Anker é economista pela FEA-USP e mestre em Economia de Empresas pela FGV-SP. Ainda em 2004, à época da criação da Lei de PPPs, foi assessor da Unidade de PPP do Governo do Estado de São Paulo, trabalhando na estruturação dos primeiros projetos de PPP do estado e do país. Foi também economista da LCA Consultores, posição na qual desenvolveu projetos de regulação econômica e defesa da concorrência. Desempenhou, ainda, a função de assessor da diretoria da Companhia Paulista de Parcerias (CPP). Atualmente, trabalha como *Investment Officer* da International Finance Corporation (IFC), tendo estruturado projetos de concessão e PPP em setores diversos, tais como rodoviário, irrigação, saúde e educação.

Valéria Mendes é analista de Gestão da Companhia de Saneamento Básico do Estado de São Paulo (Sabesp). Concluiu a graduação na Faculdade de Economia de São Luís e tem um MBA em Infraestrutura pela Fundação Getulio Vargas. Nos últimos oito anos tem se dedicado à Gestão de Empreendimentos, atuando no desenvolvimento da implantação da metodologia de Gestão de Empreendimentos e de Programas da Sabesp. Desde 2010 atua na estruturação e montagem da Participação Público-Privada do Sistema Produtor São Lourenço, agindo como facilitadora de processos de transformação/gestão empresarial na Superintendência para Gestão de Empreendimentos da Sabesp.

Vanialucia Lins Souto é gestora pública federal e economista. Graduada pela Universidade Federal de Pernambuco (UFPE), possui mestrado em Economia do Setor Público pela Universidade de Brasília (UnB). Trabalhou por nove anos no Banco do Brasil (1987-1996), com maior experiência na área de análise de crédito e estruturação de operações de captação de recursos externos de longo prazo.

Integrante da Administração Pública Federal desde 1996, já trabalhou no Ministério da Previdência Social na Secretaria de Previdência Complementar no Cargo de Coordenadora Geral da Área de Investimentos (1998-2000). Também trabalhou na Agência Nacional de Vigilância Sanitária (2000-2002), na coordenação da área de Atendimento ao Cidadão; na Agência Nacional de Energia Elétrica, como assessora da diretoria (2003-2006); e na Casa Civil da Presidência da República, no cargo de assessora técnica (2006-2007). Desde 2007 ocupa o cargo de gerente de projetos na Unidade de Parceria Público-Privada do Ministério do Planejamento, Orçamento e Gestão, exercendo ainda a vice-diretoria da Unidade de PPP. Sua experiência profissional tem ênfase nas áreas de Finanças e em temas relacionados à Regulação Econômica e à Economia de Incentivos e Informação.

Vera Monteiro é advogada e doutora em Direito Administrativo pela USP. Mestre pela PUC-SP. Professora da Graduação da Escola de Direito da Fundação Getulio Vargas (Direito GV), onde também é coordenadora do curso de Direito Administrativo do Programa de Pós-graduação *Lato Sensu*

Vinicius Carrasco é doutor em Economia pela Stanford University, professor do Departamento de Economia da PUC-Rio e membro afiliado da Academia Brasileira de Ciências (2013-2017). Seus interesses de pesquisa são Desenho de Mercados e Mecanismos Econômicos, Regulação Econômica e Organização Industrial. Fora da academia, atua como *expert witness* em arbitragens locais e internacionais e em casos de antitruste, além de prestar consultoria estratégica (*bidding advice*) em leilões de *high stake*.

Vivian Amorim é bacharel em Economia pela Faculdade de Economia, Administração e Contabilidade (FEA-USP) e está concluindo seu mestrado em Teoria Econômica pelo Instituto de Pesquisas Econômicas da Universidade de São Paulo (IPE-USP). O tema de sua dissertação é avaliar o impacto da descentralização de algumas escolas estaduais nos indicadores de rendimento dos alunos de 1ª a 4ª série.

Vivian tem passagem pelo JPMorgan, onde trabalhou com projeções macroeconômicas e possui experiência na área de defesa da concorrência e parcerias público-privadas.

Índice

A

Ações finalísticas da União, 351
Acordo Geral do Setor Elétrico, 263
Administração direta, 174
Adoção do critério
    contábil, 294
    patrimonial, 296
Affordability, 152, 222
Agência
    Brasileira Gestora de Fundos
        Garantidores e Garantias (ABGF), 222
    governamental benevolente, 50
    Nacional de Energia Elétrica
        (ANEEL), 258
Água(s)
    Alto Tietê, 233
    de São Paulo, 233
Ajustes do *Value for Money*, 177
ALL Logística, 377
Alocação de risco(s)
    em países selecionados, 143
    nas PPPs, 140
Ambiente de Contratação
    Livre (ACL), 265
    Regulada (ACR), 265-269
Ambiguidade ideológica, 114
Amortização financeira, 294
Anteprojeto de lei, 390, 391
Aplicação do critério
    financeiro, 291
    patrimonial, 295, 296
Aporte, 202
Arranjo contratual, 178, 179
Arteris, 377
Assimetria de informação, 61
Associação
    Brasileira das Entidades dos Mercados
        Financeiro e de Capitais (Anbima), 358
    Nacional dos Transportadores
        Ferroviários (ANTF), 108

B

Benchmarks na saúde pública, 166
Bitributação, 176, 177
BNDES, 364
    operações contratadas pelo, 365

C

Câmara
    de Comercialização de Energia Elétrica
        (CCEE), 264
    de Gestão de Crise de Energia Elétrica,
        263
Carga tributária, 112
Carta-convite, 389
Cash-flows, 155
Caso de informação
    completa, 54, 55
    incompleta, 55-58
CCR, 377
Centrais
    Elétricas Brasileiras S.A. (Eletrobras), 256
    Geradoras do Sul do Brasil (Gerasul), 260
Cláusulas de arbitragem, 165
Coinvestimentos, 126
Comissão de Valores Mobiliários
    (CVM), 368
Comitê de Monitoramento do Setor Elétrico
    (CMSE), 264
Companhia
    de Saneamento Básico do Estado de São
        Paulo (SABESP), 225
    do Metropolitano de São Paulo, 26
    Energética de São Paulo (CESP), 260
    Hidro Elétrica do São Francisco
        (CHESF), 256
    Paulista de Parcerias, 231, 232
Comparador do setor público (CSP), 152
Concentração do investimento público, 326

Concessão(ões)
    administrativa, 169, 215
    de serviços públicos, 181
    do ambiente, 149
    Fertagus, 148
    Metro Sul do Tejo, 148
    patrocinadas, 169
    rodoviárias federais no Brasil, 92-100
Confederação Nacional de Transporte (CNT), 108, 352
Conselho
    Gestor de Parcerias Público-Privadas, Sabesp, 231
    Nacional de Política Energética (CNPE), 264
Consórcio Complexo Datacenter BB-Caixa, 209-223
    alterações na documentação remetida pelo Ministério do Planejamento ao TCU, 211, 212
Construção da credibilidade, 190
Consulta, 389
Consumo de eletricidade *per capita*, 109
Conta
    de Desenvolvimento Energético (CDE), 263
    de Resultados a Compensar (CRC), 257
Contingenciamento
    do investimento, 306
    do orçamento
        aprovado, 303
        do investimento, 304
Contratação
    direta, 388
        por dispensa de licitação, 388
        por inexigibilidade de licitação, 388
    pública
        mediante licitação pública, 387
        tipos de procedimento para, 387
Contrato(s)
    cost plus, 59
    de EPC, 174
    de OS, 161
    de preço fixo, 55, 58
Covenants, 237
Crise mundial, 339-341
Critério(s)
    contábil, 293
    de cálculo de indenização, 290
    de valor presente nulo, 205
    financeiro, 291, 292
    patrimonial, 295
Curva ABC, 219

D

Debêntures
    emissão
        pública, 369
        total, 369
    incentivadas, 370
    registradas no NMRF da Anbima, 376
Default, 154
Depreciação contábil, 294
Desafio(s)
    na área da saúde, 160
    para a utilização de PPPs em saúde, 167
    para o setor privado, 119
Desempenho *output-based*, 163
Dívida
    bruta
        dinâmica, 346, 347
        trajetória, 341-347
    líquida, 344

E

Eficiência Global do Sistema (OEE), 249
Empresa de Planejamento Energético (EPE), 264
Energia elétrica, elevações das componentes de custos de, 272
Engineering Procurement and Construction (EPC), 174
Enterprise Resource Planning (ERP), 166
Esforço(s)
    induzido pelo mecanismo ótimo, 57
    para redução de custos, 60
    socialmente ótimo, 54
Esgotamento, 257
Espaço fiscal, 346
Espírito Santo Centrais Elétricas S.A., 259
Estruturação financeira, 190
Estruturas de gestão profissionalizada, 185
Excedente
    líquido dos consumidores, 52

Índice

social total, 53
Execução
  do investimento público, 301
  do orçamento, do investimento, 307
Expansão fiscal, 111
Extinção dos contratos
  de concessão, 287
  de PPP, 287

F

Ferramentas fiscais, para aumentar a competitividade, 341
Financiamento pelo mercado, 193
Fixed-price contract, 55, 58
Fluxo de caixa marginal, 293
Funding
  de curto prazo, 359
  de longo prazo, 358-364
  público, 359
Fundo(s)
  de direitos creditórios (FIDICS), 372
  garantidor(es), 23
    de Parcerias Público-Privadas (FGP), 205
  garantidos de infraestrutura, 222

G

Garantia de contratos, 206
Gasto(s)
  médios mundiais em infraestrutura, 131
  público
    monitoramento, 351-354
    qualidade, 351-354
Gestão dos programas de PPPs, 141
Global Competitiveness Report (GCR), 104

H

Hospital
  do Subúrbio na Bahia, 174, 175
  Infantil no Mato Grosso, 171-173
Hospital Information System (HIS), 166

I

Implicações de assimetrias, 62

Imposto sobre Operações Financeiras (IOF), 364
Imunidade tributária das filantrópicas, 178
Indenização(ões), 288
  ausência de critério para cálculo de, 297
  bens reversíveis sujeitos a, 289
  escolha de critério para cálculo de, 296, 297
Indicador(es)
  de Disposição Adequada de Lodo (ICDL), 249
  de infraestrutura, 106
Índice
  de Atendimento Emergencial (IAE), 249
  de Confiabilidade Operacional (ICO), 249
Infraestrutura, 16
  alicerces para atrair a iniciativa privada para a, 112, 113
  de transportes, precariedade, 105
  fundos de investimentos em participações na, 379-382
  iniciativas para saturação da, 115
  investimentos, 17
    mercado
      acionário, 375-382
      private equity, 375-382
  modernização, 16
  no Brasil, 110
  salto na, 117
  taxa de investimento, 16
Investimento(s)
  cancelamento de restos a pagar para, 306
  causas para as restrições ao, 300
  dos grandes programas, problemas, 320
  em infraestrutura, 112
    de ampliação, 120
    de recuperação, 120
    globais, 128, 131
      por regiões, 129
      por setor, 130
    no Brasil, 110
  inscrição de restos a pagar para, 306
  principais restrições ao, 317
  público(s), 308, 311
    da seguridade social, 331, 332
    do orçamento fiscal, 331, 332

Índice

sem o MCMV, 326-328
e privados em infraestrutura, 132
tipos de projetos de, 186

J

Joint ventures, 126

L

Lavagem e Inspeção de Reservatórios (LIR), 249
Lei(s)
    das PPPs (Lei nº 11.079), 18, 159, 160, 210
        inovações introduzidas, 210
        Medida Provisória nº 575, 19
        objetivos principais, 210
    de Diretrizes Orçamentárias (LDO), 221
    de licitações, 167
    de Responsabilidade Fiscal (LRF), 191, 210, 344
    Federal de PPPs, 174
    Geral de Concessões e Permissões de Serviços Públicos (Lei nº 8.987), 258
    nº 12.431/11, 367
        características gerais dos elementos incentivados, 370
        fundos de investimentos e o novo mercado de renda fixa, 371-373
    Orçamentária Anual (LOA), 221, 299, 312
Leilão(ões)
    de compra e venda de energia, 265-269
    de concessões rodoviárias federais no Brasil, 92-100
    de licitação do Complexo Datacenter, 209
    promovidos pela ANEEL, 265-269
Light Serviços de Eletricidade S.A., 259
Limite fiscal para PPPs, 177, 178
Limpeza e Conservação Predial (IL), 249
Linha Quatro do Metrô de São Paulo, 26
Lógica do mercado, 257

M

Manifestação de Interesse Privado (MIP), 188, 232
Manutenção em áreas verdes, 249
Matriz de risco, 207
    PPP do Alto Tietê, 230
    Sistema Produtor São Lourenço – Sabesp, 241-248
Medida Provisória
    564, 344
    575, 201
    579/12, 276-283
    impactos econômico-financeiros, 202
Mercado
    acionário, 375-382
    Atacadista de Energia (MAE), 258
    private equity, 375-382
Milagre brasileiro, 349
Minha Casa Minha Vida (MCMV), 351
Minimização dos custos de *procurement*, 55
Modelos de *procurement*, 50, 53

N

Novo Mercado
    da Bovespa, 377
    de Renda Fixa (NMRF), 358, 373

O

OHL, 377
Operação(ões) *cross borders*, 359
Operador Nacional do Sistema Elétrico (ONS), 258
Orçamento
    do investimento, 308
    Geral da União (OGU), 352
Organização para a Cooperação e Desenvolvimento Econômico (OCDE), 146

P

Parcela Variável (PV), 270
Parceria Público-Privada (PPP), 1, 2, 146, 200
    complexidade dos contratos de, 142
    composição dos preços da, 216
    do Alto Tietê, 225-234
        aprovação, 231
        divisão de tarefas, 228

Índice

do transporte ferroviário de alta
  velocidade, 148
em Portugal, 150
  insucesso, 153
  sobreutilização, 156
  utilização, 155
escopo dos serviços, 229
experiência
  em saúde no Brasil, 170
  internacional em, 142
  portuguesa nas, 147
forma de contratação de, 139
funções das unidades transversais de, 138
gargalos, 13-15
  encontrados na experiência prática na
    execução das, 23-31
gestão dos programas de, 141
mecanismo, 2, 200
no Brasil, 17-22
objetivo, 200
para o crescimento sustentado do
  país, 12-17
propostas, 13-15
  aumento da capacidade de formulação
    e execução, 41-43
  diminuição do custo de financiamento,
    34-37
  elevação dos recursos, 37-40
  redução
    de risco, 31-33
    de tributos, 40, 41
Sistema Produtor São Lourenço –
  Sabesp, 235-252
  linha do tempo do processo
    licitatório, 238
  modelagem
    econômico-financeira, 237, 238
    jurídica, 237
    técnica, 236
  principais obras, 251, 252
sucesso das, 206
vértice, 133-135
Participação privada na infraestrutura, 113
Passivo(s)
  contingentes, 134
  reais, 134
Payoff, 52

Plano(s)
  Plurianual(is), 300, 312, 351
  social, 128
Poderes concedentes, 23
Política
  anticíclica pelo aumento do investimento
    público, 325
  fiscal, 348-350
Práticas de planejamento de projetos no
  âmbito público, 188
Private Finance Initiative (PFI), 127, 135
Privatização(ões), 17, 18, 113, 118
  das infraestruturas, 120
Procedimento de Manifestação de Interesse
  (PMI), 171, 232
Processos de concessão de serviços
  públicos, 183
Programa(s)
  abastecimento agroalimentar, 321
  de Aceleração do Crescimento
    (PAC), 114, 336, 351
  de agricultura familiar, 321
  de assentamento para trabalhadores
    rurais, 322
  de Dispêndios Globais (PDG), 221
  de Incentivo às Fontes de Energia
    Alternativas (Proinfa), 263
  de Sustentação do Investimento (PSI), 325
  desenvolvimento de infraestrutura
    aeroportuária, 321
  do setor público de menor execução,
    314-316
  Nacional de Desestatização (PND), 255
  Prioritário de Termeletricidade (PPT), 263
Projeto(s)
  de autoestradas, 148
  de infraestrutura, 120
  de Lei de Conversão da Medida
    Provisória (PLV), 279
  -Piloto de Investimento (PPI), 183, 335
Proposta de manifestação de interesse
  privado (PMI), 188

Q

Qualidade da infraestrutura, 104
  no Brasil, 104

Índice

R

Racionamento de energia, 262-271
Ranking Anbima de Financiamento de Projetos, 366
Receita
    Anual Permitida (RAP), 270
    Corrente Líquida (RCL), 210
Região Metropolitana de São Paulo (RMSP), 226
    sistemas produtores de água (2007), 227
    tratamento de água, 226
Regime
    bata-blanca, 174, 176
    de Organizações Sociais (OSs), 161
    de regulação pelo preço, 257
    de serviço pelo custo, 257
    de tarifas por incentivo, 257
    tributário, 168
Rendas informacionais, 55, 57
Reserva global de reversão, 278
Residual claimant, 55
Restos a pagar, 309
Rodovias
    concessões, 65-102
    cronograma de obras, 85-92
    custo de troca, 83, 84
    federais e paulistas, 92-97
        indicadores de qualidade, 95, 96
    leilões de concessões no Brasil, 92-100
    renegociação(ões), 65-102
        boas e ruins, 84, 85
        capacidades percebidas, 83, 84
        cronograma de obras, 85-92
        de obras
            e incentivos, 88-91
            e renegociação de tarifas nos dois modelos de leilão, 91, 92
        nos leilões de concessões
            federais, 97-100

S

Seleção
    de empresas, 59, 60
    de projetos, 185
Serviço técnico, 388

Setor elétrico
    agentes de maior capacidade instalada no país, 261
    análise das duas últimas décadas, 255-286
    início da reforma, 262-265
    processo de desestatização, 259-262
    racionamento, 262-265
    renovação das concessões do, 271-283
    transmissão, 269-271
        expansão da, 271
Sicro, 220
Sinapi, 220
Sistema
    de Adensamento e Desidratação de Lodo (SADL), 249
    de Informações Gerenciais e de Planejamento (SIGPlan), 313
    de saúde complementar, 160
    Integrado de Administração Financeira do Governo Federal (SIAFI), 300, 305
    Interligado Nacional (SIN), 270
    Produtor do Alto Tietê (SPAT), 226
Sobretaxa sobre o lucro das concessões, 155
Sociedade de Propósito Específico (SPE), 167, 186, 215, 370
    receita operacional da, 215
    Tietê, 233
    valor líquido acumulado das contraprestações de serviços, 220

T

Tarifa de Uso do Sistema de Transmissão, 270
Taxa
    de investimento
        Brasil, 12
        de um país, 12
        em infraestrutura, 16
    Interna de Retorno (TIR), 203, 204, 218
        do projeto (TIRp), 291
Transferência ótima, 139
Transparência fiscal, 341-347

U

Unidade Hospitalar Traumatológica de Natal, 173, 174

V

Valec, 117
Valor
   Novo de Reposição (VNR), 278
   Presente da Receita (VPR), 140
   presente líquido nulo, 204
Value for money, 146

Venda do bloco majoritário de controle, 187
Vigilância e segurança patrimonial, 249
Voz do consumidor, 135

W

Weighted Average Cost of Capital (WACC), 291

ROTAPLAN
GRÁFICA E EDITORA LTDA

Rua Álvaro Seixas 165 parte
Engenho Novo - Rio de Janeiro - RJ
Tel/Fax: 21-2201-1444
E-mail: rotaplanrio@gmail.com